国家示范性高等职业院校成果教材
新能源汽车技术系列

驱动电机及控制技术
（第2版）

朱小春　贺　萍　主　编
任少云　陈红光　副主编

清华大学出版社
北京

内容简介

本书系统地分析了新能源汽车用驱动电机及控制技术,分别为:直流电机及控制技术、直流无刷电机及控制技术、交流异步电机及控制技术和永磁同步电机及控制技术。在详细叙述之前还简要介绍了电磁学、电力电子技术和控制技术的基础知识。本书注重理论联系实际,内容较为新颖且丰富,具有鲜明的特色。

本书可作为新能源汽车技术、汽车电子技术、机电一体化、电气工程等相关专业的教材,也可用作电动汽车维修行业员工的培训教材或电机相关工程技术人员的参考书。

版权所有,侵权必究。举报:010-62782989,beiqinquan@tup.tsinghua.edu.cn。

图书在版编目(CIP)数据

驱动电机及控制技术/朱小春,贺萍主编. —2版. —北京:清华大学出版社,2021.4(2024.12重印)
国家示范性高等职业院校成果教材. 新能源汽车技术系列
ISBN 978-7-302-57702-7

Ⅰ.①驱… Ⅱ.①朱… ②贺… Ⅲ.①新能源－电动汽车－驱动几个－高等职业教育－教材 Ⅳ.①U469.720.3

中国版本图书馆 CIP 数据核字(2021)第 045438 号

责任编辑:许　龙
封面设计:常雪影
责任校对:赵丽敏
责任印制:刘海龙

出版发行:清华大学出版社
网　　址:https://www.tup.com.cn,https://www.wqxuetang.com
地　　址:北京清华大学学研大厦 A 座
邮　　编:100084
社 总 机:010-83470000
邮　　购:010-62786544
投稿与读者服务:010-62776969,c-service@tup.tsinghua.edu.cn
质量反馈:010-62772015,zhiliang@tup.tsinghua.edu.cn
印 装 者:三河市铭诚印务有限公司
经　　销:全国新华书店
开　　本:185mm×260mm　　印　张:17.25　　字　数:416 千字
版　　次:2017 年 9 月第 1 版　2021 年 4 月第 2 版　　印　次:2024 年 12 月第 6 次印刷
定　　价:49.50 元

产品编号:090812-01

前言

在国家大力发展新能源汽车产业政策推动和支持下，各大汽车企业近些年逐步加快新能源汽车研发、生产和销售步伐。随着新能源汽车进一步市场普及，相应专业技能人才需求也不断增加，培养新能源汽车技能人才也是高等职业教育的责任。

目前电动汽车包括纯电动汽车、混合动力汽车和燃料电池汽车。虽然电动汽车结构设计与布置形式有所不同，但都包含必不可少的关键部件驱动电机。深入学习驱动电机及其控制技术是电动汽车在设计、制造、生产和维修保养等方面的重要内容，也是高等职业院校专业人才培养的重要课程任务。

本书结合目前新能源电动汽车用驱动电机的主流技术，并结合编者多年来车用驱动电机及其控制系统的开发、应用和培训经验，全面系统地分析了驱动电机及控制技术。全书共分8章。第1章阐述了新能源汽车用驱动电机及其控制技术的概况；第2~4章分别介绍了电磁学、电力电子技术和控制技术基础知识；第5~8章分别系统地分析了新能源电动汽车用直流电机及控制技术、直流无刷电机及控制技术、交流异步电机及控制技术和永磁同步电机及控制技术。

作为全国高职示范院校，紧跟产业和技术发展步伐，深入推进产教融合，校企共建特色产业学院——比亚迪应用技术学院，发挥比亚迪产业龙头优势和学校一流教育资源，校企共同开发教材，注重培养学生的学习能力、分析能力及创新能力，共同培养与职业岗位需求高度一致的新能源汽车产业技术技能人才。本书主要突出以下特色：①将培养学生的学习能力、分析能力及创新能力放在首位；②在强调基础知识与基本技能训练的同时，特别注重理论和实践相结合，为学生未来的职业发展打下坚实的基础；③力求图文并茂。

本书由朱小春（深圳职业技术学院）、贺萍（深圳职业技术学院）担任主编，任少云（深圳职业技术学院）、陈红光（比亚迪股份有限公司）担任副主编，全书由荀猛（比亚迪股份有限公司）主审。在本书的编写过程中，参考了较多的同类专著、教材和有关文献资料，在此对相关作者表示感谢。

由于编者水平所限，书中难免有不妥和错误之处，恳请读者提出宝贵意见。

编　者
2021年1月

目录

第1章 绪论 …… 1

1.1 新能源汽车概述 …… 1
1.1.1 新能源汽车的定义及分类 …… 1
1.1.2 电动汽车的关键技术 …… 2

1.2 电动汽车电机驱动概述 …… 4
1.2.1 电动汽车用电机的使用环境与要求 …… 4
1.2.2 电动汽车电机驱动系统的组成与类型 …… 5

1.3 电机控制技术概述 …… 9
1.3.1 电机控制技术的发展 …… 9
1.3.2 电机控制技术的研究现状 …… 9

思考题与练习题 …… 11

第2章 电磁学基础知识 …… 12

2.1 电磁学基本概念 …… 12
2.1.1 电路的基本概念 …… 12
2.1.2 磁场的基本概念 …… 17

2.2 电机磁路理论基础 …… 21
2.2.1 磁场与磁能 …… 21
2.2.2 机电能量转换 …… 25
2.2.3 电磁转矩的控制 …… 27

思考题与练习题 …… 28

第3章 电力电子技术基础知识 …… 29

3.1 电力电子技术概述 …… 29
3.1.1 电力电子器件简介 …… 29
3.1.2 变换电路与控制技术简介 …… 31

3.2 电力电子器件 …… 32
3.2.1 电力二极管 …… 32
3.2.2 晶闸管 …… 35
3.2.3 电力晶体管 …… 40
3.2.4 电力场效应晶体管 …… 43
3.2.5 绝缘栅双极晶体管 …… 47

3.3 电力电子变换电路 ……………………………………………………………… 50
　　3.3.1 可控整流电路 ………………………………………………………… 50
　　3.3.2 直流变换电路 ………………………………………………………… 55
　　3.3.3 逆变电路 ……………………………………………………………… 61
3.4 电力电子器件的驱动电路 ……………………………………………………… 68
　　3.4.1 GTR 基极驱动电路 …………………………………………………… 69
　　3.4.2 MOSFET 栅极驱动电路 ……………………………………………… 71
　　3.4.3 IGBT 栅极驱动电路 …………………………………………………… 73
思考题与练习题 ……………………………………………………………………… 74

第 4 章　控制技术基础知识 …………………………………………………………… 75

4.1 控制理论基础 …………………………………………………………………… 75
　　4.1.1 自动控制系统的基本概念 …………………………………………… 75
　　4.1.2 控制系统的数学模型 ………………………………………………… 80
　　4.1.3 线性系统的时域分析法 ……………………………………………… 89
　　4.1.4 线性离散系统 ………………………………………………………… 94
4.2 微控制器基础 …………………………………………………………………… 102
　　4.2.1 PWM 概述 …………………………………………………………… 102
　　4.2.2 PWM 结构和原理 …………………………………………………… 102
　　4.2.3 PWM 的操作设置 …………………………………………………… 106
　　4.2.4 PWM 的应用与实例 ………………………………………………… 112
思考题与练习题 ……………………………………………………………………… 112

第 5 章　直流电机及控制技术 ………………………………………………………… 114

5.1 直流电机的基本原理 …………………………………………………………… 114
　　5.1.1 直流电机的工作原理及结构 ………………………………………… 114
　　5.1.2 直流电机的磁场分析 ………………………………………………… 116
　　5.1.3 直流电机基本方程式及工作特性 …………………………………… 121
5.2 直流电机的拖动原理 …………………………………………………………… 123
　　5.2.1 直流电机的机械特性 ………………………………………………… 123
　　5.2.2 直流电机的起动 ……………………………………………………… 126
　　5.2.3 直流电机的调速 ……………………………………………………… 128
　　5.2.4 直流电机的电动与制动运行 ………………………………………… 131
5.3 直流电机的功率变换器 ………………………………………………………… 139
　　5.3.1 功率变换器概述 ……………………………………………………… 139
　　5.3.2 直流电机的 PWM 变换器 …………………………………………… 140
5.4 直流电机的控制技术 …………………………………………………………… 144
　　5.4.1 直流电机转速负反馈单闭环控制系统 ……………………………… 144
　　5.4.2 直流电机转速电流双闭环控制系统 ………………………………… 147

5.4.3 直流电机调速控制系统实例……………………………………………… 152
　思考题与练习题……………………………………………………………………… 155

第6章　直流无刷电机及控制技术 …………………………………………………… 156

　6.1　直流无刷电机的基本原理 ………………………………………………………… 156
　　　6.1.1 直流无刷电机的基本结构及工作原理……………………………………… 156
　　　6.1.2 直流无刷电机的位置传感器………………………………………………… 159
　　　6.1.3 直流无刷电机的电子换相器………………………………………………… 166
　6.2　直流无刷电机的数学模型及特性分析 …………………………………………… 171
　　　6.2.1 直流无刷电机的数学模型和传递函数……………………………………… 171
　　　6.2.2 直流无刷电机的特性分析…………………………………………………… 174
　6.3　直流无刷电机的控制技术 ………………………………………………………… 176
　　　6.3.1 直流无刷电机的控制技术概述……………………………………………… 176
　　　6.3.2 直流无刷电机的起停控制和软起动………………………………………… 177
　　　6.3.3 直流无刷电机的换相控制…………………………………………………… 178
　　　6.3.4 直流无刷电机的调速控制…………………………………………………… 181
　　　6.3.5 直流无刷电机的制动控制…………………………………………………… 183
　　　6.3.6 直流无刷电机的闭环控制…………………………………………………… 184
　6.4　直流无刷电机的调速控制系统实例 ……………………………………………… 186
　　　6.4.1 硬件系统……………………………………………………………………… 186
　　　6.4.2 控制系统……………………………………………………………………… 188
　　　6.4.3 基本控制方法………………………………………………………………… 190
　思考题与练习题……………………………………………………………………… 192

第7章　交流异步电机及控制技术 …………………………………………………… 193

　7.1　三相异步电机的基本结构和工作原理 …………………………………………… 193
　　　7.1.1 三相异步电机的基本结构…………………………………………………… 193
　　　7.1.2 三相异步电机的工作原理…………………………………………………… 196
　7.2　交流电机的绕组、电动势和磁动势 ……………………………………………… 198
　　　7.2.1 交流电机的绕组……………………………………………………………… 198
　　　7.2.2 交流电机绕组的电动势……………………………………………………… 202
　　　7.2.3 交流电机绕组的磁动势……………………………………………………… 204
　7.3　三相异步电机的运行分析 ………………………………………………………… 209
　　　7.3.1 三相异步电机的空载运行…………………………………………………… 209
　　　7.3.2 三相异步电机的负载运行…………………………………………………… 211
　　　7.3.3 三相异步电机的功率和转矩平衡方程式…………………………………… 216
　　　7.3.4 三相异步电机的工作特性…………………………………………………… 219
　7.4　三相异步电机的拖动原理 ………………………………………………………… 221
　　　7.4.1 三相异步电机的机械特性…………………………………………………… 221

7.4.2　三相异步电机的起动 ……………………………………………… 223
　　7.4.3　三相异步电机的调速 ……………………………………………… 225
　　7.4.4　三相异步电机的制动 ……………………………………………… 227
7.5　三相异步电机的调速控制系统 ……………………………………………… 230
　　7.5.1　常用的几种驱动变换电路 …………………………………………… 230
　　7.5.2　异步电机转速开环控制系统 ………………………………………… 231
　　7.5.3　异步电机转速闭环控制系统 ………………………………………… 232
　　7.5.4　异步电机矢量调速控制系统 ………………………………………… 233
思考题与练习题 ………………………………………………………………… 239

第8章　交流同步电机及控制技术 ……………………………………………… 241

8.1　永磁同步电机的基本结构和工作原理 ……………………………………… 241
　　8.1.1　永磁电机的转子结构 ………………………………………………… 241
　　8.1.2　永磁同步电机的工作原理 …………………………………………… 242
8.2　永磁同步电机的电磁关系及特性分析 ……………………………………… 243
　　8.2.1　永磁同步电机的磁动势分析 ………………………………………… 244
　　8.2.2　永磁同步电机的电动势分析 ………………………………………… 247
　　8.2.3　永磁同步电机的功率关系与功角(矩角)特性 ……………………… 248
8.3　永磁同步电机的控制技术 …………………………………………………… 251
　　8.3.1　永磁同步电机的起动和制动 ………………………………………… 252
　　8.3.2　永磁同步电机的调速控制系统 ……………………………………… 252
8.4　永磁同步电机在电动汽车中的应用 ………………………………………… 261
　　8.4.1　电机驱动系统概述 …………………………………………………… 261
　　8.4.2　电机驱动系统的组成与工作原理 …………………………………… 262
思考题与练习题 ………………………………………………………………… 264

参考文献 ………………………………………………………………………… 265

第 1 章 绪 论

在新能源汽车中，一般情况下是电机取代发动机并在电机控制器的控制下，将电能转换为机械能来驱动汽车行驶。其中，在纯电动汽车、太阳能电动汽车和燃料电池电动汽车中，电机是唯一驱动装置；在混合动力汽车中，电机是主要或者辅助动力装置。新能源汽车与普通燃油汽车最主要的区别就在于电机驱动系统。

新能源汽车的电机驱动系统主要由电气系统和机械系统组成。其中，电气系统由电机、功率转换器和电子控制器 3 个子系统构成，机械系统则由机械传动和车轮等构成。在电气系统和机械系统的连接过程中，机械系统是可选的，有些新能源汽车的电机是装在轮毂上直接驱动车轮运动的。

1.1 新能源汽车概述

1.1.1 新能源汽车的定义及分类

新能源汽车的定义：新能源汽车是指采用非常规的车用燃料作为动力来源（或使用常规的车用燃料、采用新型车载动力装置），综合车辆的动力控制和驱动方面的先进技术，形成的技术原理先进，具有新技术、新结构的汽车。

新能源汽车一般包括纯电动汽车、增程式电动汽车、混合动力汽车和燃料电池电动汽车等。此外，还有其他类型的新能源汽车。

1. 纯电动汽车

纯电动汽车（battery electric vehicle, BEV）是一种采用单一蓄电池作为储能动力源的汽车，它利用蓄电池作为储能动力源，通过电池向电机提供电能，驱动电机运转，从而推动汽车行驶。

2. 增程式电动汽车

增程式电动汽车是一种配有地面充电和车载供电功能的纯电驱动的电动汽车，其运行模式可以根据需要处于纯电动模式、增程模式或混合动力模式，是介于纯电动汽车和混合动力汽车之间的一种过渡车型，具有纯电动汽车和混合动力汽车的特征，有人把它划分为纯电动汽车范畴，也有人把它划分为混合动力汽车范畴，认为它是一种插电式串联混合动力汽车。

3. 混合动力汽车

混合动力汽车(hybrid electric vehicle,HEV)是指驱动系统由两个或多个能同时运转的单个驱动系联合组成的车辆,车辆的行驶功率依据实际的车辆行驶状态由单个驱动系单独或多个驱动系共同提供。因各个组成部件、布置方式和控制策略的不同,混合动力汽车有多种形式。混合动力汽车一般又分为常规混合动力汽车和插电式混合动力汽车,下文不做特殊说明的混合动力汽车主要是指常规混合动力汽车。

4. 燃料电池电动汽车

燃料电池电动汽车(fuel cell electric vehicle,FCEV)一般采用氢燃料电池,即利用氢气和空气中的氧在催化剂的作用下,在燃料电池中经电化学反应产生的电能作为主要动力源驱动的汽车。燃料电池电动汽车实质上是纯电动汽车的一种,主要区别在于动力电池的工作原理不同。一般来说,燃料电池是通过电化学反应将化学能转化为电能,电化学反应所需的还原剂一般采用氢气,氧化剂则采用氧气,因此最早开发的燃料电池电动汽车多是直接采用氢燃料,氢气的储存可采用液化氢、压缩氢气或金属氢化物储氢等形式。

5. 其他新能源汽车

其他新能源汽车包括使用超级电容器、飞轮等高效储能器的汽车。

目前在我国,新能源汽车主要是指纯电动汽车、增程式电动汽车、插电式混合动力汽车和燃料电池电动汽车,常规混合动力汽车被归为节能汽车。故新能源汽车通常也可称为电动汽车。

1.1.2 电动汽车的关键技术

电动汽车按动力系统的电气化水平分为两类:一类是全部或大部分工况下主要由电机提供驱动功率的电动汽车(称为"纯电驱动"电动汽车,例如纯电动汽车、插电式混合动力汽车、增程式电动汽车以及燃料电池电动汽车);另一类是动力电池容量较小,大部分工况下主要由内燃机提供驱动功率的电动汽车(称为常规混合动力汽车)。从培育战略性新兴产业角度看,发展电气化程度比较高的"纯电驱动"电动汽车是我国新能源汽车技术的发展方向和重中之重。

1. 动力电池技术

动力电池的关键技术包括:以动力电池模块为核心,实现我国以能量型锂离子动力电池为重点的车用动力电池大规模产业化突破;以车用能量型动力电池为主要发展方向,兼顾功率型动力电池和超级电容器的发展,全面提高动力电池输入输出特性、安全性、一致性、耐久性和性价比等综合性能;强化动力电池系统集成与热-电综合管理技术,促进动力电池模块化技术发展;实现车用动力电池模块标准化、系列化、通用化,为支撑纯电驱动电动汽车的商业化运营模式提供保障;瞄准国际前沿技术,深入开展下一代新型车用动力电池自主创新研究,为电动汽车产业中长期发展进行技术储备。

燃料电池的关键技术包括：突破燃料电池关键技术和系统集成，推进工程实用化，为新一代燃料电池汽车研发与产业化奠定核心技术基础；重点推进燃料电池的工程实用化，加强燃料电池基础材料和系统集成科技创新，研发高稳定性、高耐久性、低成本的关键材料和部件；保证电堆在高电流密度下的均一性，提高功率密度，进一步增强系统的环境适应能力，为下一代燃料电池汽车研发奠定核心技术基础。

2. 电机驱动技术

电机驱动技术面向混合动力大规模产业化需求方面的关键技术是：开发混合动力发动机/电机总成和机电耦合传动总成（电机＋变速器），形成系列化产品和市场竞争力，为混合动力汽车大规模产业化提供技术支撑。

电机驱动技术面向纯电驱动大规模商业化示范需求方面的关键技术是：开发纯电动汽车驱动电机及其传动系统系列，为实现纯电动汽车大规模商业示范提供技术支撑；面向下一代纯电驱动系统技术攻关，从新材料、新结构、自传感电机、IGBT芯片封装和驱动系统混合集成、新型传动结构等方面着手，开发高效率、高材料利用率、高密度和适应极限环境条件的电力电子、电机与传动技术，探索下一代车用电机驱动及其传动系统解决方案，满足电动汽车可持续发展需求。

3. 电控系统技术

电控系统在混合动力汽车方面的关键技术包括：重点开发混合动力专用发动机先进控制算法、混合动力系统先进实时控制网络协议、多部件间的转矩耦合和动态协调控制算法，研制高性能的混合动力系统（整车）控制器，满足混合动力汽车大规模产业化技术需求。

电控系统在纯电动汽车方面的关键技术包括：重点开发先进的纯电驱动汽车分布式、高容错和强实时控制系统，高效、智能和低噪声的电动化总成控制系统（电动空调、电动转向、制动能量回馈控制系统），电动汽车的车载信息、智能充电及其远程监控技术，满足纯电动汽车大规模示范需要。

电控系统在其他方面的关键技术还包括：重点开发基于新型电机集成驱动的一体化底盘动力学控制、高性能的下一代整车控制器及其专用芯片、电动汽车智能交通系统（intelligent transport system，ITS）与车网融合技术（V2X，包括 V2G：汽车到电网的链接；V2H：汽车到家庭的链接；V2V：汽车到汽车的链接等网络通信技术），为下一代纯电驱动汽车开发提供技术支撑。

4. 混合动力汽车技术

在针对常规混合动力汽车大规模产业化需求方面，其关键技术是：开展系列化混合动力系统总成开发，协调控制、能量管理等关键技术攻关和整车产品的产业化技术研发，将节能环保发动机开发与电动化技术有机结合，重点突破产品性价比，形成市场竞争优势；突破混合动力汽车产业化关键技术，构建混合动力汽车零部件配套保障体系，开展批量化生产装备与工艺、质量管理体系以及配套的维修检测设备开发，建成混合动力汽车专用的装配、检测、检验生产线。

在中度混合动力方面,其关键技术是:突破混合动力汽车关键技术,深化发动机控制技术研究,解决动力源工作状态切换和动态协调控制,以及能源优化管理,掌握整车故障诊断技术,进一步提高整车的可靠性、耐久性、性价比,开发出高性价比、具有市场竞争力、可大规模产业化的混合动力汽车系列产品。

在深度混合动力方面,其关键技术是:突破混合动力系统构型技术及能量管理协调控制技术,开发深度混合动力新构型;开发出高性价比、可大规模批量生产的深度混合动力轿车和商用车产品。

5. 纯电动汽车技术

在小型纯电动汽车方面,其关键技术是:开发系列化特色纯电驱动车型及其能源供给系统,并探索新型商业化模式;实现小型纯电动汽车(含增程式)关键技术突破,重点掌握电气系统集成、动力系统匹配和整车热-电综合管理等技术;开发出舒适、安全、性价比高的小型纯电动汽车系列产品。

在纯电动商用车方面,其关键技术是:重点研究整车 NVH(noise-噪声,vibration-振动,harshness-声振粗糙度)、轻量化、热管理、故障诊断、容错控制与电磁兼容及电安全技术。

在插电式混合动力汽车方面,其关键技术是:掌握插电式混合动力构型及专用发动机系统研发技术;突破高效机电耦合技术、轻量化、热管理、故障诊断、容错控制与电磁兼容技术、电安全技术;开发出高性价比、可满足大规模商业化示范需求的插电式混合动力轿车和商用车系列产品。

6. 燃料电池汽车技术

燃料电池汽车的关键技术是:面向高端前沿技术突破需求,基于高功率密度、长寿命、高可靠性的燃料电池发动机技术,突破新型氢-电-结构耦合安全性等关键技术,攻克适应氢能源供给的新型全电气化底盘驱动系统平台技术,研制出达到国际先进水平的燃料电池轿车和客车;掌握车载供氢系统技术,实现关键部件的自主开发,掌握下一代燃料电池汽车动力系统平台技术,研制下一代燃料电池轿车和客车产品。

1.2 电动汽车电机驱动概述

1.2.1 电动汽车用电机的使用环境与要求

1. 电动汽车用电机的使用环境

在电动汽车上,电机及其控制器是将车载电源的电能转换为机械能,并通过传动机构驱动车轮转动的动力装置。与工业生产机械、家用电器等电机相比,电动汽车用电机的工作环境有明显的不同。

1)工况变化频繁

由于电动汽车运行时工况变化频繁,经常启动/停车、加速/减速、上坡/下坡等,电机的负载随之而变，因此，电机作为电动汽车驱动动力，其输出转矩和功率变化频繁。

2）在冲击、振动的环境下工作

电动汽车运行时的颠簸与振动都会传递给电机，此外，电机还要承受汽车在紧急制动、急转弯、急加速时的惯性力，因此，电动汽车用电机是在冲击、振动的环境下工作的。

3）车载电源能量有限

工业生产机械、家用电器等电机的电源来自电网，电能源源不断，而电动汽车的电源（动力电池、燃料电池、辅助动力单元）能量是有限的，当能量用尽时，需要停止电动汽车的运行，通过充电、添加燃料来恢复其消耗的能量。

4）电机本身也是负载

电机作为电动汽车行驶的驱动动力源，需要随着电动汽车一起运动，电机及其控制器本身的质量也是汽车质量的一部分，因此，电机和控制器本身也是汽车动力装置的负载，需要消耗其输出的机械能量。

2. 电动汽车对驱动电机的要求

由于电动汽车特殊的工作环境，对电动汽车用电机有比普通电机更高的要求，主要体现在以下几个方面。

1）电机的过载能力强

从减小电机自身的质量和确保电机的工作效率的角度考虑，电机的功率不宜过大，这就要求电机的瞬时功率和最大转矩都要大，即要求电机短时过载能力要强，以满足电动汽车起步、加速和上坡时的动力需要。

2）电机的调节性能好

为适应电动汽车行驶工况的频繁变化，要求电机有较宽的调速范围和理想的转矩调节特性，可实现低速恒转矩调速和高速恒功率调速。

3）电机的效率高、逆向工作性能好

在电机的整个运行范围内，均有很高的效率，以节约电能，提高电动汽车一次充电的续驶里程；驱动电机可在发电机状态下高效工作，以实现电动汽车制动能量回馈，进一步提高电动汽车的续驶里程。

4）电机工作可靠性好、结构尺寸小

要求电机在较为恶劣的环境下能长期、稳定、可靠地工作，并且使用与维护方便；电机的结构尺寸小、质量轻（是普通电机的$1/3 \sim 1/2$），以利于电动汽车整车的空间布置，减轻车重，提高电动汽车的动力性和经济性。

5）其他要求

电机的结构简单，适合于大批量生产，价格低，运行时的噪声低等。

1.2.2 电动汽车电机驱动系统的组成与类型

1. 电动汽车电机驱动系统的组成

电机驱动系统是电动汽车的心脏，它由电动机、功率转换器、控制器、各种检测传感器和电源（动力电池）组成，其任务是在驾驶员的控制下，高效率地将动力电池的电量转化为车轮的动能,或者将车轮的动能反馈到动力电池中。图 1-1 所示为电机驱动系统的基本组成框图。

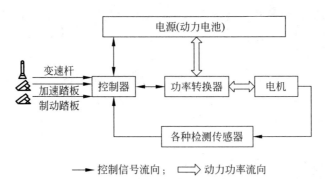

图 1-1　电机驱动系统的基本组成框图

早期的电动汽车主要采用直流电机系统,但直流电机有机械换向装置,必须经常维护。随着电力电子技术的发展,交流调速逐渐取代直流调速。现代电动汽车常用的驱动系统有 3 种:异步电机系统、永磁无刷电机系统和开关磁阻电机系统。

功率转换器按所选电机类型,有 DC/DC 功率转换器、DC/AC 功率转换器等形式,其作用是按所选电机驱动电流的要求,将动力电池的直流电转换为相应电压等级的直流、交流或脉冲电源。

检测传感器主要对电压、电流、速度、转矩以及温度等进行检测,其作用是改善电机的速度与转矩的调节特性,对于永磁无刷电机或开关磁阻电机还要求有电机转角位置检测。

控制器的作用是按照驾驶员操纵变速杆、加速踏板和制动踏板等,输入相应的前进、倒退、起步、加速、制动等信号,以及各种检测传感器反馈的信号,通过运算、逻辑判断、分析比较等适时向功率转换器发出相应的指令,使整个驱动系统有效运行。

2. 电动汽车驱动装置的类型

在纯电动汽车、混合动力电动汽车及燃料电池电动汽车上所用的驱动装置均有不同的结构。

1) 按驱动装置形式分类

按照驱动装置形式分,电动汽车驱动装置有机械驱动方式、半机械驱动方式和纯电力驱动方式等。

(1) 机械驱动方式。这种驱动方式的驱动装置除电机外,通常还包括变速器、传动轴、后桥和半轴等传动部件。这种驱动方式在并联或混联式混合动力电动汽车上有较多的应用。纯电动汽车采用这种驱动方式的优点是对电机的调速控制要求相对较低;缺点是机械传动有能量损失,驾驶操作复杂,维修的工作量大。因此,纯电动汽车和燃料电池电动汽车较少采用机械驱动方式。

(2) 半机械驱动方式。半机械驱动方式取消了传动效率低、操作烦琐的齿轮变速器,只采用了减速齿轮、差速器、半轴等一部分机械传动装置来传递动力。半机械驱动方式可充分利用电机的无级变速和调速范围宽的特点。

(3) 纯电力驱动方式。纯电力驱动方式无机械传动机构,驱动装置由左右两个双联式电机或轮毂式电机组成,分别直接驱动左右两个驱动车轮。纯电力驱动方式的传动效率高,可利用的空间大,驾驶操作简便,但对电机控制器的要求较高。

2) 按驱动电机数量分类

按驱动装置所用电机的数量分,电动汽车驱动装置有单电机驱动系统和多电机驱动系统两种。

(1) 单电机驱动系统。驱动系统只用一个电机,能最大限度地减小电机部分的体积、质量及成本,但必须配备机械传动机构。

(2) 多电机驱动系统。采用多个电机,每个电机单独驱动一个车轮。多电机驱动系统能降低单个电机的电流和额定功率,效率较高,容易均衡电机的尺寸和质量,但必须安装电子差速器或采用电子控制系统实现差速,因而成本较高。

3. 电动汽车用驱动电机的类型

电机是电动汽车驱动装置的核心部件。应用于各种电动汽车上的电机的结构类型有多种,现按不同的分类方法予以概括。电机本身具有可逆性,可以作为电动机使用,也可以作为发电机使用。本书中,如没有特殊说明,电机一般表示电动机。

1) 按电机的工作电源分类

按电机工作电源的不同,电动汽车用电机可分为直流驱动电机、交流驱动电机和方波驱动电机三类。

(1) 直流驱动电机。输入电机的电流方向不变。直流驱动电机有励磁式和永磁式两种。励磁式直流驱动电机的磁极有励磁绕组,通入电流后产生方向不变的磁场;永磁式直流驱动电机的磁极为永久磁铁,这种形式的电机在电动汽车上很少应用。

(2) 交流驱动电机。通过控制器将电源的直流电转换为正弦波交流电,输入定子绕组后产生旋转磁场。交流驱动电机有交流异步电机和永磁同步电机两种类型。

(3) 方波驱动电机。通过控制器将电源的直流电转换为方波交流电或脉冲直流电。由交流方波或脉冲电压驱动的电机有永磁直流无刷电机和开关磁阻电机两种类型。

2) 按电机的结构与工作原理分类

按电机的结构与工作原理不同进行分类,可将电动汽车电机驱动系统所选的电机分为直流电机、无刷直流电机、异步电机、永磁同步电机和开关磁阻电机等。

(1) 直流电机。直流电机具有起动加速时驱动力大、调速控制简单、技术成熟等优点。但是直流电机的电枢电流由电刷和换向器引入,换向时产生电火花,换向器容易烧蚀,电刷容易磨损,需经常更换,维护工作量大。接触部分存在磨损,不仅使电机效率降低,还限制了电机的工作转速。新研制的电动汽车基本不采用直流电机。

(2) 无刷直流电机。无刷直流电机也可称为直流无刷电机,是一种高性能的电机,它既有交流电机的结构简单、运行可靠、维护方便等诸多优点,又具备运行效率高、无励磁损耗、运行成本低和调速性能好等特点。因此,它在电动汽车上的应用日益广泛。

(3) 异步电机。异步电机在电动汽车上得到广泛应用是因为其采用变频调速时,可以取消机械变速器,实现无级变速,使传动效率大为提高。另外,异步电机很容易实现正反转,再生制动能量的回收也更加简单。当采用笼型转子时,异步电机还具有结构简单、坚固耐用、价格便宜、工作可靠、效率高和免维护等优点。

（4）永磁同步电机。永磁同步电机的结构与无刷直流电机相似，不同之处在于它采用正弦波驱动，所以在具备无刷直流电机优点的同时，还具有噪声低、体积小、功率密度大、转动惯量小、脉动转矩小、控制精度高等特点，特别适用于混合动力电动汽车电机驱动系统，可以达到减小系统体积、改善汽车加速性能和行驶平稳等效果，因此，永磁同步电机受到了全世界各大汽车生产厂家的重视。

（5）开关磁阻电机。开关磁阻电机是一种新型电机，因其结构简单、坚固、工作可靠、效率高，调速系统运行性能和经济指标比普通的交流调速系统好，而且具有很大的潜力，被公认为一种极有发展前途的电动汽车驱动电机。

随着电子技术和计算机技术的飞速发展，新的电机理论与控制方式层出不穷，推动新的电机驱动系统迅猛发展。高密度、高效率、轻量化、低成本、宽调速电机驱动系统已成为各国研究和开发的主要热点。

电动汽车用驱动电机的分类如图1-2所示。

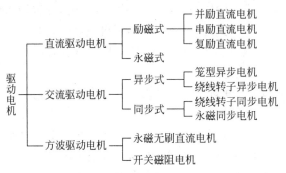

图 1-2 电动汽车用驱动电机的分类

四种典型电动汽车用电机的性能比较见表1-1。

表 1-1 四种典型电动汽车用电机的性能比较

性能	典型电机			
	直流电机	交流异步电机	永磁同步电机	开关磁阻电机
功率密度	低	中	高	较高
力矩转速性能	一般	好	好	好
转速范围/(r/min)	4 000~6 000	9 000~15 000	4 000~10 000	>15 000
功率因数/%	—	82~85	90~93	60~65
峰值效率/%	85~89	94~95	95~97	85~90
过载能力/%	200	300~500	300	300~500
电机质量	重	中	轻	轻
电机外形尺寸	大	中	小	小
可靠性	一般	好	优	好
结构坚固性	差	好	一般	优
控制操作性能	最好	好	好	好
控制器成本	低	高	高	一般

1.3 电机控制技术概述

1.3.1 电机控制技术的发展

从主传动机电能量转换角度来说,电机控制技术由机械控制系统(如齿轮箱变速)、机械和电气联合控制系统(如感应电机电磁离合器调速)发展到全电气控制系统(基于电力电子电源变换器的电机控制系统)。

从控制电路来说,电机控制技术由模拟电路、数字和模拟混合电路发展到全数字电路控制系统。

从电机控制策略来说,最初是低效有级控制(如直流电机电枢回路串分级电阻调速、绕线式感应电机转子回路串电阻与鼠笼式异步电机变极调速),接着是低效率无级控制(如异步电机改变转差率调速),后来又改进成高效率无级控制(如直流电机斩波调压调速、交流电机变频调速、交流电机矢量控制与直接转矩控制系统),现在发展到高性能智能型控制系统(如自适应系统参数辨识与自校正控制、神经元或神经网络控制、模糊逻辑控制、模糊神经网络控制等电机控制系统)。

从电力电子控制器结构来说,电机控制技术由体积庞大的电子管控制系统、小功率晶体管控制系统、大功率无自关断能力的晶闸管控制系统发展到全控型电力电子器件(包括电力GTR、功率 MOSFET 和 IGBT 等)构成的控制系统。用于电机控制系统的电源变换器有AC-DC 可控整流器、DC-DC 斩波器、DC-AC 逆变器、AC-DC-AC 交直交变换器等。

1.3.2 电机控制技术的研究现状

就电机的控制目标来说,主要有速度控制和位置控制两大类。电机的速度控制系统也称为电机调速系统,它广泛地应用于机械、冶金、化工、造纸、纺织、矿山和交通等工业部门。电机的位置控制系统或位置伺服系统也称为电机的运动控制(motion control)系统。电机的运动控制系统是通过电机伺服驱动装置将给定的位置指令变成期望的机构运动,一般系统功率不大,但有定位精度要求,并具有频繁起动和制动的特点,在雷达、导航、数控机床、机器人、打印机、复印机、扫描仪、磁记录仪、磁盘驱动器和自动洗衣机等领域得到广泛应用。

随着电力电子技术、微电子技术和稀土永磁材料的飞速发展,高性能电机控制技术不断地更新,成本不断地降低,新型电机不断地出现,交流电机驱动系统正不断地取代直流电机控制系统。电机控制技术的研究现状主要有以下几个方面。

1. 新型功率控制器件和 PWM 技术应用

可控型功率控制器件的不断进步为电机控制系统的完善提供了硬件保证,尤其是新的可关断器件,如电力晶体管(giant transistor,GTR)、金属氧化物半导体场效应晶体管(metal-oxide-semiconductor field-effect transistor,MOSFET)、绝缘栅双极型晶体管(insulated gate bipolar transistor,IGBT)等的实用化,使得高频、高压、大功率脉冲宽度调制(pulse width modulation,PWM)控制技术成为可能。电机控制的基本手段就是如何控制

PWM 波形使得功率控制器件输出的电压和电流波形能满足电机高性能运行的要求。目前电力电子技术正朝着高频、高压、大功率、多电平和智能化方向发展。

2. 矢量变换控制技术与现代控制理论的应用

交流异步电机是一种多变量、强耦合、非线性的机电一体化执行元件,传统的电压与频率之比恒定的控制策略是以电机本身稳态运行为立足点,即从电机机械特性出发分析研究电机的运行状态和特性,其动态控制效果不够理想。20 世纪 70 年代初德国学者在前人提出的坐标变换基础上提出了异步电机矢量变换控制方法。该方法的基本思想是:将异步电机的定转子绕组分别经过坐标变换后等效成两相正交的绕组,并从转子磁场的角度观测实现了异步电机电气变量的解耦控制。矢量变换控制方法已经从最初的异步电机推广到了同步电机的控制,并出现了基于矢量变换的各种控制形式。

此外,为了解决矢量变换控制系统的复杂性和控制精度问题,又相继提出了一些新的控制方法,如直接转矩控制、空间矢量调制技术和定子磁场定向控制等。尤其是利用微处理器实时控制,使得现代控制理论中各种控制方法得到应用,如最优控制、滑模变结构控制、模型参考自适应控制、状态观测器、扩展卡尔曼滤波器和智能控制等,提高了控制过程的动态性能,增强了系统的鲁棒性等。

3. 单片机和数字信号处理技术的应用

随着微电子技术的发展,微控制器的运算能力和可靠性得到很大提高,以单片机(micro control unit,MCU)为控制核心的全数字化控制系统不断地取代传统的模拟器件控制系统。但是单片机只能处理信息量不大的简单系统,对于交流电机这样复杂的控制系统,要求存储多种数据并具有快速、实时处理能力,可采用数字信号处理技术(digital signal processing,DSP)的嵌入式解决方案。这样可以将系统控制、故障监视、诊断和保护、人机交互接口等功能集成一体,实现高性能复杂算法的控制系统。此外,可编程逻辑控制器(programmable logic controller,PLC)、现场总线系统(field bus system,FBS)、现场可编程门阵列(field-programmable gate array,FPGA)和控制局域网(controller area network,CAN)与微机相结合在电机控制系统中的应用也不断深入。

4. 新型电机和无传感器控制技术研究

各种电机控制系统的发展对电机本身也提出了更高的要求,需要研究新型电机设计、动态建模和控制策略,如直接联网高压电机设计、永磁电机设计、超声波电机设计、交流励磁发电机转子交流励磁控制、双馈感应电机设计和控制、磁悬浮直线电机设计、电子线路板元器件布置平面电机设计、开关磁阻电机设计与驱动控制、电机阻尼绕组的合理设计、异步电机转子鼠笼导条的故障诊断以及三维物理场的计算等问题。

高性能的控制系统利用位置传感器或速度传感器检测转子位置或速度,而这类机械传感器使系统体积增大、可靠性降低、成本提高,而且易受环境的影响。为此,研究无传感器的控制系统成为研究的新热点。无传感器的电机控制方法是利用检测到的电机状态信号(如电压和电流信号),通过基于电机控制数学模型而设计的位置或速度观测器实时计算出电机转子位置或速度。由于算法复杂,计算量大,需要采用具有高速计算能力的微控制器芯片。

思考题与练习题

1.1 简述新能源汽车的定义。
1.2 简述新能源汽车的分类。
1.3 简述电动汽车的关键技术。
1.4 简述电动汽车对驱动电机的要求。
1.5 分析电动汽车电机驱动系统的组成。
1.6 简述电动汽车驱动系统的类型。
1.7 简述电动汽车用电机的类型。
1.8 简述电机控制技术的研究现状。

第 2 章 电磁学基础知识

电机是通过电磁感应原理来实现能量转换的机械装置,电和磁是构成电机的两大要素,缺一不可。

2.1 电磁学基本概念

2.1.1 电路的基本概念

1. 电路的基本物理量

1) 电流

电荷的定向运动形成电流;变动的电场也形成电流。电流是电路中的主要物理量之一。电流的大小为

$$i = \frac{dq}{dt} \tag{2-1}$$

按电流的大小、方向是否随时间变化,电流分为恒定电流和变动电流两种。恒定电流是大小和方向都不变的电流,又称为直流,直流常用大写字母 I 表示。变动电流以小写字母 i 表示。变动电流有很多种,有的只是大小变化,有的方向也变化。最简单、最常见的变动电流是正弦电流。

电流的主单位为安[培],简称安,符号为 A;电流的辅助单位为毫安(mA)、微安(μA)和千安(kA)等。

电流的实际方向规定为正电荷运动的方向,即电子运动的反方向。直流的实际方向是恒定不变的;变动电流的实际方向可能是变化的。物理学中是采用电流的实际方向计算电路的。

电路理论中采用"电流参考方向"的概念。电路计算中采用电流参考方向,而不采用实际方向的原因有两个:①复杂电路的有些元件中,电流的实际方向预先往往难以断定;②交流电路中,电流实际方向不断变化,不便采用电流实际方向,只能指定电流的参考方向,然后用数学式表示任何瞬间电流的大小和方向。

2) 电压和电位

电压是描述电路中两点间电场力做功本领的物理量。如果元正电荷 dq 由 a 点移到 b 点的过程中,电场力所做的功为 dW_{ab},则 ab 两点间的电压为

$$u_{ab} = \frac{dW_{ab}}{dq} \tag{2-2}$$

它在数值上等于单位正电荷由 a 点移到 b 点的过程中电场力做的功。如果 $u_{ab}>0$,则正电荷经 ab 段电路由 a 移到 b 的过程中电场力做正功,ab 段电路吸收电能;如果 $u_{ab}<0$,则正电荷经 ab 段由 a 移到 b 的过程中电场力做负功,ab 段电路发出电能。直流电压常以大写字母 U 表示;变动电压以小写字母 u 表示。

电压的主单位为伏[特],简称伏,其符号为 V;电压的辅助单位为毫伏(mV)、微伏(μV)和千伏(kV)等。

两点间电压的实际方向是由实际的高电位点指向实际的低电位点的。基于与电流方向相同的原因,电路分析中也采用"电压参考方向"的概念。

电路分析中,常用到电位的概念。电路中选定一点为参考点后,某点的电位是该点到参考点的电压,电位用 V 表示。电位的基本概念如图 2-1 所示的实例电路。

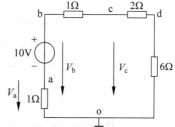

图 2-1 电位的实例电路

图 2-1 中,如果选 o 点为参考点,则 a 点的电位 $V_a=-1$V,b 点的电位 $V_b=9$V,c 点的电位 $V_c=8$V。

电位的单位也是伏。参考点的电位必为零,所以参考点又称零电位点。参考点是可以任意选择的,电子电路中一般选所接元件较多的点为参考点。参考点上常标以接地"⊥"的符号。电位是相对值,一点的电位因参考点不同而不同。

两点间电压等于这两点电位之差。如图 2-1 中 ab 间电压 $U_{ab}=V_a-V_b=-10$V。所以电压又称为电位差或电位降。两点间电压是一定的,与参考点无关。

3)电能

根据电压的定义可知,电量为 dq 的元电荷由 a 到 b 的过程中,电场力做的电功为

$$dW = u\,dq \tag{2-3}$$

根据式(2-1)可得

$$dW = ui\,dt \tag{2-4}$$

于是,从 $0 \sim t$ 的时间内,电能 W 为

$$W = \int_0^t ui\,dt \tag{2-5}$$

上式是计算元件或部分电路吸收电能的一般公式,它既适用于直流电路,也适用于任何交流电路。不过,在直流情况下 ui 不变,它可简化为

$$W = UIt \tag{2-6}$$

电能的单位为焦[耳],简称焦,其符号为 J。$1J=1V \cdot A \cdot s=1W \cdot s$。电能的常用单位为千瓦[小时],简称千瓦时,其符号为 kW·h。$1kW \cdot h=1\,000W \times 1h=1\,000W \times 3\,600s=3.6 \times 10^6$J。

4)电功率

电路分析中还常用到功率的概念。功率是元件或部分电路吸收或发出电能的速率。功率瞬时值以小写字母 p 表示:

$$p = \frac{dW}{dt} = ui \tag{2-7}$$

直流功率以大写字母 P 表示：
$$P = UI \tag{2-8}$$

功率的主单位为瓦[特]，简称瓦，其符号为 W；辅助单位为毫瓦(mW)、微瓦(μW)、千瓦(kW)和兆瓦(MW)。

一个电路内，各电源发出的功率之和，必等于各负载吸收的功率之和，这称为功率平衡。功率平衡是能量守恒定律在电路中的体现。电路分析中常以"功率平衡"检查计算结果正确与否。如果功率不平衡，计算必有错。

2. 电路的基本元件

1) 电阻

电阻元件的特性是用其电压与其电流之间的函数关系表示的。因为电压和电流的单位分别为伏与安，所以把电阻的这种函数关系称为伏安特性。伏安特性在直角坐标系中的几何图形称为伏安特性曲线。画伏安特性曲线时可以把电流作为纵坐标、电压作为横坐标，或反之。线性电阻的伏安特性曲线是通过坐标原点的直线，非线性电阻的伏安特性曲线是曲线或折线。

电阻元件的参数除用电阻 R 表示外，还可用电导 G 表示。电阻元件的电导与电阻互为倒数，即 $G = 1/R$ 或 $R = 1/G$。

电阻的单位为欧[姆]，简称欧，符号为 Ω。电导的单位为西[门子]，简称西，符号为 S。在电流电压参考方向关联的情况下，电阻吸收的功率为

$$p = ui = \frac{u^2}{R} = i^2 R = \frac{i^2}{G} = Gu^2 \tag{2-9}$$

式(2-9)适用于线性电阻，也适用于非线性电阻。因为 R 和 G 是正实数，所以电阻的吸收功率总是正的，即电阻总是吸收电能的，不会发出电能。因而电阻不仅是无源元件，而且是耗能元件。

为了使电气器件的运行安全可靠，并具有最佳的技术经济效能，制造商对它们的工作能力、运用性能和使用条件都作了定量的规定，这些规定就称为电气器件的额定值。额定值标在产品上或产品说明书中，常用的额定值有额定电压 U_N、额定电流 I_N 和额定功率 P_N 等。如果器件使用时的电压、电流或功率超过额定值，轻者会缩短器件的使用寿命，重者会使器件的绝缘被击穿或过分发热而损坏；如果器件使用时的电压、电流或功率小于额定值很多，则器件将得不到充分利用，影响效益；如果器件使用时的电压、电流和功率接近额定值，则不仅安全可靠，而且经济合理。

电阻器的额定电压、额定电流和额定功率之间有 $P_N = U_N I_N$ 的关系，所以这 3 个额定值未必都标明。可标额定电压和额定功率，或标额定功率和电阻，或标额定电流和电阻。

2) 电感

电感元件是只储存磁能的元件。它的物理原型是由导线绕制的线圈，如图 2-2 所示。

图 2-2 中，设线圈有 N 匝。当电流 i 通过它时，其内部及周围将产生磁场，它的每一匝都将有磁通和匝链。若

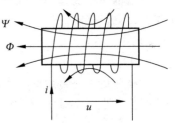

图 2-2 电感的物理原型

各匝的磁通分别为 $\Phi_1, \Phi_2, \Phi_3, \cdots, \Phi_N$，则线圈匝链的总磁通为

$$\Psi = \Phi_1 + \Phi_2 + \cdots + \Phi_N \tag{2-10}$$

称 Ψ 为该线圈的磁通链，简称为磁链，磁链与磁通的单位都是韦[伯]，简称韦，符号为 Wb。若各匝匝链的磁通相同，都是 Φ，则线圈的磁链 Ψ 为

$$\Psi = N\Phi \tag{2-11}$$

上述磁通和磁链是由流过线圈本身的电流产生的，称为自感磁通和自感磁链。如果不考虑线圈中消耗电能的现象和储存电能的现象，而只考虑其流过电流时储存磁能的现象，则线圈就被抽象成了电感元件。如果规定产生自感磁通的电流的参考方向与自感磁通的参考方向之间符合右螺旋关系，则自感磁链 Ψ 与电流 i 之比就是电感元件的电感 L，即

$$L = \frac{\Psi}{i} \tag{2-12}$$

L 也称为线圈的自感系数或自感，其物理意义为单位电流在线圈中产生的磁链。电感 L 是电感元件的唯一参数。电感的主单位为亨[利]，简称亨，符号为 H；其辅助单位为毫亨（mH）、微亨（μH）。

把电感元件中电流和自感磁链分别作为直角坐标系的横坐标和纵坐标，由此得出的 Ψ-i 关系曲线称为电感的韦安特性曲线。其韦安特性曲线是通过坐标原点的直线的电感，称为线性电感，其电感为正实常数。其韦安特性曲线是曲线的电感称为非线性电感，其电感与通过的电流大小、方向有关。空心线圈及具有较大空气隙的铁芯线圈为线性电感。铁芯变压器、电机等为非线性电感。

当电感元件中电流 i 随时间变化时，其磁链 Ψ 也随之改变，电感元件两端就感应电压 u，称此电压为自感电压。由电磁感应定律和楞次定律可知，如果指定自感电压 u 的参考方向与自感磁链 Ψ 的参考方向之间符合右手螺旋关系（图 2-2），则

$$u = \frac{\mathrm{d}\Psi}{\mathrm{d}t} \tag{2-13}$$

如果同时指定 i 的参考方向与 Ψ 的参考方向之间也符合右手螺旋关系，则对线性电感 L，可得

$$u = L \frac{\mathrm{d}i}{\mathrm{d}t} \tag{2-14}$$

因为电感是只有储存磁能现象，而没有电能消耗和电能储存现象的元件，所以，它在磁场建立过程中，由外界吸收的能量就是其中磁场能量的增量。在电流电压参考方向关联的情况下，电感在任一瞬间吸收功率 p 为

$$p = ui = Li \frac{\mathrm{d}i}{\mathrm{d}t} \tag{2-15}$$

$\mathrm{d}t$ 时间元中，电感由外界吸收的元能量 $\mathrm{d}W$ 为

$$\mathrm{d}W = p\,\mathrm{d}t = Li\,\mathrm{d}i \tag{2-16}$$

在 $0 \sim t$ 期间，电感元件吸收的能量 W 为

$$W = \int_0^t p\,\mathrm{d}t = \int_0^t Li\,\mathrm{d}i = \frac{1}{2}Li^2(t) \tag{2-17}$$

电感元件把从外界吸收的能量储存于磁场中，并不消耗能量，所以它是储能元件。另外，电感元件不会释放出多于从外界吸收的能量，所以是无源元件。

3）电容

电容元件是只储存电能的元件，它的物理原型是电容器。

电容器的品种和规格繁多，但就其构造来说，所有电容器都是由两个导体电极及它们之间的绝缘材料构成的。导体电极可以是金属或电解质；绝缘材料可以是云母、纸、金属氧化膜、陶瓷等。

实际电容器中既有储存电能的现象，又有消耗电能的现象。在其极板间加上电压时，极板上积累电荷，从而在绝缘介质中建立电场，并储存电能；绝缘介质中的传导电流和极化现象还会引起损耗，其中储存电能的现象用电容元件表示；而消耗电能的现象用电阻元件表示。所以实际电容器可用电阻元件与电容元件的串联或并联来模拟。如果电容器的损耗很小，则电容器可以用电容元件模拟。所以，电容元件是实际电容器的抽象，是无损耗的电容器。

图 2-3 为电容示意图，设 $+q$、$-q$ 分别为电容元件正极板和负极板上的电荷量，电容元件上的电压 u 的参考方向规定为由正极板指向负极板。则任何时刻正极板上电荷 q 与电压 u 之比，称为该电容元件的电容量，以 C 表示，即

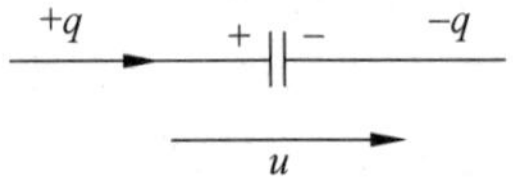

图 2-3 电容示意图

$$C = \frac{q}{u} \tag{2-18}$$

C 的主单位为法[拉]，简称法，符号为 F；辅助单位为微法（μF）、皮法（pF）。

把电容元件正极板上电荷 q 和两极板间电压 u 分别作为直角坐标系的纵坐标和横坐标，由此作出的 q-u 关系曲线称为电容的库伏特性曲线。其库伏特性曲线是通过坐标原点的直线的电容称为线性电容，其电容为正实常数。其库伏特性曲线是曲线的电容称为非线性电容，其电容与其上电压 u 的大小有关。

如果指定电流与电压的参考方向关联，如图 2-3 所示，则

$$i = \frac{dq}{dt} = C\frac{du}{dt} \tag{2-19}$$

式(2-19)就是线性电容的性能方程。它表明：任一时刻，电容中电流都正比于该时刻电压的变化率，而与电压大小、正负无关。直流情况下，u 没有变化，$i=0$，电容相当于断路，所以电容有"隔直"作用。高频情况下，电场变化快，i 大，所以电容对高频电流的阻力小，对低频电流的阻力大。

因为电容是只有储存电能现象，而没有电能消耗和磁能储存现象的元件，所以，它在电场建立过程中，由外界吸收的能量就是其中电场能量的增量。在电流电压参考方向关联的情况下，电容在任一瞬间吸收的功率 p 为

$$p = ui = Cu\frac{du}{dt} \tag{2-20}$$

dt 时间元中，电容由外界吸收的元能量 dW 为

$$dW = p\,dt = Cu\,du \tag{2-21}$$

从 $0 \sim t$ 期间，电容元件吸收的能量 W 为

$$W = \int_0^t p\,dt = \int_0^t Cu\,du = \frac{1}{2}Cu^2(t) \tag{2-22}$$

电容元件是储能元件，也是无源元件。

3. 电路的基本定律

1) 基尔霍夫电流定律

基尔霍夫电流定律(KCL)指出：电路中流入某一节点的电流的代数和等于零，即

$$\sum I_k = 0 \tag{2-23}$$

上式表明，在电路中，电流是连续的，流入某一节点的电流之和等于流出该节点的电流之和。式中，I_k 为某一支路电流。

2) 基尔霍夫电压定律

基尔霍夫电压定律(KVL)指出：电路中任一闭合回路电压的代数和为零，即

$$\sum V_k = 0 \tag{2-24}$$

上式表明，在电路中，任一闭合回路的电动势之和全部由无源元件所消耗的压降所平衡。式中，V_k 为某一回路中的压降。

3) 欧姆定律

欧姆定律在物理中已讲过。物理中，欧姆定律是按电阻上电压电流的实际方向写的，其数学表达式为

$$u = Ri \tag{2-25}$$

它是线性电阻的伏安特性，即线性电阻的性能方程。其中 R 为电阻元件的电阻，它是正实常数。

2.1.2 磁场的基本概念

1. 磁场的基本物理量

1) 磁感应强度 B

通电导体周围会产生磁场，磁场是一矢量。通常用磁感应强度 B 来描述磁场的强弱，磁感应强度 B 的单位为 T(特或特斯拉)。通电导体中的电流与所产生的磁场之间符合右手螺旋定则，如图 2-4 所示。

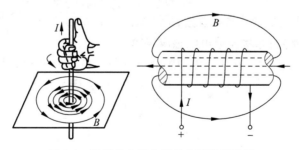

图 2-4 磁场与电流之间的右手螺旋定则

2) 磁通 Φ

磁场的强弱可用磁力线的疏密来形象地描述。穿过某一截面积 S 的磁力线总数称为磁通量，简称磁通，一般用 Φ 表示，即

$$\Phi = \oint_S B \, dS \tag{2-26}$$

对于均匀磁场,若 B 与 S 相互垂直,则上式变为

$$\Phi = BS \quad \text{或} \quad B = \frac{\Phi}{S} \tag{2-27}$$

由此可见,磁感应强度 B 反映的是单位面积上的磁通量,故又称为磁通密度,简称磁密。磁通量 Φ 的单位为 Wb(韦或韦伯),$1\text{T}=1\text{Wb}/\text{m}^2$。

3) 磁场强度 H

磁场强度是表征磁场性质的另一基本物理量,同样是一矢量。磁场强度 H 的单位名称为安[培]每米,单位符号为 A/m。磁感应强度 B 与磁场强度 H 的比值反映了磁性材料的导磁能力。于是 B 与 H 之间的关系为

$$B = \mu H \tag{2-28}$$

式中,μ 为导磁材料的磁导率。真空的磁导率为 $\mu_0 = 4\pi \times 10^{-7} \text{H}/\text{m}$;铁磁材料的磁导率 μ 远远大于 μ_0,即

$$\mu = \mu_r \mu_0 \tag{2-29}$$

式中,μ_r 为导磁介质的相对磁导率。

2. 电磁学的基本定律

1) 电生磁的基本定律(安培环路定律)

凡有电流流动的导体的周围均会产生磁场,即"电生磁"。由载流导体产生的磁场大小可用磁场强度 H 来表示,磁力线的方向与电流的方向满足右手定则。假定在一根导体中通以电流 I,则在导体周围空间的某一平面上产生的磁场强度为 H。沿任何一个闭合磁回路的磁场强度线积分等于该回路所环链的所有电流的代数和,即

$$\oint_L H \, dl = \sum I \tag{2-30}$$

假定闭合磁力线是由 N 匝线圈电流产生的,且在光滑、闭合磁力线 l 上的磁场强度 H 处处相等,则上式可变为

$$Hl = NI \tag{2-31}$$

其中 NI 为作用在整个磁路上的磁通势 f,即全电流数,单位为 A。

2) 磁生电的基本定律(法拉第电磁感应定律)

交变的磁场会产生电场,并在导体中感应电动势。所感应电动势与磁场之间符合法拉第电磁感应定律,即

$$e = -N \frac{d\Phi}{dt} \tag{2-32}$$

式中,N 为绕组的匝数。

上述讨论说明磁场的变化会在导体中产生感应电动势。如果磁场静止不变,而让导体在磁场中运动,相对于导体来说,磁场仍是变化的,那么根据法拉第电磁感应定律,同样会在导体中产生感应电动势,其大小为

$$e = Blv \tag{2-33}$$

式中,B 为磁场的磁感应强度;l 为导体的有效长度;v 为导体切割磁场的速度。

感应电动势的方向可用图 2-5 所示的右手定则确定：将右手掌摊平，四指并拢，大拇指与四指垂直，让磁力线指向手掌心，大拇指指向导体切割磁力线的运动方向，则 4 个手指的指向就是导体中感应电动势的方向。

3）电磁力定律

磁场对磁场中载流导体所施加的力称为安培力。在通以电流的导体上取一小段导体 $\mathrm{d}l$，其电流元 $i\mathrm{d}l$ 受安培力的大小及方向由安培定律来描述，即

$$\mathrm{d}F = Bi\mathrm{d}l \tag{2-34}$$

式中，B 为电流元所在处的磁感应强度；$\mathrm{d}F$ 为磁场对电流元的作用力。

一个载电流的导体回路 l 所受的力可由式（2-34）沿回路 l 的积分得到。在均匀磁场中，若载流直导体与 B 方向垂直，长度为 l，流过的电流为 i，则载流导体所受的力为

$$F = Bil \tag{2-35}$$

电磁力的方向可用图 2-6 所示的左手定则确定：左手大拇指与其余四指互相垂直，让磁力线穿过手心，四指指向电流的方向，则大拇指所指的方向即为电磁力的方向。

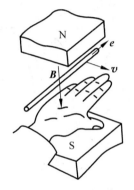

图 2-5 右手定则示意图

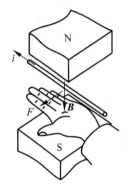

图 2-6 左手定则示意图

3. 铁磁材料的特性

各类电机都是以磁场作为媒介，通过电磁感应作用实现能量转换的，所以在电机里必须有引导磁能的磁路。为了在一定的励磁电流下产生较强的磁场，电机和变压器的磁路都是用导磁性能良好的铁磁材料制成的。铁磁材料包括铁、钴、镍及其合金（如电机和变压器中常用的硅钢片），其特性简述如下。

1）良好的导电性

铁磁材料与电机中常用的导电材料（铜或铝）相比较，虽然其电阻率较大，但是它仍然是一种有较好导电性能的导电材料。

2）高的导磁性能与磁化曲线的非线性

所有非铁磁材料（如铜、铝、绝缘材料和木材等）的磁导率都接近于空气的磁导率 μ_0，而铁磁材料的磁导率 μ_{Fe} 比 μ_0 大几百到几千倍，所以在同样大小的电流下，带铁芯线圈的磁通比空芯线圈的磁通大得多。

使铁磁材料在外界磁场作用下（外施励磁磁动势），改变励磁磁动势大小，测出磁感应强度 B 与磁场强度 H，得到 B 与 H 的关系曲线 $B = f(H)$，称之为铁磁材料的磁化曲线，如

图 2-7 所示。

由图 2-7 可知,铁磁材料的磁化曲线不是一条直线。在 Oa 段,B 的增加缓慢;在 ab 段,B 几乎随 H 正比增加而且增长迅速;在 bc 段,B 的增加又缓慢下来;在 c 点以后,当 H 再继续增加时,B 几乎不再增加了。铁磁材料当 H 较大时 B 增加变缓甚至几乎不增加的现象,称为磁饱和现象。图 2-7 中同时示出了磁导率 μ 与磁场强度 H 的关系曲线 $\mu = f(H)$,由图可知,当铁磁材料饱和时,其磁导率 μ 变小,即其导磁性能变差。

对于非铁磁材料,$B = \mu_0 H$,即 $B = f(H)$ 是一条直线。

3) 磁滞现象和磁滞损耗

在测取铁磁材料的磁化曲线时,改变外施励磁磁动势的大小及方向,使磁场强度在 $-H_m \sim +H_m$ 之间反复磁化,所得的 $B = f(H)$ 关系曲线是图 2-8 所示的闭合曲线 $abcdefa$,称为铁磁材料的磁滞回线。同一铁磁材料在不同的 H_m 值上有不同的磁滞回线。把不同 H_m 值的各磁滞回线的顶点(如图中 a 点)连接起来所得的曲线,称为基本磁化曲线(如图中的 Oa)。

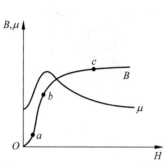

图 2-7 铁磁材料的磁化曲线

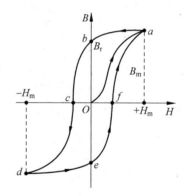

图 2-8 铁磁材料的磁滞回线

由图 2-8 可知,上升磁化曲线与下降磁化曲线不重合。下降时 B 的变化总是滞后于 H 的变化,当 H 下降到零时,B 未下降到零而是仅下降至某一数值 B_r,这种现象称为磁滞现象,B_r 称为剩余磁感应强度。

铁磁材料在交变磁场的作用下反复磁化时,内部的磁畴不停地往返倒转而消耗能量,引起损耗,这种损耗称为磁滞损耗 p_n。它与磁通的交变频率 f 及磁感应强度的幅值 B_m 的关系为 $p_n \propto f \cdot B_m^{\alpha}$。

对于常用的硅钢片,当 $B_m = 1.0 \sim 1.6$ T 时,$\alpha = 2$。硅钢片的磁滞回线较窄,磁滞损耗较小,所以电机和变压器的铁芯都用硅钢片。

4) 涡流损耗

当铁芯中的磁通发生交变时,在铁芯内也会感应电动势并产生感应电流,如图 2-9 所示。由于此电流在铁芯内的流动状况呈漩涡状,故称之为涡流。此涡流在铁芯电阻上的损耗称为涡流损耗 p_w。

涡流损耗 p_w 与磁通的交变频率 f、铁芯中磁感应强度幅值

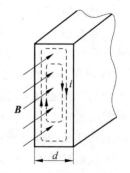

图 2-9 一片铁芯中的涡流

B_m、钢片的电阻 r_w 及钢片厚度 d 的关系为 $p_w \propto f^2 \cdot B_m^2 \cdot d^2/r_w$,由此式可知,为了减少涡流损耗,必须减少钢片的厚度,所以电工钢片的厚度一般为 0.35mm 和 0.5mm。同时必须增加钢片的电阻率,所以电工钢片中常加入 4% 左右的硅,变成硅钢片。

所以,当铁芯中的磁通交变时,有磁滞损耗和涡流损耗,合称为铁芯损耗,简称为铁耗(p_{Fe})。

2.2 电机磁路理论基础

2.2.1 磁场与磁能

双线圈励磁的铁芯如图 2-10 所示,铁芯上装有线圈 A 和 B,匝数分别为 N_A 和 N_B。主磁路由铁芯磁路和气隙磁路串联构成,两段磁路的断面面积均为 S。假设外加电压 u_A 和 u_B 为任意波形电压,励磁电流 i_A 和 i_B 也为任意波形电流,图中给出了电压和电流的正方向。

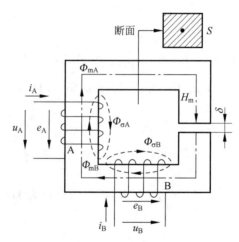

图 2-10 双线圈励磁的铁芯

1. 单线圈励磁

先讨论仅有线圈 A 励磁的情况。当电流 i_A 流入线圈时,便会在铁芯内产生磁场。根据安培环路定律,有

$$\oint_L H \mathrm{d}l = \sum i \tag{2-36}$$

式中,H 为磁场强度,A/m;$\sum i$ 为该闭合回线包围的总电流,A。

在图 2-10 中,取铁芯断面的中心线为闭合回线,环行方向为顺时针方向,根据安培环路定律,若电流正方向与闭合回线的环行方向符合右手螺旋关系时,i 便取正号,否则取负号。沿着该闭合回线,假设铁芯磁路内的 H_m 处处相等,方向与积分路径一致,气隙内 H_δ 也如此。于是,有

$$H_m l_m + H_\delta \delta = N_A i_A = f_A \tag{2-37}$$

式中，l_m 为铁芯磁路的长度，m；δ 为气隙长度，m；N_A 为线圈 A 的匝数；f_A 为磁路的磁动势，A。$H_m l_m$ 和 $H_\delta \delta$ 为磁压降，并表明线圈 A 提供的磁动势 f_A 被主磁路的两段磁压降所平衡。此时，f_A 相当于产生磁场 H 的"源"，类似于电路中的电动势。

在铁芯磁路内，磁场强度 H_m 产生的磁感应强度 B_m 为

$$B_m = \mu_{Fe} H_m = \mu_r \mu_0 H_m \tag{2-38}$$

式中，μ_{Fe} 为铁芯磁导率，H/m；μ_r 为相对磁导率，H/m；μ_0 为真空磁导率，H/m。

在气隙磁路内，磁场强度 H_δ 产生的磁感应强度 B_δ 为

$$B_\delta = \mu_0 H_\delta \tag{2-39}$$

式中，μ_0 为真空磁导率，H/m。

将式(2-38)和式(2-39)代入式(2-37)，可得

$$f_A = \frac{B_m}{\mu_{Fe}} l_m + \frac{B_\delta}{\mu_0} \delta \tag{2-40}$$

若不考虑气隙 δ 内磁场的边缘效应，气隙内磁场 B_δ 也均匀分布，于是式(2-40)可写为

$$f_A = B_m S \frac{l_m}{\mu_{Fe} S} + B_\delta S \frac{\delta}{\mu_0 S} \tag{2-41}$$

式(2-41)中的各物理量可以定义为

$$\Phi_{mA} = B_m S, \quad R_m = \frac{l_m}{\mu_{Fe} S}, \quad \Phi_\delta = B_\delta S, \quad R_\delta = \frac{\delta}{\mu_0 S} \tag{2-42}$$

式中，Φ_{mA} 为铁芯磁路主磁通，Wb；R_m 为铁芯磁路磁阻，1/H（每亨[利]）；Φ_δ 为气隙磁通，Wb；R_δ 为气隙磁路的磁阻，1/H。

由于磁通具有连续性，显然有 $\Phi_{mA} = \Phi_\delta$，则有 $B_m = B_\delta$。于是根据式(2-41)可得

$$f_A = \Phi_{mA} R_m + \Phi_\delta R_\delta = \Phi_{mA} (R_m + R_\delta) = \Phi_{mA} R_{m\delta} = \Phi_\delta R_{m\delta} \tag{2-43}$$

式中，$R_{m\delta}$ 为串联磁路的总磁阻，1/H。

通常，磁阻的倒数定义为磁导，即 $\Lambda = 1/R$，磁导的单位为 H（亨）。则磁路的欧姆定律有另外一种表达方式：

$$f_A = \frac{\Phi_{mA}}{\Lambda_m} + \frac{\Phi_\delta}{\Lambda_\delta} = \Phi_{mA} \left(\frac{1}{\Lambda_m} + \frac{1}{\Lambda_\delta} \right) = \Phi_{mA} \frac{1}{\left(\dfrac{\Lambda_m \Lambda_\delta}{\Lambda_m + \Lambda_\delta} \right)} = \Phi_{mA} \frac{1}{\Lambda_{m\delta}} \tag{2-44}$$

式(2-43)和式(2-44)表明，作用在磁路上的总磁动势恒等于闭合磁路内各段压降之和，这就是磁路的欧姆定律。

对图 2-10 所示的磁路而言，尽管铁芯磁路长度比气隙磁路长得多，但由于 μ_{Fe} 远大于 μ_0，气隙磁路的磁阻还是要远大于铁芯磁路的磁阻。对于这个具有气隙的串联磁路，总磁阻将取决于气隙磁路的磁阻，磁动势大部分将降落在气隙磁路中。在很多情况下，为了问题分析的简化，可将铁芯磁路的磁阻忽略不计，此时磁动势 f_A 与气隙磁路磁压降相等，即有

$$f_A = H_\delta \delta = \Phi_\delta R_\delta \tag{2-45}$$

图 2-10 中，因为主磁通 Φ_{mA} 是穿过气隙后而闭合的，提供了气隙磁通，所以又将 Φ_{mA} 称为励磁磁通。定义线圈 A 的励磁磁链为

$$\Psi_{mA} = \Phi_{mA} N_A \tag{2-46}$$

由式(2-37)、式(2-43)和式(2-46)，可得

$$\Psi_{mA} = \frac{N_A^2}{R_{m\delta}} i_A \qquad (2\text{-}47)$$

定义线圈 A 的励磁电感 L_{mA} 为

$$L_{mA} = \frac{\Psi_{mA}}{i_A} = \frac{N_A^2}{R_{m\delta}} = N_A^2 \Lambda_{m\delta} \qquad (2\text{-}48)$$

L_{mA} 表征了线圈 A 单位电流产生磁链 Ψ_{mA} 的能力。对于图 2-10 的具体磁路,又将 L_{mA} 称为线圈 A 的励磁电感。L_{mA} 的大小与线圈 A 匝数的二次方成正比,与串联磁路的总磁导成正比。由于总磁导与铁芯磁路的饱和程度(μ_{Fe})有关,因此 L_{mA} 便是一个与励磁电流 i_A 相关的非线性参数。若将铁芯磁路的磁阻忽略不计($\mu_{Fe} = \infty$),L_{mA} 便是一个仅与气隙磁导和匝数有关的常数,即有 $L_{mA} = N_A^2 \Lambda_\delta$。

在磁动势 f_A 作用下,还会产生没有穿过气隙主要经由铁芯外空气磁路而闭合的磁场,称为漏磁场。它与线圈 A 交链,产生漏磁链 $\Psi_{\sigma A}$,可表示为

$$\Psi_{\sigma A} = L_{\sigma A} i_A \qquad (2\text{-}49)$$

式中,$L_{\sigma A}$ 为线圈 A 的漏电感,mH。$L_{\sigma A}$ 表征了线圈 A 单位电流产生漏磁链 $\Psi_{\sigma A}$ 的能力,由于漏磁场主要分布在空气中,因此 $L_{\sigma A}$ 近乎为常值,且在数值上远小于 L_{mA}。

线圈 A 的总磁链为

$$\Psi_{AA} = \Psi_{\sigma A} + \Psi_{mA} = L_{\sigma A} i_A + L_{mA} i_A = L_A i_A \qquad (2\text{-}50)$$

式中,Ψ_{AA} 为线圈 A 中电流 i_A 产生的磁场链过自身线圈的磁链(称为自感磁链),Wb,L_A 为自感(由漏电感 $L_{\sigma A}$ 和励磁电感 L_{mA} 两部分构成)。这样,通过电感就将线圈 A 产生磁链的能力表现为一个集中参数。在以后的分析中可以看出,电感是非常重要的参数。

当励磁电流 i_A 变化时,磁链 Ψ_{AA} 将发生变化。根据法拉第电磁感应定律,Ψ_{AA} 的变化将在线圈 A 中产生感应电动势 e_{AA}。若设 e_{AA} 的正方向与 i_A 的正方向一致,i_A 的方向与 Φ_{mA} 的方向之间符合右手法则,则有

$$e_{AA} = -\frac{d\Psi_{AA}}{dt} \qquad (2\text{-}51)$$

根据电路的基尔霍夫第二定律,线圈 A 的电压方程为

$$u_A = R_A i_A - e_{AA} = R_A i_A + \frac{d\Psi_{AA}}{dt} \qquad (2\text{-}52)$$

由式(2-51)和式(2-52)可得,在时间 dt 内输入铁芯线圈 A 的净电能 dW_{eAA} 为

$$dW_{eAA} = u_A i_A dt - R_A i_A^2 dt = -e_{AA} i_A dt = i_A d\Psi_{AA} \qquad (2\text{-}53)$$

在没有任何机械运动的情况下,由电源输入的净电能 dW_{eAA} 将会全部变成磁场能量的增量 dW_m,于是

$$dW_m = dW_{eAA} = i_A d\Psi_{AA} \qquad (2\text{-}54)$$

设磁路的 Ψ-i 曲线如图 2-11 所示。

当磁通是从 0 增长到 Φ_{mA} 时,相应地线圈 A 磁链由 0 增长到 Ψ_{AA},根据图 2-11 的 Ψ-i 曲线,图中阴影部分的面积是磁路的磁场能量,即磁能 W_m,则有

$$W_m = \int_0^{\Psi_{AA}} i \, d\Psi \qquad (2\text{-}55)$$

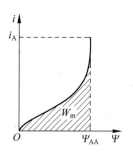

图 2-11 磁路的 Ψ-i 曲线

显然,图 2-11 中的 Ψ-i 曲线为非线性。若忽略铁芯磁路的磁阻和漏磁场的漏磁,Ψ-i 曲线便是一条直线,即图 2-11 的曲线改成直线后重新计算阴影部分面积,则磁能 W_m 为

$$W_m = \frac{1}{2} i_A \Psi_{AA} = \frac{1}{2} L_A i_A^2 \tag{2-56}$$

在一定磁感应强度下,介质的磁导率 μ 越大,磁场的储能密度就越小,否则相反。对于图 2-10 所示的电磁装置,由于 μ_{Fe} 远大于 μ_0,因此,绝大部分磁场能量 W_m 将储存在气隙中。

2. 双线圈励磁

对于图 2-10 所示的电磁装置,现分析线圈 A 和线圈 B 同时励磁的情况。此时忽略铁芯磁路磁阻,磁路为线性,故可以采用叠加原理,分别由磁动势 f_A 和 f_B 计算出各自产生的磁通。

同线圈 A 一样,可以求出线圈 B 产生的磁通如 Φ_{mB} 和 $\Phi_{\sigma B}$,此时线圈 B 的自感磁链 Ψ_{BB} 为

$$\Psi_{BB} = \Psi_{\sigma B} + \Psi_{mB} = L_{\sigma B} i_B + L_{mB} i_B = L_B i_B \tag{2-57}$$

式中,$L_{\sigma B}$ 为线圈 B 的漏电感;L_{mB} 为线圈 B 的励磁电感;L_B 为线圈 B 的自感。

线圈 B 产生的磁通同时要与线圈 A 交链,反之亦然。这部分相互交链的磁通称为互感磁通。在图 2-10 中,励磁磁通 Φ_{mB} 全部与线圈 A 交链,则电流 i_B 在线圈 A 中产生的互感磁链 Ψ_{AB} 为

$$\Psi_{AB} = \Phi_{mB} N_A = i_B N_B \Lambda_\delta N_A \tag{2-58}$$

定义线圈 B 对线圈 A 的互感为 L_{AB},则由式(2-58)可得 L_{AB} 为

$$L_{AB} = \frac{\Psi_{AB}}{i_B} = N_A N_B \Lambda_\delta \tag{2-59}$$

同理,线圈 A 对线圈 B 的互感 L_{BA} 与线圈 B 对线圈 A 的互感为 L_{AB} 相等,即

$$L_{AB} = L_{BA} = N_A N_B \Lambda_\delta \tag{2-60}$$

在图 2-10 中,当电流 i_A 和 i_B 的方向同为正时,两者产生的励磁磁场方向一致,因此两线圈互感为正值。若改变 i_A 或 i_B 的正方向,或者改变其中一个线圈的绕向,则两者的互感便成为负值。值得注意的是,如果 $N_A = N_B$,则有 $L_{mA} = L_{mB} = L_{AB} = L_{BA}$,即两线圈不仅励磁电感相等,且励磁电感又与互感相等。

线圈 A 的全磁链 Ψ_A 可表示为

$$\Psi_A = \Psi_{AA} + \Psi_{AB} = L_A i_A + L_{AB} i_B \tag{2-61}$$

同理,线圈 B 的全磁链 Ψ_B 可表示为

$$\Psi_B = \Psi_{BB} + \Psi_{BA} = L_B i_B + L_{BA} i_A \tag{2-62}$$

感应电动势 e_A 和 e_B 分别为

$$e_A = -\frac{d\Psi_A}{dt} \tag{2-63}$$

$$e_B = -\frac{d\Psi_B}{dt} \tag{2-64}$$

在时间 dt 内,由外部电源输入铁芯线圈 A 和 B 的净电能 dW_e 为

$$dW_e = -(e_A i_A + e_B i_B)dt = \left(\frac{d\Psi_A}{dt} + \frac{d\Psi_B}{dt}\right)dt = i_A d\Psi_A + i_B d\Psi_B \tag{2-65}$$

由电源输入的净电能 dW_e 将全部转化为磁场能量的增量 dW_m，即有

$$dW_m = dW_e = i_A d\Psi_A + i_B d\Psi_B \tag{2-66}$$

当两个线圈的磁链由 0 分别增长为 Ψ_A 和 Ψ_B 时，整个电磁装置的磁场能量 W_m 为

$$W_m = \int_0^{\Psi_A} i_A d\Psi + \int_0^{\Psi_B} i_B d\Psi \tag{2-67}$$

因为磁路为线性，则有

$$W_m = \frac{1}{2} i_A \Psi_A + \frac{1}{2} i_B \Psi_B = \frac{1}{2} L_A i_A^2 + L_{AB} i_A i_B + \frac{1}{2} L_B i_B^2 \tag{2-68}$$

2.2.2 机电能量转换

对于图 2-10 所示的电磁装置，当线圈 A 和 B 分别接到电源上时，只能进行电能和磁能之间的转换，改变电流 i_A 和 i_B，只能增加或减少磁场能量，而不能将磁场能量转换为机械能，也就无法将电能转换为机械能。这是因为装置是静止的，其中没有运动部分。若将磁场能量释放出来转换为机械能，前提条件就是要有可运动部件。现将该电磁装置改装为如图 2-12 所示具有定子、转子绕组和气隙的机电装置。此时相当于在均匀气隙 δ 中加装一个也由铁磁材料构成的转子，再将线圈 B 嵌放在转子槽中，成为转子绕组，而线圈 A 成了定子绕组（由两个线圈串联而成，总匝数仍为 N_A），且有 $N_A = N_B$。定、转子间单边气隙长度为 g，总气隙 $\delta = 2g$。为简化计，忽略定子、转子铁芯磁路的磁阻，这样磁场能量就全部储存在两个气隙中。

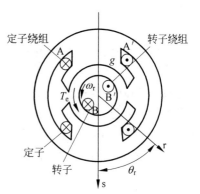

图 2-12　具有定子、转子绕组和气隙的机电装置

图 2-12 中，给出了绕组 A 和 B 中电流的正方向。当电流 i_A 为正时，产生的径向励磁磁场的方向由上至下，且假定在气隙中为正弦分布（或取其基波磁场），将该磁场磁感应强度幅值所在处的径向线称为磁场轴线 s。同理，将正向电流 i_B 产生的径向基波磁场轴线定义为转子绕组轴线 r。取 s 轴为空间参考轴，电角度 θ_r 为转子位置角，因 θ_r 是以转子逆时针旋转而确定的，故转速正方向应为逆时针方向，电磁转矩正方向应与转速正方向相同，也为逆时针方向。

因气隙均匀，故转子在旋转时，定子、转子绕组励磁电感 L_{mA} 和 L_{mB} 保持不变，又因绕组 A 和 B 的匝数相同，故有 $L_{mA} = L_{mB}$。

但是，此时绕组 A 和 B 间的互感 L_{AB} 不再是常值，而是与转子位置 θ_r 相关的函数。对于基波磁场而言，可得 $L_{AB}(\theta_r)$ 和 $L_{BA}(\theta_r)$ 为

$$L_{AB}(\theta_r) = L_{BA}(\theta_r) = M_{AB}\cos\theta_r \tag{2-69}$$

式中，M_{AB} 为互感最大值（$M_{AB} > 0$），H。当定子、转子绕组轴线重合时，绕组 A 和 B 处于全耦合状态，两者间的互感 M_{AB} 达到最大值，显然有 $M_{AB} = L_{mA} = L_{mB}$。

与图 2-10 所示的电磁装置相比，在图 2-12 所示的机电装置中，磁能 W_m 不仅是 Ψ_A 和

Ψ_B 相关的函数，还与转子位置 θ_r 相关，即有

$$W_m = W_m(\Psi_A, \Psi_B, \theta_r) \tag{2-70}$$

于是，由于磁链和转子位置变化而引起的磁能变化 dW_m（全微分）应为

$$dW_m = \frac{\partial W_m}{\partial \Psi_A} d\Psi_A + \frac{\partial W_m}{\partial \Psi_B} d\Psi_B + \frac{\partial W_m}{\partial \theta_r} d\theta_r \tag{2-71}$$

可将式(2-71)改写为

$$dW_m = i_A d\Psi_A + i_B d\Psi_B + \frac{\partial W_m}{\partial \theta_r} d\theta_r \tag{2-72}$$

与式(2-66)相比，式(2-72)多出了第三项，它是由转子角位移引起的磁能变化。这就是说，由于转子的运动引起了气隙储能变化，在磁场储能变化过程中，将部分磁场能量转化为了机械能。

设想在 dt 时间内转子转过一个微小的电角度 $d\theta_r$（虚位移或实际位移），这会引起磁能的变化，同时转子上将受到电磁转矩 T_e 的作用，电磁转矩为克服机械转矩所做的机械功 dW_{mech} 为

$$dW_{mech} = T_e d\theta_r \tag{2-73}$$

根据能量守恒原理，机电系统的能量关系应为

$$dW_e = dW_m + dW_{mech} = dW_m + T_e d\theta_r \tag{2-74}$$

式(2-74)中，等式左端为 dt 时间内输入系统的净电能；等式右端第一项为 dt 时间内磁场吸收的总磁能，这里忽略了铁芯磁路的介质损耗（不计铁磁材料的涡流和磁滞损耗）；等式右端第二项为 dt 时间内转变为机械能的总能量。

将式(2-65)和式(2-72)代入式(2-74)，则有

$$T_e d\theta_r = dW_e - dW_m = (i_A d\Psi_A + i_B d\Psi_B) - \left(i_A d\Psi_A + i_B d\Psi_B + \frac{\partial W_m}{\partial \theta_r} d\theta_r\right)$$

$$= -\frac{\partial W_m}{\partial \theta_r} d\theta_r = -\frac{\partial W_m(\Psi_A, \Psi_B, \theta_r)}{\partial \theta_r} d\theta_r \tag{2-75}$$

式(2-75)表明，当转子因微小角位移引起系统磁能变化时，转子上将受到电磁转矩作用，电磁转矩方向应为在恒磁链下使系统磁能减小的方向。这是以两绕组磁链和转角为自变量时的转矩表达式。

应该指出，式(2-75)对线性和非线性磁路均适用，具有普遍性。再有，式(2-75)中，当 W_m 对 θ_r 求偏导数时，令磁链或电流为常值，这只是因自变量选择带来的一种数学约束，并不是对系统实际进行的电磁约束。

忽略铁芯磁路磁阻，图 2-12 所示机电装置的磁场储能可表示为

$$W_m = \frac{1}{2} L_A i_A^2 + L_{AB}(\theta_r) i_A i_B + \frac{1}{2} L_B i_B^2 \tag{2-76}$$

对比式(2-68)和式(2-76)可以看出，式(2-76)中的互感 L_{AB} 为转角 θ_r 的函数，此时磁场储能将随转子位移而变化。

将式(2-76)代入式(2-75)，可得

$$T_e = i_A i_B \frac{\partial L_{AB}(\theta_r)}{\partial \theta_r} = -i_A i_B M_{AB} \sin\theta_r \tag{2-77}$$

对于图 2-12 所示的转子位置，电磁转矩方向应使 θ_r 减小，使磁能 W_m 减小，因此实际转

矩方向为顺时针方向。

对比图 2-10 所示的电磁装置和图 2-12 所示的机电装置,可以看出,后者的气隙磁场已作为能使电能与机械能相互转换的媒介,成了两者的耦合场。

若转子不动,则 $dW_{mech}=0$,由电源输入的净电能将全部转换为磁场储能,此时图 2-10 所示的机电装置就与图 2-12 所示的电磁装置相当。

若转子旋转,转子位移将会引起气隙中磁能变化,并使部分磁场能量释放出来转换为机械能。这样,通过耦合场的作用,就实现了电能和机械能间的转换。

所以,转子在耦合场中运动将产生电磁转矩,运动电动势和电磁转矩构成了一对机电耦合项,是机电能量转换的核心部分。

2.2.3 电磁转矩的控制

在电气传动系统中,电机向拖动负载提供驱动转矩,对负载运动的控制是通过对电机电磁转矩的控制而实现的,如图 2-13 所示。

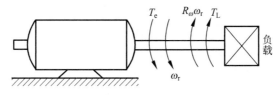

图 2-13 电机及负载

根据动力学原理,可写出机械运动方程为

$$T_e = J\frac{d\omega_r}{dt} + R_\omega \omega_r + T_L \tag{2-78}$$

式中,T_e 为电磁转矩,N·m;T_L 为负载转矩(包括了空载转矩,空载转矩是电机空载损耗引起的可认为是恒定的阻力转矩),N·m;ω_r 为转子机械角速度,rad/s;J 为系统转动惯量(包括转子),kg·m²;R_ω 为阻尼系数,通常是 ω_r 的非线性函数。

如果电气传动对系统的转速提出控制要求,如能够在一定范围内平滑地调节转速,或者能够在所需转速上稳定地运行,或者能够根据指令准确地完成加(减)速、起(制)动以及正(反)转等运动过程,这就需要构成调速系统。

由上面机械运动方程可知,对系统转速的控制实则是通过控制动转矩($T_e - T_L$)来实现的。这就意味着,只有能够有效而精确地控制电磁转矩,才能构成高性能的调速系统。在实际生产中,负载运动的表现不一定都是转速,也可能是电气传动对旋转角位移提出控制要求,这就需要构成位置随动系统。位置随动系统又称为伺服系统,主要解决位置控制问题,要求系统具有对位置指令准确跟踪的能力。

由图 2-13,可得

$$\frac{d\theta_r}{dt} = \omega_r \tag{2-79}$$

式中,θ_r 为转子旋转角度(机械角度),rad。

由机械方程,可得

$$T_e = J\frac{d^2\theta_r}{dt} + R_\omega \frac{d\theta_r}{dt} + T_L \quad (2-80)$$

显然,对电机转子位置的控制也只能通过控制动转矩($T_e - T_L$)来实现。为构成高性能伺服系统,就需要对电磁转矩具备很强的控制能力。

在实际控制中,无论是调速系统还是伺服系统,都是带有负反馈的控制系统,然而对控制性能的要求各有侧重。例如,对调速系统而言,如果系统的给定信号是恒值,则希望系统输出量即使在外界扰动情况下也能保持不变,即系统的抗扰性能十分重要。对伺服系统而言,位置指令是经常变化的,是个随机变量。系统为了准确地跟随给定量的变化,必须具有良好的跟随性能,也就要求提高系统的快速响应能力。但是,提高系统的这些控制性能,其前提条件和基础是提高对电磁转矩的控制品质。或者说,对电机的各种控制,归根结底是对电磁转矩的控制,对电磁转矩的控制品质将直接影响到整个控制系统的性能。

思考题与练习题

2.1 简述基尔霍夫电流定律。

2.2 简述基尔霍夫电压定律。

2.3 简述安培环路定理。

2.4 简述法拉第电磁感应定律。

2.5 简述电磁力定律。

2.6 画出铁磁材料的磁化曲线并分析其原理。

2.7 画出铁磁材料的磁滞回线并分析其原理。

第 3 章 电力电子技术基础知识

3.1 电力电子技术概述

电力电子技术(power electronics technology)与信息电子技术(模拟电子技术和数字电子技术)构成了电子技术的整体。国际电气和电子工程师协会(Institute of Electrical and Electronics Engineers,IEEE)的电力电子学会对电力电子技术的定义是:有效地使用电力半导体器件,应用电路和设计理论以及分析开发工具,实现多电能的高效能变换和控制的一门技术,它包括电压、电流、频率和波形等方面的变换。

电力电子技术包括电力电子器件、变换电路和控制电路3个部分,其中,电力电子器件是基础,变流技术是电力电子技术的核心。随着科学技术的发展,电力电子技术又与现代控制理论、材料科学、电机工程、微电子技术等许多领域密切相关。目前,电力电子技术已逐步发展成为一门多学科互相渗透的综合性技术学科。

3.1.1 电力电子器件简介

20世纪50年代,第一个晶闸管(thyristor)诞生后,电力电子器件如雨后春笋般问世并得到发展。以器件为核心的电力电子技术的发展大体可划分为两个阶段:1957—1980年称为传统电力电子技术阶段;1980年至今称为现代电力电子技术阶段。

1. 传统电力电子器件

晶闸管有两大突破:一方面是功率变换能力的突破;另一方面是实现了弱电控制强电变换的突破。晶闸管的出现使电子技术步入了功率领域,在工业上引起一场技术革命,晶闸管的派生器件越来越多,功率越来越大,性能越来越好。截至1980年,由普通晶闸管衍生出了快速晶闸管(fast switching thyristor,FWT)、逆导晶闸管(reverse-conducting thyristor,RCT)、双向晶闸管(triode AC semiconductor switch,TRIAC)和不对称晶闸管(asymmetrical silicon controlled rectifier,ASCR)等,从而形成了一个晶闸管大家族。与此同时,各类晶闸管的电压、电流、电压变化率、电流变化率等参数均有很大提高,开关特性也有很大改善。

传统的电力电子器件已发展到相当成熟的地步,但在实际应用上存在着两个制约其继续发展的重要因素。一是控制功能上的欠缺,它通过门极只能控制开通而不能控制关断,所以称之为半控制器件。要想关断这种器件必须另加用电感、电容和辅助开关器件组成的强迫换流电路,这样将使整机体积增大、重量增加、效率降低。二是因它立足于分立元器件结构,工作频率难以提高,一般情况下难以高于400Hz,因而大大地限制了它的应用范围。由于上述两个原因,以半控制器件晶闸管为代表的传统电力电子器件的发展受到极大的影响。

以晶闸管为核心的变换电路应用在直流传动、机车牵引和电化电源等领域,由于这些电路的功率因数低、网侧及负载上的谐波严重,因此阻碍了它们的继续发展。新型电力电子器件的迅速发展,为电力电子变换电路带来新的转机。但是,晶闸管系列器件的价格相对低廉,在大电流、高电压的发展空间依然较大,尤其在特大功率应用场合,其他器件尚且不易替代。在我国,以晶闸管为核心的应用设备仍有许多在生产现场使用,晶闸管及与其相关的知识目前仍是初学者的基础。

2. 现代电力电子器件

20世纪80年代以来,微电子技术与电力电子技术在各自发展的基础上相结合而产生了一代高频化、全控型的电力集成器件,从而使电力电子技术由传统的电力电子技术跨入现代电力电子技术的新时代。现代电力电子器件是指全控型的电力半导体器件,这类器件可分为三大类:双极型、单极型和混合型。

1) 双极型器件

双极型器件是指在器件内部电子和空穴两种载流子都参与导电过程的半导体器件。这类器件的通态压降低、阻断电压高、电流容量大,适合于中大容量的变流装置。常见的有门极关断晶闸管(gate turn-off thyristor,GTO)、电力晶体管(giant transistor,GTR)和静电感应晶闸管(static induction thyristor,SITH)。

2) 单极型器件

单极型器件是指器件内只有一种载流子(多数载流子)参与导电过程的半导体器件。这类器件的典型产品有:电力场控晶体管(power metal oxide semiconductor field effect transistor,PMOSFET)和静电感应晶体管(static induction transistor,SIT)。单极型器件由多数载流子导电,无少子存储效应,因而开关时间短,一般在几十纳秒以下,故工作频率高。如电力MOSFET的工作频率可达500kHz以上,SIT的截止频率可达30~50MHz。此外,它们还具有输入阻抗高,控制较为方便及抗干扰能力强等特点,属于电压控制型元件。

3) 混合型器件

所谓混合型是指双极型器件与单极型器件的集成混合。它是用双极型器件(GTR、GTO晶闸管)作为主导器件,用单极型器件(MOSFET)作为控制器件混合集成之后产生的器件。这种器件既具有双极型器件电流密度高、导通压降低的优点,又具有单极型器件输入阻抗高、响应速度快的优点。目前已开发的混合型器件有:肖特基注入MOS门极晶体管(Schottky injection MOS gate transistor,SINFET)、绝缘门极双极晶体管(insulated gate bipolar transistor,IGT或IGBT)、MOS晶闸管(MOS controlling thyristor,MCT或MCTH)等。

IGBT被认为是最有发展前途的复合器件之一,它们的出现为工业应用领域的高频化开辟了广阔的天地。IGBT 目前广泛应用于高精度变频调速、不间断电源(uninterruptible power supply,UPS)、开关电源、高频逆变式整流焊机、超声电源、高频 X 射线机电源、高频调制整流电源以及各种高性能、低损耗和低噪声的场合。

随着集成工艺的提高和突破,电力集成电路(power integrated circuit,PIC)智能功率模块(intelligent power module,IPM)也得到了进一步的发展。这些器件实现了电力器件与电路的总体集成,使微电子技术与电力电子技术相辅相成,把信息科学融入电力变换。混合型器件实现了多功能化,不但具有开关功能,还增加了保护、检测和驱动功能,使强电和弱电的结合更趋完美,应用电路更为简化,应用范围进一步拓宽。

从总体上看,现代电力电子器件的主要特点是集成化、高频化、全控化和多功能化。

3.1.2 变换电路与控制技术简介

变换电路是以电力电子器件为核心,通过不同电路和控制方法来实现对电能的转换和控制。它的基本功能是使交流(alternating current,AC)和直流(direct current,DC)电能互相转换,有以下几种类型。

(1) 可控整流器(AC-DC)。把交流电压变换成为固定或可调的直流电压,如应用于直流电机的调压调速、电解、电镀设备等。

(2) 有源逆变器(DC-AC)。把直流电压变换成为频率固定或可调的交流电压,如应用于直流输电、牵引机车制动时的电能回馈等。

(3) 交流调压器(AC-AC)。把固定或变化的交流电压变换成为可调或固定的交流电压,如应用于灯光控制、温度控制等。

(4) 无源逆变器(AC-DC-AC)。把固定或变化频率的交流电变换成频率可调的或恒定的交流电,如应用于变频电源、UPS、变频调速等设备。

(5) 直流斩波器(DC-DC)。把固定或变化的直流电压变换成为可调或固定的直流电压,如应用于电气机车、城市电车牵引等。

(6) 无触点电力静态开关。接通或切断交流或直流电流通路,用于取代接触器、继电器。

控制技术是改进变换电路的性能和效率所不可缺少的关键技术之一。对于晶闸管而言,其控制方法是调整器件的导通角,即控制触发脉冲与主电路之间的相移角,称之为相控技术。由全控型器件组成的变换电路中,多采用脉宽调制(pulse width modulation,PWM)技术,由于 PWM 技术可以有效地抑制谐波,动态响应速度快,因而使变换电路的性能大大提高。全控型器件的问世,使得变换电路与控制技术发生了巨大的变化,除了整流电路之外,其他几种变换电路的性能指标都远远超过晶闸管变换电路。无论是相控技术还是 PWM 技术,都在应用中不断地完善、改进,并涌现出许多专用集成触发(驱动)电路,使实际应用电路具有简便、工作稳定和体积小等优点。与此同时,变换电路的控制技术正朝着数字化的方向发展。

由电力电子器件构成的变换电路,具有以下典型优势:①体积小,重量轻,耐磨损,无噪声及维修方便;②功率增益高,控制灵活;③控制动态性能好,响应快(毫秒级或微秒级),动态时间短;④效率高,节约能源。

由于电力电子器件本身特性的不足,变换电路的缺点也不可避免,比如:①过载(过电压、过电流)能力低;②某些工作条件下功率因数低;③对电网会有谐波"公害"。

电力电子技术的应用范围十分广泛,在交通运输、电力系统、通信系统、计算机系统、新能源系统及家电领域均发挥了重要作用。

3.2 电力电子器件

3.2.1 电力二极管

电力二极管与普通二极管的结构、工作原理和伏安特性相似,但它的主要参数的规定、选择原则等不尽相同,使用时应当引起注意。

1. 电力二极管的结构原理与伏安特性

1) 结构原理

电力二极管的基本结构和图形符号如图 3-1 所示。

图 3-1 中,电力二极管引出两个极,分别称为阳极 A 和阴极 K,使用的符号也与普通二极管一样。由于电力二极管功耗较大,它的外形有螺旋式和平板式两种。螺旋式二极管的阳极紧拴在散热器上。平板式二极管又分为风冷式和水冷式,它的阳极和阴极分别由两个彼此绝缘的散热器紧紧夹住。

电力二极管的内部结构是一个 PN 结,结面积较大,如图 3-2 所示。

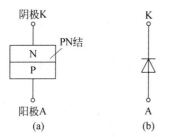

图 3-1 电力二极管的基本结构和图形符号
(a) 基本结构;(b) 图形符号

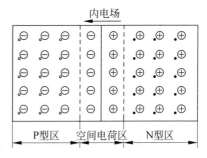

图 3-2 PN 结的形成

图 3-2 中,由于 N 区和 P 区交界处电子和空穴的浓度差异,造成了各区的多数载流子(多子)向另一区的扩散运动,到对方区内成为少数载流子(少子),从而在界面两侧分别留下了带正、负电荷但不能任意移动的杂质离子。这些不能移动的正、负电荷被称为空间电荷。空间电荷建立的电场被称为内电场或自建电场,其方向是阻止扩散运动的;另一方面又吸引对方区内的少子(对本区而言则为多子)向本区运动,这就是所谓的漂移运动。扩散运动和漂移运动既相互联系又是一对矛盾,最终达到动态平衡,正、负空间电荷量达到稳定值,形成了一个稳定的由空间电荷构成的范围,被称为空间电荷区,按所强调的角度不同也被称为耗尽层、阻挡层或势垒区。

当 PN 结外加正向电压时(正向偏置),即外加电压的正端接 P 区、负端接 N 区时,外加电场与PN结自建电场方向相反,使得多子的扩散运动大于少子的漂移运动,原来的动态平衡遭到破坏,多子的扩散运动占优势,形成扩散电流,在内部造成空间电荷区变窄,而在外电路上则形成自P区流入而从N区流出的电流,称为正向电流I_F。当外加电压升高时,自建电场将进一步被削弱,扩散电流进一步增加。这就是PN结的正向导通状态。当PN结上流过的正向电流较小时,二极管的电阻主要取决于基片的低掺杂N区的欧姆电阻,其阻值较高且为常量,因而管压降随正向电流的上升而增加;当PN结上流过的正向电流较大时,注入并积累在低掺杂N区的少子空穴浓度将很大,远远超过原始N型基片的多子浓度,为了维持半导体电中性条件,其多子浓度也相应地大幅增加,使得其电阻率明显下降,也就是电导率大大增加,这就是电导调制效应。换言之,PN结在正向电流较大时,通过正向PN结两侧载流子存储量或电导率的自动调节作用,使PN结压降随着正向电流的增大而增加很少,基本维持在1V左右,所以正向偏置的PN结表现为低阻态,通态压降很低。在GTR、SCR、IGBT、SITH和MCT等器件中,都存在着这种电导调制效应,故它们的通态压降都很低,都是利用了正向PN结的电导调制效应的优点。

当PN结外加反向电压时(反向偏置),外加电场与PN结自建电场方向相同,使得少子的漂移运动大于多子的扩散运动,原来的动态平衡遭到破坏,少子的漂移运动占优势,形成漂移电流,在内部造成空间电荷区变宽,而在外电路上则形成自N区流入而从P区流出的电流,称为反向电流I_R。但是少子的浓度很小,在温度一定时漂移电流的数值趋于恒定,被称为反向饱和电流I_S,一般仅为微安数量级,因此反向偏置的PN结表现为高阻态,几乎没有电流流过,被称为反向截止状态。这就是PN结的单向导电性,二极管的基本原理就在于PN结的单向导电性这个主要特征。

PN结具有一定的反向耐压能力,但当施加的反向电压过大时,反向电流将会急剧增大,破坏PN结反向偏置为截止的工作状态,这就叫反向击穿。按照机理不同,反向击穿有雪崩击穿和齐纳击穿两种形式。反向击穿发生时,只要外电路中采取了措施,将反向电流限制在一定范围内,则当反向电压降低后PN结仍可恢复原来的状态。但如果反向电流未被限制住,使得反向电流和反向电压的乘积超过了PN结容许的耗散功率,就会因热量散发不出去而导致PN结温度上升,直至过热而烧毁,这就是热击穿。

PN结中的电荷量随外加电压而变化,呈现电容效应,称为结电容C_J,又称为微分电容。结电容按其产生机制和作用的差别分为势垒电容C_B和扩散电容C_D。势垒电容只在外加电压变化时才起作用(空间电荷区的宽度变化,具有充放电效应),外加电压频率越高,势垒电容作用越明显。势垒电容的大小与PN结截面积成正比,与阻挡层厚度成反比;扩散电容仅在正向偏置时存在。总之,在反偏和正偏低压时,以势垒电容为主;正向电压较高时,扩散电容为结电容的主要成分。结电容影响PN结的工作频率,特别是在高速开关的状态下,可能使其单向导电性变差,甚至不能工作,应用时应加以注意。

由于电力二极管正向导通时要流过很大的电流,其电流密度较大,因而额外载流子的注入水平较高,电导调制效应有一定限度,而且对其引线和焊接电阻的压降都有明显的影响;再加上其承受的电流变化率$\Delta i/\Delta t$较大,因而对其引线和器件自身的电感效应也会有较大影响;此外,为了提高反向耐压,其掺杂浓度低也造成正向压降较大。这些都使得电力二极管与信息电子电路中的普通二极管有所区别。

2) 伏安特性

电力二极管的阳极和阴极间的电压和流过管子的电流之间的关系称为伏安特性,如图 3-3 所示。

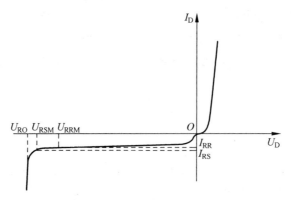

图 3-3 电力二极管的伏安特性

图 3-3 中,当从零逐渐增大二极管的正向电压时,开始阳极电流很小,这一段特性曲线很靠近横坐标轴。当正向电压大于 0.5V 时,正向阳极电流急剧上升,管子正向导通。如果电路中不接限流元件,二极管将被烧毁。

当二极管加上反向电压时,起始段的反向漏电流也很小,而且随着反向电压增加,反向漏电流只略有增大,但当反向电压增加到反向不重复峰值电压(U_{RSM})时,反向漏电流开始急剧增加。同样,如果反向电压不加限制的话,二极管将被击穿而损坏。

2. 电力二极管的主要参数

1) 额定电流(正向平均值电流)I_F

额定电流是指在规定的环境温度为 40℃ 和标准散热条件下,器件 PN 结温度稳定且不超过 140℃ 时,所允许长时间连续流过 50Hz 正弦半波的电流平均值。将此电流值取规定系列的电流等级,即为器件的额定电流 I_F。

2) 反向重复峰值电压 U_{RRM}

在额定结温条件下,取器件反向伏安特性不重复峰值电压值 U_{RSM}(图 3-3)的 80% 称为反向重复峰值电压 U_{RRM}。将 U_{RRM} 值取规定的电压等级就是该器件的额定电压。

3) 正向平均电压 U_F

在规定的环境温度为 40℃ 和标准散热条件下,器件通过 50Hz 正弦半波额定正向平均值电流时,器件阳极和阴极之间的电压的平均值,取规定系列组别称为正向平均电压 U_F,简称管压降,一般在 0.45~1V 范围内。

4) 最高工作结温 T_{jM}

结温是指管芯 PN 结的平均温度。最高工作结温是指在 PN 结不致损坏的前提下所能承受的最高平均温度,用 T_{jM} 表示。T_{jM} 通常在 125~175℃ 范围之内。

3. 电力二极管的参数选择

1) 额定正向平均电流 I_F 的选择原则

在规定的室温和冷却条件下,额定正向平均电流 I_F 可按下式计算后取相应标准系

列值:

$$I_F = (1.5 \sim 2) \times \frac{I_{DM}}{1.57} \tag{3-1}$$

式中,I_{DM} 表示流过二极管的最大电流有效值。考虑到器件的过载能力较小,因此选择时要加上 1.5~2 倍的安全余量。

2) 额定电压 U_{RRM} 的选择原则

选择电力二极管的反向重复峰值电压 U_{RRM} 的原则是,将其取为管子所工作的电路中可能承受的最大反向瞬时值电压 U_{DM} 的 2~3 倍,即

$$U_{RRM} = (2 \sim 3) U_{DM} \tag{3-2}$$

4. 电力二极管的主要类型

由于半导体物理结构和工艺上的差别,不同类型电力二极管的正向压降、反向耐压、反向漏电流及反向恢复特性等性能都各有差异。

1) 普通二极管

普通二极管又称整流二极管,多用于开关频率不高(1kHz 以下)的整流电路中。其反向恢复时间较长,一般在 5ms 以上,这在开关频率不高时并不重要,在参数表中甚至不列出这一参数。但其正向电流定额和反向电压定额却可以很高,分别可达数千安和数千伏以上。

2) 快恢复二极管

恢复过程很短,特别是反向恢复过程很短(一般在 5μs 以下)的二极管被称为快恢复二极管,简称快速二极管。工艺上多采用掺金措施,结构上有的采用 PN 结构,也有的采用改进的 PiN 结构。特别是采用外延型 PiN 结构的所谓快恢复外延二极管,其反向恢复时间更短(可低于 50ns),正向压降也很低(0.9V 左右),但其反向耐压多在 400V 以下。不管是什么结构,快恢复二极管从性能上可分为快速恢复和超快速恢复两个等级。前者的反向恢复时间为数百纳秒或更长,后者则在 100ns 以下,甚至达到 20~30ns。

3) 肖特基二极管

以金属和半导体接触形成的势垒为基础的二极管称为肖特基势垒二极管,简称为肖特基二极管。肖特基二极管在信息电子电路中早就得到了应用,但直到 20 世纪 80 年代以来,由于工艺的发展才得以在电力电子电路中广泛应用。与以 PN 结为基础的电力二极管相比,肖特基二极管的优点在于:反向恢复时间很短(10~40ns),正向恢复过程中也不会有明显的电压过冲;在反向耐压较低的情况下其正向压降也很小,明显低于快恢复二极管。因此,其开关损耗和正向导通损耗都比快速二极管还要小,效率高。肖特基二极管的弱点在于:正向耐压和反向耐压都较低,因此多用于 200V 以下的低压场合;反向漏电流较大且对温度敏感,因此反向稳态损耗不能忽略,而且必须更严格地限制其工作温度。

3.2.2 晶闸管

1. 晶闸管的结构

晶闸管的外形及图形符号如图 3-4 所示。

晶闸管的外形大致有三种:塑封形、螺栓形和平板形。图 3-4(a)所示为塑封形(额定电

流 10A 以下);图 3-4(b)和(c)所示为螺栓形(额定电流 10～200A);图 3-4(d)所示为平板形(额定电流 200A 以上)。晶闸管工作时,由于器件损耗而产生热量,需要通过散热器降低管芯温度,器件外形是为便于安装散热器而设计的。

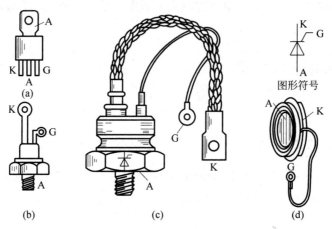

图 3-4　晶闸管的外形及图形符号
(a) 塑封形;(b)、(c) 螺栓形;(d) 平板形

晶闸管是四层($P_1N_1P_2N_2$)三端(阳极 A、阴极 K、门极 G)器件,其内部结构和等效电路如图 3-5 所示。

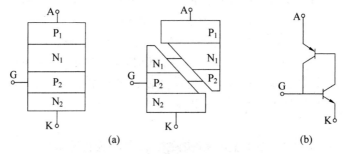

图 3-5　晶闸管的内部结构及等效电路
(a) 芯片内部结构;(b) 互补三极管等效电路

2. 晶闸管的工作原理

晶闸管的 $P_1N_1P_2N_2$ 结构又可以等效为两个互补连接的三极管,其中 N_1 和 P_2 区既是一个三极管的集电极,同时又是另一个管子的基极,如图 3-6 所示。晶闸管的工作原理可依此解释。

图 3-6 中,当晶闸管加正向阳极电压,门极也加上足够的门极电压时,则有电流 I_G 从门极流入 NPN 管的基极,即 I_{B2},经 NPN 管放大后的集电极电流 I_{C2} 流入 PNP 管的基极,再经 PNP 管的放大,其集电极电流 I_{C1} 又流入 NPN 管的基极,如此循环,产生强烈的增强式正

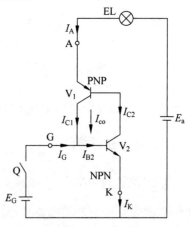

图 3-6　晶闸管工作原理示意图

反馈过程,使两个晶体管很快饱和导通,从而使晶闸管由阻断迅速地变为导通。流过晶闸管的电流将取决于外加电源电压和主回路的阻抗的大小。

晶闸管一旦导通,即使 $I_G=0$,但因 I_{C1} 的电流在内部直接流入 NPN 管的基极,晶闸管仍将继续保持导通状态。若要晶闸管关断,只有降低阳极电压到零或对晶闸管加上反向阳极电压,使 I_{C1} 的电流减少至 NPN 管接近截止状态,即流过晶闸管的阳极电流小于维持电流。

关于晶闸管的导通与关断条件,可总结如下:

(1) 晶闸管的导通条件。在晶闸管的阳极和阴极间加正向电压,同时在它的门极和阴极间也加正向电压,两者缺一不可。

(2) 晶闸管一旦导通,门极即失去控制作用,因此门极所加的触发电压一般为脉冲电压。晶闸管从阻断变为导通的过程称为触发导通。门极触发电流一般只有几十毫安到几百毫安,而晶闸管导通后,可以通过几百安、几千安的电流。

(3) 晶闸管的关断条件。使流过晶闸管的阳极电流小于维持电流。所谓维持电流就是保持晶闸管导通的最小电流。

3. 晶闸管的伏安特性

1) 阳极伏安特性

晶闸管的阳极与阴极间的电压和阳极电流之间的关系,称为阳极伏安特性。晶闸管的阳极伏安特性曲线如图 3-7 所示。

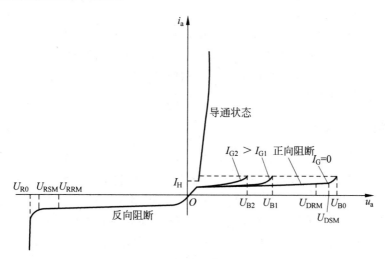

图 3-7 晶闸管的阳极伏安特性

图 3-7 中,第 I 象限为正向特性,当 $I_G=0$ 时,如果在晶闸管两端所加正向电压 u_a 未增到正向转折电压 U_{B0} 时,器件都处于正向阻断状态,只有很小的正向漏电流。当 u_a 增到 U_{B0} 时,则漏电流急剧增大,器件导通,正向电压降低,其特性和二极管的正向伏安特性相仿。通常不允许采用这种方法使晶闸管导通,因为这样的多次导通会造成晶闸管损坏。一般采用对晶闸管的门极加足够大的触发电流的方法使其导通,门极触发电流越大,正向转折电压越低。晶闸管的反向伏安特性曲线如图 3-7 中第 III 象限所示,它与整流二极管的反向

伏安特性相似。处于反向阻断状态时,只有很小的反向漏电流,当反向电压超过反向击穿电压 U_{R0} 后,反向漏电流急剧增大,造成晶闸管反向击穿而损坏。

2) 门极伏安特性

晶闸管的门极伏安特性是指晶闸管门极电压与电流的关系。晶闸管的门极和阴极之间只有一个 PN 结,所以门极伏安特性曲线和普通二极管相似,如图 3-8 所示。

同一型号的晶闸管门极伏安特性呈现较大的离散性,通常以高阻和低阻两条特性曲线为边界,划定一个区域,其他的门极伏安特性曲线都处于这个区域内。

现将门极几个主要参数的标准说明如下:

(1) 门极不触发电压 U_{GD} 和门极不触发电流 I_{GD}。不能使晶闸管从断态转入通态的最大门极电压称为门极不触发电压 U_{GD},相应的最大电流称为门极不触发电流 I_{GD}。显然小于该数值时,处于阻断状态的晶闸管不可能被触发导通,当然干扰信号应限制在该数值以下。

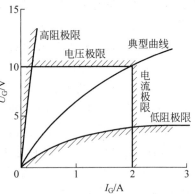

图 3-8 晶闸管的门极伏安特性

(2) 门极触发电压 U_{GT} 和门极触发电流 I_{GT}。在室温下,对晶闸管加上 6V 正向阳极电压时,使器件由断态转入通态所必需的最小门极电流称为门极触发电流 I_{GT},相应的门极电压称为门极触发电压 U_{GT}。

(3) 门极正向峰值电压 U_{GM}、门极正向峰值电流 I_{GM} 和门极峰值功率 P_{GM}。在晶闸管触发过程中,不致造成门极损坏的最大门极电压、最大门极电流和最大瞬时功率分别称为门极正向峰值电压 U_{GM}、门极正向峰值电流 I_{GM} 和门极峰值功率 P_{GM}。使用时晶闸管的门极触发脉冲应不超过以上数值。

4. 晶闸管的主要参数

1) 额定电压 U_{TN}

由图 3-7 所示晶闸管的阳极伏安特性曲线可见,当门极开路,器件处于额定结温时,根据所测定的正向转折电压 U_{B0} 和反向击穿电压 U_{R0},由制造厂家规定减去某一数值(通常为 100V),分别得到正向不可重复峰值电压 U_{DSM} 和反向不可重复峰值电压 U_{RSM},再各乘以 0.9,即得正向断态重复峰值电压 U_{DRM} 和反向阻断重复峰值电压 U_{RRM}。将 U_{DRM} 和 U_{RRM} 中较小的那个值按百位取整后作为该晶闸管的额定电压值。例如,一晶闸管实测 $U_{DRM}=840V,U_{RRM}=720V$,将二者较小的 720V 取整得 700V,该晶闸管的额定电压为 700V 即 7 级。表 3-1 所列为晶闸管额定电压的等级与额定电压范围的关系。

表 3-1 晶闸管正反向重复峰值电压的等级

级 别	额定电压/V	说 明
1,2,3,…,10	100,200,300,…,1 000	额定电压 1 000V 以下,每增加 100V 级别数加 1
12,14,16,…	1 200,1 400,1 600,…	额定电压 1 200V 以上,每增加 200V 级别数加 2

使用晶闸管时,若外加电压超过反向击穿电压,会造成器件永久性损坏。若超过正向转折电压,器件就会误导通,经数次这种导通后,也会造成器件损坏。此外,器件的耐压还会因散热条件恶化和结温升高而降低,因此选择时应注意留有充分的裕量,一般应按工作电路中可能承受到的最大瞬时值电压 U_{TM} 的 2~3 倍来选择晶闸管的额定电压,即

$$U_{TN} = (2 \sim 3) U_{TM} \tag{3-3}$$

2) 额定电流 $I_{T(AV)}$

晶闸管的额定电流也称为额定通态平均电流,即在环境温度为 40℃和规定的冷却条件下,晶闸管在导通角不小于 170°的电阻性负载电路中,当不超过额定结温且稳定时,所允许通过的工频正弦半波电流的平均值。将该电流按晶闸管标准电流系列取值,称为该晶闸管的额定电流。按照规定条件,流过晶闸管的工频正弦半波电流波形如图 3-9 所示。

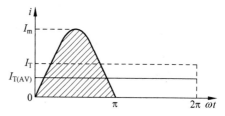

图 3-9 流过晶闸管的工频正弦半波电流波形

图 3-9 中,设电流峰值为 I_m,则通态平均电流为

$$I_{T(AV)} = \frac{1}{2\pi} \int_0^\pi I_m \sin\omega t \, d(\omega t) = \frac{I_m}{\pi} \tag{3-4}$$

该电流波形的有效值为

$$I_T = \sqrt{\frac{1}{2\pi} \int_0^\pi (I_m \sin\omega t)^2 d(\omega t)} = \frac{I_m}{2} \tag{3-5}$$

正弦半波电流的有效值与平均值之比为

$$\frac{I_T}{I_{T(AV)}} = \frac{\pi}{2} = 1.57 \tag{3-6}$$

晶闸管的额定电流用通态平均电流来表示,是因为晶闸管是可控的单向导通器件。但是,决定晶闸管结温的是管子损耗的发热效应,表征热效应的电流是以有效值表示的,不论流经晶闸管的电流波形如何,导通角有多大,只要电流有效值相等,其发热就是相同的。由式(3-6)知,额定电流 $I_{T(AV)} = 100A$ 的晶闸管,其允许通过的电流有效值 $I_T = 157A$。

对于不同的电路、不同的负载、不同的导通角,流过晶闸管的电流波形不一样,导致其电流平均值和有效值的关系也不一样。选择晶闸管额定电流时,要依据实际波形的电流有效值等于按照规定流过工频正弦半波电流时的电流有效值的原则(即管芯温升结温一样)由式(3-6)进行换算。由于晶闸管的过载能力差,一般在选用时取 1.5~2 倍的安全裕量。

3) 通态平均电压 $U_{T(AV)}$

当晶闸管中流过额定电流并达到稳定的额定结温时,阳极与阴极之间电压降的平均值,称为通态平均电压。当额定电流大小相同而通态平均电压较小时,晶闸管耗散功率也较小,则该管子的质量较好。通态平均电压 $U_{T(AV)}$ 分为 A~I,对应为 0.4~1.2V 共 9 个组别,如 A 组 $U_{T(AV)} = 0.4V$,F 组对应 $U_{T(AV)} = 0.9V$,……

4) 维持电流 I_H

在室温条件下,门极断开时,器件从较大的通态电流降至维持通态所必需的最小电流称为维持电流,它一般为几毫安到几百毫安。维持电流与元件容量、结温有关,器件的额定电

流越大,维持电流也越大。结温低时维持电流大。

5) 擎住电流 I_L

晶闸管刚从断态转入通态就去掉触发信号,能使器件保持导通所需要的最小阳极电流,称为擎住电流 I_L。一般擎住电流 I_L 为维持电流 I_H 的几倍。欲使晶闸管触发导通,必须使触发脉冲保持到阳极电流上升到擎住电流以上,否则会造成晶闸管重新恢复阻断状态,因此,触发脉冲必须具有一定的宽度。

3.2.3 电力晶体管

电力晶体管也称为功率晶体管(GTR),多数作为功率开关使用。由于电力晶体管的工作电流大,功率损耗也大,对它的要求与模拟电子技术所讨论的小信号晶体管不同。

电力晶体管在交直流调速、不间断电源(UPS)、中频电源等电力变流装置中被广泛应用。目前,在中小功率应用方面,GTR 是取代晶闸管的自关断器件之一。

1. GTR 的结构与工作原理

图 3-10 所示为 GTR 的结构示意图。

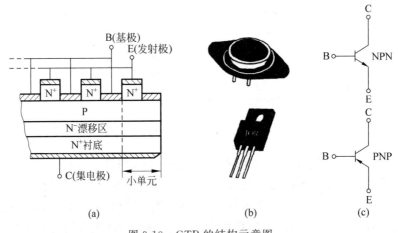

图 3-10　GTR 的结构示意图
(a) 结构剖面示意图；(b) 单管外形图；(c) 图形符号

电力晶体管有 NPN 和 PNP 两种结构,其电流由两种载流子(电子和空穴)的运动形成,又称为双极型晶体管。图 3-10 中,GTR 的内部结构原理及电极的命名与晶体三极管相同,所用概念与小信号处理时的分析是一致的,故在此不予重述。对于小功率信号的处理,晶体管的重要用途是放大信号,它要求晶体管的增益要适当、特征频率要高、噪声系数要低、线性度要好、温度漂移要小等。

作为功率开关使用的电力晶体管而言,则要求有足够大的容量(大电流、高电压)、适当的增益、较高的开关速度和较低的功率损耗等。由于电力晶体管的工作电流大、功率损耗大,器件内部的物理效应将严重地影响 GTR 的品质,造成电流增益低、特征频率降低、局部过热等问题。为了削减上述影响,在 GTR 的制造过程中采取了特殊的措施以保证功率应用的需要,如扩大结片的面积,采用特殊形状的管芯图形、精细结构等制造工艺,以增大电流、提高开关速度和提高直流增益。

图 3-11 是共发射极的单管 NPN 电力晶体管基本工作电路。

图 3-11 中，基极电流 i_B、集电极电流 i_C 与发射极电流 i_E 三者满足以下关系：

$$i_E = i_C + i_B \qquad (3-7)$$

$$\frac{i_C}{i_E} = \alpha \qquad (3-8)$$

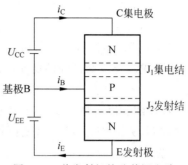

图 3-11　共发射极接法偏置电路

系数 α 称为电流传输比，它是共基极接法时的电流放大系数，$\alpha < 1$。在共发射极应用中，基极电流与发射基极电流之比十分重要，即

$$\frac{i_C}{i_B} = \frac{i_C}{i_E - i_C} = \frac{i_C/i_E}{1 - i_C/i_E} = \frac{\alpha}{1-\alpha} = \beta \qquad (3-9)$$

β 定义为集电极电流对基极电流的放大系数。若 α 接近于 1，说明传输效率很高，则 β 很大。作为大功率开关管应用时，GTR 工作在截止和导通两种状态。在理想情况下，晶体管导通时可以看成短路，截止时可看成开路（断路），而且认为从一种工作状态转换到另一种状态的理想过渡时间为零，当然实际工作情况只能是接近这一理想情况。

2．GTR 的特性

1）共发射极输出特性

图 3-12 所示为典型的双极型晶体管共发射极输出特性曲线。

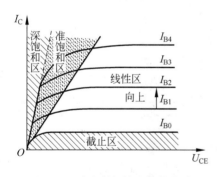

图 3-12　共发射极输出特性曲线

图 3-12 中，GTR 共发射极输出特性曲线可以分为 4 个不同工作区域：

（1）放大区（线性区）。其特点是发射结正偏，集电结反偏，集电极与基极电流呈线性关系。

（2）深饱和区。其特征是发射结、集电结都正偏。

（3）准饱和区（临界饱和区）。其特征是集电结反偏，发射结正偏，但集电极电流与基极电流不是线性关系。

（4）截止区（阻断区）。发射结、集电结反偏，I_B 为零。

电力晶体管在变流技术应用中作为开关使用，交替工作于饱和区、截止区。在状态转换过程中，快速地通过放大区及准饱和区。

2）饱和压降特性

处于深饱和区工作的 GTR 集电极电压称为饱和压降，用 U_{CES} 表示。此时的基极电压称为基极正向压降，用 U_{BES} 表示。本来它们是 GTR 输出特性和输入特性的一个局部，但在大功率应用中变成了两项重要指标，因为它直接关系到器件的导通损耗，所以有必要提醒在使用中引起注意。在产品目录中通常给出饱和压降的同时也给出 I_C 和 I_B 值。在不同的工作温度下，I_C 的大小与 U_{CES} 及 U_{BES} 有着密切的关系。

3) 反向电流与工作温度的关系

GTR 反向电流的存在不但消耗了一部分电源的能量，而且对于开关的工作没有好处，它影响 GTR 电路工作时的稳定性。因此，希望 GTR 的反向电流尽可能小，并将反向电流作为检验 GTR 质量的一个重要参数。

GTR 反向电流有：集电极与基极间的反向电流 I_{CBO}；发射极与基极间的反向电流 I_{EBO}；集电极与发射极间的反向电流 I_{CEO}。其中，I_{CBO} 与 I_{CEO} 满足以下关系：

$$I_{CEO} = (1+\beta)I_{CBO} \tag{3-10}$$

I_{CBO} 随温度升高而增大，对于硅管，温度每升高 8℃，I_{CBO} 增加 1 倍左右。I_C 随温度升高而增大，从而又使 GTR 温度更加上升，I_{CBO} 进一步增大，如此恶性循环，最后可能导致 GTR 烧毁。

为确保 GTR 工作时的稳定性，通常规定它在最高工作温度下允许的反向电流值，使晶体管不致造成热不稳定或过热损坏。

4) 动态特性

动态特性描述 GTR 的开关过程的瞬态性能，又称开关特性。在瞬态时，由于 PN 结电容的充、放电作用影响了 GTR 的开关特性。此外，为了降低导通时的功率损耗，常采用过驱动的方法，使得基区积累了大量的过剩载流子，在关断时这些载流子的消散严重影响关断时间。图 3-13 所示为 GTR 开通与关断时基极和集电极电流波形图。

由图 3-13 可知，输出波形与输入信号之间有差异，时间也有滞后。GTR 开通时需经历延迟时间 t_d 和上升时间 t_r，二者之和为开通时间 t_{on}；关断时需经历存储时间 t_s 和下降时间 t_f，二者之和为关断时间 t_{off}。在开通与关断状态的转换过程中，GTR 的工作应尽快通过线性工作区，以减少功耗。一般开通时间比关断时间小得多，在产品手册中一般不给出该参数。关断时间的数值都为微秒数量级。为了缩短关断时间可采取以下措施：选择电流增益小的器件、防止进入深饱和区工作及增加反向驱动电流。

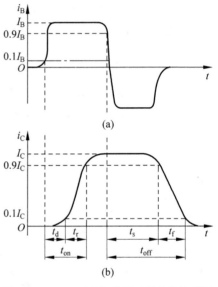

图 3-13 GTR 开通与关断过程电流波形图
(a) 基极电流波形；(b) 集电极电流波形

3. GTR 的额定参数

GTR 的额定参数是指允许施加于 GTR 上的直流电压、直流电流、耗散功率及结温等极限参数。使用中绝不可超越这些极限参数，以免造成器件失效或损坏。

1) 最高工作电压 U_{CEM}

最高工作电压通常是指最高集电极电压额定值（U_{CEM}），它不仅因器件不同而不同，即便是同一器件，也会由于基极电路条件不同而存在差异。当集电极电压超过一定值时，i_C 会急剧上升，出现非线性，晶体管进入失控区，集电极电压再进一步增加，会导致雪崩击穿。

如图 3-14 所示，GTR 在不同接线方式下的最高集电极直流电压额定值，分别用 U_{CEO}、U_{CES}、U_{CER}、U_{CEX} 和 U_{CBO} 表示。

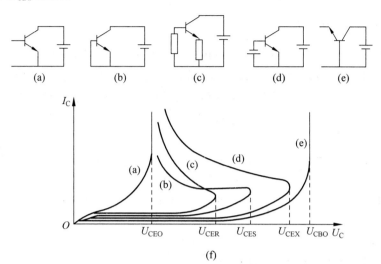

图 3-14 不同接线方式下的最高集电极电压额定值
(a) 基极开路；(b) 基极和发射极短路；(c) 发射极外接电阻；(d) 发射极反偏；
(e) 发射极开路；(f) 5 种接法的伏安特性曲线

图 3-14 中，U_{CEO} 为基极开路时集射极之间的击穿电压；U_{CES} 为基极和发射极短接时集射极之间的击穿电压；U_{CER} 为发射极外接电阻时集射极之间的击穿电压；U_{CEX} 为发射极反偏时集射极之间的击穿电压；U_{CBO} 为发射极开路时集电极与基极之间的击穿电压。其中，$U_{CBO} > U_{CEX} > U_{CES} > U_{CER} > U_{CEO}$。

实际使用时，为确保安全，最高工作电压 U_{CEM} 要比 U_{CEO} 低得多，一般要留有安全余量（2～3 倍）及增设过电压保护措施。

2) 最大电流额定值 I_{CM}

最大电流额定值通常是指允许流过集电极的最大电流值（I_{CM}）。为了提高 GTR 的输出功率，集电极输出电流应尽可能地大。但是集电极电流大，则要求基极注入的电流大，将会使 GTR 的电气性能变差，甚至导致器件损坏。使用中通常只用到 I_{CM} 的 1/3～1/2，以确保使用的稳定与安全。

3) 最高结温额定值 T_{jM}

一般情况下，塑料封装的硅管结温 T_{jM} 为 125～150℃，金属封装的硅管结温 T_{jM} 为 150～175℃，高可靠平面管结温 T_{jM} 为 175～200℃。

4) 最大功耗额定值 P_{CM}

P_{CM} 是指 GTR 在最高允许结温时所消耗功率，它受结温的限制，其大小由集电极工作电压和集电极电流的乘积决定。由于这部分能量将转化为热能并使 GTR 发热，因此，GTR 在使用中的散热条件是十分重要的，若散热条件不好，器件会因温度过高而损坏。

3.2.4 电力场效应晶体管

电力场效应晶体管简称电力 MOSFET（power MOS field effect transistor），它是对功

率较小的电力 MOSFET 的工艺结构进行了改进,在功率上有了很大突破的单极型半导体器件,属于电压控制型器件,具有驱动功率小、控制线路简单、工作频率高等优点。

1. 电力 MOSFET 的结构与工作原理

由电子技术基础可知,功率较小的 MOSFET 的栅极 G、源极 D 和漏极 S 位于芯片的同一侧,导电沟道平行于芯片表面,是横向导电器件,这种结构限制了它的电流容量。电力 MOSFET 采取两次扩散工艺,并将漏极 S 移到芯片的另一侧表面上,使从漏极到源极的电流垂直于芯片表面流过,这样有利于减小芯片面积和提高电流密度。这种采用垂直导电方式的 MOSFET 称为 VMOSFET。

电力 MOSFET 的导电沟道也分为 N 沟道和 P 沟道,栅偏压为零时漏源极之间存在导电沟道的称为耗尽型;栅偏压大于零才存在导电沟道的称为增强型。下面我们以 N 沟道增强型为例,说明电力 MOSFET 的结构。电力 MOSFET 的结构和图形符号如图 3-15 所示。

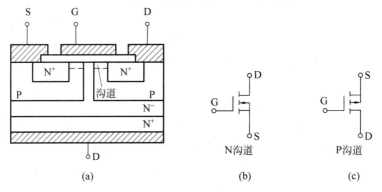

图 3-15 电力 MOSFET 的结构和图形符号

电力 MOSFET 是多元集成结构,即一个器件由多个 MOSFET 元组成,图 3-15(a)表示的是一个 MOSFET 元的组成剖面图;图 3-15(b)、(c)分别是 N 沟道、P 沟道的电力 MOSFET 图形符号。

图 3-15(a)中,当漏极接电源正极,源极接电源负极,栅源极之间电压为零或为负时,P 型区和 N^- 型漂移区之间的 PN 结反向,漏源极之间无电流流过。如果在栅极和源极间加正向电压 U_{GS},由于栅极是绝缘的,不会有电流。但栅极的正电压所形成的电场将其下面的 P 型区中的少数载流子电子吸引到栅极下面的 P 型区表面。当 U_{GS} 大于某一电压值 U_T 时,栅极下面的 P 型区表面的电子浓度将超过空穴浓度,使 P 型反型成 N 型,沟通了漏极和源极。此时,若在漏源极之间加正向电压,则电子将从源极横向穿过沟道,然后垂直(即纵向)流向漏极,形成漏极电流 I_D。电压 U_T 称为开启电压,U_{GS} 超过 U_T 越多,导电能力就越强,漏极电流 I_D 也越大。

电力 MOSFET 的多元结构使每个 MOSFET 元的沟道长度大为缩短,而且使所有 MOSFET 元的沟道并联,这势必使沟道电阻大幅度减小,从而使得在同样的额定结温下,器件的通态电流大大提高。此外,沟道长度的缩短,使载流子的渡越时间减小;沟道的并联,允许更多的载流子同时渡越,使器件的开通时间缩短,提高了工作频率,改善了器件性能。

2. 电力 MOSFET 的特性

1) 转移特性

转移特性是指电力 MOSFET 的输入栅源电压 U_{GS} 与输出漏极电流 I_D 之间的关系，如图 3-16 所示。

由图 3-16 可见，当 $U_{GS}<U_T$ 时，I_D 近似为零；当 $U_{GS}>U_T$ 时，随着 U_{GS} 的增大，I_D 也越大。当 I_D 较大时，I_D 与 U_{GS} 的关系曲线近似为线性，曲线的斜率被定义为跨导 g_m，则有

$$g_m = \frac{\Delta I_D}{\Delta U_{GS}} \tag{3-11}$$

2) 输出特性

输出特性是指以栅源电压 U_{GS} 为参变量，漏极电流 I_D 与漏源电压 U_{DS} 之间的关系，如图 3-17 所示。

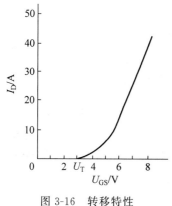

图 3-16 转移特性

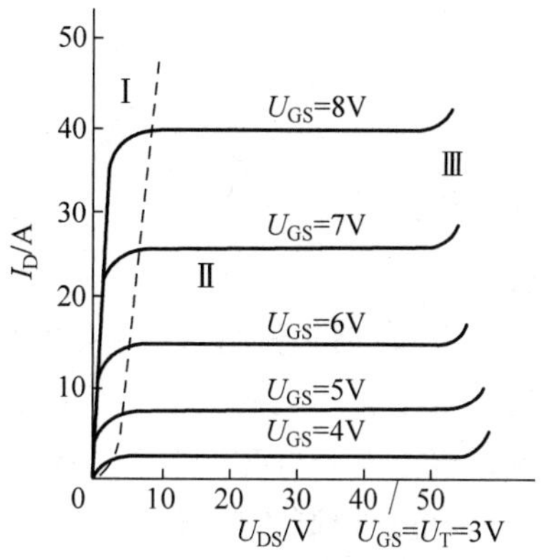

图 3-17 输出特性

图 3-17 中，输出特性分为 3 个区域：可调电阻区（Ⅰ）、饱和区（Ⅱ）和雪崩区（Ⅲ）。

可调电阻区：在此区间，器件的漏源极之间电阻受栅压控制，栅压越小，漏源极间电阻就越大。当栅压 U_{GS} 一定时，器件内的沟道已经形成，若所加漏源电压 U_{DS} 很小时，对沟道的影响可以忽略，因而 I_D 与 U_{DS} 基本呈线性关系；但当 U_{DS} 逐渐增大时，靠近漏极一端的沟道逐渐变窄，使得 I_D 增加缓慢，相当于沟道有效电阻逐渐增加；随着 U_{DS} 继续增加，开始进入饱和区。

饱和区：在此区间，当 U_{GS} 不变时，I_D 几乎不随 U_{DS} 的增加而增加，近似为一常数。

雪崩区：当 U_{DS} 增加到某一数值时，漏极 PN 结反偏电压过高，发生雪崩击穿，漏极电流 I_D 突然增加，会造成器件的损坏。使用时应尽量避免出现这种情况。

3) 开关特性

图 3-18(a) 所示电路可用于测试电力 MOSFET 的开关特性。图中 u_P 为栅极控制电压信号源，R_S 为信号源内阻，R_G 为栅极电阻，R_L 为漏极负载电阻，R_F 为检测漏极电流的电阻。如图 3-18(b) 所示，信号源产生阶跃脉冲电压，当其上升沿到来时，输入电容 C_{in}（$C_{in}=C_{GS}+C_{GD}$）充电，栅极电压 u_{GS} 按指数曲线上升；当 u_{GS} 上升到开启电压 U_T 时，开始出现漏极电流 i_D，从 u_P 上升沿到 i_D 出现的这段时间称为开通延迟时间 t_d；此后，i_D 随 u_{GS} 的增大

而上升，u_{GS} 从 U_T 上升到使 i_D 达到稳态值所用的时间称为上升时间 t_r，则开通时间 $t_{on}=t_d+t_r$；当信号源脉冲电压 u_P 下降到零时，输入电容 C_{in} 通过信号源内阻 R_S 和栅极电阻 R_G 开始放电，u_{GS} 按指数规律下降，当下降到 U_{GSP} 时，i_D 才开始减小，这段时间称为延迟关断时间 t_s；此后，C_{in} 继续放电，u_{GS} 从 U_{GSP} 继续下降，i_D 减小，直到 $u_P<U_T$ 时，沟道消失，i_D 下降到零，这段时间称为下降时间 t_f，则关断时间 $t_{off}=t_s+t_f$。

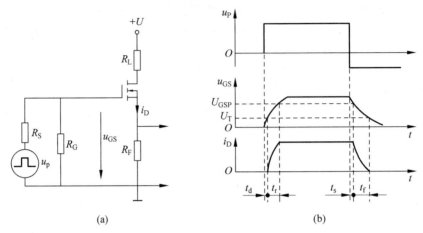

图 3-18　电力 MOSFET 的开关特征

由以上分析可知，电力 MOSFET 的开关时间与输入电容 C_{in} 的时间常数有很大的关系。使用时，C_{in} 大小无法改变，但可以改变信号源内阻 R_S 的值，从而缩短时间常数，提高开关速度。电力 MOSFET 的工作频率一般可达 100kHz 以上。尽管电力 MOSFET 的栅极绝缘，且为电压控制器件，但在开关状态，驱动信号要给 C_{in} 提供充电电流，因此需要驱动电路提供一定的功率。

3. 电力 MOSFET 的主要参数

1）漏源击穿电压 U_{DSB}

漏源击穿电压 U_{DSB} 决定了电力 MOSFET 的最高工作电压，使用时应注意结温的影响，结温每升高 100℃，U_{DSB} 约增加 10%。这与双极型器件 SCR 及 GTR 等随结温升高而耐压降低的特性恰好相反。

2）最大漏极连续电流 I_D 和最大漏极峰值电流 I_{DM}

在器件内部温度不超过最高工作温度时，电力 MOSFET 允许通过的最大漏极连续电流用 I_D 表示，允许通过的最大漏极脉冲电流用 I_{DM} 表示。I_D 和 I_{DM} 是电力 MOSFET 的电流额定参数。

3）栅源击穿电压 U_{GSB}

造成栅源极之间绝缘层被击穿的电压称为栅源击穿电压 U_{GSB}。栅源极之间绝缘层很薄，$U_{GS}>20V$ 就将发生绝缘层击穿。

4）极间电容

电力 MOSFET 极间电容包括 C_{GS}、C_{GD} 和 C_{DS}，其中 C_{GS} 为栅源电容；C_{GD} 是栅漏电容，是由器件结构的绝缘层形成的；C_{DS} 为漏源电容，是由 PN 结形成的。

器件生产厂家通常给出输入电容 C_in、输出电容 C_out 和 C_f，它们与各极间电容的关系表达式为

$$C_\text{in} = C_\text{GS} + C_\text{GD} \tag{3-12}$$

$$C_\text{out} = C_\text{DS} + C_\text{GD} \tag{3-13}$$

$$C_\text{f} = C_\text{GD} \tag{3-14}$$

以上电容的数值均与漏极电压 U_DS 有关，U_DS 越高，极间电容就越小。当 $U_\text{DS} > 25\text{V}$ 时，各电容值趋于恒定。

电力 MOSFET 不存在二次击穿的问题，这是它的一大优点。漏源间的耐压、漏极最大允许电流和最大耗散功率决定了电力 MOSFET 的安全工作区。

3.2.5 绝缘栅双极晶体管

绝缘栅双极晶体管（insulated gate bipolar transistor，IGBT），是 20 世纪 80 年代中期发展起来的一种新型复合器件。IGBT 综合了 MOSFET 和 GTR 的输入阻抗高、工作速度快、通态电压低、阻断电压高、承受电流大的优点，并得到了迅速发展和广泛应用。在电机控制、高频电源、开关电源及航空航天等领域备受青睐，并成为当前电力半导体器件的发展方向。

1. IGBT 的基本工作原理

IGBT 是在电力 MOSFET 的基础上发展起来的，两者结构十分类似，不同之处是 IGBT 多一个 P 层发射极，可形成 PN 结 J_1，使得 IGBT 导通时可由 P 注入区向 N 基区发射载流子（空穴），对漂移区电导率进行调制，因而 IGBT 具有很强的电流控制能力。图 3-19(a) 为 IGBT 的结构剖面图。

IGBT 相当于以 GTR 为主导元件、以 MOSFET 为驱动元件的达林顿结构。由增加的 P 区引出电极为集电极（C），原 VMOS 的源区电极称为发射极（E），G 仍称为栅极，如图 3-19(b) 所示为 IGBT 的图形符号。

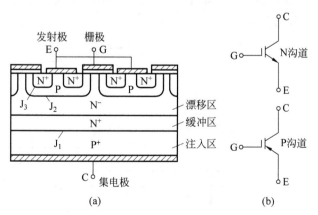

图 3-19　IGBT 的结构示意图和图形符号
(a) IGBT 的结构剖面图；(b) 图形符号

IGBT 的开通和关断是由栅极电压来控制的。栅极施以正电压时,内部等效的 MOSFET 内形成沟道,并为内部等效的 PNP 晶体管提供基极电流,从而使 IGBT 导通。在栅极上施以负电压时,内部等效的 MOSFET 内的沟道消失,内部等效的 PNP 晶体管的基极电流被切断,IGBT 即为关断。

由于 IGBT 结构上的客观特征,内部寄生着一个 PNPN 四层结构晶闸管。需防止由于寄生晶闸管通道起作用而产生的锁定效应,即 IGBT 失去了栅极控制器件关断的能力,进而引起器件产生破坏性失效。因此,除了在器件的制作工艺上采取一定措施外(如提高 IGBT 的锁定电流),在使用中还要注意防止过高的 $\Delta u/\Delta t$ 值和过大的电流值等问题。

值得提醒的是,IGBT 管的反向电压承受能力很低,只有几十伏。另外,早期的单管 IGBT 内部没有设置反并联二极管。IGBT 模块总是将二极管同 IGBT 反并联地封装在一起。

2. IGBT 的基本特性与参数特点

1) 静态特性

IGBT 的静态特性包括传输特性和输出特性。

(1) 传输特性(又称转移特性)。IGBT 的静态传输特性描述集电极电流 I_C 与栅射电压 U_{GE} 之间的相互关系,如图 3-20(a)所示,它与功率 MOSFET 的转移特性相似。U_{GE} 低于开启电压 $U_{GE(th)}$ 时,IGBT 处于关断状态;当 U_{GE} 大于开启电压 $U_{GE(th)}$ 时,IGBT 开始导通,I_C 与 U_{GE} 基本是线性关系。

加于栅射极之间的最佳工作电压 U_{GE} 可取 15V 左右。$U_{GE(th)}$ 是 IGBT 实现电导调制(即 P^+ 区向 N^- 区注入少数载流子)导通的最低栅射极之间的电压,它随温度升高而略有下降,温度每升高 1℃,其值下降 5mV 左右。在 +25℃时,IGBT 的开启电压 $U_{GE(th)} = 2 \sim 6V$。

(2) 输出特性。IGBT 的输出特性描述以栅射电压 U_{GE} 为控制变量时,集电极电流 I_C 与集射极间电压 U_{CE} 之间的相互关系,如图 3-20(b)所示,它与 GTR 的输出特性相似,不同的是 IGBT 的控制变量为栅射电压 U_{GE},GTR 为基极电流 I_B。由于 PN 结的开启电压不为零,引起 IGBT 的输出特性曲线不开始于坐标原点。IGBT 的输出特性分为阻断区、线性工作区(又称为放大区)和饱和区。

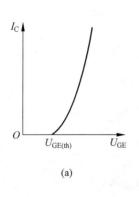

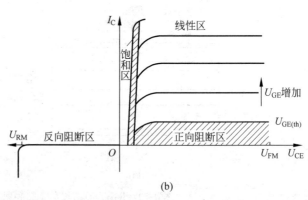

图 3-20 IGBT 的静态特性
(a) 传输特性;(b) 输出特性

当 $U_{CE}<0$ 时,IGBT 为反向阻断工作状态,参照结构图 3-19(a)可知,P^+N^+ 结(J_1 结)处于反偏,无集电极电流出现。IGBT 较 VMOS 多了一个 J_1 结而获得反向电压阻断能力,能够承受的最高反向阻断电压 U_{RM} 取决于 J_1 结的雪崩击穿电压;当 $U_{CE}>0$ 而 $U_{GE}<U_{GE(th)}$ 时,IGBT 为正向阻断工作状态,J_2 结处于反偏,VMOS 的沟道区内没有形成导电沟道,IGBT 只有很小的集电极漏电流 I_{CES} 流过。IGBT 能够承受的最高正向阻断电压 U_{FM} 取决于 J_2 的雪崩击穿电压。

当 $U_{CE}>0$、$U_{GE}>U_{GE(th)}$ 时,VDMOS 的沟道内形成导电沟道,IGBT 进入正向导通状态。随 U_{GE} 的升高,向 N 基区提供电子的导电沟道加宽,集电极电流 I_C 增大。在正向导通的大部分区域内,I_C 与 U_{GE} 呈线性关系,而与 U_{CE} 无关,这部分区域为线性工作区。作为开关状态工作的 IGBT 同样要避开此区,否则功耗将会很大。

饱和区指输出特性比较明显弯曲的部分,此时集电极电流 I_C 与栅射极电压 U_{GE} 不再是线性关系。与电力 MOSFET 相比,IGBT 的通态压降 $U_{CE(ON)}$ 小得多,1 000V 的 IGBT 约有 2.5V 的通态压降。

2) 动态特性

IGBT 的动态特性包括开通过程和关断过程两个方面。图 3-21 所示为 IGBT 的开关瞬态过程波形图。

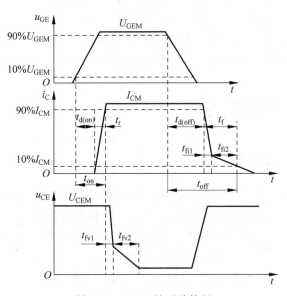

图 3-21 IGBT 的开关特征

IGBT 的开通过程大部分是由内部等效的 MOSFET 来运行的,所以其电压电流波形与电力 MOSFET 开通时相似。图 3-21 中,t_{on} 为开通时间,定义为从 u_{GE} 上升沿 $10\%U_{GEM}$ 到 i_C 上升到 $90\%I_{CM}$ 处所需的时间,它包括延时开通时间 $t_{d(on)}$ 和电流上升时间 t_r 两部分。集电极电压 u_{CE} 的下降过程分为 t_{fv1} 和 t_{fv2} 两段:t_{fv1} 为 IGBT 内部等效的 MOSFET 单独工作的电压下降过程,t_{fv2} 为内部等效的 MOSFET 和 PNP 管同时工作的电压下降过程。t_{fv2} 下降缓慢,一方面由于 u_{CE} 电压下降,内部等效的 MOSFET 栅射极间电容增加,使电压下降变得缓慢;另一方面因 IGBT 内部等效的 PNP 管转到饱和状态有一过程,也使电压下降变缓,仅当 t_{fv2} 结束才完全进入饱和状态。

IGBT 的关断过程是从正向导通状态转换到正向阻断状态的过程。图 3-21 中，t_{off} 为关断时间，定义为从 u_{GE} 下降沿 $90\%U_{GEM}$ 到 i_C 下降到 $10\%I_{CM}$ 处所需的时间，它包括关断延时时间 $t_{d(off)}$ 和电流下降时间 t_f 两部分。其中 t_f 段下降缓慢，是由于 IGBT 内部等效 PNP 管的关断过程影响，当内部等效的 MOSFET 关断后，IGBT 无反向电压，N 基区内少数载流子复合缓慢，以致 i_C 下降也较慢，形成一段拖尾时间。由于此时集射电压的建立，过长的电流下降时间会产生较大的损耗，使结温升高，因而希望电流下降时间越短越好。

IGBT 的开关时间与集电极电流、栅极电阻以及结温等参数有关，尤其受栅极电阻的影响较大。另外，IGBT 的开关损耗与温度有关，尽管它的开通损耗较低，但其随温度升高而增大。

3) IGBT 的参数特点

有关 IGBT 的参数，各国厂家并不完全一样，但其参数定义与前述几种功率器件有相似之处。从总的方面看，IGBT 具有以下参数特点：

(1) IGBT 的开关速度快、损耗小。据统计，电压为 1 000V 以上的 IGBT 开关损耗仅为 GTR 的 1/10，与 VDMOS 相当；通态压降也比 VDMOS 低，特别是大电流、高电压应用时。但是，IGBT 的开关损耗与温度有关，尽管它的开通损耗较低，但随温度升高而增大。

(2) IGBT 的通态压降在 1/2 或 1/3 额定电流以下区段具有负温度系数，因此 IGBT 在并联使用时具有电流调节的能力，即有益于并联使用的特点。

(3) IGBT 安全工作区比 GTR 宽，更能耐脉冲电流的冲击。与 VDMOS 和 GTR 相比，耐压、电流等参数可以继续做得更高，同时保持工作频率高的特点。

3.3 电力电子变换电路

3.3.1 可控整流电路

可控整流电路是广泛应用的电能变换电路，它的作用是将交流电变换成大小可以调节的直流电，为直流用电设备（要求电压可调）供电。在研究可控整流的工作原理时，所采用的基本方法是根据整流元器件的特性和负载的性质，分析各元器件的导通、关断的物理过程，从而得到电压和电流波形，计算得出相关电量的关系。

本节以单相桥式全控整流电路为例来分析可控整流电路的基本工作原理。

1. 电阻性负载

1) 电路的工作原理

图 3-22(a)为单相桥式全控整流电路，电路由 4 只晶闸管 VT_1、VT_3 和 VT_2、VT_4 两对桥臂和负载电阻 R_d 组成，变压器二次电压 u_2 接在桥臂的中点 a、b 端。

图 3-22 中，当变压器二次电压 u_2 为正半周时，a 端电位高于 b 端电位，两个晶闸管 VT_1、VT_3 同时承受正向电压，如果此时门极无触发信号则两晶闸管均处于正向阻断状态。忽略晶闸管的正向漏电流，电源电压 u_2 将全部加在 VT_1、VT_3 上。当 $\omega t=\alpha$ 时，给 VT_1、VT_3 同时加触发脉冲，两只晶闸管立即被触发导通，电源电压 u_2 将通过 VT_1、VT_3 加在负

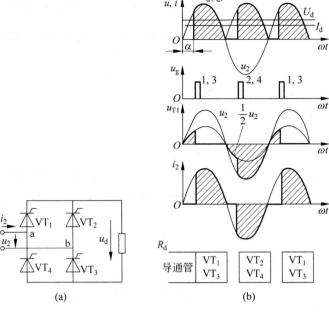

图 3-22 单相桥式全控整流电路电阻性负载
(a) 电路；(b) 波形

载电阻 R_d 上，负载电流 i_d 从电源 a 端经 VT_1、电阻 R_d、VT_3 回到电源的 b 端。在 u_2 正半周期，VT_2、VT_4 均承受反向电压而处于阻断状态。由于设晶闸管导通时管压降为零，u_d 与电源电压 u_2 正半周的波形相同。当电源电压 u_2 降到零时，VT_1、VT_3 关断。

在 u_2 的负半周，b 端电位高于 a 端电位，VT_2、VT_4 承受正向电压，当 $\omega t = \pi + \alpha$ 时，同时给 VT_2、VT_4 加触发脉冲使其导通，电流从 b 端经 VT_2、负载电阻 R_d 和 VT_4 回到电源 a 端，在负载 R_d 两端获得与 u_2 正半周相同波形的整流电压和电流，这期间 VT_1 和 VT_3 均承受反向电压而处于阻断状态。当 u_2 过零重新变正时，VT_2、VT_4 关断，u_d、i_d 又降为零。此后 VT_1、VT_3 又承受正向电压，并在相应 $\omega t = 2\pi + \alpha$ 时刻被触发导通。晶闸管 VT_1 两端承受的电压 u_{T_1} 在导通段管压降 $u_{T_1} \approx 0$（即 $\omega t = \alpha \sim \pi$ 期间），故其波形是与横轴重合的直线段；当晶闸管都处在未被触发导通期间，两个晶闸管承受的最高反向电压为 u_2，假定两晶闸管漏电阻相等，每个晶闸管承受的反向电压等于 $u_2/2$。如此循环工作。

由以上电路工作原理可知，在交流电源电压 u_2 的正负半周里，VT_1、VT_3 和 VT_2、VT_4 两组晶闸管轮流被触发导通，将交流电转变成脉动的直流电。改变控制角 α 的大小，负载电压 u_d、负载电流 i_d 的波形及整流输出直流电压平均值均相应改变。

2）基本数量关系

(1) 输出直流电压平均值 U_d 及有效值 U。由图 3-22 可知，输出直流电压平均值 U_d 是输入交流电压 U_2 和控制角 α 的函数，即

$$U_d = 2 \times 0.45 \times U_2 \times \frac{1+\cos\alpha}{2} = 0.9 U_2 \frac{1+\cos\alpha}{2} \tag{3-15}$$

由上式可知，当 $\alpha = 0°$ 时，$U_d = 0.9 U_2$ 为最大值；$\alpha = \pi$ 时，$U_d = 0$，故 α 移相范围为 $0 \sim \pi$。

输出电压有效值 U 是单相半波时的 $\sqrt{2}$ 倍，即

$$U = \sqrt{2}U_2\sqrt{\frac{1}{4\pi}\sin2\alpha + \frac{\pi-\alpha}{2\pi}} = U_2\sqrt{\frac{1}{2\pi}\sin2\alpha + \frac{\pi-\alpha}{\pi}} \tag{3-16}$$

(2) 输出直流电流平均值 I_d 及有效值 I。根据欧姆定律的原理,可得输出直流电流平均值 I_d 为

$$I_d = \frac{U_d}{R_d} = 0.9\frac{U_2}{R_d}\frac{1+\cos\alpha}{2} \tag{3-17}$$

输出直流电流有效值 I 为

$$I = \frac{U}{R_d} = \frac{U_2}{R_d}\sqrt{\frac{1}{2\pi}\sin2\alpha + \frac{\pi-\alpha}{\pi}} \tag{3-18}$$

(3) 晶闸管电流平均值 I_{dT}。两组晶闸管 VT_1、VT_3 和 VT_2、VT_4 在一个周期中轮流导通,故流过每个晶闸管的平均电流 I_{dT} 为负载平均电流 I_d 的一半,即

$$I_{dT} = 0.45\frac{U_2}{R_d}\frac{1+\cos\alpha}{2} \tag{3-19}$$

(4) 功率因数 $\cos\varphi$。电路的电源输入端的功率因数 $\cos\varphi$ 为

$$\cos\varphi = \frac{P}{S} = \frac{UI}{U_2 I} = \sqrt{\frac{1}{2\pi}\sin2\alpha + \frac{\pi-\alpha}{\pi}} \tag{3-20}$$

由上式可知,当 $\alpha = 0°$ 时,$\cos\varphi$ 可以取最大值 1。

2. 大电感负载

1) 不接续流二极管

单相全控桥式整流带大电感负载的电路情况如图 3-23(a)所示。图 3-23(b)中,当 $\alpha = 0°$ 时,u_d 波形不出现负面积,为单相不可控桥式整流电路输出电压波形,其平均值为 $0.9U_2$。在 $0<\alpha<90°$ 范围内,虽然 u_d 波形也会出现负面积,但正面积总是大于负面积。在这区间输出电压平均值 U_d 与控制角 α 的关系为

$$U_d = \frac{1}{\pi}\int_\alpha^{\pi+\alpha}\sqrt{2}U_2\sin\omega t\, d(\omega t) = 0.9U_2\cos\alpha \tag{3-21}$$

输出电流 i_d 为脉动很小的直流,约等于负载平均电流 I_d,其算式为

$$i_d \approx I_d = \frac{U_d}{R_d} = 0.9\frac{U_2}{R_d}\cos\alpha \tag{3-22}$$

两组晶闸管 VT_1、VT_3 和 VT_2、VT_4 在一个周期中轮流导通,故流过每个晶闸管的平均电流 I_{dT} 为负载平均电流 I_d 的一半,即

$$I_{dT} = \frac{I_d}{2} = 0.45\frac{U_2}{R_d}\cos\alpha \tag{3-23}$$

晶闸管可能承受到的最大电压 U_{TM} 为

$$U_{TM} = \sqrt{2}U_2 \tag{3-24}$$

在 $\alpha = 90°$ 时,晶闸管被触发导通,一直要持续到下半周接近于 $90°$ 时才被关断,负载两端 u_d 波形正负面积接近相等,平均值 u_d 近似为零,其输出电流波形是一条幅度很小的脉动直流。在 $\alpha > 90°$ 时,出现的 u_d 波形和单相半波大电感负载相似,无论如何调节 α,u_d 波形正负面积都相等,且波形断续,此时输出电压平均值为零。可见,不接续流二极管时,α 的有效移相范围只能是 $0 \sim \pi/2$。

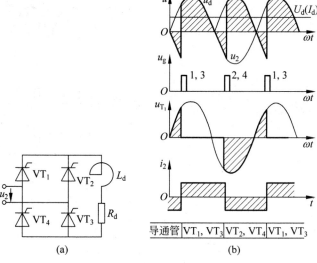

图 3-23 电感负载不接续流二极管
(a) 电路；(b) 波形

2) 接入续流二极管

为了扩大移相范围，不让 u_d 波形出现负值以及使输出电流更加平稳，可在负载两端并接续流二极管，如图 3-24(a)所示。

接入续流二极管后，α 的移相范围可扩大到 $0\sim\pi$，只要电感量足够大，输出电流 i_d 就可保持连续且平稳。在电源电压 u_2 过零变负时，续流二极管承受正向电压而导通，晶闸管承受反向电压被关断，这样 u_d 波形与电阻性负载相同，如图 3-24(b)所示。负载电流 i_d 是由晶闸管 VT_1 和 VT_3、VT_2 和 VT_4、续流二极管 VD 相继轮流导通而形成的。u_{T_1} 波形与电阻负载时相同。所以，单相全控桥大电感负载接续流二极管电路的输出电压平均值 U_d、负载平均电流 I_d、晶闸管平均电流 I_{dT}、续流二极管平均电流 I_{dD} 及晶闸管承受最大电压 U_{TM} 的计算式分别为

$$U_d = 0.9 U_2 \frac{1+\cos\alpha}{2} \tag{3-25}$$

$$I_d = \frac{U_d}{R_d} = 0.9 \frac{U_2}{R_d} \frac{1+\cos\alpha}{2} \tag{3-26}$$

$$I_{dT} = \frac{\pi-\alpha}{2\pi} I_d \tag{3-27}$$

$$I_{dD} = \frac{\alpha}{\pi} I_d \tag{3-28}$$

$$U_{TM} = \sqrt{2} U_2 \tag{3-29}$$

3. 反电动势负载

被充电的蓄电池，正在运行的直流电机的电枢（忽略电枢电感）等负载本身是一个直流电源，对于可控整流电路来说，它们是反电动势负载，其等效电路用电动势 E 和负载回路电阻 R_d（电枢电阻）表示，如图 3-25(a)所示。整流电路接有反电动势负载时，只有当电源电压

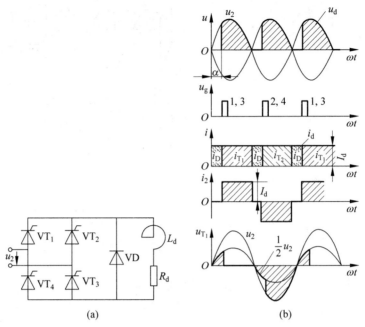

图 3-24 电感负载接续流二极管

(a) 电路；(b) 波形

u_2 大于反电动势 E 时，晶闸管才能被触发导通；$u_2 < E$ 时，晶闸管承受反向电压关断，如图 3-25(b) 所示。

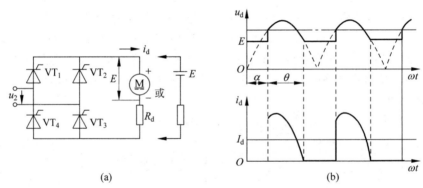

图 3-25 单相全控桥反电势负载电路与波形图

(a) 电路；(b) 波形

在晶闸管导通期间，输出整流电压 $u_d = E + i_d R_d$，在晶闸管关断期间，负载端电压保持原有电动势，故整流平均值电压较电感性负载时为大，这一点在实际应用电路中可容易地测得。当整流输出直接带反电动势负载时，由于导通控制角 $\alpha < \pi$，整流电流波形出现断续，负载电流平均值 I_d 为

$$I_d = \frac{U_d - E}{R_d} \tag{3-30}$$

对于直流电机负载来说，由于电流断续，随着 i_d 的增大，转速 n（反电动势 E）降落较大，相当于整流电源的内阻增大，较大的峰值电流在电机换向时易产生火花；对于交流电源

来说,因电流有效值大,要求电源的容量大,使功率因数变低。因此,在反电动势负载回路中一般要串联一平波电抗器 L_d,并且并接一续流二极管,如图 3-26(a)所示。串入 L_d 之后,减小了电流的脉动并延长了晶闸管导通的时间,输出电压中交流分量降落在电抗器上,输出电流波形连续平直。与感性负载时的情况相似,当电感量足够大时,输出电流波形近似为一直线,波形如图 3-26(b)所示。

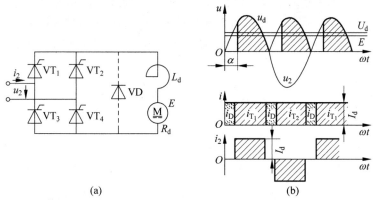

图 3-26 反电势负载串平波电抗器的情况
(a)电路;(b)波形

单相桥式全控整流电路,具有输出电压脉动小、电压平均值大、整流变压器没有直流磁化及利用率高等优点,但使用的晶闸管器件较多,工作时要求桥臂两管同时导通,绕组间要承受 u_2 耐压,绝缘要求较高。

3.3.2 直流变换电路

将一个固定的直流电压变换成大小可变的直流电压的电路称为直流斩波电路,也称为直流变换(DC-DC)电路。直流斩波技术广泛地应用于直流电机、开关电源、不间断电源(UPS)、无轨电车、地铁列车及电动汽车的控制。

本节以降压式和升压式直流斩波电路为例来分析直流变换电路的基本工作原理。

1. 降压式直流斩波电路

降压式直流斩波电路的输出电压平均值低于输入直流电压 U_d,这种电路主要用于直流可调电源和直流电机驱动中。最基本的降压式直流斩波电路及波形如图 3-27 所示。

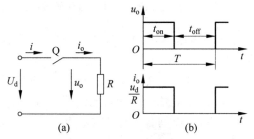

图 3-27 降压式直流斩波电路
(a)电路;(b)波形

图 3-27(a)中，Q 为斩波开关，是斩波电路中的关键电力器件，它可用普通型晶闸管、可关断晶闸管或者其他自关断器件来实现。但是普通型晶闸管本身无自关断能力，须设置换流回路，用强迫换流的方法使它关断，因而增加了损耗。全控型电力电子器件的出现，为斩波频率的提高创造了条件，提高斩波频率可以减少低频谐波分量，降低对滤波元器件的要求，减小变换装置体积和重量。

当开关 Q 合上时，直流电压就加到 R 上，并持续 t_{on} 时间。当开关切断时，负载上的电压为零，并持续 t_{off} 时间，那么 $T=t_{on}+t_{off}$ 为斩波器的工作周期，斩波器的输出波形如图 3-27(b)所示。若定义斩波器的占空比 $D=t_{on}/T$，则由波形图上可获得输出电压平均值 U_o 为

$$U_o = \frac{1}{T}\int_0^{t_{on}} u_o \mathrm{d}t = \frac{t_{on}}{T}U_d = DU_d \tag{3-31}$$

其输出电压有效值 U 为

$$U = \sqrt{\frac{1}{T}\int_0^{t_{on}} u_o^2 \mathrm{d}t} = \sqrt{D}\,U_d \tag{3-32}$$

若认为斩波器开关 Q 是无损耗的，则输入功率 P_i 应与输出功率相等，即

$$P_i = \frac{1}{T}\int_0^{t_{on}} u_o i \mathrm{d}t = \frac{1}{T}\int_0^{t_{on}} \frac{u_o^2}{R}\mathrm{d}t = D\frac{U_d^2}{R} \tag{3-33}$$

从直流电源侧看的等效输入电阻 R_i 为

$$R_i = \frac{U_d}{I_o} = \frac{U_d}{DU_d/R} = \frac{R}{D} \tag{3-34}$$

由式(3-31)和式(3-34)可知，当占空比 D 从 0 变到 1 时，输出电压平均值 U_o 从 0 变到 U_d，其等效输入电阻 R_i 也随着 D 而变化。

占空比 D 的改变可以通过改变 t_{on} 或 T 来实现。通常斩波器的工作方式有两种：①脉宽调制工作方式维持 T 不变，改变 t_{on}；②频率调制工作方式维持 t_{on} 不变，改变 T。

但被普遍采用的是脉宽调制工作方式，因为采用频率调制工作方式容易产生谐波干扰，而且滤波器设计也比较困难。实际应用中负载多为电感性，应采用图 3-28 所示的降压式直流斩波电路。

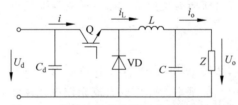

图 3-28 带感性负载的降压式直流斩波电路

图 3-28 中，C_d 为输入端的滤波电容，VD 为续流二极管，当斩波开关 Q 关断时，续流二极管为感性负载提供电流通路；电感 L 和电容 C 组成低通滤波器，以减小输出电压的波动。稳态分析表明，若输出端上的电容 C 很大，则输出电压可近似为常数 $u_o(t) \approx U_o$。由于稳态时电容器的平均电流为零，因而电感中的平均电流等于输出平均电流。

根据电感中的电流连续与否，可以划分为电流连续和电流不连续的两种工作模式。

1) 电流连续的工作模式

图 3-29 表示电感电流工作于连续工作模式下的等效电路与电压、电流波形。

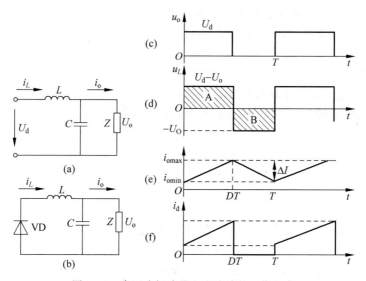

图 3-29 降压式斩波器电流连续的工作状态

在 t_{on} 期间,开关 Q 接通,二极管反向偏置,有如图 3-29(a)所示的等效电路,电感上电压 u_L 为

$$u_L = U_d - U_o = L\frac{\Delta i_L}{\Delta t} \tag{3-35}$$

对应图 3-29(d) u_L 波形的 A 区。

如图 3-29(e)所示,电感中的电流线性上升,上式可写为

$$U_d - U_o = L\frac{\Delta i_L}{\Delta t} = L\frac{i_{omax} - i_{omin}}{t_{on}} \tag{3-36}$$

当开关 Q 转为关断时,即 t_{off} 阶段,其等效电路如图 3-29(b)所示。由于电感的储能使得 i_L 经过二极管而继续流通,电感上呈现负电压 $u_L = -U_o = L\Delta i_L/\Delta t$,该电压对应于图 3-29(d)所示波形 u_L 的 B 区。如图 3-29(e)所示,电感中的电流呈线性下降,输出电压可表示为

$$U_o = -L\frac{\Delta i_L}{\Delta t} = L\frac{i_{omax} - i_{omin}}{t_{off}} \tag{3-37}$$

在稳压条件下,电压、电流波形周期性地重复,电感电压在一个周期($T = t_{on} + t_{off}$)内的积分为零,可表示为

$$(U_d - U_o)t_{on} = U_o(T - t_{on}) \tag{3-38}$$

在这种工作模式下,给定输入电压不变而输出电压随占空比线性变化,与其他电路参数无关。忽略所有电路元器件的功耗,则输入功率 P_i 与输出功率 P_o 相等,因此可得

$$U_d I_d = U_o I_o \tag{3-39}$$

$$\frac{I_o}{I_d} = \frac{U_d}{U_o} = \frac{1}{D} \tag{3-40}$$

在电流连续导通工作模式下,降压式变换电路等效于一个直流变压器,其等效变比可以通过控制开关的占空比 D 在 0~1 的范围内连续控制。

由上述分析可知,每当开关变为关断时,输入电流波形 i_d 总是瞬间地从峰值跳变为零,

如图3-29(f)所示,将产生输入电流的高频谐波分量。为了抑制电流谐波的影响,需要在输入端加一个合适的滤波器(如图3-28中的C_d)。

2) 电流不连续的工作模式

电路参数的变化将导致电感电流工作模式的变化,即电感电流由连续变为不连续。如图3-30(a)所示为电流临界连续状态时的u_L和i_L波形。

设临界连续时平均电感电流为I_{LB}。由于在临界连续时$i_{omin}=0$,所以可得

$$I_{LB}=\frac{1}{2}(i_{omax}-i_{omin})=\frac{1}{2}i_{omax} \qquad (3-41)$$

结合式(3-31)和式(3-36),可将式(3-41)改写为

$$I_{LB}=\frac{1}{2}i_{omax}=\frac{t_{on}}{2L}(U_d-U_o) \qquad (3-42)$$

在给定T、U_o、L和D等参数的条件下,如果平均输出电流或平均电感电流小于给出的I_{LB}值,那么i_L将不再连续。

电流不连续工作模式分为输入电压U_d不变和输出电压U_o不变两种情况,这里主要介绍U_d不变的电流不连续工作模式。

U_d不变的电流不连续工作模式就是输入电压U_d保持不变,输出电压U_o可通过调整斩波器的占空比D进行控制,常用于直流电机的速度控制。

由于$U_o=DU_d$,结合式(3-42),可得

$$I_{LB}=\frac{TU_d}{2L}D(1-D) \qquad (3-43)$$

根据式(3-43),电感电流i_L与占空比D的函数关系曲线如图3-30(b)所示。可以看出,假定U_d和所有参数不变,对于连续导通模式来说,在$D=0.5$时电感输出的电流最大,即

$$I_{LBmax}=\frac{TU_d}{8L} \qquad (3-44)$$

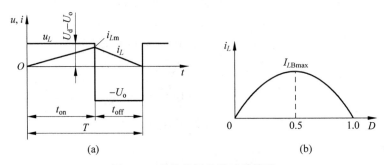

图3-30 电流临界连续时的情况

讨论非连续导通模式的情况要从连续导通模式的结尾处开始,在给定了T、L、U_d和D值以后并假定这些参数均不变化,这时若负载电流减小,即负载电阻值增加,那么平均电感电流将随之而减小。当$I_L<I_{LB}$时,电感电流不连续,其波形如图3-31所示。

图3-31中,由于电感L储能较小,不足以维持在全部关断时间t_{off}内导通,因此出现电感电流不连续的现象。从图中可以看出,在$\Delta_2 T$期间,电感电流为零,已无法向负载提供能量,此时负载电阻上的功率是通过滤波电容提供的。在$\Delta_2 T$期间,电感上电压也为零,电感上电压在一周期内的平均值为零。

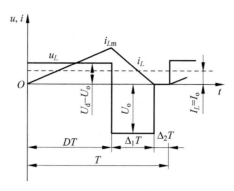

图 3-31 U_d 不变时电流不连续情况下的电压、电流波形

电流不连续导通工作模式的另一种情况是 U_d 可能变动而保持输出电压 U_o 不变。它在直流可调电源中得到广泛应用,输出电压 U_o 可通过调整占空比 D 使其维持不变。

2. 升压式直流斩波电路

1) 电流连续的工作模式

图 3-32 为升压式直流斩波电路及波形。

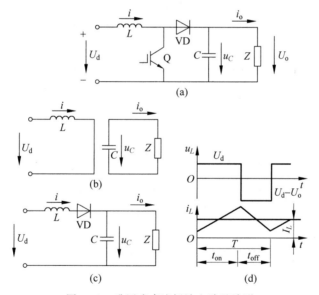

图 3-32 升压式直流斩波电路及波形

图 3-32(a)为升压式直流斩波电路,它由功率开关管 Q、储能元件 L、升压二极管 VD 和滤波电容 C 组成。当功率开关管 Q 接通时,二极管 VD 被反向偏置,它将输入电源与输出极隔离,这时电源向电感储能,负载由电容 C 供电,如图 3-32(b)所示;当开关管 Q 关断时,电感释放能量,与输入电压一起作用,迫使二极管导通并向负载供电,如图 3-32(c)所示。这种电路的输出电压永远高于输入电压。在连续导通模式情况下,电感中电压和电流的稳态波形如图 3-32(d)所示。

在下面的稳态分析中,仍假定滤波电容很大,并使输出电压保持不变,即 $u_o(t)=U_o$。在稳态工作时,电感电压在一个周期($T=t_{on}+t_{off}$)内的平均值为零,即

$$U_d t_{on} + (U_d - U_o) t_{off} = 0 \qquad (3\text{-}45)$$

由式(3-45)可得

$$\frac{U_o}{U_d} = \frac{T}{t_{off}} = \frac{1}{1-D} \qquad (3\text{-}46)$$

假定电路中没有功率损耗,则输入功率 $P_i = P_o$,所以 $U_d I_d = U_o I_o$,得

$$\frac{U_o}{U_d} = \frac{I_d}{I_o} = \frac{1}{1-D} \qquad (3\text{-}47)$$

电流临界连续时,电感中的电压和电流波形如图3-33(a)所示。电流临界连续时,i_L 在关断结束时刚好变为零。此时流过电感中的电流平均值为

$$I_{LB} = \frac{1}{2} i_{Lm} = \frac{1}{2} \frac{U_d}{L} t_{on} = \frac{T U_o}{2L} D(1-D) \qquad (3\text{-}48)$$

在升压式斩波电路中,电路结构决定了电感电流和输入电流是一样的,即 $i_d = i_L$。在连续导通模式的终点处,由式(3-47)、式(3-48)可求得输出电流的平均值,即

$$I_o = \frac{T U_o}{2L} D(1-D)^2 \qquad (3\text{-}49)$$

I_o、I_{LB} 与占空比 D 的函数关系如图3-33(b)所示。

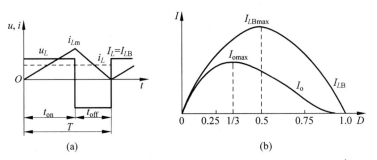

图 3-33 升压式斩波电路电流临界连续时的电压和电流波形

图3-33(b)表明,I_{LB} 在 $D=0.5$ 时出现最大值 I_{LBmax},即

$$I_{LBmax} = \frac{T U_o}{8L} \qquad (3\text{-}50)$$

而 I_o 在 $D=1/3$ 时出现其最大值 I_{omax},即

$$I_{omax} = 0.074 \frac{T U_o}{L} \qquad (3\text{-}51)$$

在升压式斩波电路的大多数应用中都需要 U_o 保持不变。只要占空比可以调整,就允许输入电压变动。如果负载电流平均值降到低于 I_o,那么电流将由连续导通变为不连续导通的工作模式。

2) 电流不连续的工作模式

图3-34 为电流不连续时电感中的电压与电流波形。

无论哪种工作模式,电感上电压在一个周期内的平均值为零,即

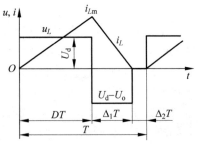

图 3-34 升压式斩波电路电流不连续时电感中的电压与电流波形

$$U_d DT + (U_d - U_o)\Delta_1 T = 0 \tag{3-52}$$

假定电路中没有功率损耗,则输入功率 $P_i = P_o$,所以 $U_d I_d = U_o I_o$,由式(3-52)可得

$$\frac{U_o}{U_d} = \frac{I_d}{I_o} = \frac{\Delta_1 + D}{\Delta_1} \tag{3-53}$$

由图 3-34 可知,输入电流也就是流过电感中的电流,即

$$I_d = \frac{U_d}{2L}DT(D+\Delta_1) \tag{3-54}$$

将式(3-54)代入式(3-53)后,可得

$$I_o = \left(\frac{TU_d}{2L}\right) D\Delta_1 \tag{3-55}$$

实际上由于 U_o 保持不变,占空比 D 必须相应于 U_d 的变化而变化,常常以 U_o/U_d 作为参变量,求得占空比 D,即

$$D = \sqrt{\frac{4}{27} \times \frac{U_o}{U_d} \times \left(\frac{U_o}{U_d} - 1\right) \times \frac{I_o}{I_{o\max}}} \tag{3-56}$$

3.3.3 逆变电路

将直流电变换为交流电的过程称为逆变,能够实现逆变的电路就是逆变电路。逆变电路分为有源逆变电路和无源逆变电路。有源逆变是将直流电变换成和电网同频率的交流电并反馈到交流电网,有源逆变的过程为:直流电→逆变器→交流电→交流电网。而无源逆变是将直流电变换成某一频率或频率可调的交流电直接供给负载使用。其过程为:直流电→逆变器→交流电(频率可调)→用电器。

逆变电路广泛应用于电机驱动控制、不间断电源、感应加热电源等电力电子装置。

1. 逆变电路的基本工作原理

图 3-35(a)所示为单相桥式逆变电路,4 个桥臂由开关管构成,输入直流电压 E,逆变器负载是电阻 R。当将开关管 Q_1、Q_4 闭合,Q_2、Q_3 管断开时,电阻 R 上得到左正右负的电压;间隔一段时间后将开关管 Q_1、Q_4 断开,Q_2、Q_3 管闭合,电阻 R 上得到右正左负的电压。若以频率 f 交替切换 Q_1、Q_4 和 Q_2、Q_3,在电阻 R 上就可以得到图 3-35(b)所示的电压波形。

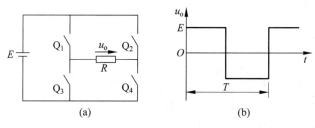

图 3-35 单相桥式逆变器的工作原理

图 3-35 中,电阻 R 上是一种交变的电压,电流也从一个臂转移到另外一个臂,通常将这一过程称为换相。在换相过程中,有的支路要从通态转移到断态,有的支路要从断态转移到

通态。从断态向通态转移时，无论支路是由全控型还是半控型电力电子器件组成，只要给门极适当的驱动信号，就可以使其开通；但从通态向断态转移的情况就不同，全控型器件可以通过对门极的控制使其关断，而对于半控型器件的晶闸管来说，就不能通过对门极的控制使其关断，必须利用外部条件或采取其他措施才能使其关断。

2. 逆变电路的基本类型

逆变电路根据直流侧电源性质的不同分为两类：电压型逆变器和电流型逆变器。

1) 电压型逆变器

直流侧是电压源的称为电压型逆变器。电压型逆变器直流侧一般接有大电容，直流电压基本无脉动，直流回路呈现低阻抗，相当于电压源。

电压型逆变电路的主要特点有：

（1）由于直流电压源的恒压作用，交流侧电压波形为矩形波，与负载阻抗角无关，而交流侧电流波形及其相位因负载阻抗角的不同而不同。

（2）当交流侧为电感性负载时，需要提供无功功率，直流侧电容起缓冲无功能量的作用。为了给交流侧向直流侧反馈的能量提供通路，各臂都需并联反馈二极管。

（3）逆变电路从直流侧向交流侧传送的功率是脉动的，因直流电压无脉动，必然由直流电流的脉动影响功率的脉动。

图 3-36(a) 为电压型半桥逆变电路的主电路，直流电压 U_d 加在两个串联的足够大的电容两端，并使得两个电容的连接点为直流电源的中点，即每个电容上的电压为 $U_d/2$。由两个导电臂交替工作使负载得到交变电压和电流，每个导电臂由一个电力晶体管与一个反并联二极管所组成。电路工作时，两只电力晶体管 V_1、V_2 互补导通与截止。若电路负载为感性，其工作波形如图 3-36(b) 所示。

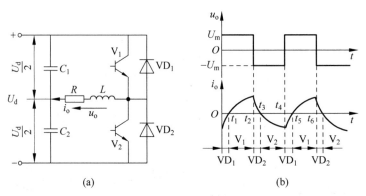

图 3-36　电压型半桥逆变器的主电路及波形

图 3-36(b) 中，输出电压为矩形波，幅值为 $U_m = U_d/2$。负载电流 i_o 波形与负载阻抗角有关。设 t_2 时刻之前 V_1 导通，电容 C_1 两端的电压通过导通的 V_1 加在负载上，极性为右正左负，得负载电流 i_o 由右向左；t_2 时刻给 V_1 关断信号，给 V_2 导通信号，则 V_1 关断，但感性负载中的电流 i_o 方向不能突变，于是 VD_2 导通续流，电容 C_2 两端电压通过导通的 VD_2 加在负载两端，极性为左正右负；当 t_3 时刻 i_o 降至零时，VD_2 截止，V_2 导通，i_o 开始反向；同样在 t_4 时刻给 V_2 关断信号，给 V_1 导通信号后，V_2 关断，i_o 方向不能突变，由 VD_1 导通

续流；t_5 时刻 i_o 降至零时，VD_1 截止，V_1 导通，i_o 反向。

由以上分析可见，当 V_1 或 V_2 导通时，负载电流与电压同方向，直流侧向负载提供能量；而当 VD_1 或 VD_2 导通时，负载电流与电压反方向，负载中电感的能量向直流侧反馈，反馈回的能量暂时储存在直流侧电容器中，电容器起缓冲作用。由于二极管 VD_1、VD_2 是负载向直流侧反馈能量的通道，故称反馈二极管；同时 VD_1、VD_2 也起着使负载电流连续的作用，因此又称为续流二极管。

2）电流型逆变器

直流侧是电流源的逆变器称为电流型逆变器。一般在直流侧串接有大电感，使直流电流基本无脉动，直流回路呈现高阻抗，相当于电流源。

电流型逆变器的主要特点有：

（1）逆变电路中的开关器件主要起改变直流电流流通路径的作用，故交流侧电流为矩形波，与负载性质无关，而交流侧电压波形及相位因负载阻抗角不同而不同，电感负载时其波形接近正弦波。

（2）直流侧电感起缓冲无功能量的作用，因电流不能反向，故开关器件不必反并联二极管。

（3）逆变器从直流侧向交流侧传送的功率是脉动的，因直流电流无脉动，则由直流电压脉动引起功率的脉动。

图 3-37 是典型的电流型三相桥式逆变电路及输出波形。

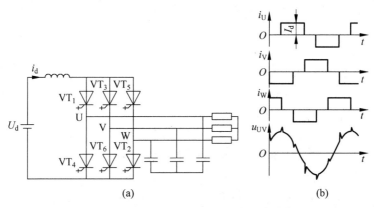

图 3-37　电流型三相桥式逆变电路的主电路及输出波形
(a) 主电路；(b) 输出波形

图 3-37(a)中，开关器件采用反向阻断型器件 GTO，交流侧电容器是为了吸收换流时负载电感中储存的能量而设置的，它是电流型逆变电路的必要组成部分。这种电路的基本工作方式是 120°导电方式，即每个臂一周期内导电 120°，按 VT_1 到 VT_6 的顺序每隔 60°依次导通。这样，每一时刻上桥臂组的三个臂和下桥臂组的三个臂都各有一个臂导通。换流时，是在上桥臂组或下桥臂组的组内依次换流，为横向换流。

像画电压型逆变电路波形时先画电压波形一样，画电流型逆变电路波形时，总是先画电流波形。因为输出交流电流波形和负载性质无关，是正负脉冲宽度各为 120°的矩形波。图 3-37(b)给出了电流型三相桥式逆变电路的三相输出交流电流波形及线电压 u_{UV} 的波形。

输出电流波形和三相桥式可控整流电路在大电感负载下的交流输入电流波形相同,因此,它们的谐波分析表达式也相同。输出线电压波形和负载性质有关,图3-37(b)中给出的波形大体为正弦波,但叠加了一些脉冲,这是由于逆变器中的换流过程而产生的。

3. 脉宽调制(PWM)型逆变电路

之前讲述的直流斩波变换技术,实际上采用的就是脉宽调制(PWM)技术,这种电路把直流电压"斩"成一系列脉冲,改变脉冲的占空比来获得所需的输出电压。PWM技术在逆变电路中的应用最为广泛,对逆变电路的影响也最为深刻。同时,依赖于其在逆变电路中的成功应用,PWM技术确定了它在电力电子技术中的重要地位。

脉宽调制型逆变电路的主要特点是:可以得到接近正弦波的输出电压和电流,减少了谐波,功率因数高,动态响应快,而且电路结构简单。PWM控制方式就是对逆变电路开关器件的通断进行控制,使输出端得到一系列幅值相等而宽度不等的脉冲,用这些脉冲来代替正弦波所需要的波形。按一定的规则对各脉冲的宽度进行调制,既可改变逆变电路输出电压的大小,也可改变输出电压的频率。

1) PWM控制的基本原理

图3-38为PWM控制的基本原理示意图。

脉宽调制的控制思想是利用逆变器的开关器件,由控制线路按一定的规律控制开关器件的通断,从而在逆变器的输出端获得一组等幅而不等宽的脉冲序列,其脉宽基本上按正弦分布,以此脉冲序列来等效正弦电压波形。图3-38(a)给出正弦波的正半周波形,并将其划分为N等份,这样就可把正弦半波看成由N个彼此相连的脉冲所组成的波形。这些脉冲的宽度相等,都等于π/N,但幅值不等,且脉冲顶部是曲线,各脉冲的幅值按正弦规律变化。如果将每一等份的正弦曲线与横轴所包围的面积用一个与此面积相等的等高矩形脉冲代替,就得到图3-38(b)所示的脉冲序列。

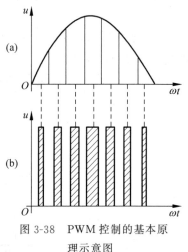

图3-38 PWM控制的基本原理示意图

这样,由N个等幅而不等宽的矩形脉冲所组成的波形与正弦波的正半周等效,正弦波的负半周也可用相同的方法来等效。完整的正弦波形使用等效的PWM波形的控制方式称为正弦波脉宽调制(SPWM)控制方式。SPWM控制是采用一个正弦波与三角波相交的方案确定各分段矩形脉冲的宽度。通常采用等腰三角波作为载波,因为等腰三角波上下宽度与高度呈线性关系,且左右对称,当它与任何一个平缓变化的调制信号波相交时,如在交点时刻控制电路中开关器件的通断,就可以得到宽度正比于信号波幅值的脉冲,这正好符合PWM控制的要求。当调制信号波为正弦波时,所得到的就是SPWM波形。

脉宽调制的方法很多,分类方法也没有统一,较常见的分类法有:

(1) 根据调制脉冲的极性可分为单极性和双极性调制两种。

(2) 根据载频信号和基准信号的频率之间的关系,可分为同步式和异步式两种。

(3) 根据基准信号的不同可分为矩形波脉宽调制和正弦波脉宽调制等。矩形波脉宽调制法的特点是输出脉冲序列是等宽的,只能控制一定次数的谐波。正弦波脉宽调制法的特点是输出脉冲序列是不等宽的,宽度按正弦规律变化,故输出电压的波形接近正弦波。

2) 单极性和双极性 SPWM 控制

首先讨论单相桥式 PWM 逆变电路。图 3-39 为单相桥式 PWM 逆变电路,负载为感性,IGBT 管为开关器件。

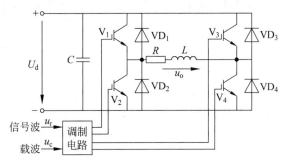

图 3-39 单相桥式 PWM 逆变电路

(1) 单极性 SPWM 控制。图 3-39 中,在正半周期,让 IGBT 管 V_2、V_3 一直处于截止状态,而让 V_1 一直保持导通,V_4 交替通断。当 V_1 和 V_4 都导通时,负载上所加的电压为直流电源电压 U_d。当 V_1 导通而 V_4 关断时,由于电感性负载中的电流不能突变,负载电流将通过二极管 VD_3 续流,忽略 IGBT 管和二极管的导通压降,负载上所加电压为零。如负载电流较大,那么直到使 V_4 再一次导通之前,VD_3 一直持续导通。如负载电流较快地衰减到零,在 V_4 再次导通之前,负载电压也一直为零,这样输出到负载上的电压 u_o 就有 0 和 U_d 两种电平。

同样在负半周期,让 IGBT 管 V_1、V_4 一直处于截止,而让 V_2 保持导通,V_3 交替通断。当 V_2、V_3 都导通时,负载上加有 $-U_d$,当 V_3 关断时,VD_4 续流,负载电压为零。因此在负载上可得到 $\pm U_d$ 和 0 三种电平。图 3-40 为单极性 SPWM 控制方式下的原理图。

图 3-40 中,载波 u_c 在调制信号波 u_r 的正半周为正极性的三角波,在负半周为负极性的三角波。调制信号波 u_r 为正弦波。在 u_r 和 u_c 的交点时刻控制 IGBT 管 V_4 或 V_3 的通断。在 u_r 的正半周,V_1 保持导通,当 $u_r > u_c$ 时,使 V_4 导通,负载电压 $u_o = U_d$,当 $u_r < u_c$ 时,使 V_4 关断,$u_o = 0$;在 u_r 的负半周,V_2 保持导通,当 $u_r < u_c$ 时,使 V_3 导通,$u_o = -U_d$,当 $u_r > u_c$ 时,使 V_3 关断,$u_o = 0$,这样,就得到了 SPWM 波形 u_o。图中虚线 u_{of} 表示 u_o 中的基波分量。像这种在调制信号波 u_r 的半个周期内三角波载波只在一个方向变化,所得到输出电压的 PWM 波形也只在一个方向变化的控制方式称为单极性 SPWM 控制方式。

(2) 双极性 SPWM 控制。和单极性 PWM 控制方式不同的是双极性 SPWM 控制方式。图 3-39 单相桥式逆变电路在采用双极性控制方式后的波形如图 3-41 所示。

图 3-41 中,在双极性方式中 u_r 的半个周期内,三角波载波是在正、负两个方向变化的,所得到的 PWM 波形也是两个方向变化的。在 u_c 的一周期内,输出的 PWM 波形只有 $\pm U_d$ 两种电平,仍然在调制信号 u_r 和载波信号 u_c 的交点时刻控制各开关器件的通断。

在 u_r 的正负半周,对各开关器件的控制规律相同。当 $u_r > u_c$ 时,给 V_1 和 V_4 以导通信号,给 V_2、V_3 以关断信号,输出电压 $u_o = U_d$。当 $u_r < u_c$ 时,给 V_2、V_3 以导通信号,给 V_1、V_4 以关断信号,输出电压 $u_o = -U_d$。可以看出,同一半桥上下两个桥臂 IGBT 的驱动信号

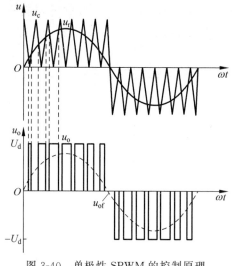

图 3-40 单极性 SPWM 的控制原理

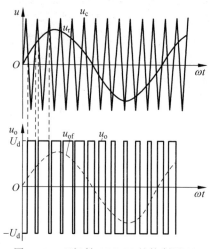

图 3-41 双极性 SPWM 的控制原理

极性相反,处于互补工作方式。在电感性负载的情况下,若 V_1 和 V_4 处于导通状态时,给 V_1 或 V_4 以关断信号,而给 V_2 和 V_3 以开通信号后,则 V_1 和 V_4 立即关断,因感性负载电流不能突变,V_2 和 V_3 并不能立即导通,二极管 VD_2 和 VD_3 导通续流。当感性负载电流较大时,直到下一次 V_1 和 V_4 重新导通前,负载电流方向始终未变,VD_2 和 VD_3 持续导通,而 V_2 和 V_3 始终未开通。当负载电流较小时,在负载电流下降到零之前,VD_2 和 VD_3 续流,之后 V_2 和 V_3 开通,负载电流反向。不论 VD_2 和 VD_3 导通,还是 V_2 和 V_3 开通,负载电压都是 $-U_d$。从 V_2 和 V_3 开通向 V_1 和 V_4 开通切换时,VD_1 和 VD_4 的续流情况和上述情况类似。

3) 异步调制和同步调制 SPWM 控制

在 PWM 逆变电路中,载波频率 f_c 与调制信号频率 f_r 之比 $m = f_c/f_r$ 称为载波比。根据载波和信号波是否同步及载波比的变化情况,PWM 逆变电路可以有异步调制和同步调制两种控制方式。首先讨论三相桥式 PWM 逆变电路,图 3-42 为三相桥式 PWM 逆变电路,其控制方式采用双极性方式。

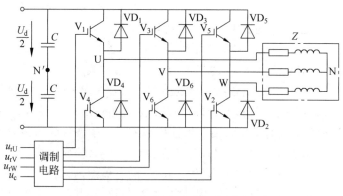

图 3-42 三相桥式 PWM 逆变电路

(1) 异步调制。载波信号和调制信号不保持同步关系的调制方式称为异步方式。在异步调制方式中,调制信号频率 f_r 变化时,通常保持载波频率 f_c 固定不变,因而载波比 m 是变化的。这样,在调制信号的半个周期内,输出脉冲的个数不固定,脉冲相位也不固定,正负半周期的脉冲不对称。图 3-43 的波形是异步调制时的三相 SPWM 波形。

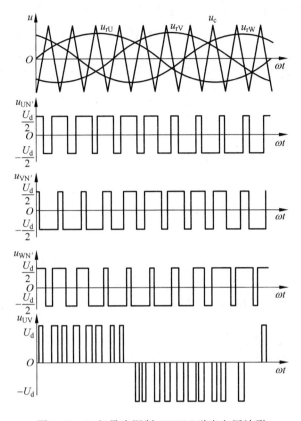

图 3-43　三相异步调制 SPWM 逆变电压波形

图 3-43 中,U、V 和 W 三相的 PWM 控制共用一个三角波载波 u_c,三相调制信号 u_{rU}、u_{rV}、u_{rW} 的相位依次相差 120°,U、V 和 W 各相开关器件的控制规律相同。现以 U 相为例说明如下:当 $u_{rU} > u_c$ 时,给 IGBT 管 V_1 以导通信号,给 V_4 以关断信号,则 U 相相对于直流电源假想中点 N′的输出电压 $u_{UN'} = U_d/2$。当 $u_{rU} < u_c$ 时,给 V_4 以导通信号,给 V_1 以关断信号,则 $u_{UN'} = -U_d/2$。V_1 和 V_4 的驱动信号始终是互补的。由于电感性负载电流的方向和大小的影响,在控制过程中,当给 V_1 加导通信号时,可能是 V_1 导通,也可能是二极管 VD_1 续流导通。其他的 IGBT 管与续流二极管的导通情况与 V_1、VD_1 相同,V 相和 W 相的控制方式和 U 相相同,这里不再赘述。线电压 u_{UV} 的波形可由 $u_{UN'} - u_{VN'}$ 得到。由于调制信号 u_{rU}、u_{rV}、u_{rW} 为三相对称电压,每一瞬时有的相为正,有的相为负,在共用一个载波信号情况下,这个载波只能是双极性的,不能用单极性控制。

在双极性 PWM 控制方式中,同一相上下两个臂的驱动信号都是互补的。但实际上为了防止上下两个臂直通而造成短路,在给一个臂施加关断信号后,延迟 Δt 时间,才给另一个臂施加导通信号。延迟时间的长短取决于开关器件的关断时间,但这个延迟时间对输出的 PWM 波形将带来不良影响,使其与正弦波产生偏离。

当调制信号频率较低时,载波比 m 较大,半周期内的脉冲数较多,输出波形接近正弦波;当调制信号频率增高时,载波比 m 就减小,半周期内的脉冲数减少,输出波形和正弦波之间的差异也变大,电路输出特性变坏。因此,在采用异步调制方式时,要求尽量提高载波频率,以使在调制信号频率较高时仍能保持较大的载波比,改善输出特性。提高载波频率可以使输出波形更接近正弦波,但载波频率的提高受到电力开关器件允许最高工作频率的限制。

(2)同步调制。载波比 m 等于常数,并在变频时使载波信号和调制信号保持同步的调制方式称为同步调制。在基本同步调制方式中,调制信号频率变化时载波比 m 不变。调制信号半个周期内输出的脉冲数是固定的,脉冲相位也是固定的。在图 3-42 的三相 PWM 逆变电路中,通常共用一个三角波载波信号,且取载波比 m 为 3 的整数倍,以使三相输出波形严格对称。同时,为了使一相的波形正、负半周对称,m 应取为奇数。

当逆变电路输出频率很低时,因为在半周期内输出脉冲的数目是固定的,所以由 PWM 调制而产生的谐波频率也相应降低。这种频率较低的谐波通常不易滤除,如果负载为电机,就会产生较大的转矩脉动和噪声,给电机的正常工作带来不利影响。为了克服上述缺点,通常都采用分段同步调制的方法,即把逆变电路的输出频率范围划分成若干个频段,每个频段内都保持载波比为恒定,不同频段的载波比不同。在输出频率的高频段采用较低的载波比,以使载波频率不致过高。在输出频率的低频段采用较高的载波比,以使载波频率不致过低而对负载产生不利影响。

3.4 电力电子器件的驱动电路

电力电子变换器中各种驱动电路的结构取决于开关器件的类型、变换器电路的拓扑结构和电压电流的等级。开关器件的驱动电路接受控制系统输出的微弱门电平信号,经处理后给开关器件的控制极(门极、基极或栅极)提供足够大的电压或电流,使之立即开通,此后,必须维持通态,直到接收关断信号后立即使开关器件从通态转为断态,并保持断态。

电力电子器件的驱动电路是电力电子主电路与控制电路之间的接口,是电力电子装置的重要环节,对整个装置的性能有很大的影响。采用性能良好的驱动电路,可使电力电子器件工作在较理想的开关状态,缩短开关时间,减小开关损耗,对装置的运行效率、可靠性和安全性都有重要的意义。另外,对电力电子器件或整个装置的一些保护措施也往往就近设在驱动电路中,或者通过驱动电路来实现,这使得驱动电路的设计更为重要。

按照驱动电路加在电力电子器件控制端和公共端之间信号的性质,可以将电力电子器件分为电流驱动型和电压驱动型两类。另外,驱动电路通常还要提供控制电路与主电路之间的电气隔离环节,一般采用光隔离或磁隔离。光隔离可以采用光电耦合器;磁隔离通常采用脉冲变压器。

应该说明的是,驱动电路的具体形式可以是分立元件构成的驱动电路,但目前的趋势是采用专用的集成驱动电路,包括双列直插式集成电路,以及将光耦隔离电路也集成在内的混合集成电路和厚膜集成电路。而且,为了达到参数最佳配合,应首先选择所用电力电子器件的生产厂家专门为其器件开发的集成驱动电路。

本节主要介绍全控型电力电子器件的驱动电路。

3.4.1 GTR基极驱动电路

1. GTR对基极驱动电路的要求

GTR基极驱动电路性能的好坏,不仅与GTR本身的工作性能有直接关系,而且与整个系统的工作性能有直接关系。一个良好的GTR基极驱动电路应具有下列条件。

(1) 遵守GTR基射极电流、电压的极限参数前提下,为保证GTR快速导通,要求触发GTR的基极电流的前沿要陡,以减少开通时的开通损耗。为此,在触发时基极电流幅值可以达到基极饱和电流幅值的2倍,即$2I_{B(sat)}$,其时间控制在$1 \sim 3\mu s$。

(2) 在GTR导通期间,要有恰当的基极电流,使它刚好达到饱和状态,以维持低的通态损耗,但又不过饱和。如果驱动电流偏小,管压降$U_{CE(sat)}$偏高,管子易发热烧坏;如果驱动电流偏大,管压降虽小,但从深饱和状态关断需要清除的载流子量多,关断就慢,关断损耗增加,也易使GTR损坏。因此GTR的驱动电路中常有抗饱和环节,使过大的基极电流分流,避免GTR达到深度饱和。

(3) 在设计GTR的关断电路时,应向GTR提供一个足够大的反向基极电流,以清除基区的剩余载流子,使GTR迅速由饱和导通工况进入截止工况,以尽量缩短GTR工作在放大区的时间。但是在关断GTR时控制信号的变化不要太激烈,因为很大的$-\Delta i_B/\Delta t$虽能很快排出基极的载流子,使基射极很快截止,但集电极里的少数载流子(空穴)来不及复合,于是集电极电流下降时间t_f反而延长,结果管子的损耗加大,可能导致GTR损坏。在GTR关断后,应给基射极提供一个$4 \sim 6V$的反向偏置电压,以提高GTR关断时集电极的正向阻断能力。

(4) 驱动电路的保护功能对提高系统的可靠性具有重要的意义。驱动电路的保护功能应具有以下几方面的内容:在过载、短路、失电以及器件导通过程中其电压超过预先设置的极限值时,驱动电路能迅速对GTR完成截止保护;在桥式GTR逆变器中应有效地防止上下两桥臂的贯穿短路;当GTR因某种原因损坏时,驱动电路应具有自保护的功能。

2. GTR基极驱动电路的组成和实例

GTR基极驱动电路由电位隔离(如光电耦合电路)、驱动器(信号脉冲整形和放大)、输出级和保护电路等环节组成。

图3-44是用分立元件构成的一个实用的GTR基极驱动电路。图中,控制电源为$+12V$,电路的输入端A点若为高电平时,光电耦合器中有电流流过,使T_1导通,T_2截止,T_3导通,T_4截止。因此,GTR由R_4、T_3以及加速电容C和R_5获得基极电流而导通。当输入端A为低电平时,光耦合器和T_1都截止,T_2导通,T_3截止,T_4导通,充有电压的电容器C放电,GTR截止。C放电的主要途径是经T_4和GTR的发射极和基极,形成一个较大的反向电流,使GTR很快截止。C的另一放电通路是经T_4、稳压管W和D_4,使GTR获得负偏置,保证它的可靠关断。由$D_1 \sim D_4$组成的基极电路是防止GTR过饱和的环节,其原理是GTR过饱和时,u_{CE}明显降低,使D_2、D_3及GTR的B—E间压降之和大于过饱和时的u_{CE},因此GTR的基极电流经D_1分流而减小,使GTR退出过饱和状态。例如,一种GTR的过

饱和压降约为 1.4V,而 3 个管压降 u_{D2}、u_{D3}、u_{D4} 之和约为 2.8V,故 D_1 承受正偏而导通,直到 GTR 回到临界饱和状态,u_{CE} 升高,使 D_1 截止,这时 GTR 的 u_{CE} 不低于 2.1V。

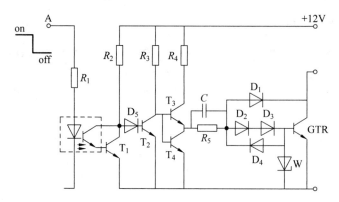

图 3-44　具有负偏压、防止过饱和的 GTR 基极驱动电路

图 3-44 电路的优点是简单实用,但没有短路保护的功能。目前常用的过载检测和保护方法是用非饱和检测器检测过载电流,经驱动电路关断 GTR。其原理是利用 GTR 过电流或者驱动电流不足时导致 GTR 退饱和,结果集电极电压 u_{CE} 上升,故可用保护电路测得过流时的 u_{CE},再与预先设定的基准电压 u_{ref} 比较,u_{CE} 超出 u_{ref} 使 GTR 关断。图 3-45(a)是 MJ10044 型 GTR 的 u_{CE} 随 i_C 变化的曲线,由图可见当 i_C 超过一定值(约 14A),u_{CE} 明显上升;图 3-45(b)是检测电路,它由运算放大器等构成,当非饱和监测器测出 GTR 的 u_{CE} 超出 u_{ref} 时,驱动管 T 的基极电位上升,T 和 GTR 立即截止。

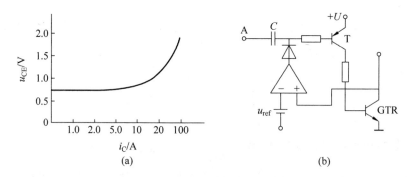

图 3-45　GTR 的过电流信号和检测保护电路
(a) GTR 的 u_{CE} 随 i_C 变化的曲线;(b) 检测和保护电路图

除上述办法外,因为 GTR 的基射极电压 u_{BE} 是 i_B 和 i_C 的函数,当 i_B 恒定时,u_{BE} 随着 i_C 的上升而相应加大,短路时,u_{BE} 明显大于正常值,由此可利用测得的 u_{BE},使 GTR 关断。据试验,u_{BE} 受温度的影响小于 u_{CE},可以较快、较准确地实现过电流保护。因此,有些 GTR 驱动电路的过电流保护同时利用 u_{CE} 和 u_{BE} 这两种办法。

GTR 驱动电路除了采用以上分立元件的驱动电路,还可以采用 GTR 集成驱动模块,如法国汤姆逊公司的 UAA4002 等。这些集成驱动模块的具体用法请参考厂家的使用说明书。

3.4.2 MOSFET 栅极驱动电路

1. MOSFET 对栅极驱动电路的要求

1) 栅源电压的限制

如果栅源电压超过 20V,即使电流被限制到很小值,栅源间的氧化层也很容易被击穿。同时,与栅极连线的寄生电感和栅极电容耦合也会产生使该氧化层毁坏的振荡电压。鉴于上述原因,应在栅源间连接一个稳压管,以便给栅极电压提供可靠的钳位。通常还采用一个电阻或铁氧体来抑制不希望的振荡。另外,过高的栅源电压会导致 MOSFET 开通和关断的充/放电时间加长,开关速度就会降低。

但是,栅源电压也不能太低。过低的栅源电压会带来两个问题:一是 MOSFET 的通态电阻是栅源电压的函数,随着栅源电压的下降而增大,通态电阻的增大带来通态损耗增大;二是栅源电压过低,抗干扰能力差,容易误关断。

综合考虑,一般选择栅源电压为 10~18V。

2) 栅极电路的内阻抗应尽量小

栅极驱动电路的等效内阻抗会影响到器件的性能,这个阻抗越低,驱动过程中的"密勒"效应就越弱,开关速度就越快。另外,减小驱动电路的内阻抗,可以减小 MOSFET 误导通和误关断的危险。

3) 具有对"地"可浮动的独立电源

这个问题在 MOSFET 的驱动上也是十分重要的问题。栅极驱动电压是对 MOSFET 源极的电压,而不是对"地"的电压。在实际应用中,MOSFET 经常连接成桥臂的形式,上桥臂的 MOSFET 的源极是连在下桥臂的 MOSFET 的漏极上,这样上桥臂的 MOSFET 的驱动电路的"地"就不能连在下桥臂的"地"上,这就需要一个独立的直流电源给上桥臂的驱动电路供电。可以用脉冲变压器隔离驱动,也可用快速光耦合器件隔离,从而保证驱动电路具有对"地"电位可浮动的独立电源。

2. MOSFET 驱动电路的组成和实例

1) 直接驱动电路

栅极直接驱动是最简单的一种形式,由于 MOSFET 的输入阻抗很高,所以可以用 TTL 器件或 CMOS 器件直接驱动。图 3-46 是两个栅极直接驱动的电路。

图 3-46(a)中,在输入信号为高电平时,晶体管 T 导通,15V 的栅控电源经过 T 给 MOSFET 本身的输入电容充电,建立栅控电场,使 MOSFET 快速导通。在输入信号变为低电平时,T 截止,MOSFET 的输入电容通过二极管 D 接地,保证 MOSFET 处于关断状态。由于晶体管 T 的放大作用,使充电电流放大,加快了电场的建立,提高了 MOSFET 的导通速度。

图 3-46(b)是推挽式直接驱动电路。当信号为高电平时,T_1 导通,MOSFET 快速导通。当信号为低电平时,T_2 导通,输入电容放电,栅极接地,MOSFET 快速关断。两个晶体管 T_1 和 T_2 都使信号放大,提高了电路的工作速度,同时它们是作为射极输出器工作的,所以它们不会出现饱和状态,且信号的传输无延迟。

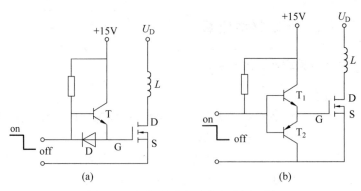

图 3-46　栅极直接驱动的电路原理图
(a) 用一个晶体管直接驱动；(b) 用推挽电路驱动

2) 光耦器件隔离的驱动电路

栅极隔离方式分光电式隔离和电磁式隔离。图 3-47 为光耦隔离的驱动电路，它属于光电式隔离的驱动电路。

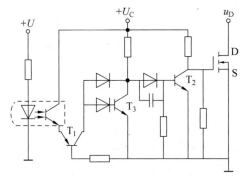

图 3-47　光耦隔离的驱动电路

图 3-47 中，当光耦导通时，T_1 导通，T_3 导通，T_2 截止，MOSFET 导通。当光耦截止时，T_1 和 T_3 截止，T_2 导通，MOSFET 截止。由于此电路采用了光耦的射极输出、T_3 的贝克钳位和 T_2 的加速网络这三项措施，因而电路的开关速度相当高。

3) 脉冲变压器隔离的驱动电路

图 3-48 为脉冲变压器隔离式的栅极驱动电路，它属于电磁式隔离方式。

图 3-48 中，输入信号为高电平时，T_1 导通，脉冲变压器的二次侧输出正脉冲，使 T_2 导通，T_3 也立刻导通。T_3 的导通又保证 T_2 在输入正脉冲时继续保持导通，所以 T_4 也导通，从而 MOSFET 被可靠开通。当输入信号变为低电平时，T_1 截止，脉冲变压器输出负脉冲，所以 T_2、T_3、T_4 都相继截止，这时因 T_5 的发射极上有 MOSFET 的输入电容电压，而 T_5 的基极经 R_4 和 R_9 加有负脉冲，所以 T_5 立即导通，从而使 MOSFET 关断。

图 3-48 是实用电路，故图中还包括了 MOSFET 的过载保护部分，它由 R_6、D_3、D_4 构成。其工作原理如下：当 MOSFET 正常导通时，漏极 D 的电位低于 D_4 阴极 A 点的电位，即 $u_A > u_D$，此时电阻 R_6 中的电流经 D_3 流入漏极。当发生短路和过载时，MOSFET 的漏极电压会自动升高（即管压降加大），使 $u_D > u_A$，R_6 中的电流流向 D_4 和 R_8，使 A 点电位随之升高，以

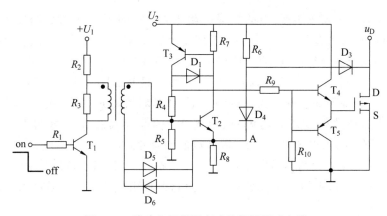

图 3-48 脉冲变压器隔离式的栅极驱动电路

致 T_2 截止，T_3、T_4 也随之截止，迫使 MOSFET 关断。

MOSFET 驱动电路除了采用以上分立元件的驱动电路，还可以采用集成驱动模块，如美国 IR 公司的 IR2110、IR2130 等。这些集成驱动模块的具体用法请参考厂家的使用说明书。

3.4.3 IGBT 栅极驱动电路

1. IGBT 对栅极驱动电路的要求

IGBT 对栅极驱动电路有如下要求：①提供适当的正向和反向输出电压；②尽可能小的输入、输出延迟时间；③足够高的输入输出电气隔声性能；④具有灵敏的过电流保护能力。

IGBT 和 MOSFET 相同，也是场控型器件，输入阻抗很高，但对于大功率 IGBT，由于有相当大的输入电容，在 IGBT 导通瞬间，栅极脉冲电流的峰值可能达到数安培，因此栅极驱动电路应有足够大的正向电压和输出能力。同时 IGBT 的栅极正向电压 u_{GE} 还与它的通态电压 u_{CE} 有关。当 u_{GE} 增加时，通态电压 u_{CE} 下降，只有当 u_{GE} 大到一定值时，u_{CE} 才能达到较低的饱和值，如图 3-49 所示。

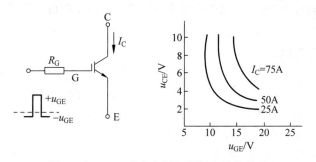

图 3-49 IGBT 通态电压与栅极电压的关系

栅极负偏压时，对 IGBT 的关断特性影响不大，但对于驱动电机的逆变器电路，为了使 IGBT 能稳定可靠的工作，还需要负偏压。同时栅极负偏压还能够防止 IGBT 在过大的 $\Delta u_{GE}/\Delta t$ 情况下发生误触发，因此栅控电路中也引入 $-u_{GE}$。负偏压通常取 $-10V$ 或者稍大一些。

图 3-49 中，IGBT 栅控电路中的栅极电阻 R_G 对它的工作性能影响较大。取较大的 R_G，对抑制 IGBT 的电流上升率 $\Delta i_C/\Delta t$ 及降低元件上的电压上升率 $\Delta u_{GE}/\Delta t$ 都有好处。但若 R_G 过大，就会过分延长 IGBT 的开关时间，使它的开关损耗加大，这对高频的应用场合是很不利的。而过小的 R_G 可使 $\Delta i_C/\Delta t$ 太大而引起 IGBT 的不正常或损坏，所以正确选择 R_G 的原则是应在开关损耗不太大的情况下，选择略大的 R_G。R_G 的具体数值还与栅控电路的具体结构形式及 IGBT 的电压、电流大小有关，大致在数欧姆左右。小容量的 IGBT，其 R_G 值较大，可以超过 100Ω。具体数值可参考元件厂的推荐值。

为了使栅极驱动电路与信号电路隔离，应采用抗噪声能力强、信号传输时间短的隔离器件。IGBT 栅极与发射极的引线应尽量短，并且这两根引线应该绞合后使用，以减少栅极电感和干扰信号的进入。

2. IGBT 驱动电路的组成和实例

图 3-50 为采用光耦器件的 IGBT 栅极驱动电路，它由 MOSFET 及晶体管推挽电路构成，具有正、负偏置。当输入信号为高电平时，MOSFET 截止，T_1 导通，使 IGBT 迅速开通。当输入信号为低电平时，MOSFET 及 T_2 都导通，IGBT 截止。

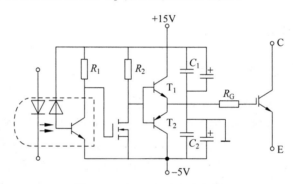

图 3-50　IGBT 驱动电路实例

IGBT 驱动电路除了采用以上分立元件的驱动电路，还可以采用集成驱动模块，如瑞士 CONCEPT 公司的 2SD315A 等。这些集成驱动模块的具体用法请参考厂家的使用说明书。

思考题与练习题

3.1　简述电力电子技术的含义。
3.2　传统电力电子器件有哪些？
3.3　现代电力电子器件有哪些？
3.4　分析电力晶体管（GTR）的基本工作原理。
3.5　分析电力 MOSFET 的基本工作原理。
3.6　画出降压式直流斩波电路并分析其基本工作原理。
3.7　画出电压型单相全桥式逆变电路并分析其基本工作原理。
3.8　分析电力电子器件的驱动电路的作用。

第 4 章 控制技术基础知识

4.1 控制理论基础

4.1.1 自动控制系统的基本概念

1. 自动控制系统的发展阶段

1) 经典控制理论阶段

最早应用于工业生产过程的反馈控制器是瓦特在 1796 年发明的用于控制蒸汽机转速的飞球调节器。第二次世界大战期间由于战争的需要,在飞机驾驶系统、火炮定位系统、雷达天线控制系统等军事武器装备中大量使用了反馈控制系统,这使得自动控制技术得到进一步发展,并由此形成了以频域方法为基础的"经典控制理论"。

经典控制理论是建立在 s 平面上的控制理论,通过拉普拉斯变换得到传递函数,并在此基础上,在频域内对单输入、单输出的自动控制系统进行分析和设计,而无须直接求解微分方程。其优点是物理概念清楚,通过绘图方式进行分析和设计的方法形象直观。因此,经典控制理论一直深受广大过程控制技术人员的喜爱。

经典控制理论的基本内容包括时域分析法、根轨迹法、频率特性法、相平面法和描述函数法等。

2) 现代控制理论阶段

20 世纪 60 年代以后,随着人造卫星和空间时代的到来,控制理论发展又有了新的推动力。由于导弹、航空、航天等制导方面对高精度多变量控制系统的需求,以及计算机技术的进步,建立在时域分析法上的"现代控制理论"逐步形成并不断发展,在工业领域也得到很多应用。

现代控制理论是建立在状态空间上的控制理论,以状态方程为基础,对多输入、多输出、时变、非线性等控制系统进行建模和分析并加以设计。

现代控制理论的基本内容包括线性系统基本理论、最优控制、系统辨识、自适应控制、最佳滤波、鲁棒控制理论等,这些都是建立在时域的状态空间模型上。

3) 智能控制理论阶段

对于某些具有复杂性、模糊性、不确定性、不完全性、偶然性的自动控制系统而言,要建立有效的数学模型十分困难,此外也难以采用常规的经典控制理论或现代控制理论进行定量计算、分析和设计。因此,人们考虑采用人工智能的方法进行系统分析和控制。智能控制是由人工智能、控制论和运筹学等学科交叉形成的一门控制理论,通过定量与定性相结合的方法进行系统的分析和设计。按照这一思路已经研究出一些智能控制的理论和技术,主要包括专家控制系统、模糊控制系统、神经网络和学习控制系统等。

2. 自动控制系统的基本构成

从结构上讲,自动控制系统有两种最基本的形式,即开环控制和闭环控制。其中闭环控制系统是工业生产中应用最为广泛的系统。

1) 开环控制系统

系统的控制输入不受输出影响的控制系统称为开环控制系统。在开环控制系统中,输入端与输出端之间,只有信号的前向通道而不存在由输出端到输入端的反馈通路。图 4-1 所示的他激直流电机转速控制系统就是一个开环控制系统。

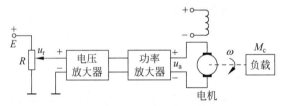

图 4-1 他激直流电机转速开环控制系统

图 4-1 中,系统任务是控制直流电机以恒定的转速带动负载工作。系统的工作原理是:调节电位器 R 的滑臂,使其输出给定参考电压 u_r。u_r 经电压放大和功率放大后成为 u_a,送到电机的电枢端,用来控制电机转速。在负载恒定的条件下,他激直流电机的转速 ω 与电枢电压 u_a 成正比,只要改变给定电压 u_r,便可得到相应的电机转速 ω。

在本系统中,直流电机是被控对象,电机的转速 ω 是被控量,也称为系统的输出量或输出信号。参考电压 u_r 通常称为系统的给定量或输入量。就图 4-1 而言,只有输入量 u_r 对输出量 ω 的单向控制作用,而输出量 ω 对输入量 u_r 却没有任何影响和联系,所以这种系统为开环控制系统。

直流电机转速开环控制系统可用图 4-2 所示的框图表示。图中用方框代表系统中具有相应职能的元部件;用箭头表示元部件之间的信号及其传递方向。电机负载转矩 M_c 的任何变动,都会使输出量 ω 偏离希望值,这种作用称为干扰或扰动,在图 4-2 中用一个作用在电机上的箭头(M_c)来表示。

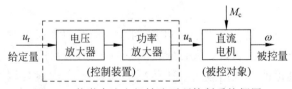

图 4-2 他激直流电机转速开环控制系统框图

一般来说,开环控制系统结构比较简单,成本较低。其缺点是控制精度不高,抑制干扰能力差,而且对系统参数变化比较敏感,一般用于可以不考虑外界影响或精度要求不高的场合,如洗衣机、步进电机控制及水位调节等。

2) 闭环控制系统

开环控制系统精度不高和适应性不强的主要原因是缺少从系统输出到输入的反馈回路,即缺少对输出的监视和偏离希望值时相应的操作控制。若要提高控制精度,必须把输出量的信息反馈到输入端,通过比较输入值与输出值,产生偏差信号,该偏差信号以一定的控制规律产生控制作用,逐步减小以至消除这一偏差,从而实现所要求的控制性能。

在图 4-1 所示的直流电机转速开环控制系统中,加入一台测速发电机,并对电路稍作改变,便构成了如图 4-3 所示的直流电机转速闭环控制系统。

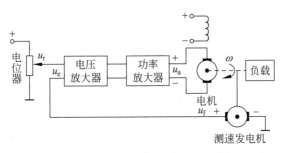

图 4-3 直流电机转速闭环控制系统

图 4-3 中,测速发电机由电机同轴带动,它将电机的实际转速 ω(系统输出量)测量出来,并转换成电压 u_f,再反馈到系统的输入端,与给定值电压 u_r(系统输入量)进行比较,从而得出电压 $u_e = u_r - u_f$,由于该电压能间接地反映出误差的性质(即大小和正负方向),通常称之为偏差信号,简称偏差。偏差 u_e 经放大器放大后成为 u_a,用以控制电机转速 ω。

直流电机转速闭环控制系统可用图 4-4 所示的框图来表示。

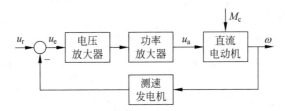

图 4-4 直流电机转速闭环控制框图

通常,把从系统输入量到输出量之间的通道称为前向通道;从转速输出量到比较环节的反馈信号之间的通道称为反馈通道。将检测出来的输出量送回到系统的输入端,并与输入量比较的过程称为反馈。在图 4-4 中,若电压放大器环节、功率放大器环节、直流电机环节、测速发电机环节的输入、输出同向,即都为正的符号,则反馈通道进入比较环节的符号为负就决定了系统为负反馈;反之,若为正,则称为正反馈。框图中用符号"○"表示比较环节,其输出量等于各个输入量的代数和。因此,各个输入量均须用正、负号表明其极性。图中的控制系统由于采用了反馈回路,致使信号的传输路径形成闭合回路,使输出量反过来直接影响控制作用,这种通过反馈回路使系统构成闭环,并按偏差产生控制作用,用以减小或消除偏差的控制系统,称为闭环控制系统,或称反馈控制系统。

必须指出的是,在系统主反馈通道中,只有采用负反馈才能达到控制的目的。若采用正反馈,很容易使偏差越来越大,导致系统发散而无法工作。闭环系统的工作原理是:将系统的输出信号引回到输入端,与输入信号相比较,利用所得的偏差信号对系统进行调节,达到减小偏差或消除偏差的目的。这就是负反馈控制原理,它是构成闭环控制系统的核心。

闭环控制抑制干扰能力强,与开环控制相比,系统对参数变化不敏感,可以选用不太精密的元件构成较为精密的控制系统,获得满意的动态特性和控制精度。但是,采用反馈装置需要添加元部件,造价较高,同时也增加了系统的复杂性。

3. 自动控制系统的分类

1) 线性控制系统和非线性控制系统

按照系统数学模型描述的不同,可以将自动控制系统分为线性控制系统和非线性控制系统。

(1) 线性控制系统。当组成系统的元件的特性都是线性的,其输入、输出关系能用线性微分方程描述的系统称为线性控制系统或线性系统。线性系统可以使用叠加原理。当线性微分方程的系数均为常数时称为线性定常系统或线性时不变系统,当微分方程的系数是时间的函数时,称为线性非定常系统或线性时变系统。线性定常系统的响应只与输入信号有关,与初始条件无关。严格地讲,实际的物理系统中不存在线性系统,总是或多或少存在着不同程度的非线性特性。为研究问题方便,当非线性特性不显著或者系统在非线性特性区域的工作范围不大时,可将其视为线性的,或将它们线性化后按线性系统处理。

(2) 非线性控制系统。当组成系统的元件中存在非线性特性时,其输入、输出关系用非线性微分方程描述的系统称为非线性控制系统或非线性系统。将可以线性化的非线性元件称为非本质非线性特性元件,将不能线性化的元件称为本质非线性特性元件。系统中只要包含一个本质非线性特性元件,系统的性能即由非线性微分方程描述。非线性系统中不能使用叠加原理。非线性微分方程式的求解尚无完整统一的方法,非线性系统的响应既与输入量有关,也与初始条件有关。如图4-5所示为几种典型非线性特性。

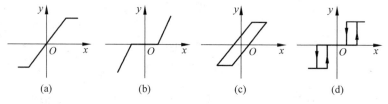

图 4-5 几种典型非线性特性

(a) 饱和非线性;(b) 死区非线性;(c) 间隙非线性;(d) 继电非线性

2) 连续系统与离散系统

按照系统中所传递信号的性质不同,可分为连续控制系统和离散控制系统,简称连续系统和离散系统。

(1) 连续系统。当系统中传递的全部信号都是连续时间函数形式的模拟量时,称为连续控制系统或称连续数据系统,连续系统的性能用微分方程描述。

(2) 离散系统。当系统中部分信号以离散的脉冲序列或数码的形式传递时,称为离散系统或离散数据系统。离散系统是一个总称,如果系统中使用了采样开关,将连续函数形式的信号转变为离散脉冲序列形式的信号进行控制,这样的系统通常称为采样控制系统或脉冲控制系统。如果使用了数字计算机或数字控制器,离散信号以数码形式传递,这样的系统称为数字控制系统,简称数字系统。离散系统的性能用差分方程描述,如果差分方程是线性的称为线性离散系统,如果差分方程为非线性的称为非线性离散系统。

3) 随动控制系统和恒值控制系统

按照系统输入信号变化规律的不同,可分为随动控制系统和恒值控制系统。

(1) 随动控制系统。当系统的输入信号预先不能确定且任意变化,系统的输出量以一定的精度随输入信号变化,要求系统具有很好的跟踪能力,这样的系统称为随动控制系统、跟踪控制系统或伺服控制系统。

(2) 恒值控制系统。当系统的输入量保持恒定或只随时间缓慢变化时,要求系统具有很好的抗干扰能力,以使输出量维持恒定或随时间缓慢变化,这样的系统称为恒值控制系统或自动调节系统。

此外,在实际应用中为了突出系统在某方面的作用,还有其他分类的方法。按照系统有无误差可分为有静差系统和无静差系统;按系统功能可分为温度控制系统、位置控制系统等;按系统设备元件类型可分为机电系统、液压系统、气动系统、生物系统等;按系统输入/输出信号数量可分为单输入、单输出系统和多输入、多输出系统;按照不同的控制理论基础设计的控制系统可分为最优控制系统、自适应控制系统、预测控制系统、模糊控制系统和神经元网络控制系统等。

4. 自动控制系统的基本要求及其分析方法

1) 自动控制系统的基本要求

不同的控制系统,由于其工作场合及目标任务等方面的差异,其性能指标也各不相同。但对所有的控制系统来说,要达到的控制目标是一致的,就是要求系统的被控量能迅速、准确地跟踪参考量的变化,两者保持一定的函数关系,并尽可能使这种关系不受任何干扰的影响。简而言之,对系统的性能要求有以下三方面。

(1) 动态过程要平稳,即稳定性。一个控制系统要能正常工作,稳定性是必须具备的首要条件。一般情况下,系统的被控量在外作用(输入量或干扰)没有变化时处在某一稳定平稳的状态,当系统的外作用发生变化时,其被控量会偏离原来的稳定状态。若系统被控量在偏离稳定状态后,能在一定时间内重新回到平稳状态,那么系统是稳定的。反之,若系统不能重新回到平稳状态,而是呈持续振荡或分散状态,则控制系统是不稳定的。不稳定系统是无法正常工作的,甚至会毁坏设备、造成事故。

(2) 响应动作要快速,即快速性。快速性是指在控制系统稳定的前提下,当系统的被控量与输入量之间发生较大偏差时,消除这种偏差的快慢程度。当输入量发生变化时,系统从一个平衡状态过渡到另一个平衡状态需要一定的时间,称为过渡过程。因此,快速性主要是指过渡过程的快速性,它表现为输入量改变后,输出量随之变化的快慢程度。

(3) 最终跟踪要准确,即准确性。准确性是指系统响应的过渡过程(也称为动态过程、瞬态过程)结束后,被控量与输入量之间的差值,我们用稳态误差来表示。稳态误差反映了系统稳态精度的高低,其大小也是衡量系统品质的一个重要指标。稳态精度越高,稳态误差就越小,系统的稳态输出就越接近输入量。

综上所述,对自动控制系统的基本要求可以概括为稳、快、准。

2) 自动控制系统的分析方法

自动控制原理的基本内容可分为系统的分析和系统的设计。所谓系统的分析,是在已知系统结构和参数的情况下,确定系统的稳态和动态性能以及分析系统的抗干扰能力;所谓系统的设计,是按照给定的控制任务,设计一个满足稳态和动态性能要求以及抗干扰性能要求的控制系统,并确定其结构和参数。

对于线性定常系统,通常有以下三种分析的方法。

(1) 建立在微分方程基础上的时域分析法。此法物理概念直观,分析计算准确,但对于高阶系统往往是复杂的,特别不容易确定参数变化对系统性能的影响。

(2) 建立在传递函数基础上的根轨迹法。它是图解解析法,可以比较方便地分析高阶系统的性能,而且能够直观地看出系统某一参数(或两个参数)变化对系统性能的影响。

(3) 建立在频率特性基础上的频域分析法。它也是图解解析法,容易确定高阶系统静态和动态性能,易于确定系统结构和参数变化对系统性能的影响,可以用实验法建立元件或系统的频率特性,对建立数学模型较困难的系统提供了研究方法。

4.1.2 控制系统的数学模型

研究一个自动控制系统,单是分析系统的作用原理及其大致的运动过程是不够的,必须同时进行数量上的分析,才能做到深入的研究并将其有效地应用到实际工程中去。

控制系统的运动方程式(也叫数学模型)是根据系统的动态特性,即通过决定系统特性的物理学定律,如机械、电气、热力、液压、气动等方面的基本定律写成的。它代表系统在运动过程中各变量之间的相互关系,既定性又定量地描述了整个系统的动态过程。因此,要分析和研究一个控制系统的动态特性,就必须建立该系统的数学模型。

1. 系统的微分方程模型

控制系统是由各元件组成的,因此,首先要建立反映各个元件输入量与输出量之间关系的运动方程(一般是微分方程组)。书写微分方程的一般步骤是:①根据元件的工作原理和在系统中的作用,确定元件的输入量和输出量(必要时还要考虑扰动量),并根据需要引进一些中间变量。②根据各元件在工作过程中所遵循的物理或化学定律,按工作条件忽略一些次要因素,并考虑相邻元件的彼此影响,列出微分方程。常用的定律有:电路系统的基尔霍夫定律、力学系统的牛顿定律和热力学定律等。③消去中间变量后得到描述输出量与输入量(包括扰动量)关系的微分方程,即元件的数学模型。

通常还按惯例把微分方程写成标准形式,将与输入量有关的各项写在方程的右边,与输出量有关的各项写在方程的左边,方程两边各导数项均按降阶排列。

1) 机械系统

(1) 机械位移系统的微分方程。图 4-6 所示为质量弹簧阻尼器系统。

图 4-6 中,在物体受外力 F 的作用下,质量 m 相对于初始状态

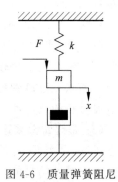

图 4-6 质量弹簧阻尼器系统

的位移、速度、加速度分别为 x、dx/dt、d^2x/dt^2。设外作用力 F 为输入量，位移 x 为输出量。根据弹簧、质量、阻尼器上力与位移、速度的关系和牛顿第二定律，可列出作用在 m 上的力和加速度之间的关系为

$$m\frac{d^2x}{dt^2}=F-f\frac{dx}{dt}-kx \tag{4-1}$$

式中，k 和 f 分别为弹簧的弹性系数和阻尼器的黏性摩擦因数，负号表示弹簧力的方向和位移的方向相反；黏性摩擦力的方向和速度的方向相反。上式可整理成

$$m\frac{d^2x}{dt^2}+f\frac{dx}{dt}+kx=F \tag{4-2}$$

（2）机械转动系统的微分方程。图 4-7 所示为一个机械转动系统，由惯性负载和黏性摩擦阻尼器组成。

图 4-7 中，设外加转矩 M 为输入量，转角 θ 为输出量。对于转动物体，可用转动惯量 J 代表惯性负载。根据机械转动系统的牛顿定律可列出微分方程，即

$$J\frac{d^2\theta}{dt^2}=M-f_1\frac{d\theta}{dt}-k_1\theta \tag{4-3}$$

式中，f_1 和 k_1 分别为黏性阻尼系数和扭转弹性系数。上式整理可写成

$$J\frac{d^2\theta}{dt^2}+f_1\frac{d\theta}{dt}+k_1\theta=M \tag{4-4}$$

2）电系统（RLC 串联网络）

如图 4-8 所示为一个由电感 L、电容 C 和电阻 R 组成的四端网络。

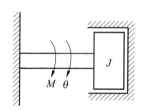

图 4-7 机械转动系统

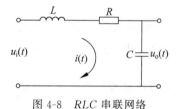

图 4-8 RLC 串联网络

图 4-8 中，$u_i(t)$ 为输入量，$u_o(t)$ 为输出量。设回路电流为 $i(t)$，根据基尔霍夫定律，则有

$$Ri+L\frac{di}{dt}+\frac{1}{C}\int i\,dt=u_i \tag{4-5}$$

$$u_o=\frac{1}{C}\int i\,dt \tag{4-6}$$

由上式可得

$$i=C\frac{du_o}{dt} \tag{4-7}$$

将式(4-7)代入式(4-5)，经整理可得输入、输出关系的微分方程为

$$LC\frac{d^2u_o(t)}{dt^2}+RC\frac{du_o(t)}{dt}+u_o(t)=u_i(t) \tag{4-8}$$

这是一个线性常系数二阶微分方程，它是图 4-8 电路的数学模型。

比较式(4-2)、式(4-4)、式(4-8)可见，虽然图 4-6、图 4-7、图 4-8 为 3 种不同的物理系统，

但它们的数学模型的形式却是相同的,我们把具有相同形式数学模型的不同物理系统称为相似系统,例如图 4-6 的质量弹簧阻尼器系统和图 4-8 的 RLC 串联网络系统即为一对相似系统。在相似系统中,占据相应位置的物理量称为相似量,如式(4-2)中的变量 F、x 分别与式(4-8)中的变量 $u_i(t)$ 和 $u_o(t)$ 为对应的相似量。

数学模型为系统的研究提供了有效的理论分析基础,而相似系统则揭示了不同物理系统之间的相互关系,利用相似系统的概念可以用一个易于实现的系统来研究与其相似的复杂系统,并根据相似系统的理论出现了仿真研究法。

3) 机电系统

图 4-9 所示为电枢控制的他励直流电机。

图 4-9 中,ω 为电机角速度(rad/s),M_c 为折算到电机轴上的总负载力矩(N·m),u_a 为电枢电压(V)。在电枢控制情况下,励磁不变。取 u_a 为控制输入量,ω 为输出量,M_c 为扰动量,为便于列写方程,引入中间变量 e_a、i_a 和 M。e_a 为电机旋转时电枢两端的反电势(V),i_a 为电枢电流(A),M 为电机旋转时的电磁力矩(N·m)。

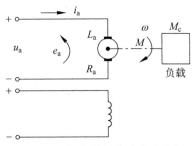

图 4-9 电枢控制的他励直流电机

根据电机运行过程的物理规律(包括机和电两个方面),可列写输入量、输出量和中间变量之间的数学关系式如下。

(1) 电机电枢回路的电压平衡方程为

$$L_a \frac{di_a}{dt} + i_a R_a + e_a = u_a \tag{4-9}$$

式中,L_a、R_a 分别为电枢回路电感和电阻。

(2) 电机的反电势方程为

$$e_a = C_e \omega \tag{4-10}$$

式中,C_e 为电机的电势常数,V·s/rad;

(3) 电机的电磁转矩方程为

$$M = C_m i_a \tag{4-11}$$

式中,C_m 为电机的转矩常数,N·m/A。

(4) 电机轴上的动力学方程为

$$J \frac{d\omega}{dt} = M - M_c \tag{4-12}$$

式中,J 为转动部分折算到电机轴上的总转动惯量,N·m·s²。注意式(4-12)中已忽略与转速成正比的阻尼转矩。

从以上列出的 4 个方程中消去 3 个中间变量 e_a、i_a 和 M,则可得到描述输出量 ω 和输入量 u_a、扰动量 M_c 之间的关系式为

$$T_a T_m \frac{d^2\omega}{dt^2} + T_m \frac{d\omega}{dt} + \omega = K_u u_a - K_m \left(T_a \frac{dM_c}{dt} + M_c\right) \tag{4-13}$$

式中,$T_a = L_a/R_a$,$T_m = JR_a/(C_e C_m)$,分别称为电机电枢回路的电磁时间常数和机电时间常数;$K_u = 1/C_e$,$K_m = T_m/J$,分别称为电压传递系数和转矩传递系数。它们分别表征了电压 u_a 变动或扰动转矩 M_c 变动时对电机角速度 ω 的影响程度,K_u 的单位为 rad/(s·V),K_m 的单位为 rad/(s·kg·m)。

式(4-13)为电枢控制直流电机的数学模型。式子表明,它既含机械量(如转矩 M_c、角速度 ω),又含电量(如 u_a),故又称机电系统的数学模型。

通常电枢绕组的电感 L_a 较小,故电磁时间常数 T_a 可以忽略不计,于是电机的微分方程可简化为

$$T_m \frac{d\omega}{dt} + \omega = K_u u_a - K_m M_c \tag{4-14}$$

如果取电机的转角 θ 作为输出,电枢电压 u_a 作为输入,考虑到 $\omega = d\theta/dt$,于是上式可改写成

$$T_m \frac{d^2\theta}{dt^2} + \frac{d\theta}{dt} = K_u u_a - K_m M_c \tag{4-15}$$

比较式(4-14)和式(4-15)可以看出:对于同一个系统,若从不同的角度研究问题,则所得出的数学模型是不一样的。

2. 非线性系统微分方程的线性化

数学模型建立的首要条件是元件和系统都具有线性特性。但实际控制系统中,所有的元件和系统都是非线性的,所以常常只能根据实际工程系统的特点,在合理的、可能的条件下对非线性元件、非线性系统的非线性方程进行近似处理,使其为线性方程,即线性化。

1) 线性化的特点

元件、系统能线性化的条件是:实际元件、控制系统常以某一工作点为平衡点,信号围绕该平衡点的信号小范围内变化,此时得到的非线性系统输出可以看成是在平衡点附近有限工作范围内的线性系统输出,即非线性系统线性化。

线性化的方法:①某些因素忽略不计,直接取常值;②小偏差线性化,即在给定区域内如果各阶导数都存在的情况下,则在给定平衡点的邻域内,将代表非线性系统的非线性函数展开为泰勒级数,当偏差范围很小时,忽略泰勒级数展开式中偏差的高次项,得到只包含偏差一次项的线性化方程式的方法。此方法常用,但不满足条件的不能线性化处理。

2) 小偏差线性化的处理方法

假设有一个非线性元件系统,输入量为 x,输出量为 y,y 与 x 之间为连续变化的非线性函数 $y = f(x)$,静态工作点 A 为 (x_0, y_0),且在静态工作点处各阶导数都存在,当 $x = x_0 + \Delta x$ 时,$y = y_0 + \Delta y$,则在 x_0 的邻域内展开成泰勒级数为

$$y = f(x) = f(x_0) + \left(\frac{df(x)}{dx}\right)_{x=x_0}(x - x_0) +$$
$$\frac{1}{2!}\left(\frac{d^2 f(x)}{dx^2}\right)_{x=x_0}(x - x_0)^2 + \cdots \tag{4-16}$$

当增量 Δx 很小时,即 $x - x_0 \approx 0$,忽略二次方及二次方以上的各项,即作 0 处理,有

$$y - y_0 = f(x) - f(x_0) = \left(\frac{df(x)}{dx}\right)_{x=x_0}(x - x_0) \tag{4-17}$$

取 $\Delta y = y - y_0$,$\Delta x = x - x_0$,$K = (df(x)/dx)_{x=x_0}$,上式可以写为

$$\Delta y = K \Delta x \tag{4-18}$$

略去上式中增量符号 Δ，便得到函数在工作点附近的线性化方程：
$$y = Kx \tag{4-19}$$

式(4-19)所示函数为非线性元件或系统的线性化数学模型。式中，K 是比例系数，实际上是函数 $y=f(x)$ 在 A 点的切线斜率，如图 4-10 所示。

3) 系统线性化数学模型的建立步骤

只有非线性系统满足线性化的条件下才能建立其数学模型。建立数学模型的步骤如下：

(1) 根据非线性系统列出非线性微分方程。

(2) 确定非线性系统的稳定工作点，并求出稳定工作点处各变量的工作状态。

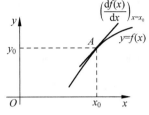

图 4-10 小偏差线性化示意图

(3) 检查非线性部分是否满足线性化处理条件，满足则进行线性化处理，否则不能线性化。

(4) 在工作点的邻域内将非线性函数通过增量的形式表示成线性函数。

(5) 联立解方程得到只含有系统总输入和总输出的线性化方程。

3. 线性定常系统的传递函数

控制系统通常建立的数学模型是微分方程，在一定激励的作用下，系统有响应，然后根据响应函数可以画出响应曲线。但对于复杂系统，想得到系统的输出很困难，因为高阶微分方程不容易求解。若将微分方程经过拉氏变换后求解，则可大大减小计算量。

1) 传递函数的定义

线性定常系统传递函数的定义：在初始条件全部为零的假设条件下，系统输出量(响应函数)的拉氏变换与输入量(激励函数)的拉氏变换之比。

线性定常系统微分方程的一般形式可写为

$$a_n \frac{d^n y(t)}{dt^n} + a_{n-1} \frac{d^{n-1} y(t)}{dt^{n-1}} + \cdots + a_1 \frac{dy(t)}{dt} + a_0 y(t)$$
$$= b_m \frac{d^m x(t)}{dt^m} + b_{m-1} \frac{d^{m-1} x(t)}{dt^{m-1}} + \cdots + b_1 \frac{dx(t)}{dt} + b_0 x(t) \tag{4-20}$$

式中，$y(t)$ 为输出量，$x(t)$ 为输入量。

在全部初始条件假设为零的条件下，对微分方程两边进行拉氏变换。输入量的拉普拉斯变换为 $X(s)=L[x(t)]$，输出量的拉普拉斯变换为 $Y(s)=L[y(t)]$，即

$$(a_n s^n + a_{n-1} s^{n-1} + \cdots + a_1 s + a_0) Y(s) = (b_m s^m + b_{m-1} s^{m-1} + \cdots + b_1 s + b_0) X(s) \tag{4-21}$$

则线性定常系统的传递函数为

$$G(s) = \frac{Y(s)}{X(s)} = \frac{b_m s^m + b_{m-1} s^{m-1} + \cdots + b_1 s + b_0}{a_n s^n + a_{n-1} s^{n-1} + \cdots + a_1 s + a_0} = \frac{M(s)}{N(s)} \tag{4-22}$$

注意：传递函数只适用于线性定常系统，输出量为 $Y(s)=G(s) \cdot X(s)$，当输入为单位脉冲 $[X(s)=1]$ 时，其响应就是传递函数 $Y(s)=G(s)$。分母多项式 $a_n s^n + a_{n-1} s^{n-1} + \cdots + a_0$ 为系统的特征多项式，当 $N(s)=a_n s^n + a_{n-1} s^{n-1} + \cdots + a_0 = 0$ 时的解为传递函数(系统)的极点，用"×"表示；分子多项式 $M(s) = b_m s^m + b_{m-1} s^{m-1} + \cdots + b_0 = 0$ 的解为传递函数

(系统)的零点,用"O"表示。实际系统因含有惯性元件,所以总是分母的阶次高于或等于分子的阶次(即 $n \geqslant m$ 且为实数)。

在 MATLAB 中,可以用分子、分母多项式系数构成的两个向量 num 与 den 表示系统:

$$G(s) = \frac{Y(s)}{X(s)} = \frac{b_m s^m + b_{m-1} s^{m-1} + \cdots + b_1 s + b_0}{a_n s^n + a_{n-1} s^{n-1} + \cdots + a_1 s + a_0} = \frac{\text{num}(s)}{\text{den}(s)}$$

$$\text{num} = [b_m, b_{m-1}, \cdots, b_0], \quad \text{den} = [a_n, a_{n-1}, \cdots, a_0] \tag{4-23}$$

传递函数的表达形式有如下三种:

(1) 零、极点形式。

$$G(s) = \frac{b_m}{a_n} \cdot \frac{s^m + d_{m-1} s^{m-1} + \cdots + d_1 s + d_0}{s^n + c_{n-1} s^{n-1} + \cdots + c_1 s + c_0} = K \frac{\prod_{i=1}^{m}(s + z_i)}{\prod_{j=1}^{n}(s + p_j)} \tag{4-24}$$

式中,$-z_i (i=1,2,\cdots,m)$ 为零点,$-p_j (j=1,2,\cdots,n)$ 为极点,$K = b_m / a_n$ 为传递函数的增益。

用根轨迹分析系统时通常采用此种传递函数表达形式。稳定系统的零、极点分布如图 4-11 所示。

在 MATLAB 中,可以用 z、p、k 构成的向量组表示系统:

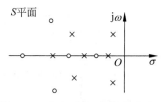

图 4-11 稳定系统零、极点分布图

$$G(s) = K \frac{(s + z_1)(s + z_2) \cdots (s + z_m)}{(s + p_1)(s + p_2) \cdots (s + p_n)}$$

$$z = [z_1, z_2, \cdots, z_m], \quad p = [p_1, p_2, \cdots, p_n], \quad k = [K] \tag{4-25}$$

(2) 时间常数形式。

$$G(s) = \frac{b_0}{a_0} \cdot \frac{d'_m s^m + d'_{m-1} s^{m-1} + \cdots + d'_1 s + 1}{c'_n s^n + c'_{n-1} s^{n-1} + \cdots + c'_1 s + 1} = K' \frac{\prod_{i=1}^{m}(t_i s + 1)}{\prod_{j=1}^{n}(T_j s + 1)} \tag{4-26}$$

式中,t_i 为分子各因子的时间常数,T_j 为分母各因子的时间常数,$K' = b_0 / a_0$ 为时间常数形式传递函数的增益。

时域分析法和频域分析法传递函数常采用此种表示方法。

(3) 考虑到零极点除有不为零的实数解外,可能有 ν 个为零的解,还可能有复数解,所以还可以把传递函数的形式表示为

$$G(s) = \frac{K}{s^{\nu}} \cdot \frac{\prod_{i=1}^{m_1}(s + z_i) \prod_{k=1}^{m_2}(s^2 + 2\zeta_k \omega_k s + \omega_k^2)}{\prod_{j=1}^{n_1}(s + p_j) \prod_{t=1}^{n_2}(s^2 + 2\zeta_t \omega_t s + \omega_t^2)}$$

$$= \frac{K}{s^{\nu}} \cdot \frac{\prod_{i=1}^{m_1}(t_i s + 1) \prod_{k=1}^{m_2}(t_k^2 s^2 + 2\zeta_k \tau_k s + 1)}{\prod_{j=1}^{n_1}(T_j s + 1) \prod_{t=1}^{n_2}(T_t^2 s^2 + 2\zeta_t \tau_t s + 1)} \tag{4-27}$$

式中，ζ 为阻尼比，$m_1+2m_2=m$，$n_1+2n_2+\nu=n$；如为开环传递函数时，ν 表示系统的型别（$\nu=0$ 时，为 0 型系统；$\nu=1$ 时，为 1 型系统；$\nu=2$ 时，为 2 型系统等）。误差分析和伯德（Bode）图常采用此种表示方法。

在 MATLAB 中，各种形式的传递函数间可以相互转换。

2）传递函数的性质

传递函数是只适于线性定常系统的一种数学模型，表示输入、输出变量之间的关系，具有如下的性质。

（1）传递函数是系统本身的一种属性，与系统元件和结构有关，与输入量的大小、性质无关。

（2）传递函数与微分方程这两种数学模型可以相互转换。

（3）传递函数不提供实物系统物理结构方面的信息。因为不同系统可以有完全相同的传递函数，所以可以通过一个传递函数掌握多个相似系统的性质。

3）典型环节的传递函数

从系统的传递函数表达式可以看出，它由一些基本因子构成，这些基本因子被称为典型环节的传递函数。

（1）比例环节。比例环节又称放大环节或无惯性环节，是指输出量 $y(t)$ 与输入量 $x(t)$ 之间是一种固定比值关系，其作用是输出量能够按一定的比例复现输入量。

数学模型：

$$y(t)=K \cdot x(t) \tag{4-28}$$

传递函数：

$$G(s)=\frac{Y(s)}{X(s)}=K \tag{4-29}$$

式中，K 为比例系数或传递系数。

实际中常用的例子如图 4-12 所示。

（2）微分环节。微分环节是指输出量 $y(t)$ 与输入量 $x(t)$ 之间的关系用微分方程表示，其作用是反映输入量的变化趋势。常用的微分环节如表 4-1 所示。

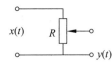

图 4-12 比例环节实物系统

表 4-1 常用的微分环节

微分环节	数 学 模 型	传 递 函 数
纯微分环节	$y(t)=\tau\dfrac{dx(t)}{dt}$ $(t\geqslant 0)$	$G(s)=\dfrac{Y(s)}{X(s)}=\tau s$
一阶微分环节	$y(t)=\tau\dfrac{dx(t)}{dt}+x(t)$ $(t\geqslant 0)$	$G(s)=\dfrac{Y(s)}{X(s)}=\tau s+1$
二阶微分环节	$y(t)=\tau^2\dfrac{d^2x(t)}{dt^2}+2\tau\zeta\dfrac{dx(t)}{dt}+x(t)$ $(0<\zeta<1,t\geqslant 0)$	$G(s)=\dfrac{Y(s)}{X(s)}=\tau^2 s^2+2\tau\zeta s+1$

实际中常用的微分环节实物系统如图 4-13 所示。常用微分环节的传递函数没有极点，只有零点。

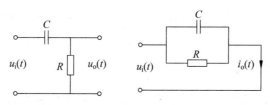

图 4-13　微分环节实物系统

(3) 积分环节。积分环节是指输出量 $y(t)$ 与输入量 $x(t)$ 之间的关系用微分方程表示，其作用是输出量与输入量的积分成正比的无限增加。

数学模型：

$$y(t) = K\int x(t)\mathrm{d}t \quad (t \geqslant 0) \tag{4-30}$$

传递函数：

$$G(s) = \frac{Y(s)}{X(s)} = \frac{K}{s} \tag{4-31}$$

实际中常用的积分环节实物系统如图 4-14 所示。

(4) 惯性环节。惯性环节是指输出量 $y(t)$ 与输入量 $x(t)$ 之间的关系用微分方程表示。其作用：与比例环节相比，其输出量不能立即跟随输入量变化，存在一定的时间延迟。时间常数 T 越大，环节的惯性越大，延迟的时间也就越长。

数学模型：

$$T\frac{\mathrm{d}y(t)}{\mathrm{d}t} + y(t) = x(t) \quad (T \text{ 为时间常数}) \tag{4-32}$$

传递函数：

$$G(s) = \frac{Y(s)}{X(s)} = \frac{1}{Ts+1} \tag{4-33}$$

实际中常用的惯性环节实物系统如图 4-15 所示。

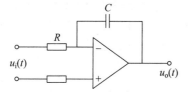 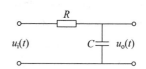

图 4-14　积分环节实物系统　　　　　　图 4-15　惯性环节实物系统

(5) 振荡环节。典型振荡环节是指输出量 $y(t)$ 与输入量 $x(t)$ 之间的关系用微分方程表示。

数学模型：

$$T^2\frac{\mathrm{d}^2 y(t)}{\mathrm{d}t^2} + 2\zeta T\frac{\mathrm{d}y(t)}{\mathrm{d}t} + y(t) = x(t) \tag{4-34}$$

传递函数：

$$G(s) = \frac{Y(s)}{X(s)} = \frac{1}{T^2 s^2 + 2\zeta T s + 1} = \frac{\frac{1}{T^2}}{s^2 + \frac{2\zeta}{T}s + \frac{1}{T^2}} = \frac{\omega_n^2}{s^2 + 2\zeta\omega_n s + \omega_n^2} \tag{4-35}$$

式中，T 为时间常数，ζ 为阻尼系数(阻尼比)，$\omega_n = 1/T$ 为无阻尼自然振荡频率。对于振荡环节恒有 $0 \leq \zeta < 1$。

4. 控制系统的结构图

结构图是将系统图形化的一种数学模型，即用结构图代表实物系统。优点：既能表明系统的组成和信号的传递方向，又能表示系统信号在传递过程中的数学关系。

1) 结构图的组成

控制系统结构图的组成如图 4-16 所示。

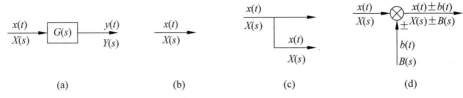

图 4-16 控制系统结构图组成

方块：表示元件或环节的输入变量到输出变量之间的函数关系。方块中表达式 $G(s)$ 即为传递函数，对信号起运算、转换作用，如图 4-16(a)所示，$Y(s) = G(s)X(s)$。

信号线：用带箭头的有向直线表示。箭头方向表示信号的传递方向，在信号线上标注的是原函数或像函数(已拉氏变换过的)，如图 4-16(b)所示。

分支点(引出点)：表示把一个信号分成两个(或多个)信号输出。每一路信号与原信号完全相同，如图 4-16(c)所示。

综合点(比较点或相加点)：对两个或两个以上的相同性质信号进行代数和计算。信号相加用"＋"(框图中通常可以省略)，信号相减用"－"，如图 4-16(d)所示。

2) 结构图的等效变换

一个控制系统一般都很复杂，其结构图也相当复杂，对其分析时必须把复杂系统转换成简单系统，所以，对复杂系统的结构图化简是非常必要的。化简的原则：化简前后的系统输入量和输出量的数学关系不变。

(1) 串联环节。串联环节等效结构图如图 4-17 所示。

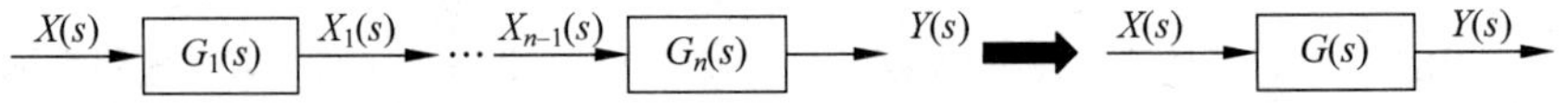

图 4-17 串联环节等效结构图

串联环节的特点：前一个环节的输出信号是下一个环节的输入信号，依次按顺序连接(注意不改变其他信号的性质)。

n 个环节串联后的传递函数等效为各传递函数相乘，即

$$G(s) = \frac{Y(s)}{X(s)} = \prod_{i=1}^{n} G_i(s) \tag{4-36}$$

(2) 并联环节。并联环节等效结构图如图 4-18 所示。

并联环节的特点：各环节有相同的输入信号，输出信号等于各环节输出信号的代数和。

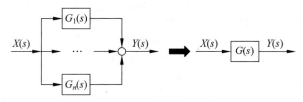

图 4-18 并联环节等效结构图

n 个环节串联后的传递函数等效为各传递函数之和，即

$$G(s) = \frac{Y(s)}{X(s)} = \sum_{i=1}^{n} G_i(s) \tag{4-37}$$

（3）反馈环节。反馈环节等效结构图如图 4-19 所示。

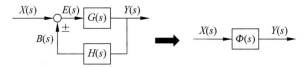

图 4-19 反馈环节等效结构图

反馈环节的特点：将环节的输出量反馈回输入端构成闭环，目的是改善环节的特性。该环节由 $G(s)$ 和 $H(s)$ 两个环节连接而成，如图 4-19 所示，称为反馈连接。"＋"号为正反馈，表示输入信号与反馈信号相加；"－"号为负反馈，表示输入信号与反馈信号相减。构成反馈连接后，信号的传递形成了封闭的路线，即闭环控制。按照控制信号的传递方向，可将闭环回路分成两个通道：前向通道和反馈通道。前向通道传递是指输入信号到输出信号的正向传递通道，其传递函数称为前向通道传递函数，如 $G(s)$。反馈通道是把输出信号反馈到输入端，其传递函数称为反馈通道传递函数，如 $H(s)$。当 $H(s)=1$ 时，称为单位反馈。将反馈环节 $H(s)$ 的输出端断开，则前向通道传递函数与反馈通道传递函数的乘积 $G(s)H(s)$ 称为系统的开环传递函数。

反馈环节等效传递函数：

$$\Phi(s) = \frac{Y(s)}{X(s)} = \frac{G(s)}{1 \mp G(s)H(s)} \tag{4-38}$$

4.1.3 线性系统的时域分析法

1. 概述

经典控制理论中，常用时域分析法、根轨迹法或频率分析法来分析控制系统的性能。时域分析法适用于一、二阶系统性能的分析和计算，对二阶以上的高阶系统常采用频率分析法和根轨迹法。由于篇幅有限，本书只分析时域分析法。

时域分析法是通过传递函数、拉氏变换及反变换求出系统在典型输入下的输出表达式，从而分析系统时间响应的全部信息。时域法是最基本的分析方法，具有直观、准确的优点。

1）时域法常用的典型输入信号

要确定系统性能的优劣，就要在同样的输入条件激励下比较系统的行为。为了在符合实际情况的基础上便于实现和分析计算，时域分析法中一般采用如表 4-2 所示的典型输入信号。

表 4-2 时域分析法中的典型输入信号

名 称	$r(t)$	时域关系	时域图形	$R(s)$	复域关系	例
单位脉冲函数	$\delta(t)=\begin{cases}\infty, & t=0 \\ 0, & t\neq 0\end{cases}$ $\int \delta(t)\mathrm{d}t=1$			1		撞击作用后坐力电脉冲
单位阶跃函数	$1(t)=\begin{cases}1, & t\geqslant 0 \\ 0, & t<0\end{cases}$	$\dfrac{\mathrm{d}}{\mathrm{d}t}$		$\dfrac{1}{s}$	$\times s$	开关输入
单位斜坡（速度）函数	$f(t)=\begin{cases}t, & t\geqslant 0 \\ 0, & t<0\end{cases}$			$\dfrac{1}{s^2}$		等速跟踪信号
单位抛物线（加速度）函数	$f(t)=\begin{cases}\dfrac{1}{2}t^2, & t\geqslant 0 \\ 0, & t<0\end{cases}$			$\dfrac{1}{s^3}$		加速跟踪信号

2) 系统的时域性能指标

如前所述,对控制系统的一般要求归纳为稳、准、快。工程上为了定量评价系统性能好坏,必须给出控制系统的性能指标的准确定义和定量计算方法。

稳定是控制系统正常运行的基本条件。系统稳定,其响应过程才能收敛,研究系统的性能(包括动态性能和稳态性能)才有意义。

实际物理系统都存在惯性,输出量的改变是与系统所储有的能量有关的。系统所储有的能量的改变需要一个过程。在外作用激励下系统从一种稳定状态转换到另一种稳定状态需要一定的时间。一个稳定系统输入为阶跃信号时的典型阶跃响应输出如图 4-20 所示。响应过程分为暂态过程(也称为过渡过程或瞬态过程)和稳态过程,系统的动态性能指标和稳态性能指标就是分别针对这两个阶段定义的。

(1) 动态性能。系统动态性能是以系统阶跃响应为基础来衡量的。一般认为,阶跃输入对系统而言是比较严峻的工作状态,若系统在阶跃函数作用下的动态性能满足要求,那么系统在其他形式的输入作用下,其动态性能也应是令人满意的。动态性能指标通常有如下几项:

① 延迟时间 t_d,是指阶跃响应第一次达到终值 $h(\infty)$ 的 50% 所需的时间。

② 上升时间 t_r,是指阶跃响应从终值的 10% 上升到终值的 90% 所需的时间;对有振荡的系统,也可定义为从 0 到第一次达到终值所需的时间。

③ 峰值时间 t_p,是指阶跃响应越过终值 $h(\infty)$ 达到第一个峰值所需的时间。

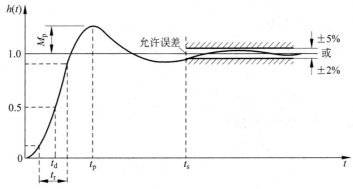

图 4-20 系统的典型阶跃响应及动态性能指标

④ 调节时间 t_s，是指阶跃响应到达并保持在终值 $h(\infty)\pm5\%$ 误差带内所需的最短时间；有时也用终值的 $\pm2\%$ 误差带来定义调节时间。

⑤ 超调量 σ，是指峰值 $h(t_p)$ 超出终值 $h(\infty)$ 的百分比，即

$$\sigma=\frac{h(t_p)-h(\infty)}{h(\infty)}\times100\% \tag{4-39}$$

在上述动态性能指标中，工程上最常用的是调节时间 t_s（描述"快"），超调量 σ（描述"匀"）及峰值时间 t_p。

(2) 稳态性能。稳态误差是时间趋于无穷时系统实际输出与理想输出之间的误差，是系统控制精度或抗干扰能力的一种度量。稳态误差有不同定义，通常在典型输入下进行测定或计算。

应当指出的是，系统性能指标的确定应根据实际情况而有所侧重。例如，民航客机要求飞行平稳，不允许有超调；歼击机则要求机动灵活，响应迅速，允许有适当的超调；对于一些起动之后便需要长期运行的生产过程（如化工过程等），则往往更强调稳态精度。

2. 一阶系统的时域分析

1) 一阶系统传递函数标准形式及单位阶跃响应

一阶系统的典型结构如图 4-21 所示，K 是开环增益。

系统传递函数的标准形式（尾 1 型）为

$$\Phi(s)=\frac{K}{s+K}=\frac{1}{Ts+1} \tag{4-40}$$

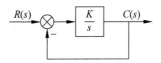

图 4-21 一阶系统典型结构图

式中，$T=1/K$ 称为一阶系统的时间常数，系统特征根 $\lambda=-1/T$。

系统单位阶跃响应的拉氏变换为

$$C(s)=\Phi(s)\cdot R(s)=\frac{1}{Ts+1}\cdot\frac{1}{s}=\frac{1}{s}-\frac{1}{s+1/T} \tag{4-41}$$

单位阶跃响应为

$$c(t)=L^{-1}[C(s)]=1-e^{-\frac{t}{T}} \tag{4-42}$$

一阶系统的单位阶跃响应如图 4-22 所示，响应是单调的指数上升曲线。

图 4-22 中，根据调节时间 t_s 的定义可得

$$c(t_s)=1-e^{-\frac{t_s}{T}}=0.95 \tag{4-43}$$

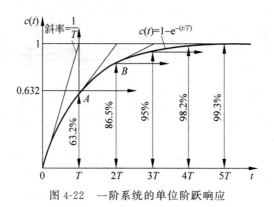

图 4-22 一阶系统的单位阶跃响应

解得

$$t_s = 3T \tag{4-44}$$

时间常数 T 是一阶系统的重要特征参数。T 越小,系统极点越远离虚轴,过渡过程越快。

2) 典型输入下的一阶系统响应

用同样方法讨论一阶系统的脉冲响应和斜坡响应,可将系统典型输入响应列成表 4-3。

表 4-3 一阶系统典型输入响应

$r(t)$	$R(s)$	$C(s)=\Phi(s)R(s)$	$c(t)$	响应曲线
$\delta(t)$	1	$\dfrac{1}{Ts+1}=\dfrac{\frac{1}{T}}{s+\frac{1}{T}}$	$c(t)=\dfrac{1}{T}e^{-\frac{t}{T}} \quad (t \geqslant 0)$	
$1(t)$	$\dfrac{1}{s}$	$\dfrac{1}{Ts+1}\dfrac{1}{s}=\dfrac{1}{s}-\dfrac{1}{s+1/T}$	$c(t)=1-e^{-\frac{t}{T}} \quad (t \geqslant 0)$	
t	$\dfrac{1}{s^2}$	$\dfrac{1}{Ts+1}\dfrac{1}{s^2}=\dfrac{1}{s^2}-T\left[\dfrac{1}{s}-\dfrac{1}{s+1/T}\right]$	$c(t)=t-T(1-e^{-\frac{t}{T}}) \quad (t \geqslant 0)$	

3. 二阶系统的时域分析

1) 二阶系统传递函数的标准形式及分类

常见二阶系统结构图如图 4-23 所示,其中 K、T_1 为环节参数。

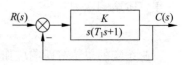

图 4-23 常见二阶系统结构图

系统闭环传递函数为

$$\Phi(s) = \frac{K}{T_1 s^2 + s + K} \quad (4\text{-}45)$$

化成标准形式为

$$\Phi(s) = \frac{\omega_n^2}{s^2 + 2\zeta\omega_n s + \omega_n^2} \quad (4\text{-}46)$$

$$\Phi(s) = \frac{1}{T^2 s^2 + 2T\zeta s + 1} \quad (4\text{-}47)$$

式中,$T = \sqrt{\dfrac{T_1}{K}}$,$\omega_n = \dfrac{1}{T} = \sqrt{\dfrac{K}{T_1}}$,$\zeta = \dfrac{1}{2}\sqrt{\dfrac{1}{KT_1}}$。

ζ、ω_n 分别称为系统的阻尼比和无阻尼自然频率,是二阶系统重要的特征参数。二阶系统的首 1 标准型传递函数常用于时域分析中,频域分析时则常用尾 1 标准型。

二阶系统闭环特征方程为

$$D(s) = s^2 + 2\zeta\omega_n s + \omega_n^2 = 0 \quad (4\text{-}48)$$

其特征根为

$$\lambda_{1,2} = -\zeta\omega_n \pm \omega_n \sqrt{\zeta^2 - 1} \quad (4\text{-}49)$$

若系统阻尼比 ζ 取值范围不同,则特征根形式不同,响应特性也不同,由此可将二阶系统分类,如表 4-4 所示。

数学上,线性微分方程的解由特解和齐次微分方程的通解组成。通解由微分方程的特征根决定,代表自由响应运动。如果微分方程的特征根是 $\lambda_1, \lambda_2, \cdots, \lambda_n$ 且无重根,则把函数 $e^{\lambda_1 t}, e^{\lambda_2 t}, \cdots, e^{\lambda_n t}$ 称为该微分方程所描述运动的模态,也称为振型。

如果特征根中有多重根 λ,则模态是具有 $te^{\lambda t}, t^2 e^{\lambda t}, \cdots$ 形式的函数。

如果特征根中有共轭复根 $\lambda = \sigma \pm j\omega$,则其共轭复模态 $e^{(\sigma+j\omega)t}$ 与 $e^{(\sigma-j\omega)t}$ 可写成实函数模态 $e^{\sigma t}\sin\omega t$ 与 $e^{\sigma t}\cos\omega t$。

每一种模态可以看成是线性系统自由响应最基本的运动形态,线性系统自由响应则是其相应模态的线性组合。

表 4-4 二阶系统(按阻尼比 ζ)分类表

分类	特征根	特征根分布	模态
$\zeta > 1$ 过阻尼	$\lambda_{1,2} = -\zeta\omega_n \pm \omega_n \sqrt{\zeta^2 - 1}$	两个不相等的负实根 λ_2, λ_1 位于实轴负半轴	$e^{\lambda_1 t}$ $e^{\lambda_2 t}$
$\zeta = 1$ 临界阻尼	$\lambda_{1,2} = -\omega_n$	两个相等的负实根 λ 位于实轴负半轴	$e^{-\omega_n t}$ $te^{-\omega_n t}$
$0 < \zeta < 1$ 欠阻尼	$\lambda_{1,2} = -\zeta\omega_n \pm j\omega_n\sqrt{1-\zeta^2}$	一对共轭复根 λ_1, λ_2 位于左半平面	$e^{-\zeta\omega_n t}\sin\sqrt{1-\zeta^2}\,\omega_n t$ $e^{-\zeta\omega_n t}\cos\sqrt{1-\zeta^2}\,\omega_n t$
$\zeta = 0$ 零阻尼	$\lambda_{1,2} = \pm j\omega_n$	一对共轭纯虚根 λ_1, λ_2 位于虚轴上	$\sin\omega_n t$ $\cos\omega_n t$

2) 过阻尼二阶系统

设过阻尼二阶系统的极点为

$$\lambda_1 = -\frac{1}{T_1} = -(\zeta - \sqrt{\zeta^2 - 1})\omega_n, \quad \lambda_2 = -\frac{1}{T_2} = -(\zeta + \sqrt{\zeta^2 - 1})\omega_n \quad (T_1 > T_2) \tag{4-50}$$

系统单位阶跃响应的拉氏变换为

$$C(s) = \Phi(s)R(s) = \frac{\omega_n^2}{(s + 1/T_1)(s + 1/T_2)} \cdot \frac{1}{s}, \quad \omega_n = \frac{1}{\sqrt{T_1 T_2}} \tag{4-51}$$

进行拉氏反变换,得出系统单位阶跃响应为

$$h(t) = 1 + \frac{e^{-\frac{t}{T_1}}}{\frac{T_2}{T_1} - 1} + \frac{e^{-\frac{t}{T_2}}}{\frac{T_1}{T_2} - 1} \quad (t \geqslant 0) \tag{4-52}$$

过阻尼二阶系统单位阶跃响应是无振荡的单调上升曲线。当 T_1/T_2 (或 ζ)很大时,特征根 $\lambda_2 = -1/T_2$ 比 $\lambda_1 = -1/T_1$ 远离虚轴,模态 $e^{\lambda_2 t}$ 很快衰减为零,系统调节时间主要由 $\lambda_1 = -1/T_1$ 对应的模态 $e^{\lambda_1 t}$ 决定。此时可将过阻尼二阶系统近似看作由 λ_1 确定的一阶系统,估算其动态性能指标。

3) 欠阻尼二阶系统

由式(4-46)可得系统单位阶跃响应的拉氏变换为

$$H(s) = \Phi(s)R(s) = \frac{\omega_n^2}{s^2 + 2\zeta\omega_n s + \omega_n^2} \cdot \frac{1}{s} = \frac{1}{s} - \frac{s + 2\zeta\omega_n}{(s + \zeta\omega_n)^2 + (1 - \zeta^2)\omega_n^2}$$

$$= \frac{1}{s} - \frac{s + \zeta\omega_n}{(s + \zeta\omega_n)^2 + (1 - \zeta^2)\omega_n^2} - \frac{\zeta}{\sqrt{1 - \zeta^2}} \cdot \frac{\omega_n\sqrt{1 - \zeta^2}}{(s + \zeta\omega_n)^2 + (1 - \zeta^2)\omega_n^2} \tag{4-53}$$

系统单位阶跃响应为

$$h(t) = 1 - e^{-\zeta\omega_n t}\cos(\sqrt{1 - \zeta^2}\omega_n t) - \frac{\zeta}{\sqrt{1 - \zeta^2}} e^{-\zeta\omega_n t}\sin(\sqrt{1 - \zeta^2}\omega_n t)$$

$$= 1 - \frac{e^{-\zeta\omega_n t}}{\sqrt{1 - \zeta^2}}\left[\sqrt{1 - \zeta^2}\cos(\sqrt{1 - \zeta^2}\omega_n t) + \zeta\sin(\sqrt{1 - \zeta^2}\omega_n t)\right]$$

$$= 1 - \frac{e^{-\zeta\omega_n t}}{\sqrt{1 - \zeta^2}}\sin\left(\sqrt{1 - \zeta^2}\omega_n t + \arctan\frac{\sqrt{1 - \zeta^2}}{\zeta}\right) = 1 - \frac{e^{-\zeta\omega_n t}}{\sqrt{1 - \zeta^2}}\sin(\omega_d t + \beta) \tag{4-54}$$

用 MATLAB 绘制典型二阶系统的单位阶跃响应(ζ 取值范围不同,ω_n 为固定值),如图 4-24 所示。

4.1.4 线性离散系统

1. 离散系统概述

控制系统中只要有一个及以上的变量信号是离散量,就称这个系统为离散系统(discrete system)或采样控制系统(sampling control system)。目前离散系统的最广泛应用形式是以数字计算机特别是微型数字计算机为控制器的数字控制系统。数字控制系统包含

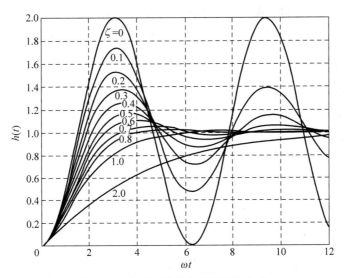

图 4-24 典型二阶系统单位阶跃响应

工作于离散状态下的数字计算机和工作于连续状态下的被控对象两大部分,即数字控制系统通常是数字-模拟信号混合系统,因此数字控制系统中包含数字量和模拟量相互转换的环节,一般由模拟数字转换器(analogue-digital converter,简称 A/D 转换器)和数字-模拟转换器(digital-analogue converter,简称 D/A 转换器)构成,其结构如图 4-25 所示。

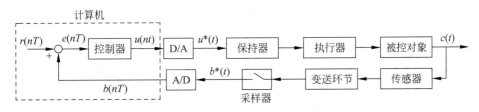

图 4-25 典型数字控制系统结构图

实践表明,数字控制可以使系统的控制精度大幅提高;数字信号的传递,可以有效地抑制噪声(干扰)对系统的影响,从而显著提高了系统的抗干扰能力;数字控制器具有很好的通用性,只要改变软件(输入新的程序),就能完全改变控制规律;采用计算机可对复杂的过程实现智能控制,并且可以用一台计算机分时控制若干个对象。由于数字控制具有上述显著的优点,因此在自动控制中获得越来越多的应用。

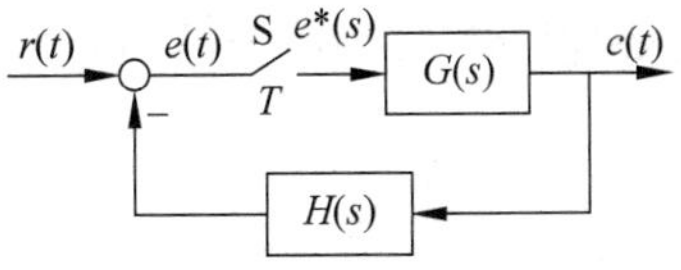

为了研究线性离散系统,给出如图 4-26 所示的典型离散控制系统结构图。

图 4-26 典型离散控制系统结构框图

图 4-26 中,$G(s)$ 与 $H(s)$ 为系统中的连续部分,输入量 $r(t)$、输出量 $c(t)$ 和偏差量 $e(t)$ 均为模拟量,S 为采样开关(或称"采样器")。在系统运行中,采样开关 S 断开一定时间后又闭合,反复动作,将模拟量 $e(t)$ 变为离散量 $e^*(t)$,这种间断获取信息的过程称为"采样",得到的值 $e^*(t)$ 称为"采样值"。采样开关每隔一定时间 T 接通及断开一次,时间 T 称为"采样周期"(sampling period)。采样周期可以是等间隔的,也可以是不等间隔的,甚至是随机的,本书仅研究采样开关为等间隔的情况(即 T 为恒

量)。开关每次闭合的时间 τ 称为"采样时间",且有 $\tau < T$。采样周期的倒数 f_s 称为采样频率,即 $f_s = 1/T$,而 $\omega_s = 2\pi/T = 2\pi f_s$ 称为采样角频率(sampling frequency),单位为 rad/s。

2. 信号的采样与复现

1) 采样函数

如上所述,典型的离散控制系统中模拟量 $e(t)$ 经采样器后得到采样值 $e^*(t)$,如图 4-27(b)所示,采样值 $e^*(t)$ 可写为

$$e^*(t) = \begin{cases} e(t), & kT \leqslant t \leqslant kT + \tau, \quad k = 0,1,2,\cdots \\ 0, & \text{其他 } t \text{ 时刻} \end{cases} \quad (4\text{-}55)$$

采样值 $e^*(t)$ 实际是一些采样时间序列,也称采样脉冲序列,这种脉冲序列在采样时间内是连续的,在断开时间内是离散的,属于离散模拟信号。将连续时间函数通过采样器的采样变成脉冲序列的过程,称为采样过程。

为了对数字控制系统进行定量分析,需要导出描述采样信号的数学表达式。图 4-27(b)所示的实际采样脉冲序列 $e^*(t)$ 可通过下式来描述,即

$$e^*(t) = \sum_{n=0}^{\infty} e(nT + \Delta t), \quad 0 < \Delta t \leqslant \tau \quad (4\text{-}56)$$

在实际应用中,采样时间 τ 是很短的,也就是说,实际采样脉冲的持续时间 τ 通常远远小于采样周期 T,因此可将 τ 看成接近于零。这样采样脉冲便可看成是强度(幅值)为 $e(nT)$ ($n=0,1,2,\cdots$)、宽度为无限小的窄脉冲序列,如图 4-27(c)所示,这种脉冲序列可借助于数学上的 δ 函数来描述,采样函数为

$$e^*(t) = \sum_{n=0}^{\infty} e(nT)\delta(t - nT) \quad (4\text{-}57)$$

式中,$\delta(t-nT)$ 表示发生在 $t=nT$ 时刻的具有单位强度的理想脉冲,即

$$\delta(t - nT) = \begin{cases} \infty, & t = nT \\ 0, & t \neq nT \end{cases} \quad (4\text{-}58)$$

$$\int_{-\infty}^{+\infty} \delta(t - nT) \mathrm{d}t = 1 \quad (4\text{-}59)$$

$\delta(t-nT)$ 的作用在于指出采样脉冲存在的时刻 nT ($n=0,1,2,\cdots$),而采样脉冲的强度(幅值)则由 nT 时刻的连续函数值 $e(nT)$ 来确定。

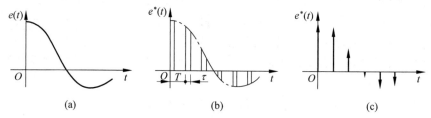

图 4-27 模拟信号经采样开关后变为离散信号

2) 采样定理

不难理解,在采样过程中,若采样周期 T 越短(即采样角频率 ω_s 越高),则采样信号 $e^*(t)$ 越接近连续信号 $e(t)$ 的变化规律;反之,若采样周期 T 过大(即采样角频率 ω_s 过

低),则采样信号 $e^*(t)$ 就可能反映不了连续信号 $e(t)$ 的变化规律,这时候由采样信号 $e^*(t)$ 就很难复现连续信号 $e(t)$。那么,采样角频率满足什么条件,采样信号才能复现原来的连续信号呢？采样定理(也称香农定理)给出了明确的答案。

采样定理：如果采样角频率 ω_s(或频率 f_s)大于或等于 $2\omega_m$(或频率 $2f_m$),即 $\omega_s \geqslant 2\omega_m$(或 $f_s \geqslant 2f_m$),则经采样得到的采样脉冲序列能不失真地复现原连续信号,其中 ω_m(或 f_m)是连续信号频谱的最高频率。

应当指出,采样定理只是给出了一个选择采样周期或采样频率的指导原则,它给出的是由采样脉冲序列不失真地复现原连续信号所允许的最大采样周期或最低采样频率(即采样频率的下限)。在实际应用中,采样周期的选择还要受到其他因素的影响,在选择采样周期时对各种因素应予以综合考虑。在控制工程实践中,为了保证采样有足够的精确度,常取 $\omega_s = (5 \sim 10)\omega_m$。

3) 保持器(采样信号的复现)

在离散控制系统中,为了保证被控对象正常工作,需要将采样信号复现为连续信号。信号复现就是将离散脉冲序列转换成(或恢复到)连续信号的过程,即信号保持,用于这种转换过程的元件称为保持器。信号保持的方法很多,常见的有零阶保持和一阶保持。在数字控制系统中应用最广泛的是零阶保持器,所以在本书只介绍零阶保持器。

零阶保持器的工作原理就是将采样信号 $u^*(t)$ 的每一个脉冲幅值 $u(nT)$ 一直保持到下一个采样时刻,即零阶保持器的作用是将一个脉冲信号转换成同幅值的、宽度为 T(采样周期)的矩形信号,如图 4-28 所示。由于 $u(t)$ 在每个采样区间的值为一恒量,它对时间的导数为零,所以称为零阶保持器。

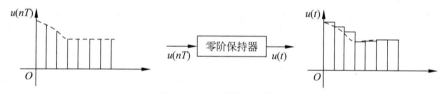

图 4-28 离散信号的复现

根据零阶保持器的工作原理,它的输入/输出特性为：若它的输入信号为单位脉冲信号,则其输出信号为幅值为 1、宽度为 T 的矩形信号,此信号可看成一个单位阶跃信号 $1(t)$ 和一个延迟时间 T 的负的单位阶跃信号 $-1(t-T)$ 的叠加,如图 4-29 所示,其时域描述表达式为 $c(t) = 1(t) - 1(t-T)$,由此可求得零阶保持器的传递函数 $H(s)$ 为

$$H(s) = \frac{1 - e^{-Ts}}{s} \tag{4-60}$$

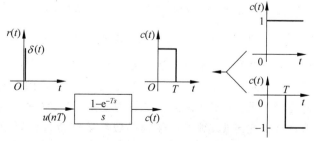

图 4-29 零阶保持器的输入输出特性

具有零阶保持器特性的器件有 D/A 转换器、寄存器、步进电机、有源 RC 网络和无源 RC 网络等。

3. z 变换理论

一般用微分方程来刻画连续控制系统的行为，为了求解的方便，使用拉氏变换方法实现。而一般用离散信号前后之间的关系来刻画离散控制系统的行为，由此建立起来的数学表达式称为差分方程。差分方程是描述离散系统的一种基本形式，其直接求解并不容易，与连续系统相类似，可以通过 z 域（z 变换域）法来求解。

1）z 变换

由式(4-57)已知采样函数为

$$f^*(t) = \sum_{n=0}^{\infty} f(nT)\delta(t-nT) \tag{4-61}$$

对上式进行拉氏变换，得

$$F^*(s) = L[f^*(t)] = L\left[\sum_{n=0}^{\infty} f(nT)\delta(t-nT)\right]$$

$$= \sum_{n=0}^{\infty} f(nT)L[\delta(t-nT)] = \sum_{n=0}^{\infty} f(nT)e^{-nTs} \tag{4-62}$$

由于在式(4-62)中，s 在指数里，给运算带来困难，在连续时间系统中，为了避开解微分方程的困难，可以通过拉氏变换把问题从时域变换到频域中，把解微分方程转化为解代数方程，使解题得以简化。出于同样的目的，在采样系统中为了避开求解差分方程带来的困难，引进一个新的变量，将解线性时不变差分方程转化为求解代数方程，以简化求解过程。令引进的新变量为 z，且

$$z = e^{Ts} \tag{4-63}$$

将其代入式(4-62)，有

$$F^*(s) = \sum_{n=0}^{\infty} f(nT)z^{-n} \tag{4-64}$$

于是将 $F^*(s)$ 改写成 $F(z)$，上式就成为新变量 z 的函数，并称 $F(z)$ 为 $f^*(t)$ 的 z 变换，记为 $Z[f^*(t)]$。又由于在 z 变换中，只考虑了采样瞬时的采样值 $f(nT)$，因此 $f(t)$ 的 z 变换与 $f^*(t)$ 的 z 变换具有相同的结果。于是 z 变换的定义式为

$$F(z) = Z[f(t)] = Z[f^*(t)] = \sum_{n=0}^{\infty} f(nT)z^{-n} \tag{4-65}$$

由以上定义可见，z 变换实质上是与拉氏变换相似的另一种代换形式，主要是针对离散函数的。将 z 变换与拉氏变换相比，离散函数取代了连续函数，差分方程取代了微分方程，kT 取代了 t，z 取代了 s，$\sum$ 取代了 $\int$。z 变换与拉氏变换一样，是一种数学工具，它也是一种简化运算的方法。在采样系统中，先对离散函数进行 z 变换得到像函数，然后对像函数进行计算，最后把计算所得到的像函数进行 z 反变换，求得运算后的原函数，从而得出所需要的系统结果。值得注意的是：z 变换是离散函数的变换，只反映采样时刻的信息值，反映不了非采样时刻的信息。由此可见，对于原连续函数经采样得采样函数，其 z 变换式是唯一的；反过来，z 变换式对应的采样函数是唯一的，但是对应的连续函数却不是唯一的。

设连续时间函数为 $x(t)$，对应的离散时间函数为 $x^*(t)$，其 z 变换表达式为

$$X(z) = \sum_{n=0}^{\infty} x(nT) z^{-n} \tag{4-66}$$

将上式的右边展开，即

$$X(z) = x(0) + x(T)z^{-1} + x(2T)z^{-2} + \cdots + x(nT)z^{-n} + \cdots \tag{4-67}$$

如果知道连续时间函数 $x(t)$ 在各采样时刻 nT ($n=0,1,2,\cdots,\infty$) 上的采样值 $x(nT)$，便可根据式(4-67)求得其 z 变换的级数展开形式，它是无穷多项的级数，是开式，然后根据具体问题，将这种开式简化为闭式，以便于运算。

以求单位阶跃函数 $x(t)=1(t)$ 的 z 变换为例。首先求单位阶跃函数 $x(t)=1(t)$ 在各采样时刻的采样值，单位阶跃函数在所有采样时刻的采样值均为 1，即

$$x(nT) = 1, \quad n = 0, 1, 2, \cdots, \infty \tag{4-68}$$

根据式(4-66)可得

$$X(z) = 1 + z^{-1} + z^{-2} + \cdots + z^{-n} + \cdots \tag{4-69}$$

若 $|z|>1$，上式的无穷级数是收敛的。利用幂级数求和的公式可将上式简化为闭式，即

$$X(z) = \frac{1}{1-z^{-1}} = \frac{z}{z-1} \tag{4-70}$$

常用函数的拉氏变换及 z 变换对照表见表 4-5。

表 4-5　常用函数的拉氏变换及 z 变换对照表

序号	原函数 $f(t)$	拉氏变换 $F(s)$	z 变换 $F(z)$
1	$\delta(t)$	1	1
2	$\delta(t-kT)$	e^{-kTs}	z^{-k}
3	$1(t)$	$\dfrac{1}{s}$	$\dfrac{z}{z-1}$
4	t	$\dfrac{1}{s^2}$	$\dfrac{zT}{(z-1)^2}$
5	$\dfrac{t^2}{2}$	$\dfrac{1}{s^3}$	$\dfrac{T^2 z(z+1)}{2(z-1)^3}$
6	e^{-at}	$\dfrac{1}{s+a}$	$\dfrac{z}{z-e^{-aT}}$
7	te^{-at}	$\dfrac{1}{(s+a)^2}$	$\dfrac{zTe^{-aT}}{(z-e^{-aT})^2}$
8	$1-e^{-at}$	$\dfrac{-a}{s(s+a)}$	$\dfrac{z(1-e^{-aT})}{(z-1)(z-e^{-aT})}$
9	$e^{-at}-e^{-bt}$	$\dfrac{b-a}{(s+a)(s+b)}$	$\dfrac{z(e^{-aT}-e^{-bT})}{(z-e^{-aT})(z-e^{-bT})}$
10	$\sin\omega t$	$\dfrac{\omega}{s^2+\omega^2}$	$\dfrac{z\sin\omega T}{z^2-2z\cos\omega T+1}$
11	$\cos\omega t$	$\dfrac{s}{s^2+\omega^2}$	$\dfrac{z^2-z\cos\omega T}{z^2-2z\cos\omega T+1}$
12	$e^{-at}\sin\omega t$	$\dfrac{\omega}{(s+a)^2+\omega^2}$	$\dfrac{ze^{-aT}\sin\omega T}{z^2-2ze^{-aT}\cos\omega T+e^{-2aT}}$

续表

序号	原函数 $f(t)$	拉氏变换 $F(s)$	z 变换 $F(z)$
13	$e^{-at}\cos\omega t$	$\dfrac{s+a}{(s+a)^2+\omega^2}$	$\dfrac{z^2-ze^{-aT}\cos\omega T}{z^2-2ze^{-aT}\cos\omega T+e^{-2aT}}$
14	a^k		$\dfrac{z}{z-a}$
15	$a^k\cos k\pi$		$\dfrac{z}{z+a}$
16	$\dfrac{k(k-1)\cdots(k-m+1)}{m!}$		$\dfrac{z}{(z+1)^{m+1}}$

2) z 反变换

由像函数 $X(z)$ 求取相应的原函数 $x^*(t)$（离散时间函数）的运算，称为 z 反变换，记为

$$Z^{-1}[X(z)]=x^*(t) \tag{4-71}$$

对于常见的典型信号，其 z 反变换可以通过查表 4-5 的对照表得到。

4. 线性离散系统的数学模型

在经典控制理论中，连续控制系统的数学模型是微分方程、传递函数和状态空间表达式，传递函数的数学基础是拉氏变换。为了研究离散系统的性能，需要建立离散系统的数学模型。与连续系统类似，离散控制系统的数学模型是差分方程、脉冲传递函数和离散状态空间表达式三种。本部分主要介绍差分方程和脉冲传递函数。

1) 差分方程

在离散系统中，其变量是离散信号，如 $r(nT)(n=0,1,2,\cdots)$、$x(kT)(k=0,1,2,\cdots)$，通过离散变量的输入、输出关系来反映离散系统特性。差分方程是处理离散变量函数关系的一种数学工具，是描述离散系统的一种基本模型（或形式），是通过采样时刻的离散信号前后之间的关系来刻画离散控制系统的行为而建立起来的数学方程。

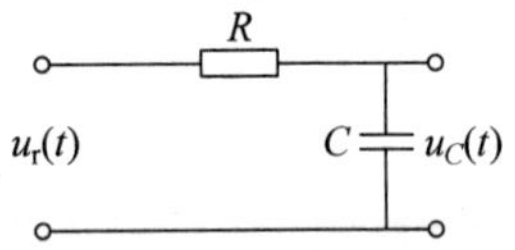

图 4-30 RC 电路

下面通过例子来进行说明，图 4-30 所示为 RC 电路。

图 4-30 中，RC 电路为一被控对象，$u_r(t)$ 为控制器输出的离散信号经零阶保持器进行信号保持后的信号，仿照连续系统的研究方法，图中对象的输入、输出关系为

$$C\dfrac{du_C(t)}{dt}=\dfrac{u_r(t)-u_C(t)}{R} \tag{4-72}$$

即

$$\dfrac{du_C(t)}{dt}=-\dfrac{1}{RC}u_C(t)+\dfrac{1}{RC}u_r(t) \tag{4-73}$$

由于控制器输出为脉冲函数，所以在 $t=nT$ 时可得

$$u_r(t)=u_r(nT)$$
$$u_C(t)=u_C(nT)$$
$$\dfrac{du_C(t)}{dt}\approx\dfrac{u_C(nT)-u_C[(n-1)T]}{T} \tag{4-74}$$

这样，就可得差分方程为

$$\frac{u_C(nT)-u_C[(n-1)T]}{T}=-\frac{1}{RC}u_C(nT)+\frac{1}{RC}u_r(nT) \tag{4-75}$$

为了简便,T 往往略去不写,同时上式中令 $\alpha=1-\dfrac{1}{RC}$,$\beta=\dfrac{1}{RC}$,则上式写为

$$u_C(n)-\alpha u_C(n-1)=\beta u_r(n) \tag{4-76}$$

再看一个例子,某一飞机飞行高度控制系统如图 4-31 所示。

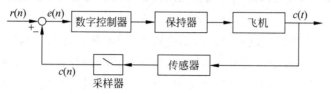

图 4-31　飞机飞行高度控制系统原理框图

图 4-31 中,用一台计算机和传感器每隔一定时间测量计算飞机目前的高度 $c(n)$,同时,计算机根据实际需要给出该时刻飞机应有的高度 $r(n)$,利用计算机算出飞机该时刻飞行高度与应有高度的差值 $e(n)$,设控制规律为飞机改变高度的垂直速度 v 正比于高度的差值,即

$$v=Ke(n)=K[r(n)-c(n-1)] \tag{4-77}$$

所以该控制系统的输入、输出关系为

$$c(n+1)-c(n)=Tv=TK[r(n)-c(n)] \tag{4-78}$$

整理得

$$c(n+1)=(1-TK)c(n)+TKr(n) \tag{4-79}$$

在以上两例中,式(4-76)、式(4-79)为差分方程,由此可以看出,在采样周期 T 满足要求的情况下,可以用差分方程来描述系统行为。在差分方程中,未知函数自变量的最高和最低序号的差值称为差分方程的阶数,式(4-76)、式(4-79)为一阶常系数差分方程。

2) 脉冲传递函数

在线性连续系统中,由微分方程出发,应用拉氏变换引出了传递函数的概念,并把它作为连续系统基本的数学模型。对于线性离散系统,仿照连续系统的研究方法,由差分方程出发,应用 z 变换引出脉冲传递函数的概念,并把它作为离散系统基本的数学模型。

线性离散系统(或环节)的脉冲传递函数 $G(z)$ 的定义为:在零初始条件下,系统(或环节)的输出离散信号的 z 变换式 $C(z)$ 与输入离散信号的 z 变换式 $R(z)$ 之比,即

$$G(z)=\left.\frac{C(z)}{R(z)}\right|_{\text{零初始条件}} \tag{4-80}$$

式中,零初始条件是指 $t=0$ 的时刻,$r(0)=r(T)=r(2T)=\cdots=r((m-1)T)=0$ 及 $c(0)=c(T)=c(2T)=\cdots=c((n-1)T)=0$。其系统结构框图如图 4-32 所示。

图 4-32 中,实际系统通常输出的是连续量,而由脉冲传递函数求得的输出值是输出量的采样值 $c^*(t)$(不是连续量 $c(t)$)。为了研究系统而需要获取脉冲传递函数或输出量的 z 变换,此时可在系统输出端虚设一个理想的同步采样开关,这样,就可以

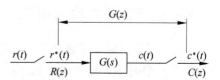

图 4-32　开环离散系统结构框图

很方便地获取脉冲传递函数或输出量的 z 变换。

与传递函数一样,脉冲传递函数仅与系统的结构、参数有关,它反映了系统的固有特性,是离散系统的数学模型。由此数学模型出发,便可以去定量分析系统的性能。值得注意的是,差分方程的系数与采样周期 T 有关,因此对不同的采样周期,其脉冲传递函数也将不同。

如果已知 $R(z)$ 和 $G(z)$,那么 $C(z)=R(z)G(z)$,即离散系统的输出离散信号为
$$c^*(t)=Z^{-1}[C(z)]=Z^{-1}[R(z)G(z)] \tag{4-81}$$

此外,由于差分方程只能反映采样时刻的状况,而实际系统通常输出的是连续量,因而由脉冲传递函数得出的仅是近似结果,这是应用脉冲传递函数和 z 变换来分析和计算离散系统的不足之处。但若选择的采样频率足够高(相对于系统本身的信号而言),实际输出的 $c(t)$ 比较平滑,则用 $c^*(t)$ 来近似描述 $c(t)$ 也不致引起很大的误差。

4.2 微控制器基础

本节以 Freescale 公司 S12 微控制器为具体实例来说明与电机控制相关的微控制器基础知识。

4.2.1 PWM 概述

微控制器的脉冲宽度调制(PWM)模块是工业控制中最常用的技术。脉宽调制波可用软件程序来控制波形占空比、周期和相位,非常广泛地应用在电机调速、伺服电机控制、D/A 转换器等场合。例如,在无人驾驶的自动汽车系统中,常用伺服电机来控制方向盘,伺服电机的旋转角度与给定的 PWM 信号占空比一致,即每个占空比数值都对应一个旋转角度。

Freescale 公司 S12 微控制器产生 PWM 波形的方法主要有两种:软件输出比较和 PWM 硬件模块。利用输出比较功能可以通过软件设定输出任意脉冲,但会占用 CPU 资源,而且不易产生精确的脉冲序列。S12 微控制器集成了 PWM 模块专门用于输出 PWM 波,使用时不影响运行计数器,也极少占用 CPU 资源。

S12 微控制器 PWM 模块的特性如下:①8 位 8 通道;②每个通道可独立产生连续脉冲输出;③每个 PWM 通道具有专用计数器;④4 个可程控选择的时钟源;⑤脉冲输出极性可选;⑥输出频率可与总线时钟频率相同;⑦占空比可调范围为 0~100%,最高分辨率为 0.15%;⑧周期和占空比双缓冲;⑨每个通道可选择中心对齐或左对齐方式;⑩具有中断特性的紧急切断功能。

4.2.2 PWM 结构和原理

S12 集成了 8 路 8 位独立 PWM 通道,通过相应设置可变成 4 个 16 位 PWM 通道,每个通道都有专用的计数器,PWM 输出极性和对齐方式可选择,8 个通道分成两组,共有 4 个时钟源控制。PWM 模块内部结构框图如图 4-33 所示。

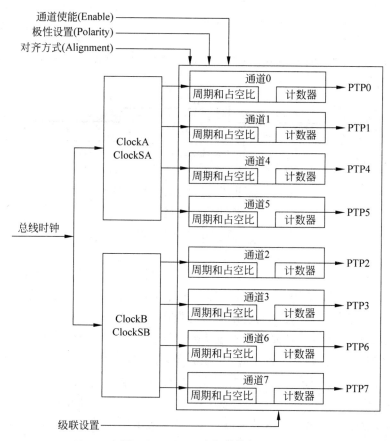

图 4-33 PWM 内部结构框图

1. PWM 的对齐方式

S12 微控制器 PWM 模块是由独立运行的 8 位脉冲计数器 PWMCNT、两个比较寄存器 PWMPER 和 PWMDTY 等组成。寄存器的设定不同,PWM 的输出极性和对齐方式也不同,下面分别介绍。

1) 左对齐方式

在 S12 微控制器 PWM 模块中,设定占空比常数所决定的时间是从周期原点开始计时的,称为左对齐方式,如图 4-34 所示。

图 4-34 中,PPOLx(x=0~7,代表通道 0~7,下同)为 PWMPOL 极性寄存器中的选择控制位,PWMDTYx 为占空比常数寄存器,PWMPERx 为周期常数寄存器。PWM 的左对齐方式下,脉冲计数器为循环递增计数,计数初值为 0。当 PWM 模块使能寄存器

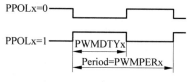

图 4-34 左对齐方式

的 PWME 相应位为 1 时,PWM 使能,计数器 PWMCNT 从 0 开始对时钟信号递增计数,开始一个输出周期。当计数值与占空比常数寄存器 PWMDTY 相等时,比较器 1 输出有效,将触发器置位,而 PWMCNT 继续计数(图 4-36);当计数值与周期常数 PWMPER 寄存器相等时,比较器 2 输出有效,将触发器复位,同时也使 PWMCNT 复位,结束一个输出周期,

然后 PWMCNT 又重新开始计数,开始一个新的输出周期。

2) 中心对齐方式

在 S12 微控制器 PWM 模块中,占空比常数所决定的时间位于周期中央时,则称为中心对齐方式,如图 4-35 所示。

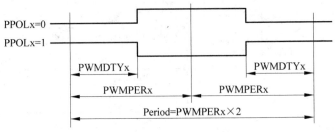

图 4-35 中心对齐方式

图 4-35 中,PPOLx 为 PWMPOL 极性寄存器中的选择控制位,PWMDTYx 为占空比常数寄存器,PWMPERx 为周期常数寄存器。在 PWM 的中心对齐方式下,脉冲计数器为双向计数,计数初值为 0。当脉宽调制使能寄存器的 PWME 相应位为 1 时,PWM 起动,计数器 PWMCNT 从 0 开始对时钟信号递增计数,开始一个输出周期。当计数值与占空比常数 PWMDTY 相等时,比较器 1 输出有效,触发器翻转,如图 4-36 所示。而 PWMCNT 继续计数,当计数值与周期常数 PWMPER 相等时,比较器 2 输出有效,改变 PWMCNT 的计数方向,使其递减计数。当计数值再次与 PWMDTY 相等时,比较器 1 输出又一次有效,使触发器再次翻转,然后 PWMCNT 继续递减计数,等 PWMCNT 减回至 0 时,完成一个输出周期。所以在这种模式下,整个输出周期就是周期常数 PWMPER 的 2 倍,而高电平输出时间为周期常数 PWMPER 与占空比常数 PWMDTY 的差值的 2 倍。

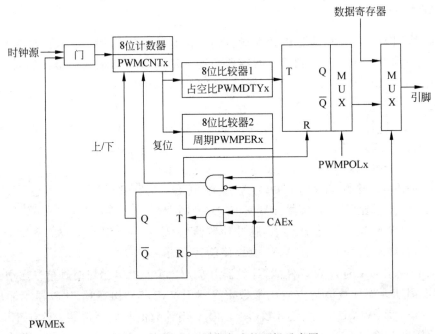

图 4-36 PWM 对齐方式的逻辑示意图

在上述两种方式下,脉冲输出的极性可以通过程序设置。另外,当 PWME 相应位为 0 时,输出多路器自动切换到 P 口的通用 I/O 功能。

向计数器中写入任何值都会使计数器清零。要修改周期和占空比时,可以将新值先写入相应的寄存器,随后立即对计数器进行写操作。

2. PWM 输出信号的周期与脉宽

1) 周期

PWM 输出信号的周期可通过周期控制寄存器 PWMPERx 设定。计算公式如下。

左对齐方式:

$$输出周期 = 通道时钟周期 \times (\text{PWMPERx} + 1) \tag{4-82}$$

中心对齐方式:

$$输出周期 = 通道时钟周期 \times \text{PWMPERx} \times 2 \tag{4-83}$$

2) 脉宽

PWM 输出信号的脉宽可通过脉宽控制寄存器 PWMDTYx 来设定相应通道的占空比,计算公式如下。

(1) 左对齐方式。

起始输出低电平:

$$占空比 = [(\text{PWMPERx} - \text{PWMDTYx})/(\text{PWMPERx} + 1)] \times 100\% \tag{4-84}$$

起始输出高电平:

$$占空比 = [(\text{PWMDTYx} + 1)/(\text{PWMPERx} + 1)] \times 100\% \tag{4-85}$$

(2) 中心对齐方式。

起始输出低电平:

$$占空比 = [(\text{PWMPERx} - \text{PWMDTYx})/\text{PWMPERx}] \times 100\% \tag{4-86}$$

起始输出高电平:

$$占空比 = [\text{PWMDTYx}/\text{PWMPERx}] \times 100\% \tag{4-87}$$

3. 通道级联

S12 微控制器 PWM 模块 8 个通道的引脚与 P 口复用。PWM 功能激活后,P 口的通用 I/O 功能自动关闭。当某个引脚的 PWM 功能未使能时,可用作通用 I/O。

PWM 的 8 个通道可以分为 4 组,分别为 PWM0 和 PWM1、PWM2 和 PWM3、PWM4 和 PWM5、PWM6 和 PWM7,每组的 2 个通道可以选择是否级联,用来构成 16 位的 PWM 通道。级联时,2 个通道的常数寄存器和计数器均连接成 16 位的寄存器,原来的通道 7、5、3、1 作为低位字节,通道 6、4、2、0 作为高位字节,4 个 16 位通道的输出分别使用通道 7、5、3、1 的输出引脚,时钟源分别由通道 7、5、3、1 的时钟选择控制位决定。级联时,通道 6、4、2、0 的引脚变成通用 I/O 引脚,通道 6、4、2、0 的时钟选择没有意义。级联方式如图 4-37 所示,级联后的 16 位通道各寄存器的情况如表 4-6 所列。

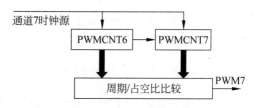

图 4-37　通道 6、7 的级联

表 4-6 级联后的 16 位通道各寄存器的情况

CONxx	PWMEx	PPOLx	PCLKx	CAEx	PWMx 输出
CON67	PWME7	PPOL7	PCLK7	CAE7	PWM7
CON45	PWME5	PPOL5	PCLK5	CAE5	PWM5
CON23	PWME3	PPOL3	PCLK3	CAE3	PWM3
CON01	PWME1	PPOL1	PCLK1	CAE1	PWM1

4. 时钟源

S12 微控制器的总线时钟经过分频后生成 2 个时钟：时钟 A 和时钟 B。分频范围 1～128，可以通过 PWM 预分频寄存器 PWMPRCLK 分别选择。时钟 A 进一步通过 1～512 分频后形成时钟 SA，与时钟 A 一起为通道 0、1、4、5 提供时钟选项；时钟 B 进一步通过 1～512 分频后形成时钟 SB，与时钟 B 一起为通道 2、3、6、7 提供时钟选项。因此，PWM 通道有 4 个时钟源可供选择，寄存器 PWMCLK 用来选择通道的时钟源。4 个时钟源的产生如图 4-38 所示。

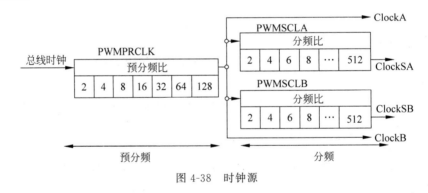

图 4-38 时钟源

4.2.3 PWM 的操作设置

S12 微控制器中的 PWM 模块一旦设置完成，不需软件干预即可生成 PWM 信号，除非要改变占空比。PWM 模块相关寄存器较多，通过相应设置，可以生成一定频率和占空比的 PWM 输出信号。

在设置 PWM 模块时，应按照一定的步骤进行，PWM 初始化步骤如下。

（1）选择时钟：PWMPRCLK、PWMSCLA、PWMSCLB、PWMCLK；
（2）选择极性：PWMPOL；
（3）选择对齐模式：PWMCAE；
（4）对占空比和周期编程：PWMMDTYx、PWMPERx；
（5）使能 PWM 通道：PWME。

1. PWM 使能寄存器 PWME

PWM 与通用 I/O 共享引脚，要启用某个引脚的 PWM 输出，必须将其使能。8 个通道的使能控制位 PWME7～PWME0 位于寄存器 PWME 中。

	Bit7	Bit6	Bit5	Bit4	Bit3	Bit2	Bit1	Bit0
读/写	PWME7	PWME6	PWME5	PWME4	PWME3	PWME2	PWME1	PWME0
复位值	0	0	0	0	0	0	0	0

PWME0～PWME7：0～7 通道 PWM 输出使能控制位，它相当于一个开关，用来使能/关闭相应通道的 PWM 输出。

0—关闭相应通道的 PWM 输出；

1—使能相应通道的 PWM 输出，下一个时钟开始输出 PWM。

2. PWM 预分频寄存器 PWMPRCLK

该寄存器中包括 ClockA 预分频和 ClockB 预分频的控制位。

	Bit7	Bit6	Bit5	Bit4	Bit3	Bit2	Bit1	Bit0
读	0	PCKB2	PCKB1	PCKB0	0	PCKA2	PCKA1	PCKA0
写		PCKB2	PCKB1	PCKB0		PCKA2	PCKA1	PCKA0
复位值	0	0	0	0	0	0	0	0

ClockA、ClockB 的值为总线时钟的 $1/2^n$（$0 \leqslant n \leqslant 7$）倍，具体设置参看表 4-7。

PCKA0～PCKA2：ClockA 预分频控制位。

PCKB0～PCKB2：ClockB 预分频控制位。

表 4-7 预分频设置

ClockA 预分频设置				ClockB 预分频设置			
PCKA2	PCKA1	PCKA0	ClockA 值	PCKB2	PCKB1	PCKB0	ClockB 值
0	0	0	总线时钟	0	0	0	总线时钟
0	0	1	总线时钟/2	0	0	1	总线时钟/2
0	1	0	总线时钟/4	0	1	0	总线时钟/4
0	1	1	总线时钟/8	0	1	1	总线时钟/8
1	0	0	总线时钟/16	1	0	0	总线时钟/16
1	0	1	总线时钟/32	1	0	1	总线时钟/32
1	1	0	总线时钟/64	1	1	0	总线时钟/64
1	1	1	总线时钟/128	1	1	1	总线时钟/128

3. PWM 分频寄存器 PWMSCLA、PWMSCLB

分频寄存器 PWMSCLA、PWMSCLB 对时钟信号 ClockA、ClockB 进一步分频。

PWMSCLA	读/写	Bit7	Bit6	Bit5	Bit4	Bit3	Bit2	Bit1	Bit0
PWMSCLB	读/写	Bit7	Bit6	Bit5	Bit4	Bit3	Bit2	Bit1	Bit0
复位值		0	0	0	0	0	0	0	0

PWMSCLA 和 PWMSCLB 为 8 位分频寄存器。PWMSCLA 设定 ClockSA 的频率,计算公式为

$$\text{ClockSA} = \text{ClockA}/(2 \times \text{PWMSCLA}) \tag{4-88}$$

PWMSCLB 设定 ClockSB 的频率,计算公式为

$$\text{ClockSB} = \text{ClockB}/(2 \times \text{PWMSCLB}) \tag{4-89}$$

4. PWM 时钟选择寄存器 PWMCLK

S12 的 PWM 共有 4 个时钟源,通道 0、1、4、5 使用 ClockA 和 ClockSA,通道 2、3、6、7 使用 ClockB 和 ClockSB。该寄存器用来实现几个通道的时钟源的选择。

	Bit7	Bit6	Bit5	Bit4	Bit3	Bit2	Bit1	Bit0
读/写	PCLK7	PCLK6	PCLK5	PCLK4	PCLK3	PCLK2	PCLK1	PCLK0
复位值	0	0	0	0	0	0	0	0

PCLK0:通道 0(PWM0)时钟源选择控制位。

0—PWM0 选择 ClockA;

1—PWM0 选择 ClockSA。

PCLK1:通道 1(PWM1)时钟源选择控制位。

0—PWM1 选择 ClockA;

1—PWM1 选择 ClockSA。

PCLK2:通道 2(PWM2)时钟源选择控制位。

0—PWM2 选择 ClockB;

1—PWM2 选择 ClockSB。

PCLK3:通道 3(PWM3)时钟源选择控制位。

0—PWM3 选择 ClockB;

1—PWM3 选择 ClockSB。

PCLK4:通道 4(PWM4)时钟源选择控制位。

0—PWM4 选择 ClockA;

1—PWM4 选择 ClockSA。

PCLK5:通道 5(PWM5)时钟源选择控制位。

0—PWM5 选择 ClockA;

1—PWM5 选择 ClockSA。

PCLK6:通道 6(PWM6)时钟源选择控制位。

0—PWM6 选择 ClockB;

1—PWM6 选择 ClockSB。

PCLK7:通道 7(PWM7)时钟源选择控制位。

0—PWM7 选择 ClockB;

1—PWM7 选择 ClockSB。

5. PWM 极性选择寄存器 PWMPOL

极性选择寄存器 PWMPOL 用来选定每个通道的输出极性。

	Bit7	Bit6	Bit5	Bit4	Bit3	Bit2	Bit1	Bit0
读/写	PPOL7	PPOL6	PPOL5	PPOL4	PPOL3	PPOL2	PPOL1	PPOL0
复位值	0	0	0	0	0	0	0	0

PPOL0～PPOL7：0～7 通道 PWM 输出起始极性控制位，用来设置 PWM 输出的起始电平。

0——在周期开始时，PWM 相应通道起始输出为低电平，当计数器等于占空比寄存器的值时，输出为高电平；

1——在周期开始时，PWM 相应通道起始输出为高电平，当计数器等于占空比寄存器的值时，输出为低电平。

6. PWM 波形对齐寄存器 PWMCAE

波形对齐寄存器 PWMCAE 用来选择输出方式是左对齐还是中心对齐。

	Bit7	Bit6	Bit5	Bit4	Bit3	Bit2	Bit1	Bit0
读/写	CAE7	CAE6	CAE5	CAE4	CAE3	CAE2	CAE1	CAE0
复位值	0	0	0	0	0	0	0	0

CAE0～CAE7：0～7 通道 PWM 输出对齐方式控制位。

0——相应通道 PWM 输出左对齐；

1——相应通道 PWM 输出中心对齐。

7. PWM 控制寄存器 PWMCTL

控制寄存器 PWMCTL 设定通道的级联和两种工作模式（等待模式和冻结模式）。

	Bit7	Bit6	Bit5	Bit4	Bit3	Bit2	Bit1	Bit0
读/写	CON67	CON45	CON23	CON01	PSWAI	PFRZ	0	0
复位值	0	0	0	0	0	0	0	0

PFRZ：冻结模式下的 PWM 计数禁止控制位。

0——冻结模式下允许计数。

1——冻结模式下禁止计数。

PSWAI：等待模式下的 PWM 控制位。

0——等待模式下允许输入时钟到预分频器。

1——等待模式下禁止输入时钟到预分频器。

CON01：通道 0、1 级联控制位。

0——通道 0、1 不级联。

1——通道 0、1 级联,形成一个 16 位 PWM 通道,由通道 1 输出,原通道 1 的使能位、PWM 输出极性选择位、时钟选择控制位和对齐方式选择位用来设置级联后的 PWM 输出特性。级联后相应的通道计数寄存器为 PWMCNT01,周期寄存器为 PWMPER01,脉宽控制寄存器为 PWMDTY01。

CON23：通道 2、3 级联控制位。

0——通道 2、3 不级联。

1——通道 2、3 级联,形成一个 16 位 PWM 通道,由通道 3 输出,原通道 3 的使能位、PWM 输出极性选择位、时钟选择控制位和对齐方式选择位用来设置级联后的 PWM 输出特性。级联后相应的通道计数寄存器为 PWMCNT23,周期寄存器为 PWMPER23,脉宽控制寄存器为 PWMDTY23。

CON45：通道 4、5 级联控制位。

0——通道 4、5 不级联。

1——通道 4、5 级联,形成一个 16 位 PWM 通道,由通道 5 输出,原通道 5 的使能位、PWM 输出极性选择位、时钟选择控制位和对齐方式选择位用来设置级联后的 PWM 输出特性。级联后相应的通道计数寄存器为 PWMCNT45,周期寄存器为 PWMPER45,脉宽控制寄存器为 PWMDTY45。

CON67：通道 6、7 级联控制位。

0——通道 6、7 不级联。

1——通道 6、7 级联,形成一个 16 位 PWM 通道,由通道 7 输出,原通道 7 的使能位、PWM 输出极性选择位、时钟选择控制位和对齐方式选择位用来设置级联后的 PWM 输出特性。级联后相应的通道计数寄存器为 PWMCNT67,周期寄存器为 PWMPER67,脉宽控制寄存器为 PWMDTY67。

8. PWM 通道计数寄存器 PWMCNTx

PWM 通道计数寄存器 PWMCNTx（x＝0、1、2、3、4、5、6、7、01、23、45、67）。

	Bit7	Bit6	Bit5	Bit4	Bit3	Bit2	Bit1	Bit0
读/写	Bit7	Bit6	Bit5	Bit4	Bit3	Bit2	Bit1	Bit0
复位值	0	0	0	0	0	0	0	0

S12 微控制器的每个 PWM 通道均有一个 8 位的 PWM 加/减双向计数器,通道级联后可变为 16 位 PWM 加/减计数器,可随时读取寄存器中的值。读操作不影响计数器的运行,但写入任何值都会使计数器清零,并强制加载占空比和周期数据。

若选用 PWM 左对齐输出模式,计数器为循环增计数,计数器的复位和波形输出的起动是在周期寄存器的时钟周期数与计数寄存器的计数值相等时完成的；若选用 PWM 中心对齐输出模式,计数器为双向计数,在周期寄存器的时钟周期数与计数寄存器的计数值相等时只改变计数方向,每个周期中改变输出电平的具体时刻由占空比寄存器决定。

每次通道允许时。对应的计数器将从当前值开始计数。

9. PWM 通道周期寄存器 PWMPERx

PWM 周期控制寄存器 PWMPERx(x=0、1、2、3、4、5、6、7、01、23、45、67)。

	Bit7	Bit6	Bit5	Bit4	Bit3	Bit2	Bit1	Bit0
读/写	Bit7	Bit6	Bit5	Bit4	Bit3	Bit2	Bit1	Bit0
复位值	1	1	1	1	1	1	1	1

S12 微控制器 PWM 模块通道的输出周期设定应通过周期控制寄存器 PWMPERx 实现,即将通道工作周期的时钟周期数写入 PWMPERx 寄存器。当在输出过程中进行写操作时,写入的时钟周期数值必须等到当前周期结束才能有效,此时复位计数器将被复位,新的周期将被锁存并一直使用。如果读该寄存器则可取得最近一次写入的周期数值。

10. PWM 通道占空比寄存器 PWMDTYx

PWM 脉宽控制寄存器 PWMDTYx(x=0、1、2、3、4、5、6、7、01、23、45、67)。

	Bit7	Bit6	Bit5	Bit4	Bit3	Bit2	Bit1	Bit0
读/写	Bit7	Bit6	Bit5	Bit4	Bit3	Bit2	Bit1	Bit0
复位值	1	1	1	1	1	1	1	1

S12 微控制器 PWM 模块占空比寄存器的值决定相应通道的占空比,当该值等于计数器值时,输出信号改变状态。当在输出过程中进行写操作时,写入值将进入缓冲器,直到计数器回 0 或通道被禁止时才能进入该寄存器。如果读该寄存器则可取得最近一次写入的占空比值。

11. PWM 关闭寄存器 PWMSDN

	Bit7	Bit6	Bit5	Bit4	Bit3	Bit2	Bit1	Bit0
读	PWMIF	PWMIE	0	PWMLVL	0	PWM7IN	PWM7INL	PWM7ENA
写	PWMIF	PWMIE	PWMRSTRT	PWMLVL	0	PWM7IN	PWM7INL	PWM7ENA
复位值	0	0	0	0	0	0	0	0

PWM7ENA:PWM 紧急关闭使能控制位。该功能可实现通过外部触发方式紧急关闭 PWM 输出,此时通道 7(PWM7)作为触发引脚。该寄存器中其他位仅在 PWM7ENA=1 时才有意义。

0—PWM 紧急关闭功能禁止;

1—PWM 紧急关闭功能使能。

PWM7INL:通道 7 触发方式选择位。在 PWM7ENA=1 时有效。

0—低电平触发;

1—高电平触发。

PWM7IN:通道 7 当前状态位。只读。

PWMLVL:PWM 紧急关闭后,各通道输出电平选择控制位。

0—PWM 紧急关闭后各通道输出低电平；

1—PWM 紧急关闭后各通道输出高电平。

PWMRSTRT：再次使能 PWM 控制位。在通道 7 不是触发电平的情况下，向 PWMRSTRT 写入 1，且当计数器返回 0 时，将再次使能各通道的 PWM 输出。读取该位始终返回 0。

PWMIE：PWM 中断使能控制位。中断由通道 7(PWM7)触发产生。

0—PWM 中断禁止；

1—PWM 中断使能。

PWMIF：PWM 中断标志位，当通道 7(PWM7)接收到触发信号时，PWM7IN 的值发生变化，此时 PWMIF 置位。

0—PWM7IN 值无变化；

1—PWM7IN 值有变化，向该位写 1 清零。

4.2.4 PWM 的应用与实例

PWM 常用来输出一定周期和占空比的脉冲序列。下面给出一个 C 语言程序实例，基于 MC9S12DG128B 实验箱，实现从 PWM0 口输出 25Hz、占空比为 50% 的 PWM 信号，时钟源采用 ClockA、ClockB，总线时钟 BusClock＝8MHz。

实例程序如下：

```
#include<hidef.h>
#include<mc9s12dgl28.h>
void main(void)
{
    PWME = 0x00;              //禁止 PWM 输出
    PWMCTL = 0x00;            //通道不级联
    PWMPRCLK = 0x66;          //ClockA = ClockB = Bus64 = 125kHz
    PWMCLK = 0xFF;            //时钟源选择 ClockSA、ClockSB
    PWMSCLA = 0x7D;           // PWMSCLA = PWMSCLB = 125
    PWMSCLB = 0x7D;           //ClockSA = ClockSB = 500Hz
    PWMPOL = 0xFF;            //PWM 输出起始为高电平
    PWMCAE = 0x00;            //左对齐方式
    PWMPER0 = 0x13;           //输出周期 = (1/500Hz) × (19 + 1) = 40ms
    PWMDTY0 = 0x09;           //占空比 = [(PWMDTYx + 1)/(PWMPERx + 1)] × 100 % = 50 %
    PWME = 0x01;              //起动 PWM 输出
    while(1)
    {
    }
}
```

思考题与练习题

4.1 简述自动控制系统的 3 个发展阶段。

4.2 简述开环控制系统的组成、原理及优缺点。

4.3　简述闭环控制系统的组成、原理及优缺点。
4.4　简述自动控制系统的分类。
4.5　简述自动控制系统的3个基本性能要求。
4.6　简述典型环节的传递函数。
4.7　简述线性系统时域分析法的性能指标。
4.8　简述香农采样定理。
4.9　简述离散系统的 z 变换。
4.10　简述线性离散系统的数学模型。
4.11　简述 PWM 技术原理。
4.12　掌握 S12 微控制器的 PWM 模块的使用。

第 5 章 直流电机及控制技术

直流电机是实现机械能和直流电能相互转换的设备,包括直流发电机和直流电动机,两者具有可逆性。

直流发电机能提供直流电源,应用于各种工矿企业中,或作为同步发电机的励磁电源。但是由于大功率可控整流元件的出现,交流与直流的变换技术应用方案很多,故直流发电机使用范围越来越小。

直流电机最大的优点是良好的起动和调速性能,能在很宽的范围内平滑地调速,在低速运行特别是起动时具有较大的转矩。缺点是结构复杂、生产成本较高、维护费用高、功率不能做得太大,因而限制了直流电机的应用范围。

5.1 直流电机的基本原理

5.1.1 直流电机的工作原理及结构

1. 直流电机的工作原理

直流发电机的简单原理图如图 5-1(a)所示。N、S 是直流发电机固定的定子磁极,定子磁极上装有励磁绕组,其中通入直流电流 I_f,产生大小和方向恒定的磁通 Φ。在两个磁极之间是旋转的电枢铁芯,铁芯表面开槽安放电枢绕组。图中 $abcd$ 代表其中的一个单匝线圈,线圈的首端 a 和末端 d 分别连在两个互相绝缘并可以随线圈一同旋转的换向片(换向器)上。换向片通过固定的电刷 A 和 B 实现线圈与外电路相连。在原动机驱动下,电机匀速旋转时,导体内将感应交流电动势,且电刷 A 的电位总是高于电刷 B 的电位,电刷 A 和 B 两端将输出脉动的直流电动势,电动势波形如图 5-1(b)所示。如果在两电刷间接一负载,则负载上的电流是交流经过整流后的脉动电流。

图 5-1(a)所示的只是直流电机的简单模型,实际上为减少磁路中的磁阻,磁极 N 和 S 之间由磁轭和铁芯相连。另外,导体数和换向片的数量很多,电刷间输出的直流电动势的脉动系数大大减小。实践和分析表明,当每极下面的元件数大于 8 时,电压的脉动已经小于 1%,可以认为是恒定的直流电压。

若在图 5-1(a)的两电刷 A 和 B 间加上直流电源,如图 5-2 所示,则在电源的作用下电流从电刷经换向器流向电压绕组,电压绕组作为载流体在磁场作用下受到电磁力

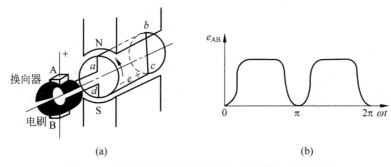

图 5-1 直流发电机原理示意图和电刷间电动势波形
(a) 原理示意图；(b) 电刷间电动势波形

的作用,对转轴形成转矩,驱动转子旋转,此时,直流电机作电动机使用。

2. 直流电机的主要结构

直流电机由转子和定子两大主要部分组成,定子和转子是靠两个端盖连接的。图 5-3 所示是直流电机横剖面示意图。

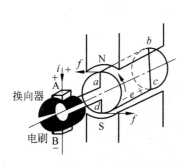

图 5-2 直流电动机原理示意图

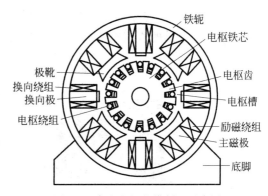

图 5-3 直流电机的横剖面示意图

定子是用来产生磁场和起机械支撑作用的,由主磁极、换向极、机座、端盖、轴承等组成,还有连接外部电路的电刷装置。主磁极也称励磁磁极,一般为电磁式,用来产生主磁场,由铁芯和套在铁芯上的励磁绕组组成。主磁极铁芯由 1.0～1.5mm 厚的低碳钢板冲成一定形状的冲片,用铆钉铆紧,固定在机座上。主磁极铁芯分成极靴和极身,极靴的作用是使气隙磁通密度的空间分布均匀并减小气隙磁阻,同时对励磁绕组起支撑作用。主磁极如图 5-4(a)所示。在相邻的 N、S 主磁极铁芯之间装有改善换向的换向磁极,如图 5-4(b)所示。换向磁极的铁芯一般采用铸铁。换向磁极与磁轭铁芯之间装有非磁性板以调节换向磁路磁阻。电刷装置是直流电机的重要组成部分,它连接外部电路和换向器,把电枢绕组中的交流电流变成外电路的直流电流或把外电路的直流电流变换为电枢绕组中的直流电流。电刷结构如图 5-4(c)所示,电刷采用接触电阻较高的碳刷、石墨刷和金屑石墨刷,一般不用金属刷,电刷被安装在电刷架上。

转子用来感应电动势、产生电磁转矩,由电枢铁芯、电枢绕组、换向器、转轴等组成,如图 5-5(a)所示。电枢绕组通常采用棉绕或绢绕的圆铜线或扁铜线制成的纤维绝缘导线。

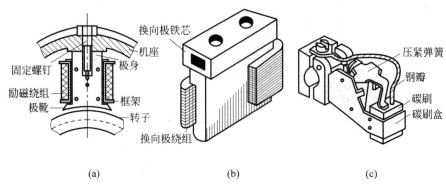

图 5-4 直流电机定子部件
(a) 主磁极；(b) 换向磁极；(c) 电刷结构

为了减少通过交变磁通时产生的磁滞损耗，通常用 0.5mm 厚的低硅钢片冲压成型，钢片中的硅含量越高，损耗越少。但硅含量高，钢板变硬，一般含硅量取 1.5%~3.5% 为宜。沿电枢铁芯的外网均匀开槽，槽内放电枢绕组。为防止放在槽中的电枢绕组在离心力的作用下甩出槽外，槽内设有槽楔。电枢铁芯有直接安装在轴上或安装在支架上两种形式。换向器又称整流子，由换向片组合而成，与电刷配合，把电枢绕组中的交流电流变成外电路的直流电流或把外电路的直流电流变换为电枢绕组中的交流电流。换向器结构如图 5-5(b) 所示。

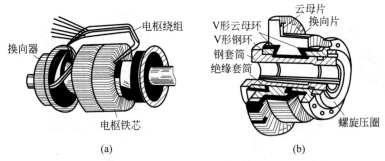

图 5-5 转子装配图和换向器结构
(a) 转子；(b) 换向器结构

端盖把定子和转子连接为一个整体，两个端盖分别固定在定子机座的两端，并支撑着转子。端盖还起保护作用。电刷杆也固定在端盖上。

5.1.2 直流电机的磁场分析

1. 直流电机的励磁方式

电机的磁场是电机感应电动势和产生电磁转矩不可缺少的因素。除了少数微型电机外，绝大多数直流电机的气隙磁场都是由主磁极的励磁绕组中通入的直流电流产生的。

直流电机供给励磁绕组电流的方式称为励磁方式。按励磁方式不同可分为 4 种：他励、并励、串励、复励。

（1）他励：励磁绕组接在独立的电源上，与电枢绕组无关，如图 5-6(a)所示。图中 M 表示电动机，若为发电机，用 G 表示。

（2）并励：励磁绕组与电枢绕组并联，如图 5-6(b)所示。

（3）串励：励磁绕组与电枢绕组串联，如图 5-6(c)所示。

（4）复励：主磁极上有两套励磁绕组，一套与电枢绕组并联称为并励绕组，另一套与电枢绕组串联称为串励绕组，如图 5-6(d)所示。若两套励磁绕组产生的磁动势是相加的，则称积复励；若两套励磁绕组产生的磁动势是相减的，则称差复励。实际应用中常用积复励。

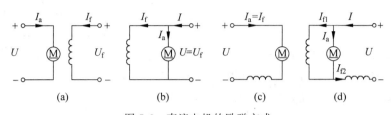

图 5-6 直流电机的励磁方式
(a)他励；(b)并励；(c)串励；(d)复励

2. 直流电机的空载磁场

直流电机的励磁电流产生的磁场就是空载磁场。图 5-7 所示为一台四极直流电机空载时气隙磁场的示意图。

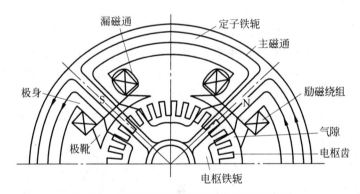

图 5-7 直流电机空载时气隙磁场的示意图

当励磁绕组的匝数为 N_f，励磁电流为 I_f 时，每极的励磁磁动势为

$$F_f = N_f I_f \tag{5-1}$$

励磁磁动势产生的磁通，大部分从 N 极出发，经气隙进入电枢铁芯又通过气隙进入 S 极，再经定子铁轭回到原来的 N 极，这一部分磁通称为主磁通。另一小部分磁通从 N 极出发后，经过气隙，进入 S 极，经定子铁轭回到原来的 N 极，这部分磁通称为漏磁通。在直流电机中，主磁通是主要的，它能在电枢绕组中感应电动势或产生电磁转矩，而漏磁通没有这个作用。

由于铁芯的磁阻很小，所以在空载时主磁极的励磁磁动势主要消耗在气隙上，当忽略铁芯材料的磁阻时，主磁极下的气隙磁通密度的分布取决于气隙的大小和形状。一般情况下，磁极中心及附近的气隙较小且均匀不变,磁通密度较大且为常数,靠近两边极尖处,气隙逐渐增大,磁通密度减小,极尖以外,气隙明显增大,磁通密度显著减少,在磁极之间的几何中性线处,气隙磁通密度为零。因此,空载时在极距为 ρ 的情况下主磁极磁场的气隙磁通密度 B_{0x} 分布为一平顶波,如图 5-8 所示。

应该指出,为了经济地利用材料,直流电机额定运行的磁通额定值的大小取在空载磁化特性开始拐弯的地方,也就是在磁化曲线的膝点,电机磁路饱和。

3. 电枢磁场

图 5-9 所示为一台二极直流电机电枢磁场,其电刷放置在几何中性线处。假设励磁绕组中无励磁电流,只有电枢绕组中有电枢电流,则电刷轴线两侧电枢绕

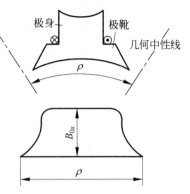

图 5-8 空载时气隙磁通密度分布图

组中的电流方向相反,无论电机旋转还是静止,电枢导体中电流方向的分界线总是电刷轴线,电枢磁动势在空间也是静止的。根据全电流定律,认为直流电机的电枢上有无穷多整距元件分布,则电枢电流产生的电枢磁动势在气隙圆周方向的空间分布呈三角波形,如图 5-10 中 F_{ax} 所示。

忽略铁芯材料的磁阻,若空间 x 处的电枢磁动势为 F_{ax},则空间 x 处的电枢磁通密度为

$$B_{ax} = \mu_0 \frac{F_{ax}}{\delta_x} \tag{5-2}$$

式中,δ_x 为气隙长度;μ_0 为空气的磁导率。

由于在主磁极下气隙长度 δ_x 基本不变,电枢磁动势产生的电枢磁通密度只随磁动势大小成正比变化。在两个主磁极之间,虽然磁动势较大,但气隙长度增加得更快,使气隙磁阻迅速增加,因此电枢磁通密度在两主磁极之间反而减小。所以气隙中由电枢磁动势产生的电枢磁通密度在空间中分布为对称的马鞍形,其波形如图 5-10 中 B_{ax} 的所示。

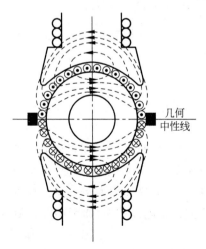

图 5-9 二极直流电机电枢磁场

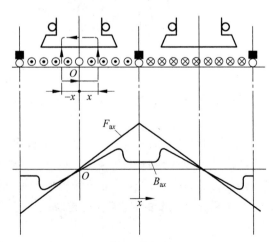

图 5-10 电枢磁动势和磁通密度空间分布

4. 电枢反应

直流电机空载时,电机中的气隙磁场仅由主磁极励磁磁动势单独产生;有负载时,由于电枢磁动势所产生的电枢磁场的出现,气隙中的磁场由励磁磁动势和电枢磁动势共同建立。由于电枢磁动势影响的结果,电机中的气隙磁场与空载时不同,这一现象称为电枢反应。

现代的直流电机基本上都将电刷安装在几何中性线上,本文只研究这种情况下的电枢反应。当电刷在几何中性线位置时,在电枢电流单独励磁的磁动势作用下产生的磁场(磁通密度)分布如图 5-10 所示。该磁场以电刷为轴线对称分布,电枢铁芯一半呈 N 极性,一半呈 S 极性。电枢磁场的磁极轴线与主磁极磁场轴线正交,所以称电枢磁场为交轴电枢反应磁场,电枢磁动势为交轴磁动势。

电机带上负载后,电机内气隙磁场由空载磁场和电枢磁场合成,合成磁场的分布情况如图 5-11 所示。其中,图 5-11(a)为磁场分布图,图 5-11(b)为磁通密度波形分布图,其中 B_{0x} 为主磁场的磁通密度分布曲线,B_{ax} 为电枢磁场的磁通密度分布曲线,$B_{\delta x}$ 为 B_{0x} 和 B_{ax} 合成的气隙磁通密度分布曲线,虚线表示考虑磁路饱和时的 $B_{\delta x}$ 曲线。

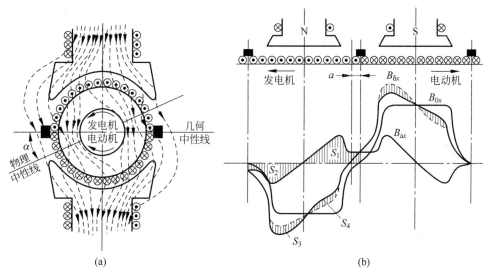

图 5-11 电刷在几何中性线时的电枢反应
(a)磁场分布;(b)磁通密度波形分布

综合以上分析,电刷在几何中性线上的电枢反应有以下特点:

(1) 气隙磁场的分布发生畸变。电机空载时,在 N 极与 S 极的分界线处,磁场为零,此时的分界线称为物理中性线,几何中性线与物理中性线重合。负载后,由于电枢反应的影响,主磁极一半极面下磁场被增强,一半极面下磁场被削弱,物理中性线偏离几何中性线。可以分析出,作为发电机运行时,物理中性线顺旋转方向偏移;作为电动机运行时,物理中性线逆旋转方向偏移。电枢电流越大,电枢磁场越强,气隙合成磁场畸变越严重。

(2) 气隙磁场削弱,每极磁通量下降。在铁芯磁路不饱和时,每一个磁极下,电枢磁场对主磁极磁场的去磁作用和增磁作用是相同的,所以每极磁通量与空载时相同。但实际中,由于电机一般工作于磁化曲线的膝点,电机磁路饱和,所以一半极面下所增加的磁通量要比另一半极面下减少的磁通量略少,每一个极面下的总磁通量略有减少,所以称此时的电枢反应为交轴去磁电枢反应。

5. 电枢电动势与电磁转矩

直流电机运行时,电枢元件在磁场中运动产生切割电动势,同时由于元件中有电流会受到电磁力。下面对电枢电动势及电磁转矩进行定量计算。

1) 电枢电动势

电枢电动势是指直流电机正、负电刷之间的感应电动势,也就是电枢绕组每个支路里的感应电动势。

电枢旋转时,就某一个元件来说,它一会儿在这个支路里,一会儿在另一个支路里,其感应电动势的大小和方向都在变化着。但是,各个支路所含元件数量相等,各支路的电动势相等且方向不变。于是,可以先求出一根导体在一个极距范围内切割气隙磁密的平均电动势,再乘上一个支路总导体数 $N/2a$(其中, N 为电枢绕组匝数, a 为电枢绕组并联支路对数),便是电枢电动势了。

一个磁极极距范围内,平均磁密用 B_{av} 表示,极距为 ρ ,电枢的轴向有效长度为 l ,每极磁通为 Φ ,则

$$B_{av}=\frac{\Phi}{\rho l} \tag{5-3}$$

一根导体的平均电动势为

$$e_{av}=B_{av}lv \tag{5-4}$$

线速度 v 可以写成

$$v=2p\rho\frac{n}{60} \tag{5-5}$$

式中, p 为极对数; n 为电机转速。

将式(5-3)、式(5-5)代入式(5-4)后,可得

$$e_{av}=2p\Phi\frac{n}{60} \tag{5-6}$$

导体平均感应电动势 e_{av} 的大小只与导体每秒所切割的总磁通量 $2p\Phi$ 有关,与气隙磁密的分布波形无关。于是当电刷放在几何中线上时,电枢电动势为

$$E_a=\frac{N}{2a}e_{av}=\frac{N}{2a}\times 2p\Phi\frac{n}{60}=\frac{pN}{60a}\Phi n=C_e\Phi n \tag{5-7}$$

式中, $C_e=pN/60a$ 是一个常数,称电动势常数。如果每极磁通量 Φ 的单位为 Wb,转速 n 的单位为 r/min,则感应电动势 E_a 的单位为 V。

从式(5-7)可以看出,已经制造好的电机,它的电枢电动势正比于每极磁通量 Φ 和转速 n 。

2) 电磁转矩

先求一根导体所受的平均电磁力。根据载流导体在磁场里的受力原理,一根导体所受的平均电磁力为

$$f_{av}=B_{av}li_a \tag{5-8}$$

式中, $i_a=I_a/2a$ 为导体里流过的电流; I_a 为电枢总电流; a 为支路对数。

一根导体受的平均电磁力 f_{av} 乘上电枢的半径 $D/2$ 为转矩 T_1,即

$$T_1 = f_{av} \frac{D}{2} \tag{5-9}$$

式中,$D = 2p\rho/\pi$ 为电枢的直径(p 为极对数,ρ 为极距)。

总电磁转矩用 T 表示,即

$$T = B_{av} l \frac{I_a}{2a} N \frac{D}{2} \tag{5-10}$$

把 $B_{av} = \Phi/\rho l$ 代入式(5-10),得

$$T = \frac{pN}{2\pi a} \Phi I_a = C_T \Phi I_a \tag{5-11}$$

式中,$C_T = pN/2\pi a$ 为一个常数,称为转矩常数。如果每极磁极 Φ 的单位为 Wb,电枢电流的单位为 A,则电磁转矩 T 的单位为 N·m。

由电磁转矩表达式可以看出,直流电机制成后,它的电磁转矩的大小正比于每极磁通和电枢电流。电动势常数 $C_e = pN/60a$,转矩常数 $C_T = pN/2\pi a = 9.55 C_e$。

电枢电动势的方向由电机的转向和主磁场方向决定,其中只要有一个方向改变,电动势方向也就随之改变了,但两个方向同时改变时,电动势方向不变。电磁转矩的方向由电枢的转向和电流方向决定,同样,只要改变其中一个的方向,电磁转矩方向将随之改变,但两个方向同时改变时,电磁转矩方向不变。

5.1.3 直流电机基本方程式及工作特性

1. 直流电机的基本方程式

以他励直流电机为例,采用电动机惯例时,各物理量的参考方向如图 5-12 所示。

1) 电动势平衡方程式

由图 5-12 所示的电枢绕组回路,根据基尔霍夫电压定律,得

$$U = I_a R_a + E_a \tag{5-12}$$

式中,R_a 是电枢回路总电阻,包括电枢绕组电阻、电刷和换向器之间的接触电阻。该式反映了外加电源电压一部分降落在电阻上,另外一部分由反电动势平衡,因此称为电动势平衡方程式。

2) 转矩平衡方程式

直流电机工作时,作用在转轴上的转矩有驱动性质的电磁转矩 T,以及阻力性质的负载转矩(即电机轴上的输出转矩 T_2)和空载损耗转矩 T_0,当电机稳定运行时,驱动转矩和阻转矩相平衡,即满足

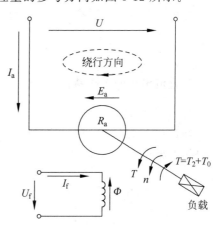

图 5-12 他励直流电机原理图

$$T = T_2 + T_0 \tag{5-13}$$

应该说明,在电力拖动系统中,一般空载损耗转矩较小,通常可以忽略不计。

3) 功率平衡方程式

将式(5-12)两边同时乘以 I_a,可得

$$UI_a = I_a^2 R_a + E_a I_a \tag{5-14}$$

式中,UI_a 为电机从电源获得的输入电功率;$I_a^2 R_a$ 为电枢回路的铜耗 p_{cu};$E_a I_a$ 称为电机的电磁功率 P_M,其计算公式如下:

$$P_M = E_a I_a = C_e \Phi n I_a = \frac{pN}{2\pi a}\Phi I_a \frac{2\pi n}{60} = T\Omega \tag{5-15}$$

式中,Ω 为电机的机械角速度 rad/s,$P_M = E_a I_a$ 说明电磁功率具有电功率的性质,$P_M = T\Omega$ 说明电磁功率具有机械功率的性质,实质上电磁功率是电机由电能通过电磁感应转换为机械能的那一部分功率,所以式(5-14)可以写成

$$P_1 = p_{Cu} + P_M \tag{5-16}$$

也就是说,电机输入功率减去电枢回路铜耗剩下即为电磁功率。那么,电磁功率能不能全部转化为机械功率从转轴输出驱动负载呢?

将转矩平衡方程式(5-13)两边同时乘以 Ω,可得

$$T\Omega = T_2\Omega + T_0\Omega \tag{5-17}$$

式中,$T\Omega = P_M$ 为电磁功率;$T_2\Omega = P_2$ 为电机转轴输出的机械功率;$T_0\Omega = P_0$ 为电机的空载损耗功率,空载损耗 P_0 包括铁耗 p_{Fe}、机械损耗 p_{me} 以及附加损耗 p_{ad},因此式(5-17)可以写成

$$P_M = P_2 + P_0 = P_2 + p_{Fe} + p_{me} + p_{ad} \tag{5-18}$$

即电磁功率要扣除空载损耗后剩下的部分才能作为机械功率从转轴输出。

根据式(5-16)和式(5-18)可得直流电机输入功率、输出功率和总损耗功率之间必须满足的功率平衡方程式:

$$P_1 = p_{Cu} + P_2 + p_{Fe} + p_{me} + p_{ad} = P_2 + \sum p \tag{5-19}$$

式中,$\sum p$ 为电机的总损耗。

与交流电机和变压器一样,直流电机的效率即为输出功率与输入功率的百分比,即

$$\eta = \frac{P_2}{P_1} \times 100\% \tag{5-20}$$

2. 直流电机的工作特性

1) 转速特性

当 $U = U_N$,$I_f = I_{fN}$ 时,$n = f(I_a)$ 的关系就称为转速特性。额定励磁电流 I_{fN} 的定义是,当电机电枢两端加额定电压 U_N,拖动额定负载,即 $I_a = I_{aN}$,转速为额定值 n_N 时的励磁电流。

把式(5-7)代入式(5-12),整理后得

$$n = \frac{U_N}{C_e \Phi} - \frac{R_a}{C_e \Phi} I_a \tag{5-21}$$

这就是他励直流电机的转速特性公式。

如果忽略电枢反应的影响,当 I_a 增加时,转速 n 要下降。不过,因 R_a 较小,转速 n 下降得不多,见图 5-13。如果考虑电枢反应有去磁效应,转速有可能要上升,设计电机时要注意这个问题,因为转速 n 要随着电流 I_a 的增加略微下降才能稳定运行。

2) 转矩特性

当 $U = U_N$,$I_f = I_{fN}$ 时,$T = f(I_a)$ 的关系叫作转矩特性。

从式(5-11)看出,当气隙每极磁通为额定值 Φ_N 时,电磁转矩 T 与电枢电流 I_a 成正比。如果考虑电枢反应有去磁效应,随着 I_a 的增大,T 要略微减小,如图 5-13 所示。

3) 效率特性

当 $U=U_N$,$I_f=I_{fN}$ 时,$\eta=f(I_a)$ 的关系叫作效率特性。

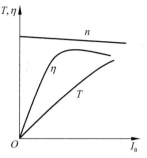

图 5-13 他励直流电机的工作特性

$$\eta = 1 - \frac{\sum P}{P_2 + \sum p} = 1 - \frac{p_{Cu}+p_{Fe}+p_{me}+p_{ad}}{U_N(I_a+I_{fN})}$$

$$\approx 1 - \frac{P_0+I_a^2 R_a}{U_N I_a} \tag{5-22}$$

上式中,由于一般情况下 I_{fN} 远小于 I_{aN},所以 I_{fN} 可忽略不计。总损耗 $\sum p$ 中,空载损耗 $P_0=p_{Fe}+p_{me}+p_{ad}$ 不随负载电流 I_a 的变化而发生变化。电枢回路总铜耗 $p_{Cu}=I_a^2 R_a$ 随 I_a 成正比变化,所以 $\eta=f(I_a)$ 的曲线如图 5-13 所示。

令 $d\eta/dt=0$,由式(5-22)可得

$$P_0 = I_a^2 R_a \tag{5-23}$$

式(5-23)表明,当电机的空载损耗 P_0 等于随电流平方而变化的可变损耗时,电机的效率达到最大,通常约在额定负载(0.75~1)的范围内,效率可达到最大值。直流电机效率为 0.75~0.94,容量大的效率高。

5.2 直流电机的拖动原理

本节着重阐述他励直流电机的机械特性、起动、调速、制动等问题。直流电机的机械特性分为固有机械特性和人为机械特性。直流电机的起动方法有降压起动法和电枢回路串电阻分级起动法。直流电机的调速方法有电枢串电阻、降压、弱磁等数种,每一种调速方法都有相应的人为机械特性。关于直流电机的制动运行,一般说来,有能耗制动、反接制动(电压反向和转速反向)、回馈制动等几种。

5.2.1 直流电机的机械特性

电机带动负载,其作用归根结底就是给工作机构发出一定的转矩 T,并使它得到一定的转速 n。T 和 n 是生产机械对电机提出的两项最基本要求。在电机内部,电磁转矩 T 和转速 n 并非互相孤立的。在一定条件下,它们之间存在着一定的关系,这个关系就称为机械特性。

他励直流电机的机械特性是指在电枢电压、励磁电流和电枢总电阻均为恒值的条件下,电机转速 n 与电磁转矩 T 的关系曲线 $n=f(T)$。

1. 固有机械特性

直流电机原理图和各物理量规定的正方向如图 5-12 所示。联解式(5-7)、式(5-11)和

式(5-12),可得机械特性方程式为

$$n = \frac{U}{C_e \Phi} - \frac{R_a}{C_e C_T \Phi^2} T \qquad (5\text{-}24)$$

式中,$C_e = pN/60a$,$C_T = pN/2\pi a = 9.55 C_e$。

正常条件下的机械特性叫作固有机械特性或自然机械特性。固有机械特性的条件是:电源电压额定,即 $U = U_N$;励磁磁通额定,即 $\Phi = \Phi_N$;电枢不串电阻。将这些条件代入上式即得固有机械特性方程式为

$$n = \frac{U_N}{C_e \Phi_N} - \frac{R_a}{C_e C_T \Phi_N^2} T \qquad (5\text{-}25)$$

图 5-14 画出了他励直流电机的固有机械特性。

由图 5-14 可知,他励直流电机的固有机械特性具有以下特点:

(1) $T = 0$ 时,$n = n_0 = U_N / C_e \Phi_N$ 称为理想空载转速。

(2) $T = T_N$ 时,$n = n_N = n_0 - \Delta n_N$ 为额定转速,其中 $\Delta n_N = [R_a/(C_e C_T \Phi_N^2)] T_N$ 为额定转速降。

(3) 固有特性是一条略微向下倾斜的直线。在式(5-25)中,令 $R_a/(C_e C_T \Phi_N^2) = \beta$,$\beta$ 叫作斜率,它与电枢电阻成正比,与磁通的平方成反比。这样,机械特性方程变为

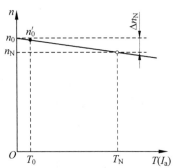

图 5-14 他励直流电机的固有机械特性

$$n = n_0 - \beta T \qquad (5\text{-}26)$$

可见,β 越大,则额定速降 Δn_N 越大,特性越陡,称为"软"特性。反之,β 越小,特性越平,称为"硬"特性。他励直流电机的固有特性属于硬特性,带负载时的速降小。一般地说,n_N 约为 $0.95 n_0$,而 Δn_N 约为 $0.05 n_0$,这是硬特性的数量体现。

(4) 实际空载时,电机本身还有摩擦阻转矩 T_0 称为空载转矩,故实际空载转速为 n'_0。

(5) 转速特性

$$n = n_0 - \frac{R_a}{C_e \Phi} I_a \qquad (5\text{-}27)$$

只要磁通 Φ 不变,I_a 就与 T 成正比,因而转速特性可以代表机械特性,所以常将 $n = f(I_a)$ 和 $n = f(T)$ 用同一曲线表示,如图 5-14 所示。在测试和实验时,也有用他励直流电机的转速特性代表其机械特性的,因为测量电流 I_a 要比测量转矩 T 方便得多。

2. 人为机械特性

一台电机只有一条固有机械特性,对应于某一转矩,只有一个固定的转速。但是许多生产机械的要求却各不相同,这就需要人为地改变电机的机械特性。

改变固有机械特性的 3 个条件中的任何一个都可以得到新的特性,这种人为地改变电机参数而得到的机械特性,称为人为机械特性。

1) 改变电枢串电阻时的人为机械特性

这时机械特性的条件变成 $U = U_N$、$\Phi = \Phi_N$,电枢回路总电阻为 $R_a + R$。由式(5-24)可知,这时的机械特性方程式变为

$$n = \frac{U_N}{C_e \Phi_N} - \frac{R_a + R}{C_e C_T \Phi_N^2} T \qquad (5-28)$$

对应的人为机械特性如图 5-15 所示。

改变电枢串电阻时的人为机械特性的特点：①理想空载转速 n_0 不变；②斜率 β 随 $R_a + R$ 成正比地增大，因而形成一簇放射状特性。

改变电枢串电阻的人为特性常用于电机的起动和调速中。

2）改变电枢电压时的人为机械特性

保持励磁磁通为额定值不变，电枢回路不串电阻，只改变电枢电压时，特性方程式为

$$n = \frac{U}{C_e \Phi_N} - \frac{R_a}{C_e C_T \Phi_N^2} T \qquad (5-29)$$

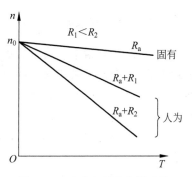

图 5-15 改变电枢串电阻时的人为机械特性

改变电枢电压时人为机械特性的特点：①斜率 β 不变，各条特性相互平行，又与固有机械特性平行；②理想空载转速与电压 U 成正比。

电压 U 的绝对值大小不能比额定值高，否则绝缘将承受不住。所以，一般他励电机的电压向低于额定电压的方向改变，对应的机械特性如图 5-16 所示。

3）减弱励磁磁通时的人为机械特性

调节励磁回路串接的可变电阻，可以改变励磁电流，改变磁通量。实际中只能减弱磁通量。减弱磁通量时人为机械特性的条件是 $U = U_N$、Φ 可变，这时特性方程式变为

$$n = \frac{U_N}{C_e \Phi} - \frac{R_a}{C_e C_T \Phi^2} T \qquad (5-30)$$

减弱励磁磁通时的人为机械特性的特点：①磁通量减弱时会使 n_0 与 Φ 成反比；②磁通量减弱时会使斜率 β 增大，β 与 Φ^2 成反比；③人为机械特性为一簇直线，它们既不平行又非放射形，特性上移且变软，如图 5-17 所示。

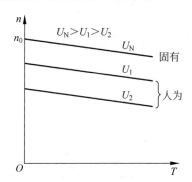

图 5-16 改变电枢电压时的人为机械特性

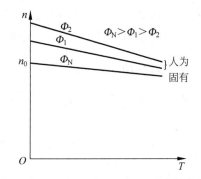

图 5-17 减弱励磁磁通时的人为机械特性

应该指出，以上的分析都忽略了电枢反应对机械特性的影响。实际上，电枢电流不大时，电枢反应的确可以忽略不计。但当电机轴带上较大负载时，相应的电枢电流较大，由于饱和的影响，电枢反应会产生明显的去磁作用，相当于随电枢电流的增大而逐渐减弱磁通，从而使转速有所回升，其效果是使机械特性变硬，甚至可能出现上翘现象。

5.2.2 直流电机的起动

1. 对起动的要求和起动过程分析

所谓起动,是指电机通电后旋转并且转速不断增加,直至进入稳态运行。从生产过程的要求来看,一般都是希望起动的时间尽量短一些,对于频繁起/制动的生产机械,尤其如此。在起动时,必须先接通励磁回路,建立磁场,方可产生起动转矩。同时,他励直流电机起动时,为了产生较大的起动转矩及不使起动后的转速过高,应该额定磁通起动,即励磁电流和每极磁通都为额定值。因此起动时励磁回路不能串接电阻,而且绝对不允许励磁回路出现断路。

要缩短起动过程,需提高加速度,即需提高起动过程中的电磁转矩。对他励直流电机,在磁通恒定的条件下,电磁转矩正比于电枢电流,故应使起动过程中电枢电流尽量大一些。但是,直流电机电枢电流的最大值是有限制的。从电机本身来看,过大的电流将导致换向困难。电刷电流密度过分增大会引起强烈的火花,严重时会产生环火,烧伤换向器表面。同时,电枢绕组中还会产生过大的电动应力使绕组受到损害。对生产机械的传动部件来说,过大的电磁转矩易于产生机械撞击,使机械传动部件受到损害。另外,过大的起动电流还会影响接于同一线路上的其他设备的正常运行。因此,他励直流电机在起动过程中应使电枢电流尽量大一些,但同时又要使其小于最大允许值。

他励直流电机若加额定电压 U_N,电枢回路不串电阻直接起动,此时 $n=0$,即电机起动时,$E_a = C_e \Phi_N n = 0$,此时电枢电流 $I_a = U_N/R_a = I_S$,称为起动电流;电磁转矩 $T = C_T \Phi_N I_S = T_S$ 称为起动转矩。由于电枢电阻 R_a 很小,I_S 和 T_S 都比额定值大很多。若 $\Delta n_N = 0.05 n_0$,则 $R_a T_N / C_e C_T \Phi_N^2 = R_a I_N / C_e \Phi_N = 0.05 U_N / C_e \Phi_N$,即 $R_a I_N = 0.05 U_N$,$I_N = 0.05 U_N / R_a$。那么起动电流 $I_S = 20 I_N$,起动转矩 $T_S = 20 T_N$,这样大的起动电流和起动转矩都是不允许的。因此除了微型直流电机由于 R_a 大可以直接起动外,一般直流电机都不允许直接起动。

电机拖动负载起动的一般条件是:①$I_S < (2 \sim 2.5) I_N$,因为换向最大允许电流为 $(2 \sim 2.5) I_N$;②$T_S > (1.1 \sim 1.2) T_N$,这样系统才能顺利起动。

为了限制起动电流,显然可降低电源电压,或在电枢回路中串电阻。

2. 降电压起动

若降低电源电压到 U,起动电流为

$$I_S = \frac{U}{R_a} \quad (5\text{-}31)$$

负载 T_L 已知,根据起动条件的要求,可以确定电压 U 的大小。有时为了保持起动过程中电磁转矩一直较大及电枢电流一直较小,可以逐渐升高电压 U,直至 U_N,降电压起动特性如图 5-18 所示,图中 A 点为稳定运行点。实际上,电源电压可以连续升高,起动更快、更稳。

由此可见,采用降压法起动必须有电压可调的直流

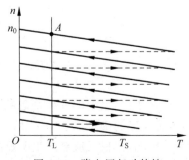

图 5-18 降电压起动特性

电源。目前,采用半控整流、全控整流和全控直流-直流(DC-DC)变换器的直流拖动系统已普遍使用,可在直流侧获得平滑可调的电压,这种系统一般都采用反馈控制以获得优越的起动性能和其他运行性能。

3. 电枢回路串电阻起动

当采用电枢回路串电阻以限制起动电流的方法时,我们可选择合适的电阻串接入电枢回路,使开始起动、转速为零时电枢电流限制在最大允许值。但随着转速上升,反电动势增大,若电枢回路总电阻保持不变,则电枢电流将逐渐减小。电枢电流的减小将导致电磁转矩的减小,从而使起动过程变慢并使稳态速度降低,而这是我们所不希望的。因此,在起动过程中,随着转速逐渐升高,应当逐步减小所串接的电阻,使整个起动过程中电枢电流都保持在较大数值上,既避免电枢电流过大产生有害影响,又使起动过程加快。实际使用中,人们采用的是串电阻分级起动法。

图5-19是三级起动原理图,图5-20是三级起动转速特性图。起动开始时,转速为零,电枢中所串电阻为$R_{st1}+R_{st2}+R_{st3}$,起动电流限制在I_1,转速沿图5-20中的ab线上升。当加速至b点,电流降为I_2,这时,接触器触点KM_1闭合,切除R_{st1},忽略电磁过渡过程,因转速不能突变,电机的运行点将由b变为c,电枢电流由I_2变为I_1,电机的转速特性将变为直线cd,然后电机沿cd线继续加速至d点,这时,电枢电流又降为I_2,接触器触点KM_2闭合,切除R_{st2},电机运行由d变为e,电枢电流又由I_2变为I_1,然后电机沿ef线继续加速至f点,电流降为I_2,接触器触点KM_3闭合,切除R_{st3},电机运行点由f变为g,并沿gh线升速直至稳态运行点h。

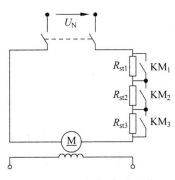

图5-19 三级起动原理图

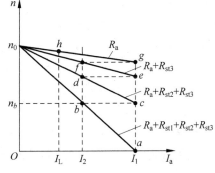

图5-20 三级起动转速特性图

在稳态运行点,电磁转矩等于负载转矩,即:$T=T_L$。则电流I_a的计算公式为

$$I_a = \frac{T_L}{C_T \Phi_N} = I_L \tag{5-32}$$

式中,I_L为负载电流,可理解为稳态运行时由负载转矩所决定的电枢电流,它就是电机的稳态电流。

在图5-20中,I_1是电机最大允许电流,而I_2称为切换电流,I_2必须大于I_L。理论上I_2大一些好。但是,I_2增大则起动级数增多,起动设备增加,所以I_2不是越大越好。如无特殊要求,可选$I_2=(1.1\sim 1.3)I_L$。

5.2.3 直流电机的调速

许多生产机械的运行速度,随其具体工作情况不同而不同。譬如,车床切削工件时,精加工用高转速,粗加工用低转速;电动汽车驱动电机要根据实际的路况和司机的意愿而改变转速。改变传动机构速比的调速方法称为机械调速,通过改变电机参数而改变系统运行转速的调速方法称为电气调速。

本部分只介绍他励直流电机的电气调速方法以及调速的性能。

1. 电枢串接电阻调速

他励直流电机拖动负载运行时,保持电源电压及磁通为额定值不变,在电枢回路中串入不同的电阻时,电机运行于不同的转速,如图 5-21 所示。该图中负载是恒转矩负载。比如原来没有串接电阻时,工作点为 A,转速为 n,电枢中串接电阻 R_1 后,工作点就变成了 A_1,转速降为 n_1。电机从 $A \rightarrow A' \rightarrow A_1$ 运行的物理过程,与关于电机稳定运行中分析的过渡过程是相似的,这里不再详细叙述了,读者可自行分析。电枢中串接的电阻若加大为 R_2,工作点变成 A_2,转速则进一步下降为 n_2。显然,串接电枢回路的电阻值越大,电机运行的转速越低。通常把电机运行于固有机械特性上的转速称为基速,那么,电枢串接电阻调速的方法,其调速方向只能是从基速向下调。

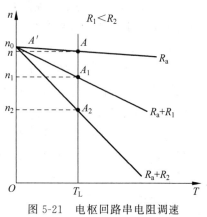

图 5-21 电枢回路串电阻调速

注意,这里的调速方向并不是说串接电阻调速时只能是逐渐加大电阻值而使转速逐渐减小,其实调速也可以是在较低转速上逐渐减小电枢串接的电阻值,使其转速逐渐升高。所谓调速方向,是指调速的结果,其转速与基速比较而言,只要电枢回路串接电阻,无论串多大,电机运行的转速都比不串接电阻运行在基速上要低,就称为调速方向是从基速向下调。

电枢回路串接电阻调速时,所串的调速电阻 R_1、R_2 等上通过很大的电枢电流 I_a 时,会产生很大的损耗 $I_a^2 R_1$、$I_a^2 R_2$ 等,转速越低,损耗越大。电枢回路串接电阻后产生人为机械特性,是一组过理想空载点 n_0 的直线,串接的调速电阻越大,机械特性越软。这样在低速运行时,负载在不大的范围内变动,就会引起转速较大的变化,也就是转速的稳定性较差。

由于 I_a 较大,调速电阻的容量也较大、较笨重,不易做到电阻值连续调节,因而电机转速也不能连续调节,一般最多分为 6 级。尽管电枢串接电阻调速方法所需设备简单,但由于上述功率损耗大、低速时转速不稳定、不能连续调速等缺点,只应用于调速性能要求不高的中、小电机上,在大容量电机上不采用。

2. 降低电源电压调速

保持他励直流电机磁通为额定值不变,电枢回路不串接电阻,降低电枢的电源电压为不同大小时,电机拖动着负载运行于不同的转速上,如图 5-22 所示。该图中所示的负载为恒转矩负载,当电源电压为额定值 U_N 时,工作点为 A,转速为 n;电压降到 U_1 后,工作点为 A_1,转速为 n_1;电压为 U_2,工作点为 A_2,转速为 n_2,……,电源电压越低,转速也越低,调速方向也是从基速向下调。

降低电源电压时,机械特性的硬度不变。这样,比起电枢回路串接电阻调速使机械特性变软这一点,降低电源电压可以使电机在低速范围运行时,转速随负载变化而变化的幅度较小,转速稳定性要好得多。

当电源电压连续变化时,转速的变化也是连续的,这种调速称为无级调速。与串接电阻调速(有级调速)相比,这种速度调节要平滑得多,并且还可以得到任意多级的转速。因此降低电源电压从基速向下调速的调速方法,在直流电力拖动系统中被广泛采用。

3. 弱磁调速

保持他励直流电机电源电压不变,电枢回路也不串接电阻,在电机拖动的负载转矩不过分大时,降低他励直流电机的磁通,可以使电机转速升高。图 5-23 所示为他励直流电机带恒转矩负载时弱磁升速的机械特性,显然,磁通量减少得越多,转速升高得越大。弱磁升速是从基速向上调速的调速方法。

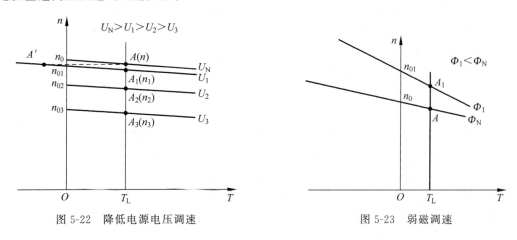

图 5-22　降低电源电压调速　　　　图 5-23　弱磁调速

在正常运行情况下,他励直流电机的励磁电流比电枢电流要小很多,因此励磁回路中所串接的调速电阻消耗的功率要比电枢回路串接调速电阻时电阻消耗的功率小得多;而且由于励磁电路电阻的容量很小,控制很方便,可以连续调节电阻值,实现转速连续调节的无级调速。减弱磁通升高转速的转速调节,电机转速最大值受换向能力与机械强度的限制,一般为 $(1.2\sim1.5)n_N$,特殊设计的弱磁调速电机,可以达到 $(3\sim4)n_N$ 的最高转速。

他励直流电机电力拖动系统中,广泛地采用降低电源电压向下调速及减弱磁通量向上调速的双向调速方法。这样,可以得到很宽的调速范围,并可以在调速范围之内的任何有需要的转速上运行,而且调速时损耗较小、运行效率较高,因此能很好地满足各种生产机械对调速的要求。

4. 调速指标

调速的性能指标是决定电机选择调速方法的依据,主要性能指标有以下几个方面。

1) 静差率 δ

静差率总是针对某一机械特性而言的,其定义为

$$\delta = \frac{n_0 - n_N}{n_0} = \frac{\Delta n_N}{n_0} \quad (5\text{-}33)$$

式中,n_0 为该特性上的理想空载转速,n_N 为该特性上额定负载(电磁转矩等于其额定值)时的转速,Δn_N 为该特性在额定负载时的转速降。习惯上,静差率常用百分数表示。

静差率与特性的硬度是有区别的。以降压调速为例,不同电压下的机械特性是一组平行线,可以说它们的硬度相同,额定负载时的转速降也相同,但电压越低,理想空载转速越低,静差率越大(参见图 5-24,图中 T_N 为额定电磁转矩)。

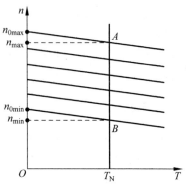

图 5-24 降压调速机械特性

为了使负载的变化引起转速的变化相对较小,即保证一定的转速稳定性,常要求 δ 小于某一允许值。例如,普通车床可允许 $\delta \leq 30\%$,而高精度的造纸机则要求 $\delta \leq 0.1\%$。一般来讲,若对应于最低转速的机械特性能满足静差率的要求,则其他情况下也能满足要求。

2) 调速范围 D

调速范围是指电机在额定负载下可能运行的最高转速 $n_{\max}$ 与最低转速 $n_{\min}$ 之比,即

$$D = \frac{n_{\max}}{n_{\min}} \quad (5\text{-}34)$$

不同的生产机械对电机的调速范围有不同的要求。D 与 δ 这两个指标是互相制约、互相影响的。参见图 5-24,低速特性的静差率为

$$\delta = \frac{n_{0\min} - n_{\min}}{n_{0\min}} = \frac{\Delta n_N}{n_{0\min}} \quad (5\text{-}35)$$

由式(5-34)和式(5-35)整理得到

$$D = \frac{n_{\max}\delta}{\Delta n_N(1-\delta)} \quad (5\text{-}36)$$

式中,$n_{\max}$ 为额定负载时的最高转速;Δn_N 为低速特性上的额定转速降,对降压调速,Δn_N 是常数。

由式(5-36)可知,若 $n_{\max}$、Δn_N 一定,则对 δ 要求越高,调速范围 D 也越小;如果 $n_{\max}$ 一定,对 δ 的要求也一定,要扩大调速范围就必须设法减小 Δn_N。

3) 调速的平滑性

相邻两级转速的接近程度叫调速的平滑性,可用平滑系数 φ 来衡量,它是相邻两级转速之比,即

$$\varphi = \frac{n_i}{n_{i-1}} \quad (5\text{-}37)$$

φ 越接近于 1,平滑性越好。φ 在 1.06 以下时,可认为转速基本上连续可调,级数接近无穷多,称作无级调速。

5.2.4 直流电机的电动与制动运行

1. 概述

在电力拖动系统中,电机的制动运行是指其电磁转矩与转速两者实际方向相反时的运行,这时,电磁转矩属制动性质的转矩。而电动运行则是指电磁转矩与转速两者实际方向相同时的运行,这时电磁转矩属拖动性质的转矩。

电机的制动运行可用于使系统停车过程加快,如果仅将电机从电源断开,则制动转矩很小(空载转矩),停车较慢,但如果使电机运行于制动状态,则电机的电磁转矩也是制动转矩,可加快停车,而快速停车在某些场合下是十分必要的。当然,电机的制动运行并不限于加快停车,恒速制动运行也不乏其例,例如,恒速下放重物时,可通过使电机运行于制动状态而加以实现。

和分析其他拖动问题一样,我们常借助于机械特性分析电机的制动运行,机械特性中的 n,T,U 都是有方向的量,在规定了相应的参考方向以后,应当把这些量理解为代数量,可正可负,实际方向与参考方向一致,则为正;反之,则为负。我们总是把电机加正向电压并作电动运行(从电源吸收电功率在轴上向负载输出机械功率)时各量的实际方向取为它们的参考方向,这样,n 与 T 的参考方向一致,且正向电动运行时各量(包括 T_L)均为正,机械特性位于第一象限。不难理解,加反向电压(这时,n、U 均为负)且运行于电动状态,即反向电动状态时,T、n、T_L 均为负,特性位于第三象限。

而制动运行时,n 与 T 实际方向相反,那么,只有两种可能:一种是 n 为正,T 为负,特性位于第二象限;一种是 n 为负,T 为正,特性位于第四象限。所以,制动运行时,机械特性位于第二象限或第四象限。

直流电机的制动运行可分为能耗制动、回馈制动、转速反向的反接制动和电压反向的反接制动等数种。下面以他励直流电机为例,首先讨论其电动状态,然后再分析这几种制动状态。

2. 电动状态

他励直流电机在电动状态下的机械特性如图 5-25 所示。

1)正向电动运行状态

正向电动运行状态读者已经很熟悉了,他励直流电机工作点在第一象限时,如图 5-25 所示的 A 点和 B 点,电机电磁转矩 $T>0$,转速 $n>0$,这种运行状态称为正向电动运行状态。由于 T 与 n 同方向,T 为拖动性转矩。

电动运行时,电机把电源送进电机的电功率通过电磁作用转换为机械功率,再从轴上输出给负载。在这个过程中,电枢回路中存在着铜损耗和空载损耗,如表 5-1 所示。

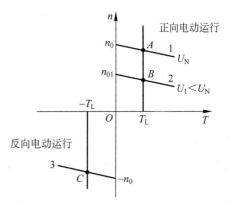

图 5-25 他励直流电机的电动运行
1—固有机械特性;2—降压人为机械特性;
3—电源电压($-U_N$)人为机械特性

表 5-1 正向电动运行状态的功率关系

电功率部分			机械功率部分		
输入电功率 P_1	电枢回路总损耗 P_{Cu}	电磁功率(电功率表示)P_M	电磁功率(机械功率表示)P_M	电机空载损耗 P_0	输出机械功率 P_2
UI_a	$I_a^2 R_a$	$E_a I_a$	$T\Omega$	$T_0 \Omega$	$T_2 \Omega$
>0	>0	>0	>0	>0	>0

注:$UI_a = I_a^2 R_a + E_a I_a$; $E_a I_a = T\Omega$; $T\Omega = T_0 \Omega + T_2 \Omega$。

若电机运行于升速或降速过渡过程中,轴上输出转矩 T_2 应包括负载转矩 T_L 和动转矩 $(GD^2/375)(dn/dt)$ 两部分。

2) 反向电动运行状态

拖动反抗性负载,正转时电机工作点在第一象限,反转时,电机工作点则在第三象限,如图 5-25 所示的 C 点,这时电机电源电压为负值。在第三象限运行时,电磁转矩 $T<0$,转速 $n<0$,T 与 n 仍同方向,T 仍为拖动性转矩,其功率关系与正向电动运行完全相同,这种运行状态称为反向电动运行。

正向电动运行与反向电动运行是电机运行时最基本的运行状态。实际运行的电机除了运行于 T 与 n 同方向的电动运行状态之外,经常还运行在 T 与 n 反方向的运行状态。

T 与 n 反方向意味着电机的电磁转矩 T 不是拖动性转矩,而是制动性阻转矩了,这种运行状态统称为制动状态,工作点显然在第二、四象限内。下面分别介绍各种制动运行状态。

3. 能耗制动

1) 能耗制动过程

他励直流电机拖动着反抗性恒转矩负载运行于正向电动运行状态时,其接线如图 5-26(a)所示,这时闸刀开关接在电源上,电机工作点在第一象限 A 点,如图 5-26(b)所示。当闸刀开关从上拉至下边时,也就是突然切除了电机的电源电压并在电枢回路中串接了电阻 R,这样他励直流电机的机械特性不再是图 5-26(b)中的曲线 1 而成了曲线 2。在切换后的瞬间,由于转速 n 不能突变,电机的运行点从 $A \rightarrow B$,磁通量 $\Phi = \Phi_N$ 不变,电枢感应电动势 E_a 保持不变,即 $E_a > 0$,而此刻电压 $U = 0$,因此在工作点 B 的电枢电流和电磁转矩分别为

$$\begin{cases} I_{aB} = \dfrac{-E_a}{R_a + R} < 0 \\ T_B = C_T \Phi_N I_{aB} < 0 \end{cases} \quad (5\text{-}38)$$

$T_B < T_L$,即制动转矩 $T_B - T_L < 0$,系统减速。在减速过程中,E_a 逐渐下降,I_a 及 T 逐渐加大(绝对值逐渐变小),电机运行点沿着曲线 2 从 $B \rightarrow 0$,这时 $E_a = 0$,$T = 0$,$n = 0$,即在原点上。

上述过程是正转的拖动系统停车的制动过程。在整个过程中,电机的电磁转矩 $T<0$,而转速 $n>0$,T 与 n 是反方向的,T 始终是起制动作用的,是制动运行状态的一种,称之为能耗制动过程。能耗制动停车过程中,转速不稳定,$T_2 = T_L + (GD^2/375)(dn/dt)$。

他励直流电机能耗制动过程中的功率关系如表 5-2 所示。

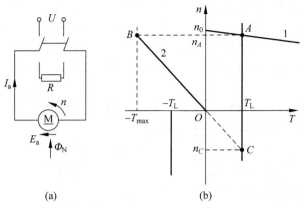

图 5-26 能耗制动过程
(a) 接线图；(b) 机械特性图
1—固有机械特性；2—电压为零的人为机械特性

表 5-2 能耗制动过程的功率关系

电功率部分			机械功率部分		
输入电功率 P_1	电枢回路总损耗 P_{Cu}	电磁功率（电功率表示）P_M	电磁功率（机械功率表示）P_M	电机空载损耗 P_0	输出机械功率 P_2
UI_a	$I_a^2(R_a+R)$	$E_a I_a$	$T\Omega$	$T_0\Omega$	$T_2\Omega$
$=0$	>0	<0	<0	>0	<0

注：$UI_a = I_a^2(R_a+R) + E_a I_a$；$E_a I_a = T\Omega$；$T\Omega = T_0\Omega + T_2\Omega$。

表 5-2 中所示电源输入的电功率 $P_1=0$，也就是电机与电源脱离，没有功率交换；电磁功率 $P_M<0$，也就是在电机内，电磁作用是把机械功率转变为电功率，相当于直流发电机的作用；机械功率 $P_2<0$，说明了电机轴上非但没有输出机械功率到负载去，反而是负载向电机输入了机械功率。扣除了空载损耗 P_0，其余的通过电磁作用转变成电功率了。从电磁功率把机械功率转换为电功率这一点讲，能耗制动过程中电机好像是一台发电机，但与一般的发电机又不相同，表现在：①没有原动机输入机械功率，其机械能靠的是系统转速从高到低，制动时所释放出来的动能；②电功率没有输出，而是消耗在电枢回路的总电阻(R_a+R)上了。

图 5-27 所示为他励直流电机在电动运行和能耗制动状态下的功率流程图，图 5-27(a) 是电动运行状态的功率关系，图 5-27(b) 则为能耗制动过程的功率关系。

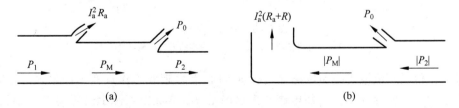

图 5-27 他励直流电机在电动运行和能耗制动状态下的功率流程图
(a) 电动运行状态；(b) 能耗制动

能耗制动过程开始的瞬间,电枢电流$|I_a|$与电枢回路总电阻(R_a+R)成反比,所串电阻R越小,$|I_a|$越大。$|I_a|$增大,电磁转矩$|T|=C_T\Phi_N I_a$随着增大,停车快。但是I_a过大,换向则很困难。因此,能耗制动过程中电枢电流有个上限,也就是电机允许的最大电流I_{amax}。根据I_{amax}可以计算出能耗制动过程电枢回路串接制动电阻的最小值R_{min},两者的关系为

$$R_{min}=\frac{E_a}{I_{amax}-R_a} \tag{5-39}$$

式中,E_a为能耗制动开始瞬间的电枢感应电动势。

生产机械工作完毕都需要停车,可以采用自由停车,即把电机电源切除,靠系统的摩擦阻转矩使之慢慢停下不转。若要加快停车过程缩短停车时间,除了使用抱闸(机械制动器)等制动装置之外,还可以采用电气制动方法。所谓电气制动方法,就是由电机本身产生制动转矩来加快停车,能耗制动停车,就是一种电气制动方法。

2) 能耗制动运行

他励直流电机如果拖动位能性负载,本来运行在正向电动状态,突然采用能耗制动,如图5-28(a)所示,电机的运行点从$A \rightarrow B \rightarrow 0$,$B \rightarrow 0$是能耗制动过程,与拖动反抗性负载时完全一样。但是到了0点以后,如果不采用其他办法如抱闸停车抱住电机轴,则由于电磁转矩$T=0$,小于负载转矩,系统会继续减速,也就是开始反转了。电机的运行点沿着能耗制动机械特性曲线2从$0 \rightarrow C$,在C点处$T=T_{L2}$,系统稳定运行于工作点C。该处电机电磁转矩$T>0$,转速$n<0$,T与n方向相反,T为制动性转矩,这种稳态运行状况称为能耗制动运行。在这种运行状态下,T_L方向与系统转速n同方向,为拖动性转矩。能耗制动运行时电机电枢回路串接的制动电阻不同时,运行转速也不同,制动电阻R越大,转速绝对值$|n|$越高,如图5-28(b)所示。

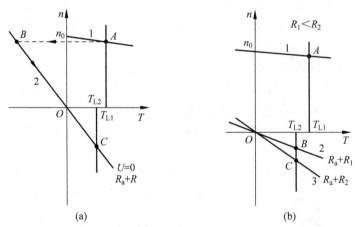

图5-28 能耗制动运行

1—固有机械特性;2、3—电压为零的人为机械特性

如果由他励直流电机拖动位能性负载运行时,怎样理解工作点在第四象限的稳态运行状态呢?为什么转速$n<0$了,而电磁转矩仍旧是$T>0$呢?实际上这很简单,以起重机提升或下放重物为例,提升重物也好,下放重物也好,都是恒速($n=$常数),重物本身受的合力为零,作用在卷筒上的电磁转矩与负载转矩大小相同,方向相反,因此$T>0$。

能耗制动运行时的功率关系与能耗制动过程时是一样的,不同的只是能耗制动运行状

态下,机械功率的输入是靠位能性负载减少位能储存来提供的。

4. 反接制动

1) 电压反向的反接制动过程

电压反向的反接制动停车是把正向运行的他励直流电机的电源电压突然反接,同时在电枢回路串接限流的反接制动电阻 R 来实现的。拖动反抗性恒转矩负载,电压反向的反接制动停车时,其机械特性如图 5-29(a)所示。本来电机的工作点在 A,反接制动后,电机运行点从 $A \to B \to C$,到 C 点后电机转速 $n=0$,制动停车过程结束,将电机的电源切除。在这一过程中,电机运行于第二象限。$T<0, n>0$,T 与 n 反方向,T 是制动性转矩。上述过程称为反接制动过程。

显然,同一台电机,在同一个 I_{amax} 规定下,电压反向的反接制动过程比能耗制动过程电枢串接的电阻最小值几乎大了一倍,这是因为 $U_N \approx E_a$ 所致,从图 5-29(b)曲线 2 与曲线 3 两条制动机械特性也看得出来,斜率几乎相差一倍。另外,在同一个 I_{amax} 条件下制动时,在制动停车过程中的电磁转矩,反接制动时的大,能耗制动时的小,见图 5-29(b),因此反接制动停车更快。如果能够使制动停车过程中电枢电流 $|I_a|=I_{amax}$ 不变,那么电磁转矩也就能保持 $|T|=T_{max}$,制动停车过程中始终保持着最大的减速度,制动效果最快。保持制动过程中 $|I_a|=I_{amax}$,需要由自动控制系统完成。

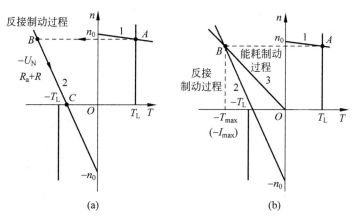

图 5-29 电压反向的反接制动过程

1—固有机械特性;2—$U=-U_N$ 时电枢串接电阻的人为机械特性;3—$U=0$ 时电枢串接电阻的人为机械特性

电压反向的反接制动过程中的功率关系如表 5-3 所示。

表 5-3 电压反向的反接制动过程功率关系

电功率部分			机械功率部分		
输入电功率 P_1	电枢回路总损耗 P_{Cu}	电磁功率(电功率表示)P_M	电磁功率(机械功率表示)P_M	电机空载损耗 P_0	输出机械功率 P_2
UI_a	$I_a^2(R_a+R)$	$E_a I_a$	$T\Omega$	$T_0\Omega$	$T_2\Omega$
>0	>0	<0	<0	>0	<0

注:$UI_a = I_a^2(R_a+R) + E_a I_a$;$E_a I_a = T\Omega$;$T\Omega = T_0\Omega + T_2\Omega$。

电压反向的反接制动过程中电源输入的电功率 $P_1>0$，轴上 $P_2<0$，即输入机械功率，而且机械功率扣除了空载损耗后，即转变成了电功率，$P_M<0$；从电源送入和机械能转变成的这两部分电功率，都消耗在电枢回路电阻 R_a 上了。其功率流程图如后图 5-33(a) 所示。电机轴上输入的机械功率是系统释放的动能所提供的。

电压反向的反接制动过程开始的瞬间，电枢电流 $|I_a|$ 与电枢回路总电阻 (R_a+R) 成反比。所串接的电阻 R 越小，$|I_a|$ 越大。同样应该使起始制动电流 $|I_a|<I_{amax}$，所串接电阻最小值应为

$$R_{min}=\frac{-U_N-E_a}{-I_{amax}}-R_a=\frac{U_N+E_a}{I_{amax}}-R_a \tag{5-40}$$

如果他励直流电机拖动反抗性恒转矩负载进行电压反向的反接制动的机械特性如图 5-30 所示，那么制动过程到达 C 点时，$n=0$，$T\neq 0$，这时若停车就应及时切除电机的电源（需要由自动控制系统完成），如若不然，在 C 点上，$T<-T_L$，系统会反向起动，直到在 D 点运行。频繁正、反转的电力拖动系统，常常采用这种先电压反向的反接制动停车，接着进行反向起动的运行方式，达到迅速制动并反转的目的。但是对于要求准确停车的系统，采用能耗制动更为方便。

2）转速反向的反接制动运行

他励直流电机如果拖动位能性负载运行，电枢回路串接电阻时，转速 n 下降，但是如果电阻值大到一定程度后，就会使转速 $n<0$，工作点在第四象限，电磁转矩 $T>0$，与 n 方向相反，是一种制动运行状态，称为倒拉反转运行或限速反转运行，如图 5-31 所示。

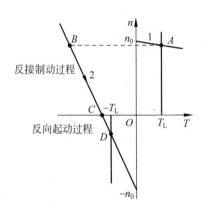

图 5-30 电压反向的反接制动接着反向起动的机械特性

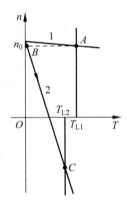

图 5-31 转速反向的反接制动运行
1—固有机械特性；
2—电枢串接电阻人为机械特性

转速反向的反接制动运行的功率关系与电压反向的反接制动过程的功率关系一样，功率流程如后图 5-33(a) 所示。两者之间的区别仅仅在于反接制动过程中，向电机输入的机械功率是负载释放的动能提供的，而倒拉反转运行中，是位能性负载减少位能提供的，或者说，是位能性负载倒拉着电机运行，因此称为倒拉反转运行。

5. 回馈制动

1）正向回馈制动运行

图 5-32 所示为他励直流电机电源电压降低，转速从高向低调节的过程。原来电机运行在固有机械特性曲线的 A 点上，电压降为 U_1 后，电机运行点从 $A \rightarrow B \rightarrow C \rightarrow D$，最后稳定运行在 D 点。在这一降速过渡过程中，从 $B \rightarrow C$ 这一阶段，电机的转速 $n > 0$，而电磁转矩 $T < 0$，T 与 n 的方向相反，T 是制动性转矩，是一种正向回馈制动运行状态。

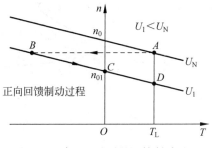

图 5-32 降压调速时的回馈制动过程

$B \rightarrow C$ 这一段运行时的功率关系如表 5-4 所示。

表 5-4 正向回馈制动过程的功率关系

电功率部分			机械功率部分		
输入电功率 P_1	电枢回路总损耗 P_{Cu}	电磁功率（电功率表示）P_M	电磁功率（机械功率表示）P_M	电机空载损耗 P_0	输出机械功率 P_2
UI_a	$I_a^2 R_a$	$E_a I_a$	$T\Omega$	$T_0 \Omega$	$T_2 \Omega$
<0	>0	<0	<0	>0	<0

注：$UI_a = I_a^2 R_a + E_a I_a$；$E_a I_a = T\Omega$；$T\Omega = T_0\Omega + T_2\Omega$。

把上述功率关系画成功率流程图如图 5-33(b) 所示。与直流发电机的功率流程一致，所不同的只是：①机械功率的输入不是原动机送进，而是系统从高速向低速降速过程中释放出来的动能所提供；②电功率送出不是给用电设备而是给直流电源。这种运行状态称为正向回馈制动过程，"回馈"指电机把功率回馈电源，"过程"指没有稳定工作点，而是一个变速的过程。但该过程区别于能耗制动过程和反接制动过程，后两者都是转速从高速到 $n=0$ 的停车过程，而回馈制动过程仅仅是一个减速过程，转速从高于 n_{01} 的速度减到 $n=n_{01}$。转速高于理想空载转速是回馈制动运行状态的重要特点。

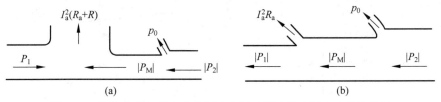

图 5-33 他励直流电机在反接制动和回馈制动状态下的功率流程图
(a) 倒拉反转和反接制动；(b) 回馈制动

如果让他励直流电机拖动一台小车，规定小车前进时转速 n 为正，电磁转矩 T 与 n 同方向为正，负载转矩 T_L 与 n 反方向为正。小车在平路上前进时，负载转矩为摩擦性阻转矩 T_{L1}，$T_{L1} > 0$。小车在下坡路上前进时，负载转矩为一个摩擦性阻转矩与一个位能性的拖动转矩的合成转矩。一般后者数值（绝对值）比前者大，两者方向相反，因此下坡时小车受到的总负载转矩为 T_{L2}，$T_{L2} < 0$，如图 5-34 所示。

图 5-34 中，负载机械特性为曲线 1 和曲线 2，这样走平路时电机运行在正向电动运行状

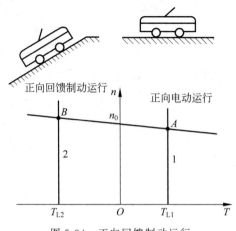

图 5-34 正向回馈制动运行

态,工作点为固有机械特性与曲线 1 的交点 A;走下坡路时电机则运行在正向回馈运行状态,工作点为固有机械特性与曲线 2 的交点 B。回馈制动运行时的电磁转矩 T 与 n 方向相反,T 与 T_L 平衡,使小车能够恒速行驶。这种稳定运行时的功率关系与上面回馈制动过程时是一样的,区别仅仅是机械功率不是由负载减少动能来提供,而是由小车减少位能储存来提供。回馈制动运行状态的功率关系与发电机一致,因此又称为发电状态。

2) 反向回馈制动运行

如果他励直流电机拖动位能性负载,当电源电压反接时,工作点在第四象限,如图 5-35(a) 所示的 B 点,这时电磁转矩 $T>0$,转速 $n<0$,T 与 n 反方向,称为反向回馈制动运行。

反向回馈制动运行的功率关系与正向回馈制动运行时是一样的。

他励直流电机如果拖动位能性负载进行反接制动(同时串限流电阻),当转速下降到 $n=0$ 时,如果不及时切除电源,也不用抱闸抱住电机轴,那么由于电磁转矩与负载转矩不相等,系统不能维持 $n=0$,而继续减速即反转,如图 5-35(b) 所示,直到达到反接制动机械特性与负载机械特性交点 C 才稳定运行。电机在 C 点的运行状态也是反向回馈制动运行状态。

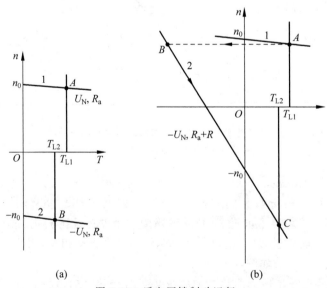

图 5-35 反向回馈制动运行

到此为止,他励直流电机 4 个象限的运行状态逐个介绍过了,现在把 4 个象限运行的机械特性画在一起,如图 5-36 所示。第一、三象限内,T 与 n 同方向,是电动运行状态;第二、四象限内,T 与 n 反方向,是制动运行状态。

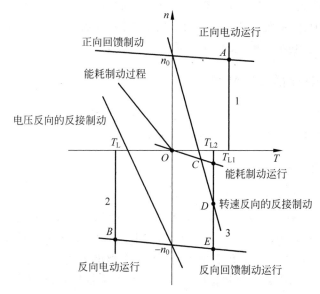

图 5-36 他励直流电机的各种运行状态

实际的电力拖动系统,生产机械的生产工艺要求电机一般都要在两种以上的状态下运行。例如经常需要正、反转的反抗性恒转矩负载,拖动它的电机就应该运行在如下各种状态:正向起动接着正向电动运行,反接制动、反向起动接着反向电动运行,反方向的反接制动,回到正向起动接着正向电动运行,最后能耗制动停车。因此,要想掌握他励直流电机实际上是怎样拖动各种负载工作的,就必须先掌握电机的各种不同的运行状态以及怎样从一种稳定运行状态变到另一种稳定运行状态。

5.3 直流电机的功率变换器

5.3.1 功率变换器概述

对于要求在一定范围内无级平滑调速的系统来说,以调节电枢供电电压的方式为最好。改变电阻只能有级调速;减弱磁通虽然能够平滑调速,但是调速范围不大,往往只是配合的调压方案,在基速(即电机额定转速)以上作小范围的升速。因此,自动控制的直流调速系统往往以变压调速为主。

变电压调速是直流调速系统用的主要方法,调节电枢供电电压需要有专门的可控直流电源。常用的可控直流电源有以下 3 种:①旋转变流机组:用交流电机和直流发电机组成机组,以获得可调的直流电源,这样的调速系统简称 GM 系统;②静止可控整流器:用静止的可控整流器,以获得可调的直流电压,这样的调速系统简称 VM 系统;③脉宽调制(PWM)变换器:用恒定直流电源或不控整流电源供电,利用脉宽调制变换器产生可变的平均电压。

目前,脉宽调制(PWM)变换器已成为工业应用中的主流技术。与 GM 系统和 VM 系统相比,PWM 调速系统有如下优点:①由于 PWM 调速系统采用高开关频率的电力电子器件,仅靠电枢电感滤波就可获得脉动很小的直流电流,电枢电流容易连续,系统的低速性能稳定,调整范围宽,在相同的负载转矩下,电机的发热损耗都较小;②由于开关频率高,若与快速响应的电机相配合,系统的快速响应性能好,动态抗干扰能力强;③由于电力电子器件只工作在开关状态,主电路简单,装置效率高。

5.3.2 直流电机的 PWM 变换器

脉宽调制(PWM)变换器根据直流负载工作方式的不同,主要有单管 PWM 变换器、改进的双管 PWM 变换器和可逆 H 桥 PWM 变换器 3 种。

1. 单管 PWM 变换器

图 5-37 是直流电机的单管 PWM 变换器。

图 5-37 中,当 MOSFET 管 Q_1 导通时,直流电源电压 U_s 加到电机电枢绕组上产生电枢电流,从而形成电磁转矩驱动电机。显然,这时直流电机是作为电动机运行。MOSFET 管 Q_1 关断时,绕组上的电流方向还不能改变,因此电枢电流通过二极管 D_2 续流。因为电枢电流方向不变,所以电磁转矩仍然起驱动作用。当负载较轻时,电机转速还可能会不断上升,直到电磁转矩小于负载转矩为止。当控制电枢电流使转子转速上升到目标值时,直流电机的转速就可以稳定下来。但是,如果要使直流电机转速减小,也就是希望电机能够制动,即改变电枢电流方向进行电磁制动,而单管 PWM 变换器不能使电枢电流反向从而形成电磁制动转矩,只能依赖负载阻转矩使电机转速减小。当负载阻转矩很小而转子转动惯量又比较大时,这种减速过程就会非常漫长。

由此可见,单管控制电路不具备电磁制动能力,只能作为电机单方向运行,即单管 PWM 变换器驱动的直流电机只能实现第一象限运行控制。

2. 改进的双管 PWM 变换器

单管 PWM 变换电路存在的问题是直流电机的电枢电流不能反向控制流通,如果能控制电枢电流的方向,那么直流电机就具备电磁制动的能力。图 5-38 是改进的双管 PWM 变换器,它不仅能实现电动机运行,而且能实现电磁制动运行。

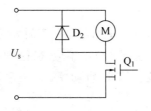

图 5-37　单管 PWM 变换器

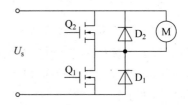

图 5-38　改进的双管 PWM 变换器

图 5-38 中,有两个功率控制器件 Q_1 和 Q_2 串联后与电源并联,控制过程中为了防止上下两管 Q_1 和 Q_2 同时导通造成电源 U_s 直通短路现象,上下两管 Q_1 和 Q_2 的控制脉冲必须存在一定的死区时间,以确保一个管 Q_1(或 Q_2)关断后另一个管 Q_2(或 Q_1)才能导通。

当电机作为电动机运行时,与单管变换电路一样,上管 Q_2 可以不起作用,只需下管 Q_1 导通与关断。但是当电机需要电磁制动时,下管 Q_1 关断不起作用,电枢电流通过二极管 D_2 续流。当电枢电流衰减到 0 时,上管 Q_2 导通,电枢绕组在反电势作用下改变电枢电流方向,电磁转矩方向相反,电机进入能耗制动方式运行。为了防止电流过流并实现快速制动,上管 Q_2 的漏极可以串联一个能耗电阻。如果当反方向电枢电流达到一定大小时,上管 Q_2 关断,那么直流电机就进入发电机回馈制动状态,电机将转子的机械能转变成电能向电源回馈。在反向电磁转矩和负载转矩的共同作用下,电机转速迅速下降,达到快速制动的目的。由此可知,采用改进的双管 PWM 变换电路虽然电机仍然只能单方向运转,但是电机可以实现快速驱动和电磁制动两种方式运行,即电机能实现在第一和第二这两个象限的运行。

3. 可逆 H 桥 PWM 变换器

可逆 H 桥 PWM 变换器是由 4 个功率管和 4 个续流二极管组成的桥式电路。根据功率管的控制方式,可逆 H 桥 PWM 变换器分为双极式、单极式和受限单极式 3 种类型。

1) 双极式可逆 H 桥 PWM 变换器

双极式可逆 H 桥 PWM 变换器主电路如图 5-39(a)所示,其中四个电力晶体管分为两组:VT_1 和 VT_4 一组,VT_2 和 VT_3 一组,同一组的两个电力晶体管同时导通或关断,两组晶体管则交替地导通和关断。

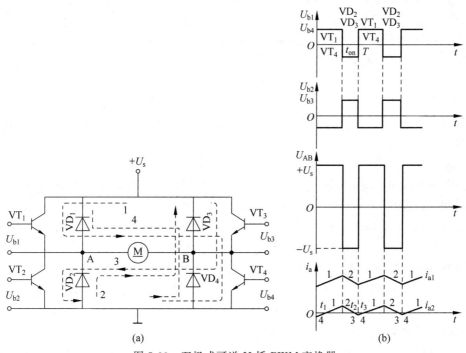

图 5-39 双极式可逆 H 桥 PWM 变换器
(a) 原理图;(b) 电压和电流波形

各电力晶体管的基极驱动信号波形标在图 5-39(b)中,在一个开关周期内,当 $0 \leqslant t < t_{on}$ 时,驱动信号 U_{b1}、U_{b4} 为正,U_{b2}、U_{b3} 为负,电力晶体管 VT_1、VT_4 导通,VT_2、VT_3 截止,这时,电源电压 U_s 加在电机电枢两端,$U_{AB}=U_s$,电枢电流 i_a 沿回路 1 从 A 到 B,电机工作在

电动状态。当 $t_{on} \leq t < T$ 时,U_{b1}、U_{b4} 为负,VT_1、VT_4 关断;U_{b2}、U_{b3} 为正,但 VT_2、VT_3 不能立即导通,因为在电机电枢电感电势的作用下,电枢电流 i_a 沿回路 2 经 VD_2、VD_3 续流,在 VD_2、VD_3 上的压降使 VT_2、VT_3 承受反向电压而截止,这时 $U_{AB} = -U_s$。可见,在一个周期内,电枢两端 U_{AB} 有正、负两种极性,故称为双极式 PWM 变换器,其电压电流波形如图 5-39(b) 所示。如果电机的负载较轻(电流会改变方向),在 $t = t_2$ 时,电枢电流 i_a 衰减到零,那么,在 $t_2 \leq t < T$ 期间,VT_2、VT_3 在电源电压 U_s 和电机反电势 E 的作用下导通,电枢电流 i_a 沿回路 3 经 VT_2、VT_3 从 B 到 A,电机工作在反接制动状态。在 $T \leq t < T + t_{on}$ 期间,基极驱动电压改变极性,VT_2、VT_3 关断,电枢电感电势维持 i_a 沿回路 4 经 VD_1、VD_4 续流,电机仍工作在制动状态,VT_1、VT_4 在 VD_1、VD_4 压降作用下不能导通。假如在 $t = t_3$ 时,反向电流 $-i_a$ 衰减到零,则在 $t_3 \leq t < T + t_{on}$ 期间,VT_1、VT_4 在电源电压 U_s 作用下导通,电枢电流 i_a 又沿回路 1 经 VT_1、VT_4 流通,该过程的电流波形见图 5-39(b) 中的 i_{a2} 波形。如果电机的负载重,电流 i_a 在工作过程中不会改变方向的话,则电机始终工作在电动状态,该过程的电流波形见图 5-39(b) 中的 i_{a1} 波形。

当电机在运行过程中减速或是位势负载时,会产生 $E > U_s$ 的情况,这时,在 $0 \leq t < t_{on}$ 期间,电流 i_a 沿回路 4 经 VD_1、VD_4 从 B 流向 A,电机工作在再生制动状态;在 $t_{on} \leq t < T$ 期间,电流 i_a 沿回路 3 经 VT_2、VT_3 从 B 流向 A,电机工作在反接制动状态。

由上面的分析可见,不论电机工作在什么状态,在 $0 \leq t < t_{on}$ 期间,电枢两端电压 $U_a = U_s$,而在 $t_{on} \leq t < T$ 期间等于 $-U_s$。这种在任何一种驱动控制电压的作用下,脉宽调制变换器输出正、负两种极性脉冲电压就是双极式脉宽调制变换器的特征。电枢电压的平均值等于正负脉冲电压平均值之差,即

$$U_a = \frac{t_{on}}{T} U_s - \frac{T - t_{on}}{T} U_s = \left(\frac{2t_{on}}{T} - 1\right) U_s \tag{5-41}$$

若仍以 $D = t_{on}/T$ 来定义 PWM 电压的占空比,则双极式 PWM 变换器的输出电压平均值为

$$U_a = (2D - 1) U_s \tag{5-42}$$

当需要调速和实现正反转时,D 的变化范围为 $0 \leq D \leq 1$,当 $0.5 \leq D \leq 1$,输出电压平均值为正,电机正转;当 $0 \leq D \leq 0.5$,输出电压平均值为负,电机反转。调节 D 可实现电机的可逆运行,当 $D = 0.5$ 时,电枢两端平均电压等于零,电机不动,但电枢两端瞬时电压不等于零,因而产生一个交变的电流,这个交变电流平均值为零,不产生转矩,增加了电机的损耗,它能使电机产生高频微振,起着动力润滑的作用,可以消除正、反向时的静摩擦死区。

双极式可逆 H 桥 PWM 变换器的优点是:①可使电机在四象限运行;②电枢电流一定连续;③电机静止时有微振电流,能消除摩擦死区;④低速性能好,调速范围大。

双极式可逆 H 桥 PWM 变换器的缺点是:在工作过程中,4 个电力晶体管都处于开关状态,开关损耗大,而且容易发生同臂的上下两管直通事故,降低了装置的可靠性。实际应用中,为了防止上下两管直通,在一管关断和另一管开通的驱动脉冲之间,应设置先关后开的逻辑延时。

2) 单极式可逆 H 桥 PWM 变换器

单极式可逆 H 桥 PWM 变换器主电路和双极式一样,由 4 个电力晶体管构成,不同之处仅在于电力晶体管的基极驱动信号不同,如图 5-40 所示。

第 5 章　直流电机及控制技术

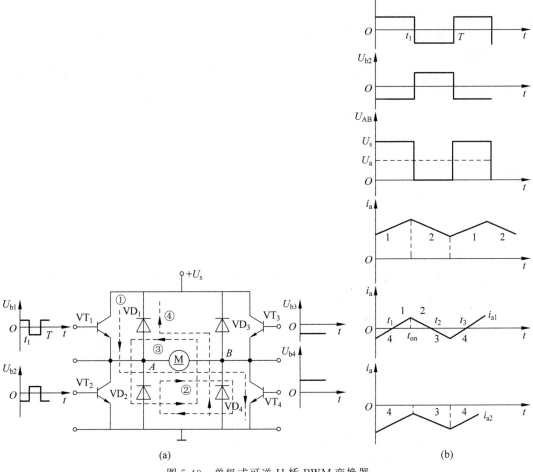

图 5-40　单极式可逆 H 桥 PWM 变换器
(a) 原理图；(b) 电压和电流波形

从图 5-40 可见，左边两个晶体管的驱动脉冲 $U_{b1}=-U_{b2}$，且有和双极式一样正负交替的脉冲波形，使 VT_1 和 VT_2 交替地导通，右边两个晶体管不是正负交替的脉冲，而是上管 U_{b3} 恒为负，下管 U_{b4} 恒为正，使 VT_3 截止，VT_4 饱和导通，电机实现正转。若要控制电机反转，则应使上管 U_{b3} 恒为正，下管 U_{b4} 恒为负，使 VT_3 饱和导通，VT_4 截止。

下面分析控制电机正转时，单极式 PWM 变换器的工作情况。

在 $0 \leqslant t < t_{on}$ 期间，U_{b1} 为正，U_{b2} 为负，故 VT_1 导通，VT_2 截止。当 $U_s > E$ 时，电枢电流 i_a 沿回路①从 A 流向 B，电机工作在电动状态。在 $t_{on} \leqslant t < T$ 期间，U_{b1} 为负，VT_1 关断，去掉加在电机电枢上的电压 U_s，电枢电感的自感电势维持电流 i_a 沿回路②流动，电机仍工作在电动状态，这时，U_{b2} 虽为正，但 VD_2 的正向压降使 VT_2 不能导通，电机电枢电压 U_a 和电流 i_a 波形如图 5-40(b) 所示。

若在 $t_{on} \leqslant t < T$ 期间的某一时刻 t_2，电枢电流 i_a 衰减到零，则在 $t_{on} \leqslant t < T$ 期间，电机的反电势 E 使 VT_2 导通，电流 i_a 沿回路③从 B 到 A，电机进行能耗制动，电流波形 i_{a1} 如图 5-40(b) 所示。

对于电机运行过程中的减速或位势负载 $E > U_s$ 时，在 $0 \leqslant t < t_{on}$ 期间，电枢电流 i_a 沿回

路④从 B 到 A，电机进行再生制动。在 $t_{on} \leqslant t < T$ 期间，电流 i_a 沿回路③从 B 到 A，电机进行能耗制动，电流波形 i_{a2} 同样如图 5-40(b)所示。

以上的分析表明，不论电机工作在什么状态，当控制电机正转时，电枢电压 U_{AB} 在 $0 \leqslant t < t_{on}$ 期间为 $+U_s$。在 $t_{on} \leqslant t < T$ 期间等于零。当控制电机反转时，VT_3 常通，VT_4 截止，故在 $0 \leqslant t < t_{on}$ 期间，U_{AB} 为 $-U_s$，在 $t_{on} \leqslant t < T$ 期间等于零。这样，在一种极性控制作用下，PWM 变换器只输出单一极性脉冲电压，故称之为单极式 PWM 变换器。

单极式 PWM 变换器输出电压的平均值为

$$U_a = \frac{t_{on}}{T} U_s = D U_s \tag{5-43}$$

式中，占空比 $D = t_{on}/T$，其变化范围为 $0 \sim 1$。

由于单极式 PWM 变换器的电力晶体管 VT_3 和 VT_4 两者之中总有一个常通，另一个截止，运行中不用频繁交替导通，因此，单极式变换器的开关损耗要比双极式小，装置的可靠性有所提高。但低速时，由于基极驱动信号较窄，会使系统的低速性能差些。

3）受限单极式可逆 H 桥 PWM 变换器

单极式 PWM 变换器在减少开关损耗和提高装置可靠性方面要比双极式好，但仍有一对晶体管 VT_1 和 VT_2 交替地导通或关断，存在直通的危险。从分析图 5-40 中单极式 PWM 变换器的工作情况可知，当电机正转时，在 $0 \leqslant t < t_{on}$ 期间，VT_2 是截止的，在 $t_{on} \leqslant t < T$ 期间，由于 VD_2 续流，VT_2 也不导通，既然如此，不如让 U_{b2} 恒加负电压，使 VT_2 一直截止。同样，当要电机反转时，让 U_{b1} 恒为负，VT_1 一直截止，这样，就不会产生 VT_1 和 VT_2 直通的故障了，这种控制方式称为受限单极式。

受限单极式可逆 PWM 变换器除在电机正转时 U_{b2} 恒为负或电机反转时 U_{b1} 恒为负之外，其他管的驱动信号都和一般的单极式变换器相同。在负载较重时，电流 i_a 在一个方向连续变化，所有的电压、电流波形也和一般单极式变换器一样，但是，当负载较轻时，由于有两个晶体管恒加负电压而不能导通，因而不会出现电流反向的情况，在续流期间电流 i_a 衰减到零时，波形便中断了，这时电枢两端电压 $U_{AB} = E$。这种负载电流断续的现象将使 PWM 变换器的外特性变软，从而使调速系统的静态和动态性能变差。

5.4 直流电机的控制技术

5.4.1 直流电机转速负反馈单闭环控制系统

1. 开环调速特性的分析

从前面的分析中可知，在稳态情况下，脉宽调速（PWM）系统中的电机承受的电压是脉冲电压，其电压方程式为

$$\begin{cases} U_s = R_a i_d + L \dfrac{d i_d}{dt} + E & (0 \leqslant t < t_{on}) \\ -U_s = R_a i_d + L \dfrac{d i_d}{dt} + E & (t_{on} \leqslant t \leqslant T) \end{cases} \tag{5-44}$$

一个周期内电枢两端的平均电压 $U_d = D U_s$，平均电流用 I_d 表示，平均电磁转矩为 $T_{em} = $

$C_T\Phi I_d$,电枢电感电压降 $L(\mathrm{d}i_d/\mathrm{d}t)=0$,则电枢电压平衡方程式可写成

$$DU_s = R_a I_d + E = R_a I_d + C_e\Phi n \tag{5-45}$$

则机械特性方程式为

$$n = \frac{DU_s}{C_e\Phi} - \frac{R_a}{C_e\Phi}I_d \tag{5-46}$$

或用转矩表示,即

$$n = \frac{DU_s}{C_e\Phi} - \frac{R_a}{C_e C_T \Phi^2}T_{em} = n_0 - \frac{R_a}{C_e C_T \Phi^2}T_{em} \tag{5-47}$$

式中,理想空载转速 $n_0 = DU_s/C_e\Phi$ 正比于占空比 D,其机械特性见图 5-22。

2. 转速负反馈单闭环控制系统的组成

从图 5-24 可以看出,电机开环运行时,静差率和调速范围很难满足生产机械和控制系统的要求,为了扩大调速范围,必须减小静态转速降落。按反馈控制原理组成转速闭环系统就是减小或消除静态转速降落的有效途径。转速反馈闭环是调速系统的基本反馈形式。

在 PWM 开环调速的基础上,按反馈控制原理,只要加一个转速检测环节——测速发电机,从中得到与电机转速成正比的负反馈电压 U_f,该信号再与转速给定信号 U_g 比较,得到偏差信号 $\Delta U_n = U_g - U_f$,给转速调节器,经过脉宽调制器,产生 PWM 控制装置的控制信号,即可控制 PWM 装置输出电压的大小及电机的转速。直流电机转速负反馈单闭环控制系统的框图见图 5-41。

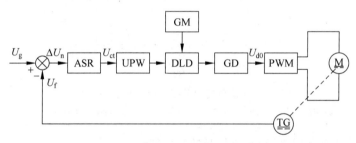

图 5-41 直流电机转速负反馈单闭环控制系统框图
ASR—转速调节器;UPW—脉宽调制器;GM—调制波发生器;
DLD—逻辑延时环节;GD—驱动器;PWM—脉宽调制变换器

3. 转速负反馈单闭环控制系统的性能分析

为了突出主要矛盾,假定:①各环节的输入输出关系都是线性的;②PWM 系统的开环机械特性全是连续的;③采用比例型速度控制器。系统中各环节的稳态关系如下:

电压比较环节:$\Delta U_n = U_g - U_f$;
比例调节器的输出电压:$U_{ct} = K_p \Delta U_n$;
驱动器的输出电压:$U_{d0} = K_s U_{ct}$;
测速发电机的输出电压:$U_f = \alpha n$。
PWM 系统的开环机械特性为

$$n = \frac{U_{d0} - I_d R_a}{C_e \Phi} \tag{5-48}$$

从上述关系式中消去中间变量，整理后，即得转速负反馈调速系统的静态特性方程式为

$$n = \frac{K_p K_s U_g - I_d R_a}{C_e \Phi \left(1 + \frac{K_p K_s \alpha}{C_e \Phi}\right)} = \frac{K_p K_s U_g}{C_e \Phi (1+K)} - \frac{I_d R_a}{C_e \Phi (1+K)} = n_{0cl} - \Delta n_{cl} \quad (5\text{-}49)$$

式中，K 为闭环系统的开环放大倍数（即开环增益），是各环节放大倍数的乘积，即 $K = K_p K_s \alpha / C_e \Phi$；$n_{0cl}$ 为闭环理想空载转速；Δn_{cl} 为闭环的转速降。

电机自动控制系统的静态特性方程式表示闭环系统电机的转速与负载电流（或转矩）的稳态关系，在形式上与系统的开环机械特性方程式相同，但本质上有很大的区别。

根据各环节的稳态关系式，可以画出闭环系统的稳态结构图，见图 5-42(a)。将给定作用 U_g 和扰动作用看成两个独立的输入量，运用结构图运算的叠加原理，同样可得系统的结构图。只考虑给定电压时的系统稳态结构见图 5-42(b)，单纯考虑扰动作用的稳态结构见图 5-42(c)。

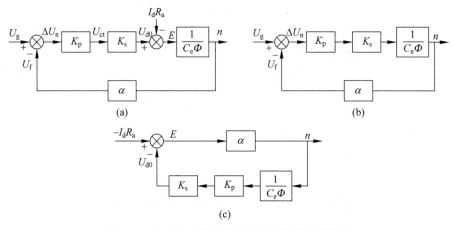

图 5-42　转速负反馈单闭环调速系统稳态结构图
(a)闭环系统的稳态结构；(b)给定电压作用时的稳态结构；(c)扰动作用下的稳态结构

如果断开转速反馈回路，则系统的开环机械特性为

$$n = \frac{U_{d0} - I_d R_a}{C_e \Phi} = \frac{K_p K_s U_g}{C_e \Phi} - \frac{I_d R_a}{C_e \Phi} = n_{0op} - \Delta n_{op} \quad (5\text{-}50)$$

比较开环系统的机械特性和闭环系统的静特性，就可以清楚地看出闭环系统的优点，从而掌握闭环系统的控制规律。以下就是闭环系统相比于开环系统的三项优点：

(1) 在相同负载下，闭环系统转速降落仅为开环系统转速降落的 $1/(1+K)$，即

$$\Delta n_{cl} = \frac{\Delta n_{op}}{1+K} \quad (5\text{-}51)$$

式中，Δn_{cl} 为闭环的速降；Δn_{op} 为开环的速降；K 为闭环系统的开环放大倍数（即开环增益）。显然，当 K 值较大时，闭环系统的特性比开环系统的特性硬得多。

闭环系统比开环系统的静特性指标提高，当理想空载转速相同时，闭环系统的静差率比开环系统的静差率小得多，即

$$\delta_{cl} = \frac{\delta_{op}}{1+K} \quad (5\text{-}52)$$

式中，δ_{cl} 为闭环的静差率；δ_{op} 为开环的静差率；K 为闭环系统的开环放大倍数（即开环

增益)。

(2) 当静差率相同时,闭环系统的调速范围比开环系统的调速范围大。如果电机的最高转速都是额定转速,而对最低速静差率的要求相同,则得

$$D_{cl} = (1+K)D_{op} \tag{5-53}$$

式中,D_{cl} 为闭环的调速范围;D_{op} 为开环的调速范围;K 为闭环系统的开环放大倍数(即开环增益)。显然,系统闭环后其调速范围比开环时扩大了$(1+K)$倍。

(3) 闭环系统设置放大器后,才能获得好的性能。从上面的分析可知,当 K 足够大时,系统才能获得良好的性能,因此必须设置放大器。因为在闭环系统中,要使转速偏差小,ΔU_n 就必须压得很低,所以必须设置放大器,才能获得足够的控制电压 U_{ct}。从式(5-51)可知,只有 $K=\infty$ 才能使 $\Delta n_{ct}=0$,而这是不可能的。因此,这样的系统是有静差调速系统。

带比例调节器(P 调节器)的闭环控制系统本质上是一个有静差的系统,增加其放大系数,只能减小稳定速差,却不能消除它。但是带比例积分调节器(PI 调节器)的闭环控制系统,理论上完全能够消除稳态速差,能够组成无静差调速系统。采用比例积分调节器的无静差调速系统如图 5-43 所示。这样的系统稳定精度高(积分 I 控制),动态响应快(比例 P 控制)。

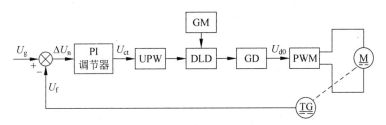

图 5-43 比例积分调节器控制的单闭环调速系统框图
PI 调节器—比例积分调节器;UPW—脉宽调制器;GM—调制波发生器;
DLD—逻辑延时环节;GD—驱动器;PWM—脉宽调制变换器

图 5-43 中,PI 调节器可以使用模拟电路或者数字离散系统实现。当突加输入信号时,由于 PI 调节器的积分调节还没有起作用,只有比例调节起作用,相当于一个放大系数为 K_p 的比例调节器,从而实现快速控制,发挥了比例调节的长处。此后,随着积分调节开始起作用,直到稳态。稳态时,比例调节已不起作用,这时又能发挥积分调节器的长处,实现了稳态的无静差。

5.4.2 直流电机转速电流双闭环控制系统

如果我们从运动控制的角度讨论电机控制系统的结构,就会觉得前面介绍的直流电机速度反馈单闭环控制系统是不够完美的。要实现高精度和高动态性能的控制,不仅要控制速度,同时还要控制速度的变化率也就是加速度。由电机的运动方程可知,加速度与电机的转矩成正比关系,而转矩又与电机的电流成正比,因而同时对速度和电流进行控制,成为实现高动态性能电机控制系统必须完成的工作,因而也就有了转速电流双闭环的控制结构。

1. 转速电流双闭环控制的必要性

上一部分已经表明,采用转速负反馈和 PI 调节器的单闭环调速系统可以在保证系统稳

定的条件下实现转速无静差。如果对系统的动态性能要求较高,例如要求快速起/制动、突加负载、动态速降小等,单闭环系统就难以满足需要。这主要是因为单闭环系统的起动过程不能完全按照需要来控制动态过程的电流或转矩,过渡过程时间较长,如图 5-44(a)所示。

对于像电动汽车驱动电机、龙门刨床、可逆轧钢机等经常正反转运行的调速系统,尽量缩短起制动过程的时间是提高效率的重要因素。为此,在电机最大电流(转矩)受限的情况下,希望利用电机的允许过载能力,最好是在过渡过程中始终保持电流(转矩)为允许的最大值,使电力拖动系统尽可能以最大的加速度起动,到达稳态转速后,又让电流立即降下来,使转矩马上与负载相平衡,从而转入稳态运行。这样的理想起动过程波形示于图 5-44(b)中,这时,起动电流呈方形波,而转速是线性增长的。这是在最大电流(转矩)受限的条件下调速系统所能得到的最快的起动过程。

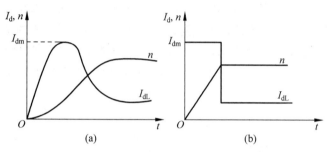

图 5-44　调速系统起动过程的电流和转速波形
(a) 单闭环调速系统的起动过程;(b) 理想快速的起动过程

实际上,由于主电路的电感作用,电流不能突跳,图 5-44(b)所示的理想波形只能得到近似的逼近,不能完全实现。为了实现在允许条件下的最快起动,关键是要获得一段使电流保持为最大值 I_{dm} 的恒流过程。按照反馈控制规律,采用某个物理量的负反馈就可以实现该量基本不变,那么采用电流负反馈就应该能得到近似的恒流过程。问题是希望在起动过程中只有电流负反馈,而不能让它和转速负反馈同时加到一个调节器的输入端,到达稳态转速后,又希望只要转速负反馈,不再靠电流负反馈发挥主要作用。怎样才能做到这种既存在转速和电流两种负反馈作用,又使它们只能分别在不同的阶段起作用呢?双闭环调速系统正是用来解决这个问题的。

2. 转速电流双闭环控制系统的组成

为了使电流和转速两种负反馈分别起作用,在系统中设置了两个调节器,分别调节转速和电流,二者之间实行了串级连接,如图 5-45 所示。这就是说,把转速调节器的输出当作电流调节器的输入,再用电流调节器的输出去控制 PWM 装置。从闭环结构上看,电流调节环在里面,称作内环,转速调节环在外面,叫作外环,这样就形成了转速电流双闭环调速系统。

为了获得良好的静态和动态性能,双闭环调速系统的两个调节器一般都采用 PI 调节器,两个调节器的输出都是带限幅的,转速调节器 ASR 的输出限幅(饱和)电压是 U_{im},它决定了电流调节器给定电压的最大值;电流调节器 ACR 的输出限幅电压是 U_{ctm},它限制了 PWM 整流器输出的电压的最大值。

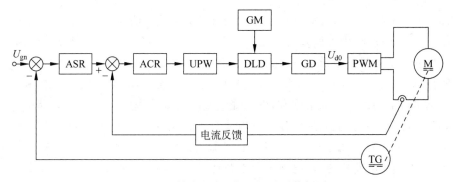

图 5-45 转速电流双闭环调速系统框图

ASR—转速调节器；ACR—电流调节器；UPW—脉宽调制器；GM—调制波发生器；
DLD—逻辑延时环节；GD—驱动器；PWM—脉宽调制变换器

3. 转速电流双闭环控制系统的性能分析

1) 动态数学模型

在单闭环调速系统动态数学模型的基础上，考虑双闭环控制的结构，即可绘出双闭环调速系统的动态结构图，如图 5-46 所示。图中 $W_{ASR}(s)$ 和 $W_{ACR}(s)$ 分别表示转速和电流调节器的传递函数。为了引出电流反馈，电机的动态结构图中必须把电枢电流 I_d 显露出来。

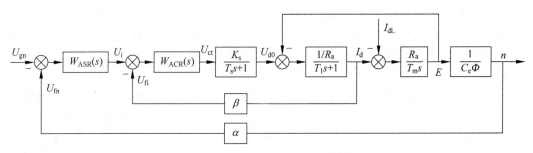

图 5-46 双闭环调速系统的动态结构图

α—转速反馈系数；β—电流反馈系数

2) 起动过程分析

前面已经指出，设置双闭环控制的一个重要目的就是要获得接近于理想的起动过程，因此在分析双闭环调速系统的动态性能时，有必要先讨论它的起动过程。双闭环调速系统突加给定电压 U_{gn} 由静态状态起动时，转速和电流的过渡过程示于图 5-47 中。由于在起动过程中转速调节器 ASR 经历了不饱和、饱和、退饱和三阶段，故整个过渡过程也就分成三段，在图中分别标以 Ⅰ、Ⅱ 和 Ⅲ。

第 Ⅰ 阶段 $0 \sim t_1$ 是电流上升阶段。突加给定电压 U_{gn} 后，通过两个调节器的控制作用，使 U_{ct}、

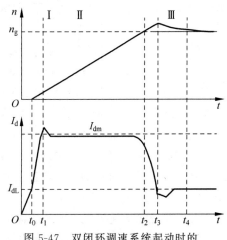

图 5-47 双闭环调速系统起动时的
转速和电流波形

U_{d0}、I_d 都上升,当 $I_d > I_{dL}$ 后,电机开始转动。由于电机惯性的作用,转速的增长不会很快,因而转速调节器 ASR 的输入偏差电压 $\Delta U_n = U_{gn} - U_{fn}$ 数值较大,由于积分的作用,其输出很快达到极限值 U_{im},强迫电流 I_d 迅速上升。当 $I_d \approx I_{dm}$ 时,$U_{fi} \approx U_{im}$,电压调节器的作用使 I_d 不再增长,标志着这一阶段的结束。在这一阶段中,速度调节器 ASR 由不饱和很快达到饱和,而电流调节器 ACR 应该不饱和,以保证电流环的调节作用。

第 Ⅱ 阶段 $t_1 \sim t_2$ 是恒流升速阶段。从电流升到最大值 I_{dm} 开始,到速度升到给定值 n_g(即静特性上的 n_0)为止,属于恒流升速阶段,是起动过程中的主要阶段。在这个阶段中,速度调节器 ASR 一直是饱和的,转速环相当于开环状态,系统表现为在恒值电流给定 U_{im} 作用下的电流调节系统,基本上保持电流 I_d 恒定,因而拖动系统的加速度恒定,转速呈线性增长(图 5-47)。与此同时,电机的反电动势 E 也按线性增长。对电流调节系统来说,这个反电动势是一个线性渐增的扰动量,为了克服这个扰动,U_{d0} 和 U_{ct} 也必须基本上按线性增长,才能保持 I_d 恒定。由于电流调节器 ACR 是 PI 调节器,要使它的输出量按线性增长,其输入偏差电压 $\Delta U_i = U_{im} - U_{fi}$ 必须维持一定的恒值,也就是说,I_d 应略低于 I_{dm}。此外还应指出,为了保证电流环的这种调节作用,在起动过程中电流调节器是不饱和的,同时 PWM 变换装置的最大电压 U_{dm} 也须留有余地,即 PWM 装置也不应饱和,这些都是设计中必须注意的。

第 Ⅲ 阶段 t_2 以后是转速调节阶段。在这个阶段开始时,转速已经达到给定值,转速调节器的给定与反馈电压相平衡,输入偏差为零,但其输出由于积分作用还维持在限幅值 U_{im},所以电机仍在最大电流下加速,必须使转速超调。转速超调以后,速度调节器 ASR 输入端出现负的偏差电压,使它退出饱和状态,其输出电压即电流调节器 ACR 的给定电压 U_i 立即从限幅值降下来,主电流 I_d 也因而降下来。但是由于 I_d 仍大于负载电流 I_{dL},在一段时间内,转速仍继续上升。到电枢电流等于负载电流($I_d = I_{dL}$)时,电磁转矩等于负载转矩($T_{em} = T_L$),则 $dn/dt = 0$,转速 n 达到峰值($t = t_3$ 时)。此后,电机才开始在负载的阻力下减速,与此相应,电流 I_d 也出现一段小于 I_{dL} 的过程,直到稳定(设调节器参数已调整好)。在最后的转速调节结构内,速度调节器 ASR 与电流调节器 ACR 都不饱和,同时起调节作用。由于转速调节在外环,速度调节器 ASR 处于主导地位,而电流调节器 ACR 的作用是力图使 I_d 尽快地跟随速度调节器 ASR 的输出量 U_i,或者说,电流内环是一个电流随动子系统。

综上所述,双闭环调速系统的起动过程有三大特点:

(1) 饱和非线性控制:随着速度调节器 ASR 的饱和与不饱和,整个系统处于两种完全不同的状态。当速度调节器 ASR 饱和时,转速环开环,系统表现为恒值电流调节的单闭环系统;当速度调节器 ASR 不饱和时,转速环闭环,整个系统是一个无静差调速系统,而电流内环则表现为电流随动系统。在不同的情况下表现为不同结构的线性系统,这就是饱和非线性控制的特征。绝不能简单地应用线性控制理论来分析和设计这样的系统,前一阶段的终了状态就是后一阶段的初始状态。如果初始状态不同,即使控制系统的结构和参数都不变,过渡过程还是不一样的。

(2) 准时间最优控制:起动过程中主要的阶段是第 Ⅱ 阶段,即恒流升速阶段,它的特征是电流保持恒定,一般选择为允许的最大值,以便充分发挥电机的过载能力,使起动过程尽可能的最快。这个阶段属于电流受控制条件下的最短时间控制,或称"时间最优控制"。但整个起动过程与图 5-44(b)的理想快速起动过程相比还有一些差距,主要表现为第 Ⅰ、Ⅲ 两段电流不是突变。不过这两段时间只占全起动时间中很小的部分,已无伤大局,所以双闭环调速系统的起动过程可以成为"准时间最优控制"过程。如果一定要追求严格的最优控制,控制结构要复杂得多,所取得效果也有限,并不值得。

(3) 转速超调:由于采用了饱和非线性控制,起动过程结束进入第 Ⅲ 段即转速调节阶段后,必须使转速调节器退出饱和状态。按照 PI 调节器的特性,只有使转速超调,速度调节器 ASR 的输入偏差电压 ΔU_n 为负值,才能使速度调节器 ASR 退出饱和。这就是说,采用 PI 调节器的双闭环调速系统的转速动态响应必须有超调。在一般情况下,转速略有超调对实际运行影响不大。如果工艺上不允许超调,就必须采用另外的控制措施。

3) 抗干扰性能分析

一般来说,双闭环调节系统具有比较满意的抗干扰性能。

(1) 抗负载扰动。由动态结构图 5-46 中可以看出,负载扰动(I_{dL})作用在电流环之后,只能靠转速调节器来产生抗扰动作用。因此,在突加(减)负载时,必然会引起动态速降(升)。为了减小动态速降(升),必须在设计速度调节器 ASR 时,要求系统有良好的抗扰性能指标。对于电流调节器 ACR 的设计来说,只要电流环有良好的跟随性能就可以了。

(2) 抗电网电压扰动。电网电压扰动和负载扰动在系统动态结构图中作用的位置不同,系统对它的动态抗扰动效果也不一样。调速系统的动态抗扰作用结构图如图 5-48 所示。

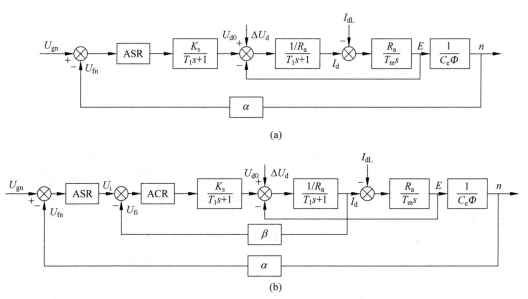

图 5-48 调速系统的动态抗扰作用
(a) 单闭环调速系统;(b) 双闭环调速系统

在图 5-48(a)的单闭环调速系统中,电网电压扰动 ΔU_d 和负载电流扰动 I_{dL} 都作用在被负反馈包围的前向通道上,仅就静态特性而言,系统对它的抗扰效果是一样的。但是从动态性能上看,由于扰动作用的位置不同,还存在着及时调节上的差别。负载扰动 I_{dL} 作用在被调量 n 的前面,它的变化经积分后就可以被转速检测出来,从而在速度调节器 ASR 上得到反映。电网电压扰动的作用点则远离被调量,它的波动先要受到电磁惯性的阻挠后影响到电枢电流,再经过机电惯性的滞后才能反映到转速上来,等到转速反馈产生调节作用,已经偏晚。在双闭环调速系统中,由于增设了电流内环,这个问题便大有好转,如图 5-48(b)所示。由于电网电压扰动被包围在电流环之内,当电压波动时,可以通过电流反馈得到及时的调节,不必等到影响到转速后才在系统中有所反映。因此,在双闭环调速系统中,由于电网电压波动引起的动态速降会比单闭环系统中小得多。

5.4.3 直流电机调速控制系统实例

直流电机调速控制系统实例的结构图如图 5-49 所示。

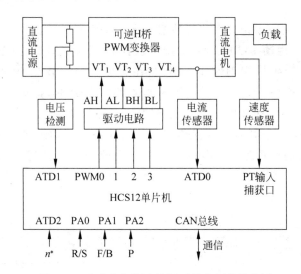

图 5-49 直流电机调速控制系统实例的结构图

如图 5-49 所示的直流电机调速控制系统实例中,采用 Freescale 公司的 HCS12 单片机作为主控芯片,并列出了该系统的主要功能模块。系统在直流电源供电的情况下,外部给定指令信号输入到单片机的通用 I/O 口和 AD 采样口确定电机的运行目标状态;电压、电流传感器反馈检测信号输入到单片机的 AD 采样口确定电机的当前电压、电流运行状态。当然,外部给定指令信号也可以通过 CAN 总线等通信方法与其他电控单元联系;速度传感器(一般采用光电式、霍尔式转速编码器等)的转速脉冲信号输入到单片机的输入捕获口确定电机的转速运行状态。单片机通过外部给定指令信号和电压、电流、转速等状态采样信号,经过转速电流双闭环控制算法的内部编程软件后,控制输出 4 路 PWM 信号(AH、AL、BH、BL),驱动电路将这 4 路 PWM 信号转换成 4 路脉冲控制信号,以便控制功率器件 $VT_1 \sim VT_4$ 的导通和关断状态,使电机按照外部指令给定的目标状态拖动负载运行。

1. 外部指令信号

直流电机控制的外部给定信号是不可缺少的,如直流电机驱动的电动车辆的外部指令有起动与停车、前行与倒车、空挡滑行、加速与制动等,本实例里的外部指令信号主要有运行与停止控制信号 R/S、正向与反向运行控制信号 F/B、自主运行信号 P 及转速给定信号 n^*。

外部指令信号的接口和功能逻辑规定如下：

n^*：转速给定信号。绝对值信号，表示目标转速大小，它直接送入单片机 AD 采样口的 ATD2 引脚。

R/S：运行与停止控制信号。接入单片机通用 IO 引脚 PA0，作为通用输入口，高电平 1 时允许运行，低电平 0 时停止运行，默认方式停止。R/S 信号相当于供电电源软开关的打开与关断，类似于系统不加电时就不允许工作一样；默认值为停止状态可以防止系统上电时因其他信号不正确而造成电机突然起动的不良后果。

F/B：正向与反向控制信号。接入单片机通用 IO 引脚 PA1，作为通用输入口，高电平 1 时电机反向旋转，低电平 0 时电机正向旋转，默认方式电机正转。F/B 信号只有在 R/S 信号为高电平时才有效。

P：自主运行信号。接入单片机通用 IO 引脚 PA2，作为通用输入口，信号为高电平 1 时单片机所有 PWM 输出禁止，驱动电路关断所有功率器件，电机系统自主运行，不受指令控制，这种方式用于不切断电源的情况下让电机拖动负载自由转动，比如车辆自由滑行控制。当系统上电且电机需要起动 R/S 信号为高电平 1 时，如果自主运行信号 P 为高电平 1，那么不管电机其他控制信号是什么样的状态，电机都不工作直到该信号变成低电平 0 为止。

2. 检测与反馈信号

(1) 电流检测信号

直流电机电枢绕组电流有方向性，因此数值上有正有负。电流检测采用电流传感器(霍尔电流传感器、互感电流传感器、康铜丝采样电阻)，电流传感器的输出经差分运算电路变换至合适的电压范围(0～5V)后，输入到 HCS12 单片机的 AD 采样口 ATD0 引脚。

(2) 速度反馈

直流电机转子转速一般采用光电式、霍尔式转速编码器等检测。编码器就是每转过单位的角度就发出一个脉冲信号，通常为 A 相、B 相、Z 相输出，A 相、B 相为相互延迟 1/4 周期的脉冲输出，根据延迟关系可以区别正反转，而且通过取 A 相、B 相的上升和下降沿可以进行 2 或 4 倍频；Z 相为单圈脉冲，即每圈发出一个脉冲。本实例的转速编码器采用 1000 线霍尔编码器，编码器的输出脉冲信号送入 HCS12 单片机的输入捕获口(PT 口)，HCS12 单片机经过数据处理可得出转速的数字量(正转转速为正，反转转速为负)。

(3) 电压检测

直流电机直流母线电压需要检测，以便当电压变化时，PWM 信号占空比做相应调整。该信号还可以作为过电压和欠电压检测信号，该检测信号接 HCS12 单片机的 AD 采样口 ATD1 引脚。

3. 可逆 H 桥 PWM 变换器

可逆 H 桥 PWM 变换器的具体电路如图 5-40 所示。结合图 5-49 的实例可知，单片机的 PWM 输出控制(分别对应于 PWM0～PWM3 引脚)经过驱动电路产生 4 路驱动信号 AH、AL、BH 和 BL，这 4 路驱动信号分别对应于图 5-40 中功率管 VT_1～VT_4 的驱动脉冲信号 U_{b1}、U_{b2}、U_{b3} 和 U_{b4}。PWM 输出信号的占空比根据转速指令和实际转速反馈信号比较,经过 PI 调节器输出电流指令值,电流指令值再与实际电流值比较,同样采用 PI 调节器计算功率器件开关导通的占空比。

4. 单片机控制软件

本实例中,控制信号的标志(R/S、F/B、P)设置在通用 IO 口的 1ms 定时检测程序中执行;转速信号(n)采集设置在输入捕获中断中处理,由于转速相对于电流、电压信号惯性较大,故本例中 10ms 出一个有效转速信号;设置 PWM 的开关频率为 10kHz,程序的主要工作在 $100\mu s$ 定时中断服务程序中进行,$100\mu s$ 定时中断服务程序流程如图 5-50 所示。

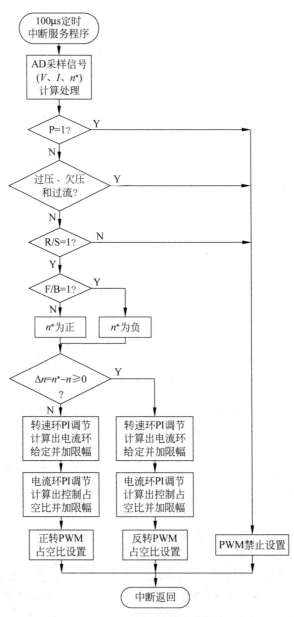

图 5-50 $100\mu s$ 定时中断服务程序流程图

图 5-50 中，100μs 定时中断服务程序首先进行 AD 采样及其信号处理（V、I、n^*）；接着判断自主运行信号 P 的值，判断是否存在过压、欠压、过流等保护现象，判断运行与停止控制信号 R/S 的值。若 P 为高电平 1 或者出现过压过流现象或者 R/S 为低电平 0 时，则直接执行 PWM 禁止设置然后中断返回，若没有以上现象就根据正向与反向控制信号 F/B 的值决定 n^* 的取值，并计算 $\Delta n = n^* - n$ 的值；根据 Δn 的值判断正反转逻辑，若 $\Delta n \geqslant 0$ 则执行正转的转速环 PI 调节和电流环 PI 调节得到 PWM 占空比，并执行正转 PWM 占空比设置。若 $\Delta n < 0$ 则执行反转的转速环 PI 调节和电流环 PI 调节得到 PWM 占空比，并执行反转 PWM 占空比设置。最后执行中断返回。

思考题与练习题

5.1 分析直流发电机的基本工作原理。
5.2 分析直流电机的基本工作原理。
5.3 简述直流电机的基本组成部分。
5.4 分析直流电机电枢电动势与电磁转矩公式的推导过程。
5.5 简述他励直流电机的固有机械特性。
5.6 简述他励直流电机的调速方法。
5.7 简述他励直流电机的制动方法。
5.8 分析可逆 H 桥 PWM 变换器的基本工作原理。
5.9 分析直流电机速度反馈单闭环控制系统的基本工作原理。
5.10 分析直流电机速度电流双闭环控制系统的基本工作原理。

第 6 章 直流无刷电机及控制技术

随着科学技术的进步,直流电机得到了很快发展,出现了应用在不同领域中的众多品种,成为发展最快、变化最多的一种电机。直流电机的发展具有以下特点:

(1) 采用永久磁铁代替励磁绕组:永久磁铁取代电励磁绕组之后,除了具有电励磁式直流电机的良好特性之外,还具有省电、省铜、无励磁损耗、效率高、体积小、结构简单等优点。

(2) 无刷化:人们试图既要保持直流电机的优良性能,又要去掉电刷和换向器所引发出的一系列缺点,于是发展了直流无刷化的电机。正是由于控制理论的突破、电力电子器件和电子技术的发展,直流电机无刷化才得以实现,并得到广泛应用。

6.1 直流无刷电机的基本原理

6.1.1 直流无刷电机的基本结构及工作原理

1. 直流无刷电机的基本结构

图 6-1 是直流无刷电机的基本结构框图。

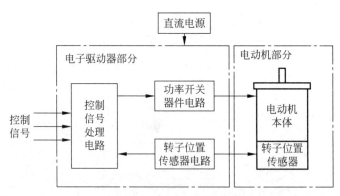

图 6-1 直流无刷电机的基本结构框图

图 6-1 中,直流无刷电机由电机和电子驱动器(也称为电子换相器)两部分组成。电机部分的结构和经典的交流永磁同步电机相似,其定子上有多相绕组,转子上镶有永久磁铁。但由于运行原理的需要,还需要有转子位置传感器。转子位置传感器的作

用是检测出转子磁场轴线和定子相绕组轴线的相对位置,决定每一时刻相绕组的通电状态,即决定电子换相器的功率开关器件的通/断状态,接通/断开电机相应的相绕组。因此,直流无刷电机本质上是由电子逆变器驱动的有位置传感器反馈控制的交流永磁同步电机。图 6-2 和图 6-3 是内转子式和外转子式直流无刷电机的典型结构,它们的电子换相器与电机分离。图 6-4 是一种内置转速传感器和控制电路板成一体的直流无刷电机。

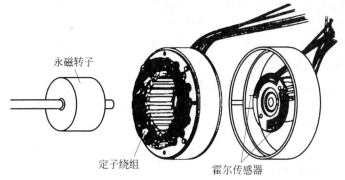

图 6-2 内转子式直流无刷电机结构

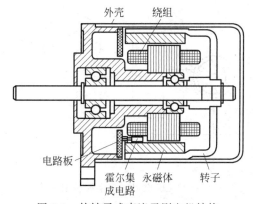

图 6-3 外转子式直流无刷电机结构

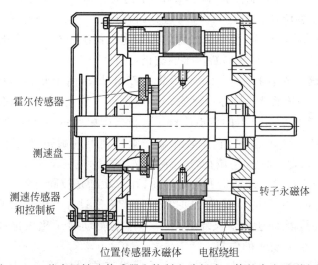

图 6-4 一种内置转速传感器和控制电路板成一体的直流无刷电机

2. 直流无刷电机的工作原理

直流电机的结构历来都是电枢为转子，磁铁为定子，在气隙中产生励磁磁场，其电枢通电后产生感应磁场。由于电刷的换向作用，在直流电机的运行过程中，这两个磁场的方向始终保持垂直，从而产生最大电磁转矩，驱动直流电机不停运转。

直流无刷电机为了实现无电刷换向，首先是把一般直流电机的电枢绕组安放在定子上，把永久磁铁放在转子上，这恰好与传统的直流电机结构相反。但是，仅仅这样做还是不行的，因为用一般的直流电源给定子上的各相绕组供电，只能产生固定磁场，它不能与运动中的转子磁铁所产生的永久磁场相互作用，以产生单一方向的转矩驱动转子转动。所以，直流无刷电机除了由定子和转子组成的电机本体之外，还要有位置传感器、控制电路以及功率开关器件共同组成的换相装置，使得直流无刷电机在运行过程中，定子绕组所产生的磁场和在转动中转子磁铁所产生的永磁磁场，在空间始终保持在90°左右的电角度。

为了清晰地说明其工作原理，下面以直流无刷电机三相半控桥电路为例来说明。图6-5为直流无刷电机三相半控桥电路原理图。

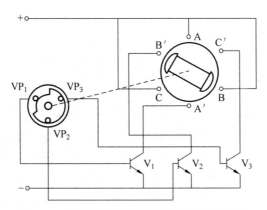

图 6-5 直流无刷电机三相半控桥电路原理图

图6-5中，采用3只电力晶体管V_1、V_2和V_3构成三相半控桥功率电路。3只光电器件VP_1、VP_2、VP_3的安装位置各相差120°，均匀分布在电机一端。借助安装在电机轴上的旋转遮光板（亦称截光器）的作用，使得从光源射来的光线依次照在各个光电器件上，并依照某一光电器件是否被照射到光线来判断转子的磁极位置。

图6-5所示的转子位置和图6-6(a)所示的位置相对应，由于此时只有光电器件VP_1被光照射，从而使电力晶体管V_1呈导通状态，V_2截止，V_3截止，电流流入绕组A—A'，该绕组电流同转子磁极作用后所产生的转矩使转子磁极按图中所示的顺时针方向运动。当转子磁极转到图6-6(b)所示的位置时，直接装在转子旋转轴上的旋转遮光板也跟着同步旋转，使只有VP_2受光照射，从而使V_1截止，V_2导通，V_3截止，电流从绕组A—A'断开而流入绕组B—B'，使得转子磁极继续朝箭头的方向转动，并带动遮光板同时朝顺时针方向旋转。当转子磁极转到图6-6(c)所示的位置时，此时旋转遮光板使只有VP_3被光照射，从而使V_1截止，V_2截止，V_3导通，因而电流流入绕组C—C'，于是驱动转子磁极继续朝顺时针方向旋转，并重新回到图6-6(a)所示的位置。

这样，随着位置传感器扇形片的转动，定子绕组在位置传感器VP_1、VP_2、VP_3的控制

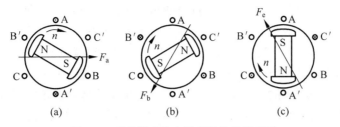

图 6-6 开关顺序及定子磁场旋转示意图

下,便一相一相地依次馈电,实现各相绕组电流的换相。不难看出,在换相过程中,定子各相绕组在工作气隙内所形成的旋转磁场是跳跃式的。这样旋转磁场在 360°电角度范围内有 3 种磁场状态,每种磁场状态持续 120°电角度。各相绕组电流与电机转子磁场的相互关系如图 6-6 所示。如图 6-6(a)所示为第一状态,F_a 为绕组 A—A′ 通电后所产生的磁通势。显然,绕组电流与转子磁场相互作用,使转子沿顺时针方向旋转,转过 120°电角度后,便进入第二种状态,F_b 为绕组 B—B′ 通电后所产生的磁通势,即定子绕组所产生的磁场转过了 120°,如图 6-6(b)所示。电机转子继续沿顺时针方向旋转,再转过 120°电角度,便进入第三种状态,F_c 为绕组 C—C′ 通电后所产生的磁通势,这时定子绕组所产生的磁场又转过了 120°电角度,如图 6-6(c)所示,它继续驱动转子沿顺时针方向转过 120°电角度后就恢复到初始状态了。这样周而复始,电机转子便连续不断旋转。

6.1.2 直流无刷电机的位置传感器

位置传感器是直流无刷电机的主要组成部分之一,用它来检测转子磁极的位置,为功率开关电路提供正确的换相信息。目前在直流无刷电机中常用的位置传感器主要有以下几种:①电磁感应式位置传感器;②光电式位置传感器;③霍尔效应的磁敏式位置传感器。

如今大量应用的是基于霍尔效应原理的磁敏式位置传感器,其次是基于光电效应的光电式位置传感器,而电磁感应式位置传感器现在较少使用。除了上述 3 类位置传感器外,还有正余弦旋转变压器和编码器等多种位置传感器,但这些元件成本高,线路复杂,因而在比较简单的直流无刷电机中很少使用。

1. 电磁感应式位置传感器

电磁感应式位置传感器是利用电磁效应来实现对位置的测量的。这类装置有开口变压器、铁磁谐振电路、接近开关等多种类型。在直流无刷电机中,用得较多的是开口变压器。用于三相直流无刷电机的开口变压器原理如图 6-7 所示。

开口变压器由定子和跟踪转子两部分组成。定子通常由硅钢片的冲片叠成,或用高频铁氧体材料压铸而成,一般有 6 个极,各极间的间隔分别为 60°。其中 3 个极绕上一次绕组,并且互相串联后通以高频电流(几千赫兹到几万赫兹);另外 3 个极

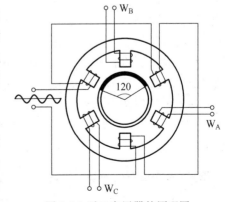

图 6-7 开口变压器的原理图

分别绕上二次绕组 W_A、W_B、W_C，它们之间分别相隔 120°。跟踪转子是一个用非导磁材料做成的圆柱体，在它上面镶上一块 120°的扇形导磁材料，如图 6-7 中涂黑的扇形片所示。在安装时将它同电机转轴相连，其位置对应于某一个磁极。当跟踪转子位置如图 6-7 所示时，一次绕组所产生的高频磁通通过跟踪转子上导磁材料耦合到绕组 W_B 上，在绕组 W_B 上产生感应电压 U_B，而在另外两相二次绕组 W_A、W_C 上，由于无耦合回路同一次绕组相连，其感应电压 U_A、U_C 基本上为零。随着电机转子的转动，跟踪转子上的导磁扇形片也随着旋转，使之逐步离开绕组 W_B 而向绕组 W_C 靠近（假设为逆时针旋转），从而使其二次电压 U_B 下降，U_C 上升。这样，随着电机转子运动，在开口变压器上分别依次感应出电压 U_B、U_C、U_A。扇形导磁片的角度一般略大于 120°电角度，常采用 130°左右。同时，扇形导磁片的个数应同直流无刷电机的极对数相等。由于振荡电源的频率高达几千赫兹，故变压器的铁芯往往采用铁氧体材料，频率较低的铁芯可以采用其他软磁材料。

这种电磁感应式位置传感器具有输出信号大、工作可靠、寿命长、对环境要求不高、适应性强、结构简单等优点；缺点是信噪比较低、体积较大，其输出为交流波形，一般需要整流、滤波后方可使用。

2. 光电式位置传感器

光电式位置传感器是基于光电效应制成的，由跟随电机转子一起旋转的遮光板和固定不动的光源（发光二极管，LED）及光电管（光敏晶体管）等部件所组成，如图 6-8 所示。

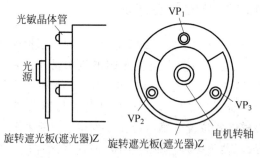

图 6-8　光电式位置传感器工作原理图

图 6-8 中，发光二极管作为光源，固定在一块不动的板上，光敏晶体管作为接收方。遮光板 Z 开有 120°电角度左右的缝隙，且缝隙的数目等于直流无刷电机转子磁极的极对数。当缝隙对着光电管 VP_1 时，光源 G 射到光电管 VP_1 上，产生"亮电流"输出。光电管 VP_2 和 VP_3 因遮光板挡住了光线，只有"暗电流"输出。在"亮电流"作用下，定子三相绕组中的一相绕组将有电流导通，其余两相绕组不工作。遮光板随转子旋转，光敏晶体管随转子的转动而轮流输出"亮电流"或"暗电流"信号，以此来检测转子磁极位置，控制电机三相绕组轮流导通，使该三相绕组按一定顺序通电，保证直流无刷电机的正常工作。

光电式位置传感器性能较稳定，但存在输出信号信噪比较大、光源灯泡寿命短、使用环境要求较高等缺陷，若采用新型光电元件，可以克服这些不足之处。

3. 磁敏式位置传感器

磁敏式位置传感器是指某些电参数按一定规律随周围磁场变化的半导体敏感元件。目前,常规的磁敏传感器有霍尔元件或霍尔集成电路、磁敏电阻器、磁敏二极管、磁敏晶体管等多种。它们具有不同的特性,如图 6-9 所示。

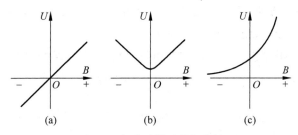

图 6-9　各种磁敏元件的特性

(a) 霍尔元件；(b) 磁敏电阻器；(c) 磁敏二极管

磁敏元件的主要工作原理是电流的磁效应,它主要包括霍尔效应和磁阻效应。

1) 霍尔效应

任何带电质点在磁场中沿着与磁力线垂直的方向运动时,都要受到磁场的作用力,该力称为洛伦兹力。洛伦兹力的大小与质点电荷量、磁感应强度及质点的运动速度成正比。例如,在图 6-10 中所示的长方形半导体薄片上加上电场 E 后,在没有外加磁场时,电子沿着外电场 E 的反方向运动,如图 6-10(a)所示。当加以与外电场垂直的磁场 B 时,运动的电子受到洛伦兹力作用向左边偏转了一个角度(称为霍尔角),如图 6-10(b)所示。因此,在半导体横向方向边缘上产生了电荷,由于该电荷积累产生了新的电场,称为霍尔电场。该电场又影响了元件内部的电场方向,随着半导体横向方向边缘上的电荷积累不断增加,霍尔电场力也不断增大,它逐渐抵消了洛伦兹力,使电子不再发生偏转,从而使电流方向又回到平行于半导体侧面方向,达到新的稳定状态,如图 6-10(c)所示。这个霍尔电场的积分,就在元件两侧间显示出电压,称为霍尔电压,这就是所谓的霍尔效应。霍尔效应是在 1878 年由美国物理学家霍尔(E. H. Hall)在探索电机原理时发现的。

利用霍尔效应产生电压输出的元件称为霍尔元件。根据霍尔效应原理,可制成如图 6-11 所示结构的四端子半导体器件。

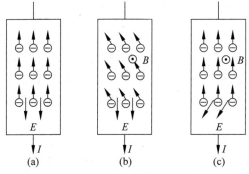

图 6-10　半导体中电子运动的状态示意图

(a) 没有外加磁场；(b) 加以与外电场垂直的磁场 B；
(c) 新稳定态

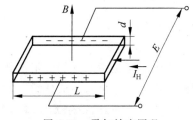

图 6-11　霍尔效应原理

图 6-11 中,两个输出端输出霍尔电压,两个控制端输入控制电流。实用的霍尔片厚度很薄,均在几微米以下。从霍尔片的结构来看,它的制作和半导体器件相近。目前,由硅材料制作的霍尔元件制造方便,适于大批量生产,价格低,性能虽稍差,但广泛应用。由砷化镓制成的霍尔元件,性能最好,但价格高,限制了应用。

研究结果表明,在半导体薄片上产生的霍尔电动势 E 可表示为

$$E = R_H \frac{I_H B}{d} = \frac{3\pi}{8} \rho \mu \frac{I_H B}{d} \tag{6-1}$$

式中,R_H 是霍尔系数,m^3/C;I_H 是控制电流,A;B 是磁感应强度,T;d 是薄片的厚度,m;ρ 是材料电阻率,$\Omega \cdot m$;μ 是材料迁移率,$m^2/(V \cdot s)$。

若将式(6-1)中各常数项用 K_H 表示,则有

$$E = K_H I_H B \tag{6-2}$$

式中,K_H 是霍尔元件的灵敏度,$mV/(mA \cdot T)$,$K_H = R_H/d$。

当磁感应强度 B 和霍尔元件的平面法线成一角度 θ 时,实际上作用于霍尔元件的有效磁场是其法线方向的分量,即 $B\cos\theta$。此时,霍尔电动势为

$$E = K_H I_H B \cos\theta \tag{6-3}$$

当霍尔元件在磁场中位置变化时,霍尔电动势的大小和方向也相应变化,这样就起到了反映传感器位置的作用。上述霍尔元件所产生的电动势不够大,在应用时往往要外接放大器,很不方便。随着半导体集成技术的发展,霍尔元件与霍尔电子电路集成在一起制作在同一块芯片上,这就构成了霍尔集成电路。典型霍尔集成电路如图 6-12 所示。

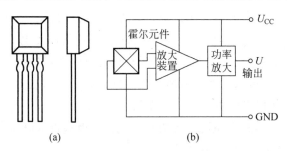

图 6-12 典型霍尔集成电路
(a) 外形;(b) 内部电路

图 6-12(a)所示为其外形,与一般小型片式晶体管相类似,应用起来非常方便。霍尔集成电路的内部电路如图 6-12(b)所示,它通过简单开环放大器来驱动输出级。霍尔集成电路按功能分为线性型、开关型两种,其特性曲线如图 6-13 所示。选择何种形式霍尔集成电路需根据具体用途而定。一般而言,直流无刷电机的位置传感器宜选用开关型,其特性曲线如图 6-13(b)所示。

2) 磁阻效应

磁阻效应是指元件的电阻值随磁感应强度而变化的现象。根据磁阻效应制成的传感器叫磁敏电阻。它可以制成任意形状的两端子元件,也可以做成多端子元件,这有利于电路设计。另外应当注意,霍尔元件输出电压的极性随磁场的方向变化而变化,磁敏电阻器的阻值变化仅与磁场的绝对值有关,与磁场方向无关,其输出特性如图 6-9(b)所示。

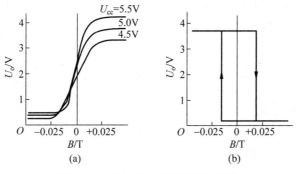

图 6-13 霍尔集成电路的特性曲线
(a) 线性型;(b) 开关型

4. 光电编码器式位置传感器

在一些高性能的直流无刷电机中,位置(转速)控制系统需要位置(转速)信息,直流无刷电机的逻辑换相需要磁极位置信息。这种情况下,一般采用的光电编码器通常都是混合式光电编码器。混合式光电编码器的组成与输出信号波形如图 6-14 所示。

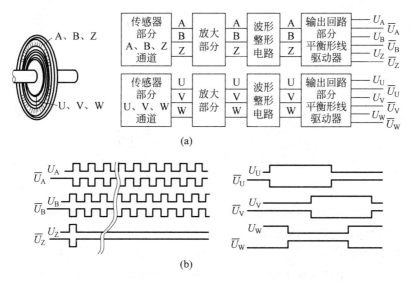

图 6-14 混合式光电编码器的组成与输出信号波形
(a) 光电编码器的组成;(b) 光电编码器的输出信号波形

图 6-14 中,所谓混合式光电编码器,就是在增量式光电编码器的基础上,结合了一个用于检测直流无刷电机磁极位置的光电式位置传感器。即装在电机本体轴上的混合式光电编码器输出两种脉冲:一组是互差 120°经整形放大与反相后输出矩形波信号 U_U、$\overline{U}_U$、U_V、$\overline{U}_V$、U_W、$\overline{U}_W$,它代表着转子磁极位置;另一组是相互正交的 A 相(U_A、$\overline{U}_A$)、B 相(U_B、$\overline{U}_B$),根据延迟关系可以区别正反转,而且通过取 A 相、B 相的上升和下降沿可以进行 2 或 4 倍频;Z 相(U_Z、$\overline{U}_Z$)为单圈脉冲,即每圈发出一个脉冲。获得的位置(转速)信号用于控制系统位置环(或转速环)的计算。

用光电编码器作为磁极位置检测时,直流无刷电机往往组成一个多环控制系统,包括电流环、速度环、位置环,这样光电编码器的多种功能得到各自的应用,系统功能和性能大为提高,在很多高性能场合得到了广泛应用。

5. 旋转变压器

在电动汽车、数控机床、工业机器人等直流无刷电机驱动系统中,不仅要求检测出转子磁极的位置,同时也要求能检测出转子的运动速度和系统的位置信息。除了可选择光电编码器作为传感器外,由于旋转变压器具有结构坚固耐用等突出优点,因此获得了越来越广泛的应用。

1) 相位检测方式

作为移相器应用时,通常旋转变压器定子为二相励磁绕组,转子为一相输出绕组。在这种结构情况下,所用的 R/D 转换器(旋转变压器轴角/数字转换器)是用来检测输出信号的相位变化,这种检测方式称为相位检测方式。下面分析相位检测方式的基本工作原理。

工作于相位检测方式的旋转变压器由定子铁芯与线圈、转子铁芯与线圈以及转子输出变压器组成,如图 6-15 所示。

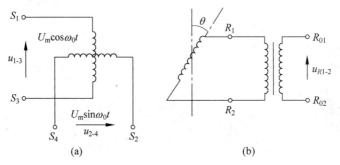

图 6-15　工作于相位检测方式的旋转变压器结构示意图
(a) 定子;(b) 转子及转子输出变压器

定子铁芯上的二相绕组轴线在空间上正交,并且以相位差为 90°的正弦和余弦电流进行励磁,通常励磁电流的频率远远高于工频。

转子铁芯上绕有一个转子绕组(有的旋转变压器在转子上绕有二相正交绕组),为了把转子绕组的输出电压无接触地取出来,故把转子输出变压器的一次线圈接到转子绕组的输出端,这样就取代了传统的滑环和电刷。这个转子输出变压器的二次线圈在静止侧,其输出信号中就包含有转子位置的信息,经过电子线路处理后,可提取出各种有效信息参与系统控制。

下面,首先来分析旋转变压器的输出信号与输入信号的关系。

设旋转变压器的定子线圈 S_1-S_3、S_2-S_4 上施加励磁信号 u_{1-3}、u_{2-4} 分别为

$$\begin{cases} u_{1-3} = U_m \sin\omega_0 t \\ u_{2-4} = U_m \cos\omega_0 t \end{cases} \tag{6-4}$$

式中,U_m 是励磁信号的幅值;ω_0 是励磁信号角频率。

如果旋转变压器的转子位置由基准位置转过了 θ 角,则转子的输出信号电压为

$$u_{R_{1-2}} = k(u_{1-3}\cos\theta - u_{2-4}\sin\theta)$$
$$= k(U_m\sin\omega_0 t\cos\theta - U_m\cos\omega_0 t\sin\theta)$$
$$= kU_m\sin(\omega_0 t - \theta) \qquad (6-5)$$

式中，k 是旋转变压器的变压比。

由上式的旋转变压器输出信号可以看出，对于定子的正弦励磁信号 $u_{1-3}=U_m\sin\omega_0 t$ 来说，旋转变压器的转子从基准位置所转过的 θ 角，变成了在输出信号中的相位移角 θ。也就是说，输出信号在时间上的相移角 θ 正好是旋转变压器转子偏离基准位置的空间位移角 θ。如果设法将这个相位移信号加以处理并提取出来，就可以得到旋转变压器的转子位置信息，也就是可以得到直流无刷电机转子磁极位置信息。旋转变压器定子的励磁信号和输出信号的相位关系如图 6-16 所示。

若把励磁信号 $u_{1-3}=U_m\sin\omega_0 t$ 作为基准电压，通过相位检波电路对输出信号相位进行检出，从相位检波电路的输出中就可以得到 $kU_m\sin\theta$ 信号。如果把旋转变压器定、转子线圈的位置调准到分别与直流无刷电机电枢及磁极的位置相重合，那么信号 $kU_m\sin\theta$ 就原封不动地表示了直流无刷电机转子磁

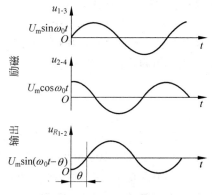

图 6-16　旋转变压器的励磁信号与输出信号的相位关系

极的位置。用这个包含转子位置信息的正弦信号去调制速度调节器的输出信号，就可得到由转子磁极位置所决定的交流电流指令信号，作为控制直流无刷电机定子电流相位的依据。由转子磁极在空间上的位置控制定子电流在时间上的相位，而且实现了交流电流的正弦化，这就是正弦电流控制型直流无刷电机驱动系统的基本原理。

为了得到频率稳定的旋转变压器励磁信号，通常采用晶体振荡器作为振荡源。由于晶体振荡器频率很高，需将其输出信号适当分频，可得到二相正交的励磁信号 u_{1-3} 和 u_{2-4}。采用这两个分频信号对旋转变压器定子进行高频励磁，通过高频数字信号处理，容易得到旋转变压器转子的旋转角度信息。

若转子旋转角速度为 ω_r，即转子从基准位置所转过的角度 $\theta=\omega_r t$，则式(6-5)可改成

$$u_{R_{1-2}} = kU_m\sin(\omega_0 - \omega_r)t \qquad (6-6)$$

由式(6-6)可见，由于旋转变压器转子旋转，其输出信号的角频率也随之发生变化，输出信号的角频率变化正好等于旋转变压器转子(即电机转子)的角速度 ω_r。

如果把输出信号 $u_{R_{1-2}}$ 的角频率变化提取出来，就得到了电机的旋转角速度信息，这种关系无论速度是恒定的还是变化的情况都适用。显然，角速度是角度位置的微分，而且转子角速度 ω_r 一般来说都远远小于旋转变压器定子线圈励磁信号的角频率，使提取速度信号变得比较容易。

2) 跟踪检测方式

旋转变压器可采用一相定子绕组输入、两相转子绕组输出的结构方式，它所配用的 R/D 转换器(旋转变压器轴角/数字转换器)是检测转子两个绕组输出电压振幅比，以此求取旋转变压器的转子角位置，这种检测转角的方式称为跟踪检测方式。工作于跟踪检测方式的旋转变压器原理如图 6-17 所示。

图 6-17 中，θ 为轴角，$\sin\omega t$ 为激励特性，U_p 为激励信号电压峰值，u_r 为激励信号电压，U_s 为旋转变压器回馈电压峰值，电压 u_a、u_b 分别为感应绕组 S_1-S_3、S_2-S_4 上回馈电压。当旋转变压器在交流基准源激励下，定子次级绕组上的感应电压随转轴相对于定子位置（转轴与定子位置关系为轴角）的变化而变化，其交流激励信号为

$$u_r = U_p \sin\omega t \tag{6-7}$$

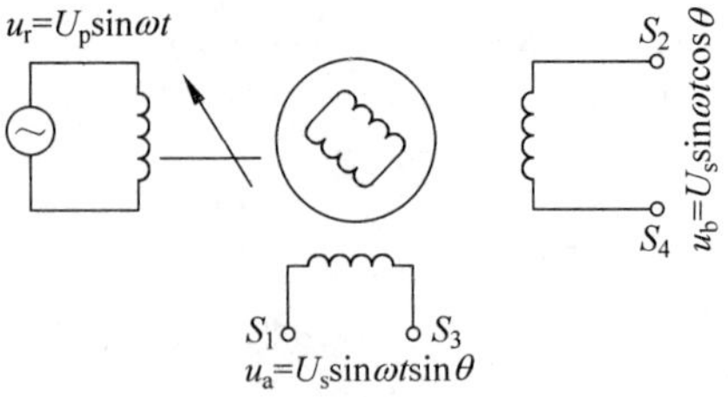

图 6-17 工作于跟踪检测方式的旋转变压器原理示意图

正余弦旋转变压器的两个定子次级绕组电角度相差 $90°$，即为感应绕组 S_1-S_3、S_2-S_4。同时可得出随轴角变化而产生的正余弦回馈电压，其电压为

$$\begin{cases} u_a = U_s \sin\omega t \sin\theta \\ u_b = U_s \sin\omega t \cos\theta \end{cases} \tag{6-8}$$

根据式(6-7)和式(6-8)，在旋转变压器转子与电机转子同步旋转时，只要能分离出旋变信号中的 θ 就能获取电机的位置信息。

对于跟踪检测方式的旋转变压器可采用集成电路 RDC（旋变数字转换器）得到轴角度和速度所对应的数字量。AD2S1210 是美国 ADI 公司最新推出的一款 10～16 位分辨率的旋变数字转换器，集成片上可编程正弦波振荡器，可为旋转变压器提供正弦波激励。AD2S1210 的正弦和余弦允许输入电压为 $3.15V \times (1 \pm 27\%)$、频率为 2～20kHz 范围内的信号，并可将正弦和余弦输入端的信号转换为输入角度和速度所对应的数字量，最大跟踪速率为 3 125r/s（转每秒），精度可达到 ± 2.5 弧分。

AD2S1210 采用 Type Ⅱ 跟踪环路工作，能连续跟踪位置数据，并能跟踪恒定速度输入而不存在固有误差。为了跟踪角度 θ，转换器会产生输出角 φ，然后反馈 φ 与输入角 θ 进行比较，当输出角 φ 与输入角 θ 相等时，误差信号为 0。为了检测误差，由式(6-8)与 φ 结合得下式

$$\begin{cases} u_a \cos\varphi = U_s \sin\omega t \sin\theta \cos\varphi \\ u_b \sin\varphi = U_s \sin\omega t \cos\theta \sin\varphi \end{cases} \tag{6-9}$$

由于 $\sin\omega t$ 信号由内部励磁产生，根据内部合成参考量解调式(6-9)中两式之差，当 $\theta-\varphi$ 很小时，其值近似为 $U_s(\theta-\varphi)$，记为转子角度与数字输出角度的误差 Err，即

$$\text{Err} = U_s \sin\omega t (\sin\theta \cos\varphi - \cos\theta \sin\varphi) = U_0 \sin(\theta-\varphi) \approx U_0(\theta-\varphi) \tag{6-10}$$

通过敏感相位解调器、积分器、补偿滤波器的作用，实现闭环控制，使误差 Err 归 0，同时跟踪出转子旋转速度。

AD2S1210 集成了模拟励磁信号发生器和丰富的可编程配置的数字接口、编码器仿真器，在接口电路设计上大大简化了工程人员的工作，提高了设计效率。AD2S1210 具体的外围接口电路本书就不介绍了，请查阅相关规格书及参考文献。

6.1.3 直流无刷电机的电子换相器

为消除一般直流电机所存在的一些弊病，人们研发出的以电子换相代替机械换向的直流无刷电机，实质上是一个由电机本体、功率开关主电路及转子磁极位置传感器等 3 部分组

成的闭环系统。为了与具有各种先进控制算法的系统相区别,并为讨论问题方便起见,将上述 3 部分组成的系统称为直流无刷电机的基本系统,简称为基本系统。把基本系统中的功率开关主电路、转子磁极位置传感器及相关的电子线路合并在一起称为电子换相器。其主要的功能是保证电机定子绕组准确及时换相,确保直流无刷电机在运行过程中,定、转子两磁场始终能基本上保持正交,以提高运行效能。

这里再次强调,换向是在直流电机电枢绕组(在转子上)里发生的电磁过程。在任何时刻,直流电机电枢绕组里所有导体都通电,都在产生转矩(除换向元件外),一个电枢绕组没有"相"的划分问题。而在直流无刷电机中,定子绕组是分相形式存在的,而且连接方式不同。在工作过程中,绕组是一相一相地顺序通电,产生转矩。所以,在直流无刷电机中,工作过程是"换相",而不是"换向"。由电子器件组合完成换相功能,所以称为电子换相器。由于位置传感器、功率开关在前面章节已讲述,故这里只涉及直流无刷电机定子绕组同电子换相器之间的各种连接方法和特点,由于多数直流无刷电机的定子绕组为三相绕组,故下面以三相绕组为例说明电子换相器的基本原理。

1. 三相半控电路

常见的三相半控电路如图 6-18 所示,W_a、W_b、W_c 为电机定子 A、B、C 三相绕组,VF_1、VF_2、VF_3 为 3 只 MOSFET 功率管,H_1、H_2、H_3 为功率器件的驱动信号(根据转子位置传感器信号经控制及逻辑计算后得到),U_1 为电源直流电压,R_1 为电源与信号之间的隔离电阻,R_2 为栅极限流电阻。

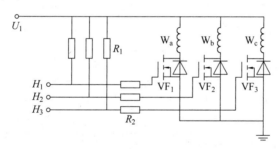

图 6-18 三相半控电路

在三相半控电路中,要求功率器件的驱动信号 1/3 周期为高电平,2/3 周期为低电平,并要求各传感器信号之间的相位差是 1/3 周期。当转子磁铁位置处于如图 6-6(a)所示位置时,要求 H_1 处于高电平,H_2、H_3 处于低电平,则 VF_1 导通,A 相绕组通电。由左手定则可知,在电磁力作用下,转子顺时针方向旋转。当磁铁转到如图 6-6(b)所示的位置时,H_2 处于高电平,H_1 和 H_3 均处于低电平,VF_2 导通,B 相绕组通电,A 相绕组断电。在转子磁铁同 B 相绕组电流所产生的电磁力作用下,转子继续沿顺时针方向旋转,到如图 6-6(c)所示的位置时,位置传感器 H_3 处于高电平,H_1 和 H_2 处于低电平,VF_3 导通,C 相绕组通电。在 C 相绕组所产生的电磁力作用下,转子继续沿顺时针方向旋转,而后回到如图 6-6(a)所示位置,再继续重复上述过程。在电流值恒定的情况下,三相半控电路转矩波形如图 6-19 所示。

和一般直流电机一样,在电机起动时,由于其转速很低,故转子磁通切割定子绕组所产

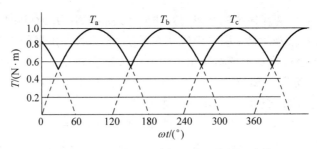

图 6-19 三相半控电路恒电流下的转矩波形

生的反电动势很小,不足以平衡电源电压 U_1,因而可能产生过大电流。为此,通常需要附加限流检测电路。

2. 三相Y连接全控电路

三相半控电路的特点是简单,但电机的利用率很低,每个绕组只通电 1/3 周期时间,另外 2/3 时间处于断开状态,没有得到充分利用。如图 6-19 所示可知,在运行过程中,其转矩的波动较大,从 $T_m/2$ 到 T_m。所以在要求比较高的场合,一般均采用三相全控电路。众所周知,三相绕组的连接方式有△和Y之分,现在分别加以讨论。

图 6-20 给出了一种三相Y连接全控桥电路,电机绕组为Y连接。VF_1、…、VF_6 为 6 只功率 MOSFET 管,起绕组的开关作用。VF_1、VF_3、VF_5 为 P 沟道 MOSFET 管,低电平时导通;VF_2、VF_4、VF_6 为 N 沟道 MOSFET 管,高电平时导通。H_1、H_2、H_3 为功率器件的驱动信号(根据转子位置传感器信号经控制及逻辑计算后得到)。它们的通电方式又可分为两两导通方式和三三导通方式两种。

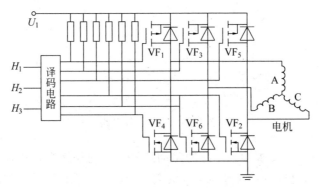

图 6-20 三相Y连接全控桥式电路

1) 两两导通方式

两两导通方式是指每一瞬间有两只功率管导通,每隔 1/6 周期(周期为 360°电角度)换相一次,每次换相一个功率管,每个功率管导通 120°电角度。对于图 6-20 所示的电路,各功率管的导通顺序是 VF_1VF_2、VF_2VF_3、VF_3VF_4、VF_4VF_5、VF_5VF_6、VF_6VF_1、VF_1VF_2、…。

当功率管 VF_1 和 VF_2 导通时,电流从 VF_1 管流入 A 相绕组,再从 C 相绕组流出,经 VF_2 管回到电源。如果认定流入绕组的电流所产生的转矩为正,那么从绕组流出的电流所产生的转矩为负,它们合成的转矩 T_{ac} 如图 6-21(a)所示,其大小为 $\sqrt{3}T_a$,方向在 T_a 和 $-T_c$ 的角平分线上。当电机转过 60°后,由 VF_1VF_2 通电换成 VF_2VF_3 通电。这时,电流从 VF_3

流入 B 相绕组再从 C 相绕组流出,经过 VF_2 回到电源,此时合成转矩 T_{bc} 如图 6-21(b)所示,其大小同样为 $\sqrt{3}T_a$,但合成转矩 T_{bc} 的方向转过了 60°电角度。而后每换相一个功率管,合成转矩矢量方向就随着转过 60°电角度,但大小始终保持 $\sqrt{3}T_a$ 不变。图 6-21(c)示出了全部合成转矩的方向。

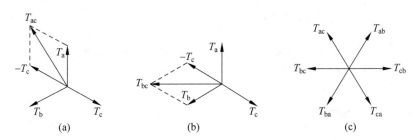

图 6-21　Y 连接绕组两两导通时的合成转矩矢量图

(a) VF_1 和 VF_2 导通时合成转矩；(b) VF_2 和 VF_3 导通时合成转矩；(c) 两两通电时合成转矩矢量图

所以,同样一台直流无刷电机(指本体而言),每相绕组通过与三相半控电路同样的电流时,采用三相 Y 连接全控电路,在两两导通的情况下,其合成转矩增加了 $\sqrt{3}$ 倍。每隔 60°电角度换相一次,每个功率管导通 120°,每个绕组通电 240°,其中正向通电和反向通电各 120°,其输出转矩波形亦即反电动势波形如图 6-22 所示。

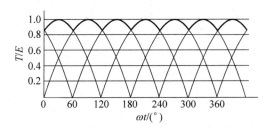

图 6-22　Y 连接绕组两两导通时的转矩波形

由图 6-22 可以看出,三相全控时的转矩波动比三相半控时小得多,仅从 $0.87T_m$ 到 T_m。

2) 三三导通方式

三三导通方式是指每一瞬间均有 3 只功率管同时通电,每隔 60°电角度换相一次,每个功率管通电 180°。对于图 6-20 所示的电路,各功率管的导通顺序是 $VF_1VF_2VF_3$、$VF_2VF_3VF_4$、$VF_3VF_4VF_5$、$VF_4VF_5VF_6$、$VF_5VF_6VF_1$、$VF_6VF_1VF_2$、$VF_1VF_2VF_3$、…。

当 $VF_6VF_1VF_2$ 导通时,电流从 VF_1 管流入 A 相绕组,经 B 相和 C 相绕组(这时 B、C 两相绕组为并联)分别从 VF_6 和 VF_2 流出。这时流过 B 相和 C 相绕组的电流分别为流过 A 相绕组电流的一半,其合成转矩如图 6-23(a)所示,方向同 T_a(A 相),而大小为 $1.5T_a$。经过 60°电角度后,换相到 $VF_1VF_2VF_3$ 通电,即先关断 VF_6 而后导通 VF_3(注意,一定要先关断 VF_6 而后导通 VF_3,否则就会出现 VF_6 和 VF_3 同时通电,则电源被 VF_3VF_6 短路,这是绝对不允许的),这时电流分别从 VF_1 和 VF_3 流入,经 A 相和 B 相绕组(相当于 A 相和 B 相绕组并联),再流入 C 相绕组,经 VF_2 流出,合成转矩如图 6-23(b)所示,其方向与 $-T_c$($-C$ 相)相同,转过了 60°电角度,大小仍然是 $1.5T_a$。再经过 60°电角度后,换相到 $VF_2VF_3VF_4$ 通电,而后依次类推,它们的合成转矩矢量图如图 6-23(c)所示。

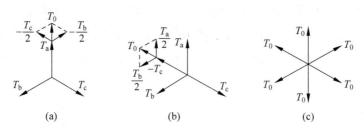

图 6-23 Y 连接绕组三三导通时的合成转矩矢量图

(a) $VF_6VF_1VF_2$ 导通时合成转矩；(b) $VF_1VF_2VF_3$ 导通时合成转矩；(c) 三三通电时的合成转矩

3. 三相△连接全控电路

三相△连接全控电路如图 6-24 所示，也可以分为两两通电和三三通电两种换相方式。

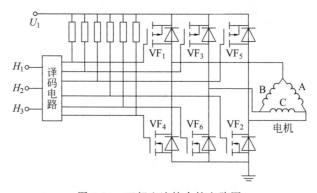

图 6-24 三相△连接全控电路图

1) 两两导通方式

在这种方式中，其通电顺序是 VF_1VF_2、VF_2VF_3、VF_3VF_4、VF_4VF_5、VF_5VF_6、VF_6VF_1、VF_1VF_2、…。当 VF_1VF_2 导通时，电流从 VF_1 管流入，分别通过 A 相绕组和 B、C 两相绕组，再从 VF_2 管流出。这时绕组的连接是 B、C 两相绕组串联后再同 A 相绕组并联，如假定流过 A 相绕组的电流为 I，则流过 B、C 相绕组的电流分别为 $I/2$。这里的合成转矩 T_0 方向与 A 相转矩相同，大小为 A 相转矩的 1.5 倍。不难看出，△连接的两两导通的合成转矩矢量图与 Y 连接的三三导通的合成转矩矢量图相似。

2) 三三导通方式

此种方式的通电顺序为 $VF_1VF_2VF_3$、$VF_2VF_3VF_4$、$VF_3VF_4VF_5$、$VF_4VF_5VF_6$、$VF_5VF_6VF_1$、$VF_6VF_1VF_2$、$VF_1VF_2VF_3$、…。当 $VF_6VF_1VF_2$ 导通时，电流从 VF_1 管流入，同时经过 A 相和 B 相绕组，再分别从 VF_6 管和 VF_2 管流出，C 相绕组则没有电流流过，这时相当于 A、B 两相绕组并联。

如果假定电流的方向从 A~B、B~C、C~A 所产生的转矩为正，则从 B~A、C~B、A~C 所产生的转矩为负。流入 A 相绕组所产生的转矩为正，而流入 B 相绕组所产生的转矩为负，其合成转矩的大小为 A 相绕组的 $\sqrt{3}$ 倍。不难看出，其结果与 Y 连接两两导通方式相似。所不同的是当绕组 Y 连接两两导通时，为两绕组相串联，而当△连接三三导通时，则为两绕组并联。

6.2 直流无刷电机的数学模型及特性分析

6.2.1 直流无刷电机的数学模型和传递函数

1. 直流无刷电机的数学模型

为简化直流无刷电机的分析和计算,一般在工程上常做如下假设:①电机的气隙磁感应强度沿气隙按正弦分布;②绕组通电时,该电流所产生的磁通对气隙磁通的影响忽略不计;③控制电路在开关状态下工作,功率晶体管压降 ΔU_T 为恒值;④各相绕组对称,其对应的电路单元完全一致,相应的电气时间常数忽略不计;⑤位置传感器等控制电路的功耗忽略不计。

现在以三相Y连接半控电路为例,推导出直流无刷电机稳态运行时的基本方程,其简化电路如图 6-25 所示。

由于假设转子磁铁所产生的磁感应强度在电机气隙中是按正弦规律分布的,即 $B = B_M \sin\theta$;这样一来,如果在定子某一相(例如 B 相)绕组中通一持续的直流量,所产生的电磁转矩为

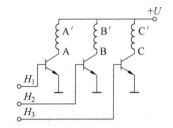

图 6-25 三相Y连接半控简化电路

$$T = Z_D L B_M r I \sin\theta = T_M \sin\theta \tag{6-11}$$

式中,Z_D 是每相绕组的有效导体数;L 是绕组中导线的有效长度,即磁铁长度,m;r 是电机中气隙的半径,m;I 是绕组相电流,A。

也就是说,某相通以不变的直流电后,它和转子磁场作用所产生的转矩也将随着转子位置的不同而按正弦规律变化。它对外负载而言,所得到的电机的平均转矩为零。但在直流无刷电机三相半控电路的工作情况下,实际上,每相绕组中通过的不是持续不变的直流电流,只是通过 1/3 周期的矩形波电流。那么该电流和转子磁场作用所产生的转矩也只是正弦转矩曲线上相当于 1/3 周期的一段,且这一段曲线与定子绕组开始通电时的转子相对位置有关。习惯上把图 6-26(a)所示瞬间选作晶体管开始导通的基准点,定为 $\gamma_0 = 0°$。在 $\gamma_0 = 0°$ 的情况下,电机三相绕组轮流通电时,显然,在如图 6-26(b)所示的瞬间导通该晶体管,则可产生最大的平均转矩。因为在这种情况下,绕组通电 120° 的时间里,载流导体正好处在比较强的气隙磁场中,所以,它所产生的转矩波动小、平均值大。

若晶体管导通时间提前或滞后,均将导致转矩的脉动值增加,平均值减小。在三相半控电路情况下,当 $\gamma_0 = 30°$ 时,电机的瞬时转矩过零点如图 6-26(c)所示。这就是说,当转子转到几个位置时,电机产生的转矩为零,这会在电机起动时出现死点(即转子在这些位置时,电机无起动力矩)。显然,当 $\gamma_0 \geq 30°$ 后,电机转矩的瞬时将出现负值,其总输出转矩的平均值更小。因此在三相半控电路情况下,特别是在起动时,γ_0 不宜大于 30°;而在直流无刷电机正常运行时,总是尽力把 γ_0 角调整到稍大于 0° 而给出一个所谓的提前角。给出提前角的大小应考虑两种因素,一种因素是随电机的负载而变动,需要观测电机的负载大小;另一种因素是与电机换相前的速度有关,需要检测电机的速度。同时还要考虑到传感器延时、处理器执行时间、放大器移相等诸多环节造成的延时,选择适当的提前角,使得在上述诸因素的影

响下,真正能在 $\gamma_0=0°$ 处实际换相。因为这样,电机所产生的平均转矩 T_a 最大,可改善电机的动态特性和效率。

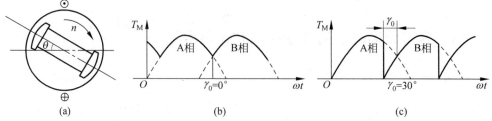

图 6-26 直流无刷电机在三相半控电路中的转矩波形
(a) 转子示意;(b) $\gamma_0=0°$;(c) $\gamma_0=30°$

如图 6-26(b)所示,当 $\gamma_0=0°$ 时,可求得输出转矩的平均值 T_a 为

$$T_a = \frac{3T_M}{2\pi} \int_{\frac{\pi}{6}}^{\frac{5\pi}{6}} \sin\theta \, d\theta = 0.827 T_M = 0.827 Z_D L B_M r I \tag{6-12}$$

电机一旦在电动转矩作用下转动后,旋转了的转子磁场就要切割定子绕组,在各相绕组上感应出电动势。当其转速 n 不变时,该电动势波形也是正弦波,相位同转矩相位一致。由于在本电路中,每相绕组在一个周期中,只通电 120°,因此,仅在这 120° 期间所感生出的反电动势才对外加电压起平衡作用,而在另外 240° 期间由于晶体管开关不导通,故其感应电动势对外加电压不起作用。对外加电压而言,直流无刷电机三相半控电路的反电动势波形如图 6-27 所示。

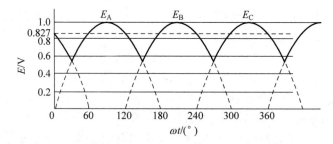

图 6-27 直流无刷电机三相半控电路的反电动势波形

根据图 6-27,同理可求得感应电动势的平均值 E_a 为

$$\begin{cases} E_a = \dfrac{3T_M}{2\pi} \int_{\frac{\pi}{6}}^{\frac{5\pi}{6}} \sin\theta \, d\theta = 0.827 E_M \\ E_M = Z_D L B_M r n \end{cases} \tag{6-13}$$

得到了平均转矩 T_a 和平均反电动势 E_a,便可求得直流无刷电机稳定运行时的电压平衡方程式。为此首先定义反电动势系数 K_E 和转矩系数 K_T 分别为

$$K_E = \frac{E_a}{n} \tag{6-14}$$

$$K_T = \frac{T_a}{I} \tag{6-15}$$

对于某个具体电机,它们为常数。当然,其大小同主电路的接法(三相半控或全控电路)以及功率晶体管的换相方式(如两两换相或三三换相)有关。

为简化计算,假定各相绕组对称、相应的时间常数忽略不计,则可由图 6-27 得到电机的电压平衡方程式为

$$U - \Delta U = E_a + IR \tag{6-16}$$

式中,U 是电源电压,V;ΔU 是功率管压降,V;E_a 是平均反电动势,V;R 是电机的内阻,Ω。

由于 $E_a = K_E n$,$T_a = K_T I$,代入上式可得到其机械特性方程为

$$n = \frac{U - \Delta U}{K_E} - \frac{R}{K_E K_T} T_a \tag{6-17}$$

式中,n 是电机转速,r/min;T_a 是电机产生的电动转矩平均值,N·m;K_E 是反电动势系数;K_T 是转矩系数。

从式(6-17)可知,直流无刷电机的机械特性方程同一般他励直流电机的机械特性方程式在形式上完全一致。只不过其中的转矩和反电动势运用平均转矩和平均反电动势的概念,这是由于它的反电动势和转矩的波动比较大的缘故。从图 6-26 可知,在三相半控电路中,其转矩的波动在 $T_M \sim T_M/2$ 之间,这是直流无刷电机不利的一面,而在三相全控电路中其波动将大为改善。式(6-17)表示电机在稳定运行时的机械特性方程,即一般所说的静态方程。

同理,在上述假定条件不变的情况下,直流无刷电机的动态方程为

$$\begin{cases} U - \Delta U = E_a + IR \\ T_a = K_T I \\ T_a - T_L = \dfrac{GD^2}{375} \times \dfrac{dn}{dt} \\ E_a = K_E n \end{cases} \tag{6-18}$$

式中,T_L 是电机的负载阻转矩;GD^2 是电机转子飞轮矩,N·m²。

2. 直流无刷电机的传递函数

对式(6-18)进行拉氏变换后,可得

$$\begin{cases} U(s) - \Delta U(s) = E_a(s) + RI(s) \\ T_a(s) = K_T I(s) \\ T_a(s) - T_L(s) = \dfrac{GD^2}{375} s n(s) \\ E_a(s) = K_E n(s) \end{cases} \tag{6-19}$$

根据式(6-19),可以得出直流无刷电机的动态结构图,如图 6-28 所示。

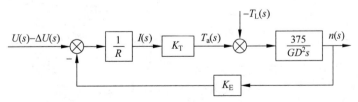

图 6-28 直流无刷电机的动态结构图

忽略功率管压降,根据图 6-28,可求出其传递函数为

$$n(s) = \frac{K_1}{1 + Ts} U(s) - \frac{K_\tau}{1 + Ts} T_L \tag{6-20}$$

式中，K_1 是电机的电动势传递系数，$K_1 = 1/K_E$；K_τ 是转矩传递系数，$K_\tau = R/(K_E K_T)$；T 是电磁时间常数，$T = RGD^2/(375 K_E K_T)$。

6.2.2 直流无刷电机的特性分析

1. 直流无刷电机起动特性

起动特性是指电机在恒定直流母线电压作用下，转速从零上升至稳定值过程中的转速、电流变化曲线。电机起动瞬间转速和反电势均为零，此时的起动电枢电流为

$$I_S = \frac{U - \Delta U}{R} \tag{6-21}$$

式中，ΔU 为逆变桥功率器件管压降。

起动过程的转速和电枢电流曲线如图 6-29 所示。

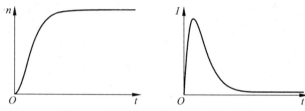

图 6-29 起动过程的转速和电流曲线

由图 6-29 可以看出，由于管压降和电枢绕组阻值一般较小，起动电流在短时间内会很大，可能达到正常工作电流的几倍到十几倍。在允许范围内，起动电流大有助于转子加速，满载时电机也能很快起动。以额定工况为例，电机刚起动时转速和反电势均为零，起动瞬间电枢电流迅速增大，使电磁转矩较负载转矩大很多，转速迅速增加；转速增加引起反电势增大，电枢电流增长变缓直至达到极大值，然后开始减小。电流减小导致电磁转矩减小，于是转速上升的加速度变小。当电磁转矩和负载转矩达到动态平衡时，转速稳定在额定值，整个机电系统保持稳态运行。

如果不考虑限制起动电流，图 6-29 中转速曲线的形状由电机阻尼比决定。根据电机的传递函数，当阻尼比 $0 < \zeta < 1$ 时系统处于欠阻尼状态，转速和电流会经过一段超调和振荡过程才逐渐平稳，如图 6-30 所示。实际中由于要对电枢电流加以限制，起动时一般不会有如图 6-30 所示的转速、电流振荡。

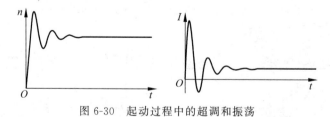

图 6-30 起动过程中的超调和振荡

在电机控制系统中，驱动电路的功率器件对流过的电流比较敏感，如果流过的电流超过自身上限值，器件在很短时间内就会被击穿。比如 IGBT 的过流承受时间一般在 $10\mu s$ 以内。承受起动大电流需要选择较大容量的功率器件，而电机正常工作的额定电流比起动电流小很多，功率管大部分时间工作在远远低于自身额定电流的状态，这样就降低了器件的使

用效率且增加成本。为此,在设计驱动电路的时候,需要根据电机的起动特性和工作要求选择合适的功率器件,并且对起动电流加以适当限制,在保证功率器件安全的情况下尽可能增大起动电流,提高动态响应速度。

2. 直流无刷电机稳态运行特性

1) 工作特性

工作特性是指直流母线电压 U 不变的情况下,电枢电流、电机效率和输出转矩之间的关系。

根据式(6-18),电枢电流随负载转矩的增大而增大,这样电磁转矩才能平衡负载转矩,保证电机平稳运行。

电机输入功率为

$$P_1 = p_{cu} + P_e + p_T \tag{6-22}$$

式中,n 为电机转速;p_{cu} 为电枢绕组的铜耗,$p_{cu} = RI^2$;P_e 为电磁功率,$P_e = K_E nI$;p_T 为逆变桥功率器件的损耗,$p_T = \Delta UI$,其大小和电力电子器件特性以及门极(栅极)驱动电压有关,这里近似认为不变。

可见,电机的输入功率由电磁功率 P_e 和损耗 $p_{cu} + p_T$ 两部分组成,其中电磁功率是电源克服反电势所消耗的功率,经由磁场转化为机械能,以电磁转矩的形式作用于转子。考虑到负载端的损耗,这部分功率传递可以表示为

$$P_e = (T_L + T_0)\Omega = P_2 + P_0 \tag{6-23}$$

式中,Ω 为电机机械角速度;T_L 为负载转矩;T_0 为对应于空载损耗的空载转矩,$T_0 = P_0/\Omega$;P_2 为输出功率,$P_2 = T_L\Omega$;P_0 为空载损耗,包括铁芯损耗和机械摩擦损耗两部分。

则电机效率为

$$\eta = \frac{P_2}{P_1} = \frac{P_1 - (p_{cu} + p_T + P_0)}{P_1} = 1 - \frac{\sum P}{P_1} \tag{6-24}$$

式(6-24)可进一步改写为

$$\eta = 1 - \frac{RI}{U} - \frac{p_T + P_0}{UI} \tag{6-25}$$

为了求出式(6-25)所表示效率的极值,令效率 η 对电流 I 的导数为零,即

$$\frac{d\eta}{dI} = -\frac{R}{U} + \frac{p_T + P_0}{UI^2} = 0 \tag{6-26}$$

上式可推出

$$p_T + P_0 = I^2 R = p_{cu} \tag{6-27}$$

式(6-27)等号左边的 $p_T + P_0$ 不随负载变化,为不变损耗;铜耗 p_{cu} 随着负载变化而变化,属于可变损耗。上式表明,当直流无刷电机的可变损耗等于不变损耗时,电机的效率最高。图 6-31 给出了 U 不变时,直流无刷电机的电枢电流和效率随负载转矩变化的曲线。

2) 调节特性

调节特性是指电磁转矩 T_a 不变的情况下,转速 n 和 U 之间的变化关系。不计功率器件损耗,稳态运行时,由式(6-18)可得

$$n = \frac{U}{K_E} - \frac{RT_a}{K_E K_T} \tag{6-28}$$

图 6-32 为不同电磁转矩下直流无刷电机转速 n 随 U 变化的曲线,图中 $T_{a1} < T_{a2} <$

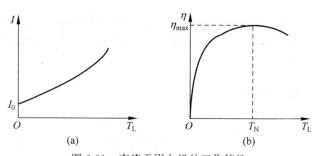

图 6-31 直流无刷电机的工作特性

(a) 电枢电流随负载转矩变化的曲线；(b) 效率随负载转矩变化的曲线

$T_{a3} < T_{a4}$。

由图 6-32 可见，调节特性存在死区，当 U 在死区范围内变化时，电磁转矩不足以克服负载转矩使电机起动时，转速始终为零。当 U 大于门限电压，超出死区范围时，电机才能起转并达到稳态，U 越大稳态转速也越大。由于存在静摩擦力，调节特性曲线组不过原点。

3) 机械特性

机械特性是指在 U 不变的情况下，电机转速 n 与电磁转矩 T_a 之间的关系。由式(6-28)可得不同直流母线电压 U 下直流无刷电机的机械特性曲线，如图 6-33 所示，图中 $U_1 > U_2 > U_3 > U_4$。

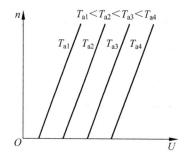

图 6-32 直流无刷电机的调节特性

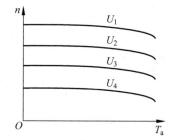

图 6-33 直流无刷电机的机械特性

由图 6-33 可知，实际上由于电机损耗中的可变部分以及电枢反应的影响，机械特性曲线只是近似为直线。在一定的直流母线电压下，电机转速随电磁转矩的增加自然下降，U 越大纵轴截距越大，即曲线向上平移。由于直流无刷电机采用电力电子器件实现电子换向，这些器件通常都具有非线性的饱和特性，在堵转转矩附近，随着电枢电流的增大，管压降增加较快，所以机械特性曲线的末端会有明显的向下弯曲。

直流无刷电机的机械特性与普通他励直流电机的机械特性相似，改变直流母线电压的大小可以改变机械特性上的空载点。因此，直流无刷电机通常采用 PWM 调制等方式进行调速。

6.3 直流无刷电机的控制技术

6.3.1 直流无刷电机的控制技术概述

从直流无刷电机控制器发展过程看，由早期的采用小规模模拟、数字电路与分立元器件的控制器→采用直流无刷电机专用集成控制电路的控制器→单片机微控制器（microcontroller unit,MCU）→近年基于数字信号处理器（digital signal processor,DSP）的控制器。从控制系统角度可分为：模拟控制系统、模拟和数字混合控制系统、全数字控制系统。这些不同层次、不同发展阶段的控制器适应不同性价比要求，并逐步将直流无刷电机控制推向更高水平。

直流无刷电机的控制和驱动专用集成电路（application specific integrated circuit, ASIC）和模块的出现，是推动直流无刷电机成本下降和普及应用的重要因素。国际半导体厂商推出了多种不同规格和用途的直流无刷电机专用集成电路，这些集成电路设置了许多控制功能，如起停控制、正反转控制、制动控制等功能，并且片内具有输出限流、过电流延时关断、欠电压关断、结温过热关断和输出故障指示信号等功能。比较典型的有 MC33035、LM621、LS7260、UDN2936、UCC3626、ECN3021、TDA5142、TDA5145、A8902、ML4425、TB6515AP 等多种直流无刷电机集成控制芯片。这些电路大多为模拟数字混合电路，大大提高了电机控制器的可靠性、抗干扰能力，又缩短了新产品的开发周期，降低了研制费用和控制器成本，因而近年来发展很快。

随着直流无刷电机应用领域的扩展，现有的专用集成电路未必能满足新品开发要求，为此可考虑自己开发电机专用的控制芯片。现场可编程门阵列（field programmable gate array,FPGA）可作为一种可行解决方案。FPGA 是一种高密度可编程逻辑器件，其逻辑功能的实现是通过把设计生成的数据文件配置进芯片内部的存储数据用静态随机存取存储器（static random access memory,SRAM）来完成的，具有可重复编程、可以方便地实现多次修改的功能。简单地打个比方，FPGA 相对于 ASIC 好比 EPROM 相对于掩膜生产的 ROM。利用 FPGA 可以在很短的时间内设计出自己专用的集成电路。试制成功后，如要大批量生产，可以按照 FPGA 的设计定做 ASIC 芯片，从而降低成本，又提高产品的竞争力，并能够保护自己的知识产权。

目前，直流无刷电机控制器大多采用单片机来控制，如 Freescale 公司的 HCS12 系列单片机等。但单片机的处理能力有限，如要采用新的控制策略，由于需要处理的数据量大，实时性和精度要求高，单片机往往不能满足要求。对于快速运动控制系统，特别是高性能的控制需要快速运算和实时处理多种信号。为了进一步提高控制系统的综合性能，近几年国外一些大公司纷纷推出比 MCU 性能更加优越的 DSP（数字信号处理器）单片电机控制器，如 TI 公司的 TMS320C24 系列及 Motorola 公司的 DSP56F8xx 系列等。

受控制理论和控制器件的限制，直流无刷电机一直采用经典 PID 控制，该控制方法可使系统性能满足各种静、动态指标要求，但系统的鲁棒性不尽如人意。为了进一步提高直流无刷电机调速系统的快速响应性、稳定性和鲁棒性，智能控制方法受到更多的关注。智能控制是控制理论发展的高级阶段，一般包括模糊控制、神经网络控制、专家系统等。

6.3.2 直流无刷电机的起停控制和软起动

1. 起停控制

直流无刷电机可以像有刷直流电机那样以电源的接通或断开来实现起停控制。这种控制方法通常是用有触点开关直接完成。这种方法的缺点是起动电流比较大，电流过大容易引起过热和去磁问题，起动过快还会引起负载机械的冲击，所以只适用于小功率电机。

更常用的方法是用有触点开关接通控制器电源后,再通过对控制器的控制实现起动和停止,例如:

(1) 在控制器设置有起停控制口(使能控制),以逻辑电平来控制电机的起动和停转。一般起停控制口设为 R/S 口,当 R/S=1 为起动,R/S=0 为停止。

(2) 有调速功能的控制器,以转速控制指令电压的高低控制电机转速,常常取电压为零时电机停转。有些控制器有 PWM 信号接口,该信号占空比为零时电机停转。

(3) 采用通/断位置传感器激励电源的方法。

2. 软起动

直流无刷电机最好采用具有软起动功能的控制器,以降低电机起动时过大的电流冲击,转速能够平稳上升,减小转速的过冲,并以较短时间到达预定转速。常见的软起动是采用 PWM 方法。软起动驱动器通常使脉宽调制占空比从零开始上升,慢慢增加到较大,直至预定转速。然后,控制系统才转换到正常的位置、速度或转矩(电流)闭环控制。缓慢提升 PWM 占空比相当于缓慢增加施加于电机的电压,从而使起动电流限制到一个合适的水平。一般来说,50ms 至几百毫秒的软起动斜坡足以限制电流的冲击。然而,有些大转动惯量电机起动时软起动斜坡需要更长时间。

6.3.3 直流无刷电机的换相控制

6.1 节中已对电子换相器的换相电路和换相原理进行了叙述,本部分以三相Y连接全控电路为例来进一步说明直流无刷电机的换相控制。

不同绕组的通电切换,必须在转子转到相应位置时进行,即换相须准确及时地进行。换相控制是保证直流无刷电机正常旋转的基础。有霍尔传感器的直流无刷电机中,一般安装 3 个霍尔传感器中,间隔 60°和 120°按圆周分布。如果间隔 60°,则输出波形相差 60°电角度。如果间隔 120°,则 3 个霍尔传感器的输出波形相差 120°电角度,输出信号中高、低电平各占 180°电角度。以 120°霍尔式位置传感器为例,三相直流无刷电机反电势和传感器输出信号间相位关系见图 6-34。

图 6-34 中,H_U、H_V、H_W 为 3 个霍尔传感器在电机运转中的波形。E_a、E_b、E_c 为电机反电势电压波形。由图可知,直流无刷电机反电势为正负半波皆有 120°平台的梯形波,三相间相差为 120°。3 个位置传感器(电角度间距 120°传感器)相差为 120°。其上升或下降沿位置即对应定子电枢绕组导通时刻。如此,可通过对霍尔传感器信号的检测,经由功率 MOSFET 或 IGBT 功率开关器件构成的电子换相电路实现换相,使电枢绕组依次通电,从而在定子上产生跳跃式的旋转磁场,驱动永磁转子旋转。随着转子的旋转,位置传感器输出信号不断变化,电枢绕组的通电状态随之改变,使得在某一磁极下导体的电流方向始终保持不变。这就是直流无刷电机的无接触换相过程。

两两导通方式很好地利用了方波气隙磁场的平顶部分,使得电机的出力大,电磁转矩比三三导通方式大且转矩平稳性好。如不加特别说明,三相直流无刷电机的导通控制方式皆指两两导通方式。

对于如图 6-20 所示的三相Y连接全控电路,直流无刷电机正反转与开关管开关状态及传感器信号间的关系如图 6-35 所示。

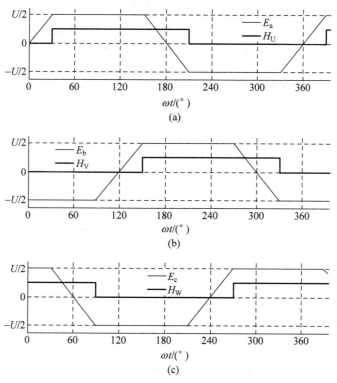

图 6-34 直流无刷电机的反电势和传感器信号
(a) A 相；(b) B 相；(c) C 相

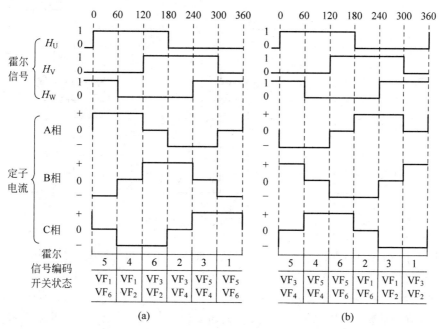

图 6-35 装有 120°霍尔传感器的直流无刷电机正反转换相控制逻辑
(a) 正转；(b) 反转

由图 6-35 可知两两导通方式下的换相控制真值表如表 6-1 所列。

表 6-1　装有 120°霍尔传感器的直流无刷电机正反转换相真值表

霍尔编码 $H_U H_V H_W$	正转		反转	
	绕组通电顺序	导通功率开关	绕组通电顺序	导通功率开关
101	+A,−B	VF_1,VF_6	+B,−A	VF_3,VF_4
100	+A,−C	VF_1,VF_2	+C,−A	VF_5,VF_4
110	+B,−C	VF_3,VF_2	+C,−B	VF_5,VF_6
010	+B,−A	VF_3,VF_4	+A,−B	VF_1,VF_6
011	+C,−A	VF_5,VF_4	+A,−C	VF_1,VF_2
001	+C,−B	VF_5,VF_6	+B,−C	VF_3,VF_2

图 6-36 为装有 60°霍尔传感器的直流无刷电机换相控制逻辑。该电机极对数为 2,3 个霍尔传感器间隔 60°按圆周分布。

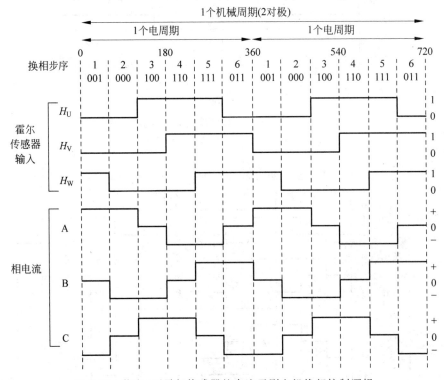

图 6-36　装有 60°霍尔传感器的直流无刷电机换相控制逻辑

图 6-36 中,因为极对数为 2,所以一个机械周期含 2 个电角度周期。在应用中,按图 6-36 所示的霍尔信号状态进行绕组换相即可。即当霍尔 $H_U H_V H_W$ 状态为 001、000、100、110、111、011 时,绕组通电顺序分别为:+A−C、+A−B、+C−B、+C−A、+B−A、+B−C。若使电机反方向运转,只需将绕组电流按反向通电即可。即反向控制时,当霍尔 $H_U H_V H_W$ 状态为 001、000、100、110、111、011 时,绕组通电顺序分别为:+C−A、+B−A、+B−C、+A−C、+A−B、+C−B。

6.3.4 直流无刷电机的调速控制

根据式(6-28)可见,在忽略电枢电阻和功率开关压降的情况下,直流无刷电机的转速仅和电枢电压及磁场强度有关,其调速方法有调压调速和弱磁调速两种,类似于直流有刷电机调速。其中,调压调速因采用额定励磁可实现额定转矩输出,故适用于恒转矩负载基速范围内调速,且方法简单易于实现而得到广泛应用。直流无刷电机调压调速方案有:可控整流电路调压调速、DC/DC 变换电路调压调速和脉宽调制(PWM)调压调速。

1. 可控整流电路调压调速

如果系统是交流供电,则需要整流电路获得直流母线电压。此时,可以采用晶闸管构成可控整流电路,利用调相方法调节直流母线电压 U_{bus} 的大小,如图 6-37 所示。这种控制方法适用于动态性能要求不高的场合。

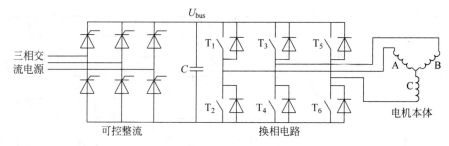

图 6-37 可控整流电路调压调速

2. DC/DC 变换器调压调速

如果系统是直流供电,则可以用 DC/DC 变换器调压调速,如图 6-43 所示。图中 DC/DC 变换器用以调节电枢电压,达到直流无刷电机调速的目的。换相电路适时切换通电绕组使电机旋转。

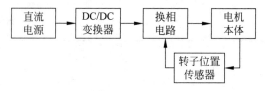

图 6-38 DC/DC 变换器调压调速原理框图

3. PWM 调压调速

最常见的调压调速方法是脉宽调制(PWM)技术。PWM 技术可以极其有效地进行谐波抑制,在频率、效率方面有着明显的优点,使逆变电路的技术性能与可靠性得到了明显的提高。采用 PWM 方式构成的逆变器,其输入为固定不变的直流电压,可以通过 PWM 技术在同一逆变器中既实现调压又实现调频。由于这种逆变器只有一个可控的功率级,简化了主回路和控制回路的结构,因而体积小、重量轻、可靠性高。又因为集调压、调频于一身,所以调节速度快、系统的动态响应好。

PWM 调压调速原理如图 6-39 所示。图中换相电路一方面受转子位置传感器控制,适时切换功率开关器件实现通电绕组换相;另一方面功率器件导通时间又受占空比影响,从而实现了输出电压的改变。

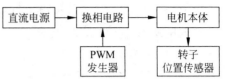

在直流无刷电机 PWM 调压调速控制中,调制波为与转速相关的直流电平。为降低开关损耗,可采取一个开关管工作于 PWM 状态进行调压,而另一个处于常通状态。常见的 PWM 调压调速的工作模式见图 6-40,图中以 120°霍尔安装为例。

图 6-39 PWM 调压调速原理框图

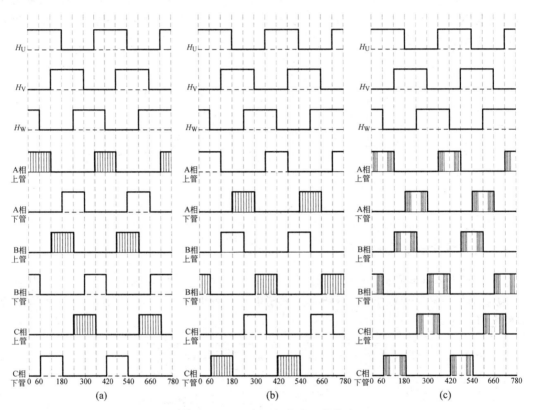

图 6-40 PWM 调压调速的工作模式
(a) HPWM-LON 模式;(b) HON-LPWM 模式;(c) PWM-ON-PWM 模式

图 6-40(a)和(b)为上桥臂或下桥臂 3 个开关管进行 PWM 调制,另一个配对导通的开关管处于常通状态。以 0°~60°区间为例,在 HPWM-LON 工作模式中,A 相上管进行 PWM 调制(即调压),B 相下管为常通;而在 HON-LPWM 工作模式中,正好与此相反,A 相上管为常通,B 相下管执行 PWM 调压。

图 6-40(c)中,在 PWM-ON-PWM 工作模式中,0°~360°区间,任意时刻仅一个开关管执行 PWM 调压。以 0°~120°区间为例,0°~30°区间,A 相上管进入 PWM 模式,此刻 B 相下管为常通;30°~60°区间,A 相上管处于常通状态,B 相下管进入 PWM 模式;60°~90°区

间,A 相上管处于常通状态,C 相下管进入 PWM 模式;90°～120°区间,A 相上管进入 PWM 模式,C 相下管处于常通状态。PWM-ON-PWM 模式 6 个开关管的工作模式一致,功耗相同,系统可靠性提高,同时转矩波动较小。

脉宽调制控制常用于速度调节,它以功率开关的占空比变化相当于外施加电压的变化来控制电机的转速。它也可以用于对绕组电流的控制,实现软起动、限流、特定电流波形等控制。由于直流无刷电机通常有较高的电感,合适调制频率下电机电流接近于连续,波动较小。调制频率通常在 1～30kHz 之间选择。

6.3.5 直流无刷电机的制动控制

电机运转中,如果接收到停止指令,驱动器的功率开关器件截止,转速下降过程中电机处于发电机工作状态。但由于没有形成电回路,绕组没有电流流过,电机将较长时间后才能够停止。如果需要电机快速停止,可采用制动控制。为此需要引入合适的能耗制动回路,使绕组中流过的再生电流产生制动转矩,电机动能转化为电阻上的热损耗,使电机快速停止。

图 6-41 给出三相半控式换相电路的制动控制方案。由 3 个二极管 VD、电阻 R 和一个开关 S 组成制动控制电路。在停机信号发出后,3 个功率晶体管截止,然后制动控制信号令开关 S 闭合,各相绕组产生制动电流。利用电阻 R 限制制动电流的最大值。这里的开关 S 可以用一个功率开关管代替。

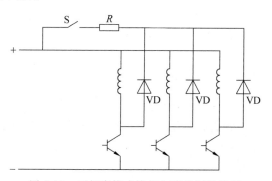

图 6-41 三相半控式换相电路的制动控制

对于三相全控式换相电路,制动控制也很容易实现。停止指令发出后,上下桥臂 6 个功率开关器件截止。如果设法同时控制下桥臂 3 个功率开关器件都导通,相当于三相绕组端头同时接地短接,反电动势产生相当大的短路电流,使电机快速制动。需要注意的是,此短接制动电流值会很大,而且如果控制器只在直流母线设置一个电流传感器来完成过电流检测和保护的话,此限流保护对短接制动电流不起作用,因为此短接制动电流并不流过直流母线。为了解决这个问题,在停止指令发出后,过一段时间,待电机降低到某一转速后,才发出制动指令,实现短接制动,以减少电流的冲击。短接制动也可以这样实施:上下桥臂 6 个功率开关器件截止后,用外接 3 个有触点开关将三相绕组端头通过 3 个能耗电阻短接,选择合适的电阻值以限制制动电流。

下面介绍一种制动控制的例子。图 6-42 是一种传统的三相逆变桥,一个制动开关 V_7 控制的动态制动电阻器 R_B 与直流母线电容器并联。这个制动电路可用于 4 个象限工作,支持控制减速和制动。在四象限转矩控制的应用中,内部电流或转矩控制电路的作用可以使电机在两个转向加速和减速。当制动减速或反转时,电机反电动势产生的制动电流通过逆变器开关器件的反接二极管流向直流母线电容器,最初的动能转移到直流母线电容器上,使母线电容充电,直流母线电压增高,实现能量回馈。设有一个滞环比较器检测直流母线电压。当此电压超过它的上限阈值,控制动态制动晶体管 V_7 开通,电容器经制动电阻放电,直到其电压低于设定的门槛低值。这个过程不断重复,使转子动能完全消耗,而又保证母线电压在安全范围内。

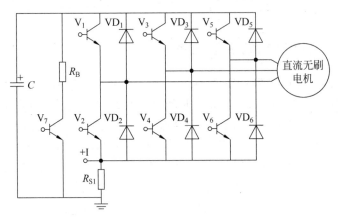

图 6-42　一种三相全控式制动控制电路

6.3.6　直流无刷电机的闭环控制

1. 直流无刷电机的转速单闭环控制

电源电压波动、负载变化等都会引起转速的改变。采用转速负反馈控制能够有效地抑制稳态时转速波动。但因电枢电流不受控,系统的动态性能欠佳。直流无刷电机转速单闭环调速系统框图见图 6-43,图中,BLDCM 是直流无刷电机的缩写。

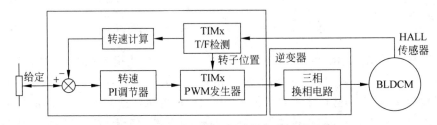

图 6-43　直流无刷电机转速单闭环调速系统

1) 转速信号的采集和处理

转速测量是调速系统中构成转速负反馈的最基本条件。直流无刷电机转子位置检测信号属于脉冲信号,其变化的快慢直接由转轴转速决定,因此可用来测量转速。常见基于脉冲的转速测量方法有 3 种:M 法测速、T 法测速和 M/T 法测速。

(1) M 法测速。通过对规定时间内位置检测信号的脉冲个数进行计数来获得被测转速,称为 M 法测速。在转速较低时,会因测量时间内的脉冲数少,使得误差变大。所以 M 法宜测量高速。如要降低测量的转速下限,可以提高编码器分辨率或延长测量时间,使一次采集的脉冲数尽可能多。

(2) T 法测速。测量相邻两个位置检测信号的时间来测量转速,称为 T 法测速。转速较高时,会因测得的周期较小,使得误差变大。所以 T 法宜测量低速。如要增加转速测量的上限,可以减小编码器的脉冲数,或使用更小更精确的计时单位,使一次测量的时间值尽可能大。

(3) M/T 法测速。M 法、T 法各有优劣和适应范围,同时受成本和实时性等条件限制。全转速范围内的测量通常使用 M 法、T 法结合的 M/T 测速法。即同时以检测时间和在此时间内脉冲发生器发出的脉冲个数来测量转速。低速时测周期,高速时测频率。但这种方法需要综合各方面因素确定转速测量方法的切换点,对系统软硬件要求较高。

2) 转速单闭环控制的调节策略

在直流无刷电机转速单闭环调速系统中,电枢电流通常也不可测。为保证系统的可靠运行,电机通常空载或轻载起动。PWM 占空比从一个较小的足以克服负载转矩的值开始逐渐上升,直至达到设定转速。然后,控制系统才转换到正常的转速闭环控制。PWM 占空比的缓慢提升相当于缓慢增加施加于电机电枢电压,从而使起动电流被限制在一个合适的水平。50ms 至几百毫秒的软起动时间一般足以限制起动电流的冲击。

总之,转速单闭环系统具有系统简单、成本低廉等优点。但因电流不可控,系统动态性能欠佳,不适用于有频繁启停要求的应用场合。

2. 直流无刷电机的转速电流双闭环控制

为解决转速单闭环系统动态过程中的转矩(电流)控制问题,在原转速调节器后加入电流调节器,就构成了转速电流双闭环调速系统,如图 6-44 所示。

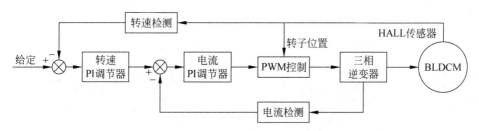

图 6-44 直流无刷电机的转速电流双闭环控制系统框图

结合单片机的外设资源,以单片机为核心的直流无刷电机的转速电流双闭环控制系统组成框图如图 6-45 所示。

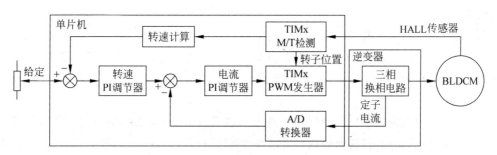

图 6-45 基于单片机的转速电流双闭环系统框图

图 6-45 中,控制系统中设置了两个调节器:转速调节器的输出作为电流调节器的输入;电流调节器的输出为 PWM 占空比的输入。PWM 输出控制三相换相电路,改变电枢电压,从而实现对转速的控制。其中,转速调节器是调速系统的主导调节器。它使得动态时电机转速跟随其给定值而变化,稳态时转速无静差或尽可能小。转速调节器对负载变化起抗扰作用,其输出决定流过电机电流的大小。电流调节器使电机电流紧紧跟随其给定值(转速调节器输出)而变化,对电网电压的波动起抗扰作用。在起/制动过程中,使电机能够以允许的最大电流起动,从而加快动态过程。当电机过载甚至堵转时,电流调节器可以限制电流的最大值,起到快速自动保护的作用。一旦故障消失,即自动恢复正常。

6.4 直流无刷电机的调速控制系统实例

本实例采用直流无刷电机作为驱动电机,其控制系统完全模拟电动汽车驱动电机的相应功能,为便于学习,对控制器做了适当简化。本实例可作为电动汽车驱动电机的教学实训之用。

6.4.1 硬件系统

1. 直流无刷电机的绕组结构

通常电动汽车驱动电机所用直流无刷电机一般为隐极式定子绕组,与一般交流电机相同,如图 6-46 所示。

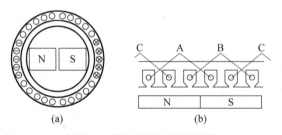

图 6-46 隐极式定子绕组结构
(a) 定子为隐极式的直流无刷电机;(b) 隐极式定子的重叠绕组

由图 6-46 可知,隐极式定子绕组的特点是:隐极(无明显的磁极形状)、各相重叠、每相线圈跨距 180°的电角度。

为便于学习,本实例采用小型直流无刷电机作驱动电机,其定子绕组结构与实际电动汽车所用直流无刷电机结构有所不同,但工作原理相同。近来小型无刷电机为了工艺简单常常采用各相非重叠的绕组结构,各相绕组及铁芯形成独立的磁极,依次为 A、B、C 相,如图 6-47 所示。

图 6-47(a)为本实例采用的凸极式直流无刷电机,这种小型无刷电机定转子极数不同,如定子 12 极,转子 8 极,或其他极数比。由图 6-47(b)可知,该电机凸极式定子采用非重叠绕组。凸极式定子绕组的特点是:凸极、各相独立、每相线圈 60°电角度的跨距。

第6章 直流无刷电机及控制技术

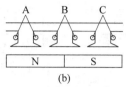

图 6-47 凸极式定子绕组结构

(a) 定子为凸极式的直流无刷电机；(b) 凸极式定子的非重叠绕组

2. 凸极式直流无刷电机的基本工作原理

小型凸极式直流无刷电机的工作原理与前述电机基本相同，以图 6-48 所示的 6/4 极直流无刷电机为例进行分析。

在图 6-48 所示的瞬间位置，若设定子 A 线圈为 N 极、定子 B 线圈为 S 极、定子 C 线圈不通电，根据同性相斥、异性相吸的原理，转子将顺时针转动。随着转子位置的变化，定子线圈通电方式也要改变，这种改变是由 3 个霍尔传感器信号决定的。例如，当转子刚刚转到图 6-48 所示位置时，霍尔传感器 H_U 处于转子从 N 极到 S 极变换的瞬间（即转子 a 点），H_U 信号电平将发生变化（设从 1 变到 0），根据此信号确定定子各相线圈通电方向，以便吸引转子继续转动。当转子转过了 30°空间角度后，可以判断传感器 H_W 将因遇到转子极性由 S 到 N(b 点)的变化而信号电平发生改变（设从 0 变到 1），依此信号定子线圈又将改变一次电流方向。依此类推，转子要转过一对 NS 极（即 c 点转到图示 a 点位置，对应 360°电角度），相当于转过 180°空间角度，将引起 6 次霍尔信号的变化，定子线圈要改变 6 次通电方式。对于更多极的电机也是如此规律：转子每转过一对 NS 极（对应 360°电角度），霍尔信号要变化 6 次，定子通电方式也改变 6 次。

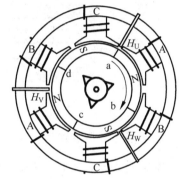

图 6-48 凸极式直流无刷电机工作原理

凸极式电机则通常只用两两导电方式，如图 6-49 所示。图中定、转子的 N、S 极是指定子内表面和转子外表面的极性。

从图 6-49 可见，每改变一次通电状态，转子移动半个定子磁极或 1/3 个转子磁极位置，通电 6 次完成一个循环，转子共移动 3 个定子磁极位置或 2 个转子磁极位置，对应图 6-48 的 6/4 极电机共转动了 180°空间角度，对应图 6-47(a)的 12/8 极电机共转动了 90°空间角度。由图 6-49 可见，凸极式直流无刷电机与隐极式直流无刷电机通电顺序可以是完全相同的。（隐极式直流无刷电机通电顺序可参见 6.3 节相关换相控制逻辑的内容）

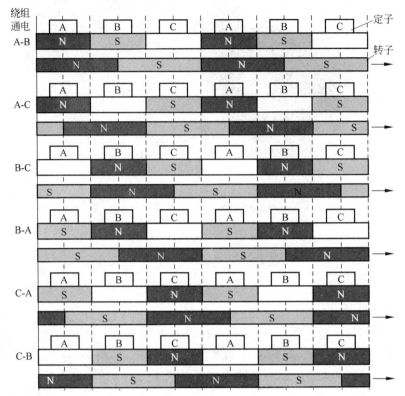

图 6-49 凸极式直流无刷电机定子绕组通电顺序

3. 转子位置传感器

本实例的转子位置传感器采用间隔 120°安装的 3 个霍尔位置传感器,安装在定子一端,如图 6-50 所示,和上图 6-48 中标记一致分别记作 H_U、H_V、H_W。

霍尔传感器用于检测转子的磁极位置。转子每转过一定角度,其中一个传感器信号电平就会发生改变,控制系统根据 3 个传感器信号的组合决定定子线圈通电状态。

图 6-50 转子位置传感器

6.4.2 控制系统

1. 控制系统的总体要求

根据电动汽车行驶工况需要,直流无刷电机控制系统应具有以下功能:①平稳起动;②前进与后退,对应电机正、反转功能;③加速与减速,对应电机良好的调速功能,要求通过 PWM 控制实现;④下坡缓速时能量回收,对应电机回馈发电状态;⑤电磁制动,制动能量也可以回收,对应电机能耗制动功能;⑥过流保护功能,当电流过大时立即关断所有功率管。

2. 控制系统的总体框图

一个直流无刷电机调速控制系统实验电路的总体框图如图 6-51 所示,包括操纵板、HCS12 单片机板、驱动板和直流无刷电机等几部分。

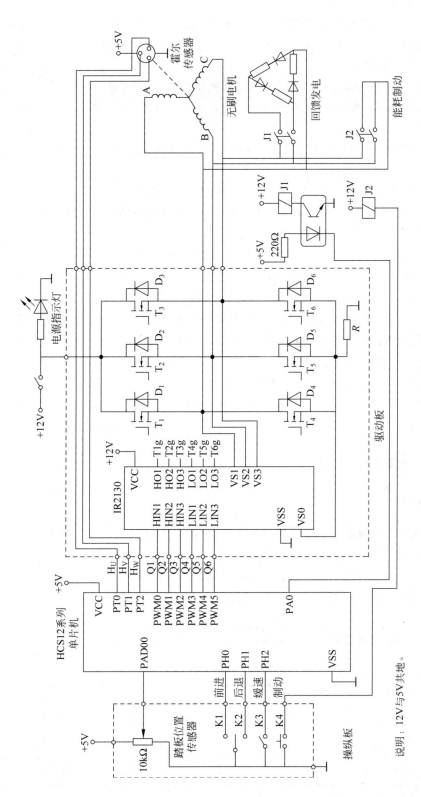

图 6-51 直流无刷电机调速控制系统的总体框图

1) 操纵板

包括一些开关和踏板位置传感器。其中K1~K4为开关或按钮,分别对应前进、后退、缓速和制动等操作控制。踏板位置传感器使用一个10kΩ的电位器,模拟踏板位置变化。

2) HCS12系列单片机板

控制芯片采用Freescale公司的HCS12系列单片机MC9S12DG128。

(1) 模拟量输入。踏板位置传感器的模拟信号送入PAD00后进行A/D转换,对应数字量控制PWM占空比。

(2) 开关量输入。前进、后退、缓速和制动等操作控制信号分别送入控制器芯片的PH0~PH2。

(3) 霍尔位置传感器信号H_U~H_W送入控制器芯片的PT0~PT2。

(4) PWM输出控制:PWM0~PWM5输出6个功率管控制信号,连接到驱动芯片输入端HIN1~HIN3及LIN1~LIN3。

(5) 开关量输出:PA0输出信号经光耦合继电器驱动后控制回馈发电和能耗制动电路。

3) 驱动板

驱动芯片采用IR2130。该芯片是MOSFET和IGBT功率器件专用的驱动芯片,主要用于逆变器的驱动控制。内部有自举电路,可直接驱动高压系统,还具有过流保护功能,当电流过大时可同时关断6个功率管。

输入端(HIN1~HIN3、LIN1~LIN3)低电平有效。T_1~T_6为6个功率管组成全桥电路,输出端(HO1~HO3、LO1~LO3)控制6个功率管T_1~T_6的控制极。在全桥下端串联一个电阻,作为过流保护的取样电阻。

6.4.3 基本控制方法

1. 转向控制

与普通直流电机改变电压极性即可改变转向不同,直流无刷电机正反转控制需要改变6个功率管的导通顺序。

以转子经过定子线圈A→B→C的方向为正转方向,两两导电方式下导通相、导通功率管与霍尔传感器信号之间的关系如表6-2所示。

表6-2 两两导电方式下的正转控制逻辑

$H_U H_V H_W$	导通相	导通功率管
101	A-B	T_1、T_5
100	A-C	T_1、T_6
110	B-C	T_2、T_6
010	B-A	T_2、T_4
011	C-A	T_3、T_4
001	C-B	T_3、T_5

反转时基本控制逻辑见表6-3。

表6-3 两两导电方式下的反转控制逻辑

$H_U H_V H_W$	导通相	导通功率管
101	B-A	T_2、T_4
100	C-A	T_3、T_4
110	C-B	T_3、T_5
010	A-B	T_1、T_5
011	A-C	T_1、T_6
001	B-C	T_2、T_6

2. 调速控制

直流无刷电机调速控制涉及HCS12系列单片机的A/D转换和PWM控制功能。踏板位置传感器输入的是模拟信号,需转换成对应数字量,并用此数字量调整PWM脉冲信号的占空比,再利用PWM信号对功率管的导通电平进行调制,从而改变施加于直流无刷电机的等效线电压,调整电机的转速。

1) A/D转换

HCS12系列单片机内设有16路(PAD00～PAD15)10位A/D转换器ADC,本系统仅用其中1路(PAD00脚),采集来自踏板位置传感器的模拟信号,转换后的数字量直接控制PWM占空比,用于调节电机转速。有关ADC控制器的设置方法与执行过程详见HCS12系列单片机的说明书。

2) PWM控制方法

HCS12系列单片机内PWM模块,用于脉宽调制(PWM)控制,可从PWM0～PWM5引脚输出PWM信号。有关的PWM设置方法与执行过程详见第4章的相关内容。

本实例采用PWM的开关频率为10kHz,并采用HPWM-LON换相调压方式(请参见6.3节的相关内容),导通的上管根据加速踏板的信号计算出相对应的PWM占空比,而下管则常通。当加速踏板位置变化时,PWM脉冲占空比也随之变化,引起功率管间断导通程度的改变,等效于施加到定子绕组的端电压发生变化,从而达到调速目的。

3) 转速计算

如前所述,转子每转一圈对应霍尔转子位置传感器信号H_U、H_V、H_W会出现4个信号周期,故可根据H_U、H_V、H_W的信号周期计算转子转速。

3. 回馈发电控制

为回收电动汽车下坡或缓速制动时的动能,可令电机进入回馈发电状态,即利用电机的动能发电。

本实例的回馈发电装置见图6-51。操作由缓速开关K3控制,当K3接通后,单片机板即命令电机进入回馈发电状态,单片机首先关断所有功率管,相当于断开外部直流电源。同时给PA0脚低电平,接通相连的光耦合缓速继电器,该继电器接通由三组电阻和LED组成并△连接的回馈发电能量回收电路。

电机在回馈发电状态时的运行方式与普通同步发电机完全相同,故定子的线电压是完整的正弦波。这种三相交流电的三条相线电位交替变化,故在任何瞬间总可以使 1~2 个 LED 发光。因变化频率较高,宏观上观察,3 个 LED 似乎是同时点亮的。

应该指出,实际电动汽车的回馈发电状态常应用于汽车下坡缓速,延续时间可长达几分钟,其能量回收系统可经整流及 DC/DC 变换处理后将电能给蓄电池或超级电容充电,比本实例中的能量回收装置复杂得多。由于本实例的电机并无其他原动力拖动,为尽量延长转动惯性,电机轴上安装了一个较大的飞轮。试验发现,当电机在最高转速下进入回馈发电状态时,可连续发电 6~7s。

4. 制动控制

直流无刷电机通常采用能耗制动方式。与回馈发电时类似,制动能量也可以回收,不过由于制动时间较短,回收的能量有限,而且回收能量会降低制动效果,故制动状态是以快速停车为主要目的。

本实例的制动控制电路由按钮和继电器等组成,当电机运行中需要紧急制动时,先断开电源,当转速稍有降低后即可按下制动按钮,直接将三相绕组短接进行能耗制动,见图 6-51。不过这种接法当电机高速制动时对电机冲击较大,只能低速时使用。实际应用中,制动能量回收电路可以采用超级电容作为能量吸收装置,因其功率密度较大,可以快速回收制动能量。

思考题与练习题

6.1 简述直流无刷电机的基本结构。
6.2 分析直流无刷电机的基本工作原理。
6.3 简述直流无刷电机位置传感器的种类。
6.4 分析三相半控电子换相器的基本工作原理。
6.5 分析三相全控Y连接电子换相器的基本工作原理。
6.6 分析三相全控△连接电子换相器的基本工作原理。
6.7 简述直流无刷电机平均电动势 E_a 公式。
6.8 简述直流无刷电机平均转矩 T_a 公式。
6.9 分析直流无刷电机的调节特性。
6.10 分析直流无刷电机的机械特性。
6.11 分析直流无刷电机转速单闭环控制的基本组成及工作原理。
6.12 分析直流无刷电机转速电流双闭环控制的基本组成及工作原理。

第 7 章 交流异步电机及控制技术

交流旋转电机可分为同步电机和异步电机两大类。转子转速与旋转磁场转速相同的称为同步电机,不同的称为异步电机。异步电机具有结构简单、制造容易、运行可靠、维护方便、成本较低、效率较高等优点,是现代化工农业生产中应用最广泛的一种动力设备。例如,中小型轧钢设备、矿山机械、机床、起重机等大都采用异步电机来拖动。在日常生活中,单相异步电机广泛应用在电风扇、洗衣机、电冰箱、空调机及各种医疗机械中。据统计,在电网的总负载中,异步电机占总动力负载的 85% 以上。

异步电机的缺点主要是不能经济地实现范围较广的平滑调速,且异步电机是感性负载,需从电网吸收无功电流建立磁场,从而使电网的功率因数降低,必须采用相应的无功补偿措施。因而对一些调速性能要求较高的机械负载,仍使用调速性能较好的直流电机拖动,对于单机容量较大、恒转速运转的机械负载,常采用改善功率因数的同步电机拖动。

异步电机种类很多,根据其特征可作以下分类:按电源相数可分为单相、两相、三相异步电机;按转子结构型式可分为鼠笼式、绕线式异步电机,按外壳的防护型式可分为开启式、防护式、封闭式异步电机。

本章主要分析三相异步电机。

7.1 三相异步电机的基本结构和工作原理

7.1.1 三相异步电机的基本结构

异步电机有鼠笼式和绕线式两类,结构如图 7-1 及图 7-2 所示。它们的区别在于结构不同。异步电机结构主要由固定不动的定子和旋转的转子所组成,定子与转子间存在很小的间隙,称为气隙。

1. 定子

异步电机定子由定子铁芯、定子绕组和机座等部件组成,定子的作用是用来产生旋转磁场。

1) 定子铁芯

定子铁芯是电机磁路的一部分,由于异步电机中的磁场是旋转的,定子铁芯中的磁通为交变磁通。

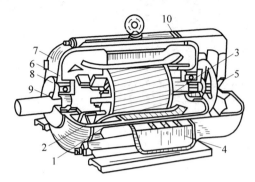 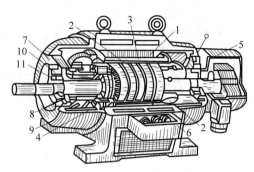

图 7-1 鼠笼式异步电机的结构
1—定子；2—定子绕组；3—转子；4—出线盒；
5—风扇；6—轴承；7—端盖；8—内盖；
9—外盖；10—风罩

图 7-2 绕线式异步电机的结构
1—定子；2—定子绕组；3—转子；4—转子绕组；
5—滑环风扇；6—出线盒；7—轴承；8—轴承盒；
9—端盖；10—内盖；11—外盖

为了减小磁场在铁芯中引起的涡流及磁滞损耗，定子铁芯由导磁性能较好的 0.5mm 厚、表面具有绝缘层（涂绝缘漆或硅钢片表面具有氧化膜绝缘层）的硅钢片叠压而成。定子铁芯叠片内圆冲有均匀分布的一定形状的槽，用以嵌放定子绕组。中小型电机的定子铁芯采用整圆冲片，如图 7-3 所示。大、中型电机常采用扇形冲片拼成一个圆。

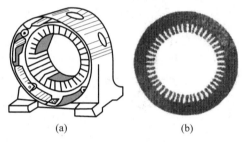

图 7-3 定子机座和铁芯冲片
(a) 定子机座；(b) 定子铁芯冲片

2）定子绕组

定子绕组是电机的电路部分，由许多线圈按一定的规律连接而成。小型异步电机的定子绕组由高强度漆包圆铜线或铝线绕制而成，一般采用单层绕组；大、中型异步电机的定子绕组用截面较大的扁铜线绕制成型，再包上绝缘，一般采用双层绕组。

3）机座

机座是电机的外壳，用以固定和支撑定子铁芯及端盖，机座应具有足够的强度和刚度，同时还应满足通风散热的需要。小型异步电机的机座一般用铸铁铸成，大型异步电机机座常用钢板焊接而成。为了增加散热面积、加强散热，封闭式异步电机机座外壳上面有散热筋，防护式电机机座两端端盖开有通风孔或机座与定子铁芯间留有通风道等。

2. 转子

转子由转子铁芯、转子绕组和转轴等部件构成。转子的作用是用来产生感应电流，形成电磁转矩，从而实现机电能量转换。

1）转子铁芯

转子铁芯也是电机磁路的一部分。通常用定子冲片内圆冲下来的原料做转子叠片，即一般仍用 0.5mm 厚的硅钢片叠压而成，套装在转轴上，转子铁芯叠片外圆冲有嵌放转子绕组的槽。

2）转子绕组

转子绕组的作用是感应出电动势和电流并产生电磁转矩。其结构型式有鼠笼式和绕线式两种,现分述如下。

(1) 鼠笼式转子绕组。在每个转子槽中插入一铜条,在铜条两端各用一铜质端环焊接起来形成一个自身闭合的多相短路绕组,形如鼠笼,称为铜条转子,如图 7-4 所示。也可以用铸铝的方法,把转子导条和端环、风扇叶片用铝液一次浇铸而成,称为铸铝转子,如图 7-5 所示。中小异步电机的鼠笼转子一般采用铸铝转子。

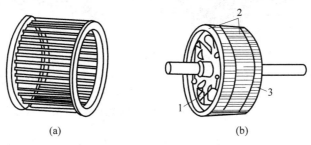

图 7-4 铜条转子结构

(a) 铜条转子绕组;(b) 铜条转子

1—铁芯;2—导条短路环;3—嵌入的导条

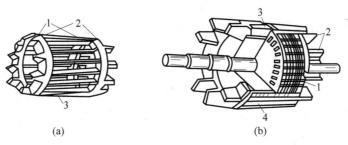

图 7-5 铸铝型转子结构

(a) 铸铝转子绕组;(b) 铸铝转子

1—端环;2—风叶;3—铝条;4—转子铁芯

为了提高电机的起动转矩,在容量较大的异步电机中,可采用双鼠笼式或深槽式结构的转子。因鼠笼式转子结构简单、制造方便、运行可靠,所以得到广泛应用。

(2) 绕线式转子绕组。绕线式转子绕组与定子绕组相似,也是制成三相绕组,一般作星形连接。3 根引出线分别接到转轴上彼此绝缘的 3 个滑环上,通过电刷装置与外部电路相连,如图 7-6 所示。转子绕组回路串入三相可变电阻的目的是为了改善起动性能或调节转速。为了消除电刷和滑环之间的机械摩擦损耗及接触电阻损耗,在大、中型绕线式电机中,还装设有电刷短路装置。起动时转子绕组与外电路接通,起动完毕后,在不需调速的情况下,将外部电阻全部短接。

3) 转轴

转轴一般用强度和刚度较高的低碳钢制成,其作用是支撑转子和传递转矩。整个转子靠轴承和端盖支撑着,端盖一般用铸铁或钢板制成,它是电机外壳机座的一部分。

3. 气隙

在电机定子和转子之间留有均匀的气隙,气隙的大小对异步电机的参数和运行性能影

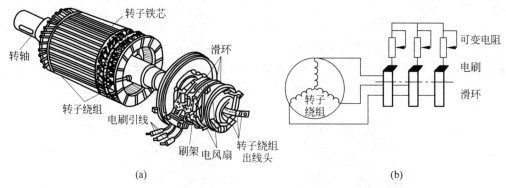

图 7-6 绕线式转子
(a) 绕线转子；(b) 绕线转子回路接线示意图

响很大。为了降低电机的励磁电流和提高功率因数，气隙应尽可能小些，但气隙过小，将使装配困难或运行不可靠，因此气隙大小除了考虑电性能外，还要考虑便于安装。气隙的最小值常由制造加工工艺和安全运行等因素来决定，异步电机气隙一般为 0.2~2mm，比直流电机和同步电机定、转子气隙小很多。

7.1.2 三相异步电机的工作原理

1. 工作原理

在异步电机的定子铁芯里，嵌放着对称的三相绕组 U1-U2、V1-V2、W1-W2，如图 7-7 所示。以鼠笼式异步电机为例，转子是一闭合的多相绕组，下面分析异步电机的工作原理。

图 7-7 中，当异步电机三相对称定子绕组中通入 U、V、W 相序的三相对称交流电流时，定子电流便产生一个以同步转速 n_1 旋转的圆形旋转磁场，且 $n_1=60f/p$（其中 f 为三相交流电的频率，p 为极对数），旋转方向取决于定子三相绕组的排列以及三相电流的相序。图中 U、V、W 三相绕组顺时针排列，当定子绕组中通入 U、V、W 相序的三相交流电流时，定子旋转磁场为顺时针转向。转子开始是静止的，故转子与旋转磁场之间存在相对运动，转子导体切割定子磁场而感应电动

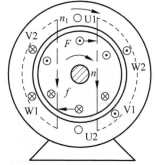

图 7-7 异步电机工作原理

势，因转子绕组自身闭合，转子绕组内便产生了感应电流。转子有功分量电流与转子感应电动势同相位，其方向由右手定则确定。载有有功分量电流的转子绕组在磁场中受到电磁力作用，由左手定则可判定电磁力 F 的方向。电磁力 F 对转轴形成一个电磁转矩，其作用方向与旋转磁场方向一致，拖着转子沿着旋转磁场方向旋转，将输入的电能变成转子旋转的机械能。如果电机轴上带有机械负载，则机械负载便随电机转动起来。

异步电机的转子旋转方向始终与旋转磁场的方向一致，而旋转磁场的方向又取决于通入交流电的相序，因此只要改变定子电流相序，即任意对调电机的两根电源线，便可使电机反转。

2. 转差率

异步电机的转子转速 n 总是低于定子旋转磁场转速 n_1，这是异步电机转子绕组产生感应电动势和电流，并形成电磁转矩的必要条件。因电机转速 n 与旋转磁场转速 n_1 不同步，"异步"由此而得名。由于异步电机的转子电流是依靠电磁感应作用产生的，所以又称为感应式电机。通常我们将同步转速 n_1 与转子转速 n 之差对同步转速 n_1 之比称为转差率，用字母 s 表示，即

$$s = \frac{n_1 - n}{n_1} \tag{7-1}$$

异步电机带额定负载时，转差率很小，一般 s 为 $0.01\sim0.06$，即其额定转速很接近同步转速。由于转差率 s 反映了转子与旋转磁场之间的相对运动，故 s 的大小对异步电机转子电动势、电流、频率、电抗、功率因数等物理量都有直接影响，转差率 s 是异步电机的一个重要参数。

根据转差率 s，可以求出电机的实际转速 n，即

$$n = n_1(1-s) \tag{7-2}$$

3. 异步电机的三种运行状态

根据转差率大小和正负情况，异步电机有电动机运行、发电机运行和电磁制动运行三种运行状态。

1) 电动机运行状态

当异步电机作电动机运行时，电磁转矩为驱动性质，电磁转矩克服负载转矩而做功，把从定子吸收的电功率转变成机械功率从转子输出。电机转速 n 与定子旋转磁场转速 n_1 同方向，如图 7-8(b)所示，且实际转速取决于负载大小。当电机静止时，$n=0$，$s=1$；当异步电机处于理想空载运行时，转速 n 接近于同步转速 n_1，故异步电机作电动机运行时，转速变化范围为 $0<n<n_1$，转差率变化范围为 $0<s<1$。

2) 发电机运行状态

如果用原动机拖动异步电机顺着旋转磁场的方向旋转，且使电机转速 n 大于同步转速 n_1，即 $n>n_1$，则 $s<0$，磁场切割转子导体的方向与电动机状态时相反。因此转子电势、转子电流及电磁转矩的方向也与电动机运行状态时相反，如图 7-8(c)所示。电磁转矩与转子转向相反，对转子的旋转起制动作用，转子从原动机吸收机械功率。由于转子电流改变了方向，定子电流跟随改变方向，也就是说，定子绕组由原来从电网吸收电功率，变成向电网输出电功率，使电机处于发电机运行状态。

当异步电机作为发电机运行时，其转速可在 $n_1<n<+\infty$ 范围内变化，相应的转差率在 $-\infty<s<0$ 范围内变化。

3) 电磁制动状态

如果用外力拖动电机逆着旋转磁场的旋转方向转动，则旋转磁场将以高于同步转速的速度(n_1+n)切割转子导体，切割方向与电动机状态时相同。因此，转子电动势、转子电流和电磁转矩的方向与电动机运行状态时相同，但电磁转矩与转子转向相反，对转子的旋转起制动作用，故称为电磁制动运行状态，如图 7-8(a)所示。为克服这个制动转矩，外力必须向

转子输入机械功率,同时电机定子又从电网吸收电功率,这两部分功率都在电机内部以损耗的方式转化成热能消耗了。异步电机作电磁制动状态运行时,转速变化范围为$-\infty<n<0$,相应的转差率变化范围为$1<s<+\infty$。

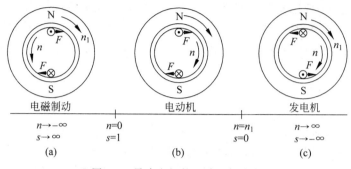

图 7-8　异步电机的三种运行状态
（a）电磁制动；（b）电动机；（c）发电机

由以上分析可见,异步电机可以在电动机、发电机和电磁制动三种状态下运行。异步电机主要作为电动机运行；电磁制动往往只是异步电机在完成某一生产过程中而出现的短时运行状态,例如交流起重机下放重物时,为限制下放速度,使异步电机运行于电磁制动状态,至于异步发电机则有时用于农村小型水电站和风力发电站中。

7.2　交流电机的绕组、电动势和磁动势

三相交流旋转电机,主要分为同步电机和异步电机两大类。虽然两类电机在原理、结构、励磁方式、运行特性和主要运行方式等方面有很大差异,但电机内部所发生的电磁现象、机电能量转换原理等方面却有许多共同之处。本节要研究的交流电机绕组、电动势及其磁动势就是交流电机的共性问题。

7.2.1　交流电机的绕组

交流绕组的作用是形成旋转磁场及产生三相对称交流电动势,它是电机的电路组成部分,是实现机电能量转换的主要部件之一,是分析交流电机的重要理论基础。研究绕组是研究电机的电磁关系、电动势和磁动势的关键。下面介绍交流绕组的基本概念。

1. 交流绕组的基本知识

1) 交流绕组的构成原则及分类

从设计制造和运行性能两个方面考虑,对交流绕组提出如下基本要求:①在一定导体数下,获得较大的电动势和磁动势;②三相绕组对称,各相阻抗要平衡,以保证三相电动势和磁动势对称;③绕组的合成电动势和磁动势在波形上力求接近正弦波;④用铜量要少,绝缘性能和机械强度高,散热好;⑤工艺简单,制造检修方便。

交流绕组的种类很多。按槽内元件边的层数可分为单层绕组和双层绕组；根据绕法可

分为叠绕组和波绕组；根据每极每相槽数是整数还是分数，可分为整数槽绕组和分数槽绕组；按绕组节距是否等于极距又可分为整距绕组、短距绕组和长距绕组。无论何种类型的绕组，构成绕组的原则是相同的。

单层绕组一般用于小型异步电机定子中，双层叠绕组一般用于汽轮发电机及大、中型异步电机的定子中，双层波绕组一般用于水轮发电机的定子和绕线式异步电机转子中。

2) 交流绕组的几个基本概念

(1) 电角度与机械角度。电机圆周在几何上分为 $360°$，这个角度称为机械角度。从电磁的观点看，若磁场在空间上为正弦分布，则一对 N、S 极的分布范围刚好是一个磁场的分布周期，即一对极所占空间为 $360°$ 电角度。导体经过一对 N、S 极时，切割磁场所感应的正弦电动势的变化也是一个周期，即 $360°$。则得：电角度 $= p \times$ 机械角度，p 为电机的极对数。

(2) 极距 τ。每个极面下，沿气隙圆周即电枢表面的距离叫极距。极距 τ 可用电角度及定子表面长度表示，也可用每个极面下所占的槽数表示。当用电角度表示时，极距 $\tau = 180°$ 电角度。如定子槽数为 Z，极对数为 p（极数为 $2p$），则极距用槽数表示：$\tau = Z/2p$。

(3) 线圈及节距。线圈是组成绕组的基本单元，每一绕组元件都有两条切割磁力线的直线边，称为有效边。有效边嵌放在定子铁芯的槽内，在槽外用以连接上、下圈边的部分称为端接。在双层绕组中，一条有效边在上层，另一条在下层，故分别称为上元件边、下元件边，也称为上圈边、下圈边，如图 7-9 所示。线圈可以是单匝，也可以是多匝串联而成（多匝一般为连续绕制），每个线圈有首端和末端两引出线，如图 7-10 所示。

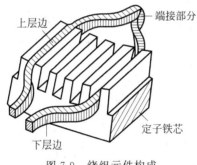

图 7-9 绕组元件构成

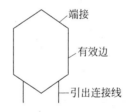

图 7-10 绕组元件示意图

同一线圈的两个有效边间的距离称为第一节距，用 y_1 表示；第一个线圈的下层边与第二个线圈的上层边间的距离称第二节距，用 y_2 表示；第一个线圈与第二个线圈对应边间的距离称合成节距，用 y 表示。如图 7-11 所示。

$y_1 = \tau$ 称为整距绕组；$y_1 < \tau$ 称为短距绕组；$y_1 > \tau$ 称为长距绕组。长距绕组与短距绕组均能削弱高次谐波电势或磁势，但长距绕组的端接较长，用铜量较多，一般都不采用。交流电机多采用短距绕组。

(4) 槽距角 α。槽距角是相邻两槽间的电角度。电机定子的内圆周是 $p \times 360°$ 电角度，被其槽数 Z 所除，可得槽距角，即

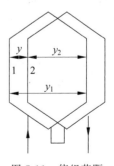

图 7-11 绕组节距

$$\alpha = \frac{p \times 360°}{Z} \tag{7-3}$$

(5) 每极每相槽数 q。每相绕组在每个磁极下平均占有的槽数为每极每相槽数 q，即

$$q = \frac{Z}{2mp} \tag{7-4}$$

式中，Z 为总槽数；p 为极对数；m 为相数。q 值可以是整数，称为整数槽绕组；q 也可以是分数，称分数槽绕组。

(6) 相带与极相组。每相绕组在每个极面下连续占有的电角度 $q\alpha$ 称为绕组的相带。交流电机一般采用 60°相带。

将每个磁极下属于同一相带的 q 个线圈按一定方式连接成一线圈组，即为极相组。

将属于同一相的所有极相组并联或串联起来，构成一相绕组。

本节仅以单层和双层绕组为主，研究三相绕组的连接规律，通过绘制槽电势星形图和绕组展开图来研究绕组分布情况。

2. 三相单层绕组

单层绕组每相只有一个线圈边，所以线圈数等于槽数的一半。按绕组元件的形状和连接方式，三相单层绕组可分为等元件式、交叉式、同心式和链式。等元件绕组的元件节距相等，即元件大小一样。下面举例说明三相单层等元件绕组的连接规律。

已知电机定子的槽数 $Z=36$，极数 $2p=4$，并联支路数 $a=1$，试绘出三相单层等元件绕组的槽电势星形图和绕组展开图。

1) 槽电势星形图

当把各槽内导体中的电势分别用相量表示时，这些相量构成一个星形图。由于相邻两槽的距离（用电角度表示）为槽距角 α，故槽电势在相位上互差一个槽距角 α。本例中，$\alpha = p \times 360°/Z = 2 \times 360°/36 = 20°$。

根据槽距角画出各槽电势相量图，即槽电势星形图，如图 7-12 所示。图中相量 1～18 代表第一对极下 1～18 槽中导体的电势相量，相量 19～36 代表第二对极下 19～36 槽中导体的电势相量。由于这两组在极下分别处于相对应的位置，所以相对应的导体中电势是同相位的，因此这两组电势相量完全重合。如果电机有 p 对磁极，则应有 p 个重叠的槽电势星形。

2) 画绕组展开图

(1) 先计算出极距和每极每相槽数。$\tau = Z/2p = 36/4 = 9$（槽）；$q = Z/2mp = 36/12 = 3$（槽）。

(2) 找出属于一相的槽。由上可知该绕组每个极下有 9 个槽，其中属于一相的有 3 个槽，根据上面对槽电势星形图的分析，可知 q 个相邻的槽中导体电势合成最大，故选择相邻 q 个槽为某一相在一极下的

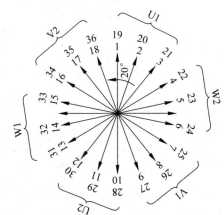

图 7-12 槽电势星形图

槽，而在每个极下均有这样的 q 个槽，而且在不同极下分别处于相对应的位置。如图 7-13 先将 36 槽按极数和极距分成四段，然后以 U 相为例，在四个极下属于它的分别为：1、2、3，10、11、12、19、20、21 和 28、29、30 四组相邻槽，每组三槽，而且在不同极下分别处于相同的

位置。

(3) 构造线圈。根据等元件绕组的元件大小一样,将第一对极距内的1、2、3和10、11、12两部分槽内的线圈边连接起来,即将1与10、2与11、3与12连接成3个线圈,由此可以看出单层的等元件绕组节距等于极距,极距为9槽。

(4) 构造线圈组。接下来将这3个线圈串联起来成为一对极下的线圈组,同理把第二对极距内的19、20、21和28、29、30连成第二个线圈组。

(5) 一相绕组。显然这两个线圈组电势是同相位的,它们可以并联也可以串联。根据每相并联支路数 $a=1$ 的要求,将这两个线圈组顺向串接成U相绕组。串联时注意首尾相连使电势方向一致。最后标示出首末端。

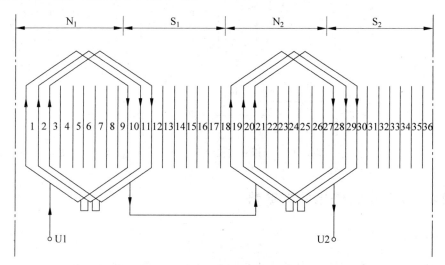

图 7-13 三相单层等元件 U 相绕组展开图

单层绕组的优点是:槽内无层间绝缘,槽利用率较高,对小功率电机来说具有很大意义,线圈数只是双层绕组的一半,且嵌线方便。主要缺点是:不能制成短距绕组来削弱高次谐波电动势和高次谐波磁动势,其电动势、磁动势波形较差,电机铁损和噪声较大,起动性能较差,因此单层绕组一般用于功率在 10kW 以下的异步电机。

3. 三相双层绕组

双层绕组的每个线圈,一个边放在一个槽的上层,另一个边放在另一个槽的下层,线圈的形式相同,线圈数等于槽数。双层绕组的节距可以根据需要来选择,一般做成短距以削弱高次谐波,改善电势波形。容量较大的电机均采用双层短距绕组。

双层绕组主要有叠绕组和波绕组两种,波绕组主要用于水轮发电机中,这里不再详述,只对叠绕组进行举例介绍。

下面仍以 $Z=36, 2p=4, a=1$ 的电机为例,来研究三相双层叠绕组的连接规律,如图7-14所示。以U相为例,分配给U相的槽仍为1、2、3,10、11、12,19、20、21和28、29、30四组,这里若选用短距绕组,$y_1=(7/9)\tau=7$(槽),上层边选上述四组槽,则下层边根据线圈的第一节距 $y_1=7$ 选择,从而构造成线圈(上层边的槽号也代表线圈号)。比如,第一个线圈的上层边在1槽中,则下层边在 $1+7=8$ 槽中,第二个线圈的上层边在2槽中,则下层边在 $2+7=$

9槽中,依此类推,得到12个线圈。这12个线圈构成4个线圈组(4个极)。然后根据并联支路数来构成一相,这里$a=1$,所以将4个线圈组串联起来,成为一相绕组。

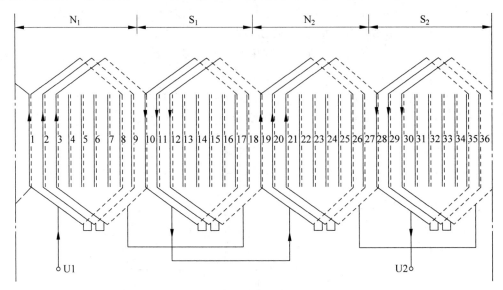

图7-14 三相双层叠绕组U相展开图

7.2.2 交流电机绕组的电动势

1. 导体的电动势

在正弦分布磁场下,导体电动势也为正弦波,根据电动势公式$e=Blv$,可得导体电动势最大值$E_{clm}=B_{ml}lv$,其中B_{ml}为正弦磁密幅值。

若$2p\tau$为定子内圆周长,导体电动势有效值为

$$E_{cl}=\frac{E_{clm}}{\sqrt{2}}=\frac{B_{ml}lv}{\sqrt{2}}=\frac{B_{ml}l}{\sqrt{2}}\cdot\frac{2p\tau}{60}n=\frac{B_{ml}l}{\sqrt{2}}\cdot\frac{2p\tau}{60}\cdot\frac{60f}{p}=\sqrt{2}fB_{ml}l\tau \qquad (7\text{-}5)$$

式中,极距τ用长度单位表示。

磁密平均值$B_{av}=(2/\pi)B_{ml}$,每极磁通量$\Phi_1=B_{av}l\tau=(2/\pi)B_{ml}l\tau$,则得

$$B_{ml}=\frac{\pi}{2}\Phi_1\frac{1}{l\tau} \qquad (7\text{-}6)$$

式(7-6)代入式(7-5),则导体电动势有效值为

$$E_{cl}=\frac{\pi}{\sqrt{2}}f\Phi_1=2.22f\Phi_1 \qquad (7\text{-}7)$$

式中,Φ_1是指每极下的总磁通量。

2. 线圈的电动势

先讨论匝电动势,即一匝线圈的两个有效边导体的电动势相量和。

1) 单匝整距线圈的电动势

整距线圈即$y_1=\tau$,如果线圈一个有效边在N极中心线下,则另一个有效边刚好处于相

邻的 S 极中心线下。该整距单匝元件,其上、下圈边的电动势 $\dot{E}_{c1}$ 与 $\dot{E}'_{c1}$ 大小相等而相位相反。整距单匝元件的电动势为 E_{t1},所以它的电动势值为一个圈边电动势的两倍,即

$$E_{t1(y_1=\tau)} = 2E_{c1} = \sqrt{2}\pi f\Phi_1 = 4.44 f\Phi_1 \tag{7-8}$$

2) 单匝短距线圈的电动势

短距线圈即 $y_1 < \tau$,可知其上、下圈边电动势的相位差不再是 180°,而是小于 180°的角。γ 是用电角度表示的元件第一节距,也称短距对应角,即

$$\gamma = \frac{y_1}{\tau} \times 180° \tag{7-9}$$

因此,短距单匝元件的电动势为

$$E_{t1(y_1<\tau)} = 2E_{c1}\cos\frac{180°-\gamma}{2} = 2E_{c1}\sin\left(\frac{y_1}{\tau}\times 90°\right) = 4.44 k_{y1} f\Phi_1 \tag{7-10}$$

式中,k_{y1} 为线圈的短距系数。

基波短距系数 $k_{y1} < 1$,它表示由于"短距"关系使线圈电动势相比整距时打的折扣。即采用短距线圈后基波电动势有所减小,只有当整距时,$k_{y1}=1$。

3) 线圈的电动势

电机槽内每个线圈由 N_c 匝组成,每匝电动势均相等,所以一个线圈电动势有效值为

$$E_{y1} = N_c E_{t1} = 4.44 k_{y1} N_c f\Phi_1 \tag{7-11}$$

3. 线圈组(极相组)的电动势

每个极相组都是有 q 个槽,实际上 q 个线圈是分布在 q 个槽内,即 q 个线圈串联而成的线圈组。所以一个线圈组的电动势应是 q 个线圈电动势的相量和。图 7-15(a)所示的线圈组由 3 个线圈组成,每个线圈的电动势相量如图 7-15(b)所示,相位上互差一个槽距角 α_1,将三个电动势相量加起来就可得到一个线圈组电动势,如图 7-15(c)所示,O 为线圈电动势向量多边形的外接圆圆心,R 为半径,且得

$$R = \frac{E_{y1}}{2\sin\dfrac{\alpha_1}{2}} \tag{7-12}$$

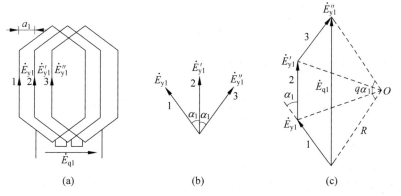

图 7-15 线圈组电动势计算

(a) 线圈组;(b) 线圈电动势相量;(c) 线圈组电动势相量和

据此推导线圈组电动势为

$$E_{q1} = 2R\sin\frac{q\alpha_1}{2} = qE_{y1}\frac{\sin\frac{q\alpha_1}{2}}{q\sin\frac{\alpha_1}{2}} = qE_{y1}k_{q1} \tag{7-13}$$

$$k_{q1} = \frac{\sin\frac{q\alpha_1}{2}}{q\sin\frac{\alpha_1}{2}} \tag{7-14}$$

式中,k_{q1} 为绕组的分布系数。实际上分布系数就是 q 个分布线圈的合成电动势与集中线圈合成电动势之比,它表示由于"分布"关系使线圈组的电动势比集中绕组时打的折扣,除集中绕组 $k_{q1}=1$ 外,分布绕组的 k_{q1} 总是小于 1。

将式(7-11)代入上式(7-13),便得短距时的线圈组电动势,即

$$E_{q1} = \sqrt{2}\pi q N_c k_{y1} k_{q1} f\Phi_1 = 4.44 q N_c k_{w1} f\Phi_1 \tag{7-15}$$

$$k_{w1} = k_{y1} k_{q1} \tag{7-16}$$

式中,k_{w1} 为绕组系数,它表示考虑短距和分布影响时,线圈组电动势应打的折扣。

4. 相电动势

一相绕组由属于该相的所有线圈组组成,线圈组可以串联也可以并联,所以一相电动势等于一条并联支路的总电动势。对于双层绕组一共有 $2p$ 个线圈组,单层绕组则有 p 个线圈组。

对于双层绕组:

$$N = \frac{2pqN_c}{a} \tag{7-17}$$

对于单层绕组:

$$N = \frac{pqN_c}{a} \tag{7-18}$$

根据每相支路数 a 的要求,将一条支路中各个线圈组电动势相加起来,便可得到一相电动势,即

$$E_{p1} = 4.44 f N k_{w1} \Phi_1 \tag{7-19}$$

7.2.3 交流电机绕组的磁动势

同步电机和异步电机的定子绕组都是三相对称绕组,它们通过对称的交流电后,将产生三相合成磁动势。异步电机中交流绕组产生的磁动势是电机的主磁场,而同步电机的电枢(交流)绕组产生的磁动势会对主磁极磁通产生影响,可见交流绕组的磁动势对电机的能量转换和运行性能有很大的影响。同步电机和异步电机的定子绕组都是分布短距绕组,而流过它们的电流则是随时间变化的交流电,使得交流绕组的磁动势既是时间函数又是空间函数,分析比较复杂。根据由简单到复杂的原则,先研究单相绕组的磁动势,再研究三相绕组的磁动势。

1. 单相绕组的磁动势

图 7-16 所示为两极单相绕组的脉振磁场和磁动势。定子上有一集中整距绕组 U1-U2。绕组中通以电流,假设某一瞬间电流的方向由 U1 流入,从 U2 流出,电流所建立的磁场的磁力线分布如图 7-16(a)中虚线所示,它产生的是两极的磁场。对定子而言,上端为 S 极,下端为 N 极。假如将电机从 U2 绕组边处切开,展平后如图 7-16(b)所示。选定绕组 U2、U1 的轴线处为坐标原点,用纵坐标表示磁动势 f,横坐标 α 表示沿气隙圆周离开原点的空间距离。若略去铁芯中的磁阻不计,可认为绕组产生的磁动势全部降落在两个气隙上,并均匀分布,则定子内圆各处气隙中的磁动势正好等于绕组磁动势的一半,即 $Ni/2$。同时规定,磁力线从定子进入转子的磁动势为正,反之为负,则可得到沿气隙圆周空间分布的磁动势曲线,如图 7-16(b)所示。可见,磁动势波形为矩形波,宽度等于线圈宽度,高度为 $Ni/2$。

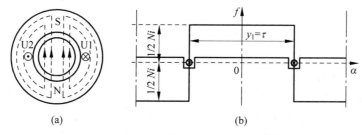

图 7-16　两极单相绕组的脉振磁场和磁动势
(a) 单相绕组磁力线分布图;(b) 气隙磁动势分布图

如果绕组中的电流为直流电,则矩形波的幅值不随时间发生变化。如果绕组中的电流为交流电,且其随时间按余弦规律变化,即 $i=\sqrt{2}I\cos\omega t$,则气隙磁动势为

$$f = \frac{1}{2}Ni = \frac{\sqrt{2}}{2}NI\cos\omega t \qquad (7\text{-}20)$$

式(7-20)表明,磁动势矩形波的幅值随时间按余弦规律变化,变化的频率即为交流电源的频率,但其轴线位置在空间保持固定不变。当电流达到正的最大值时,磁动势矩形波的幅值为正的最大值(即 $\sqrt{2}NI/2$);当电流为零时,矩形波的幅值也为零;当电流为负的最大值时,磁动势矩形波的幅值为负的最大值(即 $-\sqrt{2}NI/2$),如图 7-17 所示。

通常把这种空间位置固定不动,幅值大小和正负随时间的变化而变化的磁动势,称为脉振磁动势。

对于空间按矩形波分布的脉振磁动势,可用傅里叶级数分解为基波和一系列奇次谐波,如图 7-18 所示。

对于有 p 对磁极的电机,可推导出其基波磁动势的表达式为

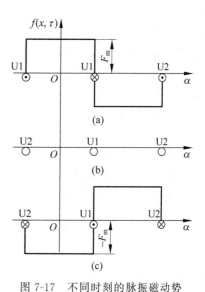

图 7-17　不同时刻的脉振磁动势
(a) $\omega t=0, i=I_m$;
(b) $\omega t=90°, i=0$;(c) $\omega t=180°, i=-I_m$

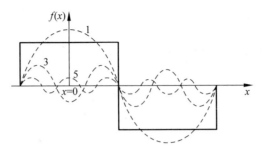

图 7-18 矩形波磁动势的傅里叶级数分解

$$f_1 = \frac{2\sqrt{2}}{\pi} k_{w1} \frac{NI}{p} \cos\omega t \cos\alpha = 0.9 k_{w1} \frac{NI}{p} \cos\omega t \cos\alpha = F_{pm1} \cos\omega t \cos\alpha \quad (7\text{-}21)$$

式中,I 为相电流;F_{pm1} 为单相绕组基波磁动势最大幅值。

可见,f_1 也是一个脉振磁动势。从以上分析可得出如下结论:

(1) 单相绕组通入交流电流产生的磁动势是脉振磁动势,它既是时间的函数,又是空间的函数。

(2) 基波磁动势在空间按余弦规律变化,幅值位置固定于绕组轴线,其幅值大小随时间按余弦规律变化,最大幅值为 $0.9k_{w1}NI/p$(安匝/极)。

(3) 脉振磁动势的频率为交流电流的频率,即 $\omega/2\pi$。

交流旋转电机绕组通常采用分布绕组和短距绕组来削弱电动势中的高次谐波,同理,分布绕组和短距绕组也可削弱磁动势中的高次谐波,分布系数和短距系数计算公式也相同。因此,当电机采用对称三相分布短距绕组时,气隙中的磁动势可以认为就是基波磁动势。

2. 三相绕组的磁动势

由于现代电力系统采用三相制,这样无论是同步电机还是异步电机大都采用三相制,因此分析三相绕组的合成磁动势是研究交流旋转电机的理论基础。由于基波磁动势对电机的性能有决定性的影响,因此我们主要讨论三相基波磁动势。

三相绕组的合成磁动势的分析方法主要有两种,即数学分析法和图解法。本节将采用这两种方法对三相绕组的合成磁动势的基波进行分析。

1) 数学分析法

三相交流旋转电机一般采用对称三相绕组,即三相绕组在空间上互相相差 120°电角度,绕组中三相电流在时间上也互相相差 120°电角度。

把空间坐标的原点取在 U 相绕组的轴线上,把 U 相电流达到最大值的时刻作为时间坐标的起点,并设三相绕组中流过的三相余弦电流为

$$\begin{cases} i_U = I_m \cos\omega t \\ i_V = I_m \cos(\omega t - 120°) \\ i_W = I_m \cos(\omega t - 240°) \end{cases} \quad (7\text{-}22)$$

则 U、V、W 三相绕组各自产生的单相脉振磁动势的基波表达式为

$$\begin{cases} f_{U1}(t,\alpha) = F_{pm1} \cos\omega t \cos\alpha \\ f_{V1}(t,\alpha) = F_{pm1} \cos(\omega t - 120°) \cos(\alpha - 120°) \\ f_{W1}(t,\alpha) = F_{pm1} \cos(\omega t - 240°) \cos(\alpha - 240°) \end{cases} \quad (7\text{-}23)$$

利用三角函数公式分解为

$$\begin{cases} f_{U1}(t,\alpha) = \dfrac{F_{pm1}}{2}\cos(\omega t + \alpha) + \dfrac{F_{pm1}}{2}\cos(\omega t - \alpha) \\ f_{V1}(t,\alpha) = \dfrac{F_{pm1}}{2}\cos(\omega t + \alpha - 240°) + \dfrac{F_{pm1}}{2}\cos(\omega t - \alpha) \\ f_{W1}(t,\alpha) = \dfrac{F_{pm1}}{2}\cos(\omega t + \alpha - 120°) + \dfrac{F_{pm1}}{2}\cos(\omega t - \alpha) \end{cases} \quad (7\text{-}24)$$

由式(7-24)可知,3个脉振磁动势分解出6个旋转磁动势,其中3个正向旋转磁动势恰能相互叠加,而3个反向旋转磁动势恰好相互抵消,故三相绕组的基波合成磁动势为

$$f_1 = f_{U1} + f_{V1} + f_{W1} = \dfrac{3}{2}F_{pm1}\cos(\omega t - \alpha) \quad (7\text{-}25)$$

由式(7-25)可知,三相合成磁动势既是一个时间又是一个空间的函数,它是一个幅值不变的旋转磁动势,其幅值是单相脉振幅值的3/2倍,即

$$F_1 = \dfrac{3}{2}F_{pm1} = \dfrac{3}{2} \times 0.9 \times \dfrac{NI}{p}k_{w1} = 1.35\dfrac{NI}{p}k_{w1}(\text{安匝}/\text{极}) \quad (7\text{-}26)$$

2)图解法

以两极三相交流旋转电机为例,在电机的定子铁芯中,放置三相对称绕组 U1-U2、V1-V2、W1-W2。规定绕组轴线的正方向符合右手螺旋定则,即指从每相的首端进,尾端出,大拇指所指的方向代表绕组轴线的正方向。在三相对称绕组中通入式(7-22)中的三相对称电流,三相电流的波形如图 7-19 所示。

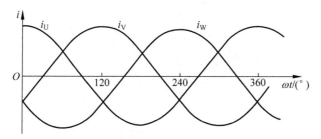

图 7-19 三相电流的波形

假设电流的瞬时值为正时,从绕组的首端流入,尾端流出。电流流入端用符号⊗表示,流出端用符号⊙表示。根据一相绕组产生的脉振磁动势的大小与电流成正比,其方向可用右手螺旋定则确定,其幅值位置均在该相绕组的轴线上这个规律,可选取几个特别的瞬时进行观察,进而分析出三相对称绕组流过三相对称电流时所产生的磁动势的特点。选择 $\omega t = 0°$、$\omega t = 120°$、$\omega t = 240°$ 和 $\omega t = 360°$ 等几个特定的时刻分析。

当 $\omega t = 0°$ 时,$i_U = I_m$,U 相电流从 U1 流入,以符号⊗表示,从 U2 流出,以符号⊙表示,$i_V = i_W = -I_m/2$,电流分别从 V1 及 W1 流出,以符号⊙表示,而从 V2 及 W2 流入,以符号⊗表示。根据右手螺旋定则可知,三相绕组中电流产生的合成磁场的方向是自上而下,如图 7-20(a)所示。用同样的方法可以画出 $\omega t = 120°$、$\omega t = 240°$、$\omega t = 360°$ 时的电流及三相合成磁场的方向,分别如图 7-20(b)、(c)、(d)所示。

还可以用每相脉振磁动势 F_U、F_V、F_W 三相量叠加的方法分析上述 4 个特定时刻的三

相合成磁动势 F 的性质、大小和位置。当单相交流电通入单相绕组时会产生磁动势,当仅考虑基波时,此磁动势在空间是余弦分布,其幅值将与电流的瞬时值成正比,即随时间按余弦规律变化,磁动势的幅值位置始终在该相绕组的轴线上。当三相对称绕组通入三相对称电流时,3 个单相绕组产生的在各自绕组轴线上的脉振的磁动势 F_U、F_V、F_W,合成后就得到三相绕组的合成磁动势 F。此时合成磁动势与脉振的磁动势相比,不仅大小发生变化,性质也会发生变化。以 $\omega t = 0°$ 时为例,如图 7-20(e)所示,因为每相脉振磁动势的大小与该相电流的瞬时值成正比,所以此时 U 相电流为最大,瞬时 U 相磁动势幅值 $F_U = F_m$ 也是最大,且为正值,F_U 在 U 相的轴线上,与该相轴正方向一致;而 $i_V = i_W = -I_m/2$,则 $F_V = F_W = -F_m/2$,F_V、F_W 分别在 V、W 相的相轴上,与该相轴的正方向相反。可见三相合成后磁动势的幅值为 $F = 3F_m/2$,位置在 U 相的轴线上,与该轴正方向一致。用同样的方法可以画出当 $\omega t = 120°$、$\omega t = 240°$、$\omega t = 360°$ 时的三相合成磁动势 F 的大小、位置和方向,分别如图 7-20(f)、(g)、(h)所示。

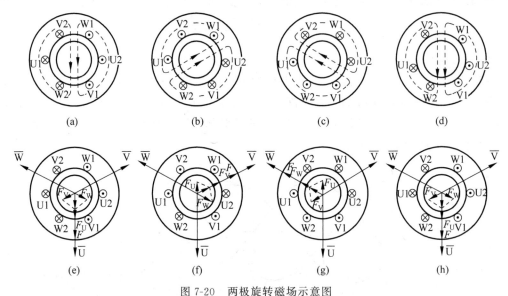

图 7-20　两极旋转磁场示意图

(a) $\omega t = 0°$, $i_U = I_m$, $i_V = i_W = -I_m/2$; (b) $\omega t = 120°$, $i_V = I_m$, $i_U = i_W = -I_m/2$;
(c) $\omega t = 240°$, $i_W = I_m$, $i_U = i_V = -I_m/2$; (d) $\omega t = 360°$, $i_U = I_m$, $i_V = i_W = -I_m/2$;
(e) $\omega t = 0°$, $F_U = F_m$, $F_V = F_W = -F_m/2$, $F = 3F_m/2$; (f) $\omega t = 120°$, $F_V = F_m$, $F_U = F_W = -F_m/2$, $F = 3F_m/2$;
(g) $\omega t = 240°$, $F_W = F_m$, $F_U = F_V = -F_m/2$, $F = 3F_m/2$; (h) $\omega t = 360°$, $F_U = F_m$, $F_V = F_W = -F_m/2$, $F = 3F_m/2$

通过比较这 4 个时刻,可以看出三相基波合成磁场在空间是余弦分布,其轴线在空间是旋转的,其幅值等于 $3F_m/2$ 恒定不变,旋转磁场矢量顶点的轨迹为一圆,所以称为圆形旋转磁场。

通过数学分析法和图解法,可得到如下结论:

(1) 当三相对称绕组流过三相对称电流时,其合成磁动势的基波是一个幅值不变的旋转磁动势。

(2) 旋转磁动势的转速与电源的频率和定子绕组的极对数有关。当电机为一对磁极时,电流变化一个周期,旋转磁动势旋转 360° 空间电角度,对应的机械角度也是一周为

360°。因此,当电机为 p 对磁极时,电流变化一个周期,旋转磁动势也是旋转360°空间电角度,而对应机械角度为 $360°/p$,即旋转了 $1/p$ 周。

若电源的频率为 f,每分钟变化 $60f$ 次,则旋转磁场磁动势每分钟转速为

$$n_1 = \frac{60f}{p} \tag{7-27}$$

式(7-27)说明,旋转磁动势的转速与电机的极对数成反比,与电源的频率成正比。

(3) 由图7-20可知,三相绕组中流过交流电流的相序是正序 U→V→W,旋转磁动势的转向也是 U→V→W,即从 U 相绕组的轴线转向 V 相绕组的轴线,再转向 W 相绕组的轴线。若任意对调两相绕组所接电源的相序,则三相绕组中流过交流电的相序是负序 U→W→V。用上面同样的分析方法可知,旋转磁动势的转向会反转,转向为 U→W→V。因此,旋转磁动势的转向与通入三相绕组中的电流相序有关,总是从载有超前电流相绕组的轴线转向载有滞后电流相绕组的轴线。

(4) 由磁动势相量图或数学分析法可证明旋转磁动势的幅值是单相脉振磁动势最大幅值的 3/2 倍。

(5) 当某相电流达到最大值时,合成磁动势的轴线正好转到该相绕组的轴上,且其方向与磁脉振磁动势的方向相同。

7.3 三相异步电机的运行分析

7.3.1 三相异步电机的空载运行

1. 空载运行时的电磁关系

三相异步电机定子绕组接在对称的三相电源上,转轴上不带机械负载时的运行称为空载运行。

1) 主磁通与漏磁通

根据磁路经过的路径和性质不同,异步电机的磁通可分为主磁通和漏磁通。主磁通(也称气隙磁通)穿过气隙,同时与定、转子绕组交链,实现定、转子之间能量传递,记为 $\dot{\Phi}_m$。漏磁通由槽漏磁通和端部漏磁通组成,不穿过气隙,不参与能量转换,只起电压降作用,定子绕组产生的漏磁通称为 $\dot{\Phi}_{1\sigma}$,而转子绕组产生的漏磁通称为 $\dot{\Phi}_{2\sigma}$。

2) 空载电流和空载磁动势

异步电机空载运行时的定子电流称为空载电流 $\dot{I}_0$,其大小为额定电流的 20%~50%。定子空载电流将产生一个旋转的磁动势,称为空载磁动势 $\dot{F}_0$。

异步电机空载时,转速高,接近同步转速,所以转子感应电动势 $\dot{E}_2 \approx 0$,转子电流 $\dot{I}_2 \approx 0$,转子磁动势 $\dot{F}_2 \approx 0$。此时气隙中只有定子空载磁动势产生磁场,所以空载时定子磁动势 $\dot{F}_0$ 也称为励磁磁动势。

与分析变压器一样,空载电流由两部分组成:一部分是专门用来产生主磁通的无功电流分量 $\dot{I}_{0r}$,另一部分是专门供给铁损耗的有功电流分量 $\dot{I}_{0a}$。即

$$\dot{I}_0 = \dot{I}_{0a} + \dot{I}_{0r} \tag{7-28}$$

由于 $\dot{I}_{0a} \ll \dot{I}_{0r}$,即 $\dot{I}_0 \approx \dot{I}_{0r}$,故空载电流基本上是无功性质电流,所以空载时的定子电流 $\dot{I}_0$ 也称为励磁电流。

3) 电磁关系

空载运行时的电磁关系如图 7-21 所示。

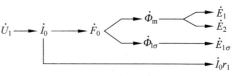

图 7-21 空载运行时的电磁关系

2. 空载运行时的电动势平衡方程式

空载运行时,转子回路电动势 $\dot{E}_2 \approx 0$,转子电流 $\dot{I}_2 \approx 0$,故此处只讨论定子电路。

1) 感应电动势

(1) 主磁通感应电动势 $\dot{E}_1$。异步电机三相定子绕组内通入三相交流电后产生的主磁场称为旋转磁场,定子绕组因切割旋转磁场而感应电动势 $\dot{E}_1$,其复数表达式为

$$\dot{E}_1 = -\mathrm{j}4.44 k_{w1} N_1 f_1 \dot{\Phi}_m \tag{7-29}$$

式中,$\dot{\Phi}_m$ 为气隙旋转磁场的每极磁通;N_1 为定子每相绕组串联匝数;k_{w1} 为定子绕组系数,它是由定子绕组的短距和分布引起的;f_1 为定子电流频率。

与变压器分析相似,感应电动势 $\dot{E}_1$ 可以用励磁电流 $\dot{I}_0$ 在励磁阻抗 Z_m 上的电压降来表示,即

$$-\dot{E}_1 = \dot{I}_0 (r_m + \mathrm{j} x_m) = \dot{I}_0 Z_m \tag{7-30}$$

式中,r_m 为励磁电阻,它是反映铁损耗的等效电阻;x_m 为励磁电抗,它是对应于主磁通 $\dot{\Phi}_m$ 的电抗;Z_m 为励磁阻抗。

(2) 定子漏感应电动势 $\dot{E}_{1\sigma}$。定子漏磁通只交链定子绕组,在定子绕组中感应电动势 $\dot{E}_{1\sigma}$ 与变压器一样,漏电势可以用空载电流在漏抗上的电压降来表示,由于 $\dot{E}_{1\sigma}$ 滞后于 $\dot{I}_0 90°$,即

$$\dot{E}_{1\sigma} = -\mathrm{j} \dot{I}_0 x_1 \tag{7-31}$$

式中,x_1 为定子绕组漏电抗。

2) 电动势平衡方程

根据基尔霍夫第二定律,类似于变压器一次侧,可列出异步电机空载时的定子每相电路的电压平衡方程为

$$\begin{cases} \dot{U}_1 = -\dot{E}_1 - \dot{E}_{1\sigma} + \dot{E}_{1r} = -\dot{E}_1 + \mathrm{j}\dot{I}_0 x_1 + \dot{I}_0 r_1 = -\dot{E}_1 + \dot{I}_0 Z_1 \\ Z_1 = r_1 + \mathrm{j} x_1 \end{cases} \tag{7-32}$$

式中,r_1 为定子绕组电阻;x_1 为定子绕组漏电抗;Z_1 为定子绕组漏阻抗。

由于 r_1、x_1 很小，定子绕组漏阻抗压降 $\dot{I}_0 Z_1$ 与外加电压相比很小，一般为额定电压的 2%～5%，为了简化分析，可以忽略。因而近似地认为

$$\begin{cases} \dot{U}_1 \approx -\dot{E}_1 \\ U_1 \approx E_1 = 4.44 k_{w1} N_1 f_1 \Phi_m \end{cases} \quad (7\text{-}33)$$

于是电机每极主磁通为

$$\Phi_m = \frac{U_1}{4.44 k_{w1} N_1 f_1} \quad (7\text{-}34)$$

显然，对于一定的异步电机，k_{w1}、N_1 均为常数，当频率一定时，主磁通 $\dot{\Phi}_m$ 与电源电压 $\dot{U}_1$ 成正比，如外施电压不变，主磁通 $\dot{\Phi}_m$ 也基本不变，这与变压器的情况相同，它是分析异步电机运行的基本理论。

3) 空载时的等效电路及相量图

根据式(7-32)可得到异步电机空载运行时的等效电路及相量图，分别如图 7-22 和图 7-23 所示。

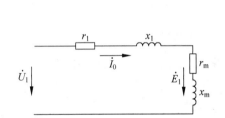
图 7-22 异步电机空载运行时的等效电路图

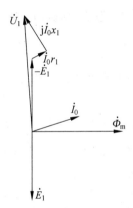
图 7-23 空载时的相量图

7.3.2 三相异步电机的负载运行

三相异步电机定子绕组接在对称的三相电源上，转轴上带机械负载时的运行称为负载运行。

1. 负载运行时的物理状况

异步电机带上机械负载时，电机以低于同步转速 n_1 的速度 n 旋转，其转向仍与气隙旋转磁场的方向相同。这时，定子旋转磁场以相对速度 $\Delta n = n_1 - n$ 切割转子绕组，转子绕组中将感应出电动势 $\dot{E}_2$ 和电流 $\dot{I}_2$。

负载运行时，除了定子电流 $\dot{I}_1$ 产生一个定子磁势 $\dot{F}_1$ 外，由于转子电流 $\dot{I}_2 \neq 0$，转子电流 $\dot{I}_2$ 还将产生一个转子磁势 $\dot{F}_2$，总的气隙磁势则是 $\dot{F}_1$ 与 $\dot{F}_2$ 的合成，由它们来共同建立

气隙磁场。定子磁动势已在前面分析过,现在对转子磁动势加以分析。

1) 转子磁动势

三相对称交流电通入三相对称绕组产生旋转磁势,同理可以论证多相对称交流电通入多相对称绕组产生的也是旋转磁势。绕线式异步电机转子绕组为三相对称绕组,流过绕组的电流是三相对称电流,其转子磁势是旋转磁势;鼠笼式异步电机的转子绕组是多相对称绕组,流过绕组的电流为多相对称电流,其转子磁势也是一个旋转磁势。无论是绕线式异步电机还是鼠笼式异步电机,转子磁势都是一个旋转磁势,这个磁势所产生的磁场也是一个旋转磁场。由于转子磁势产生于定子磁势,故转子绕组极数 p_2 与定子绕组极数 p 相同。

可以证明,转子电流与定子电流相序一致,所以转子磁势 $\dot{F}_2$ 与定子磁势 $\dot{F}_1$ 同方向旋转。

转子转速为 n,气隙旋转磁场以 $\Delta n = n_1 - n = sn_1$ 的相对速度切割转子绕组,在转子绕组中感应出电动势和感应电流,其频率为

$$f_2 = \frac{p \Delta n}{60} = s \frac{pn_1}{60} = sf_1 \tag{7-35}$$

转子绕组的极对数 $p_2 = p$,转子磁势相对于转子的转速为

$$n_2 = \frac{60 f_2}{p_2} = s \frac{60 f_1}{p_1} = sn_1 \tag{7-36}$$

转子本身以转速 n 旋转,故转子磁势相对于定子的转速为

$$n_2 + n = sn_1 + n = n_1 \tag{7-37}$$

式(7-37)表明,转子磁势与定子磁势在气隙中的转速相同。

由此可见,无论异步电机的转速 n 如何变化,定子磁势 $\dot{F}_1$ 与转子磁势 $\dot{F}_2$ 总是相对静止的。定、转子磁势相对静止也是一切旋转电机能够正常运行的必要条件,因为只有这样,才能产生恒定的平均电磁转矩,从而实现机电能量转换。

2) 负载运行时的电磁关系

异步电机负载运行时,定子磁势 $\dot{F}_1$ 与转子磁势 $\dot{F}_2$ 共同建立气隙主磁通 $\dot{\Phi}_m$。主磁通 $\dot{\Phi}_m$ 分别交链于定、转子绕组,并分别在定、转子绕组中感应电动势 $\dot{E}_1$ 和 $\dot{E}_2$,同时,定、转子磁动势 $\dot{F}_1$ 和 $\dot{F}_2$ 分别产生只交链于本侧的漏磁通 $\dot{\Phi}_{1\sigma}$ 和 $\dot{\Phi}_{2\sigma}$,并感应出相应的漏电动势 $\dot{E}_{1\sigma}$ 和 $\dot{E}_{2\sigma}$。负载运行时的电磁关系如图 7-24 所示。

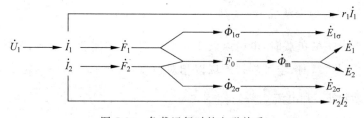

图 7-24 负载运行时的电磁关系

2. 负载运行时的电动势平衡方程

1) 定子绕组电动势平衡方程

异步电机负载运行时,定子绕组电动势平衡方程与空载时相同,此时定子电流为 $\dot{I}_1$,即

$$\dot{U}_1 = -\dot{E}_1 + \dot{I}_1 Z_1 \tag{7-38}$$

2) 转子绕组电动势平衡方程

异步电机负载运行时,气隙主磁场 $\dot{\Phi}_m$ 以同步转速切割定子绕组,也以 $\Delta n = n_1 - n$ 的相对速度切割转子绕组,并在转子绕组中感应频率为 f_2 的电动势 $\dot{E}_2$。其复数表达式为

$$\dot{E}_2 = -j 4.44 k_{w2} N_2 f_2 \dot{\Phi}_m \tag{7-39}$$

式中,$\dot{\Phi}_m$ 为主磁场的每极磁通;N_2 为转子每相绕组串联匝数;k_{w2} 为转子绕组系数,它是由转子绕组的短距和分布所引起的;f_2 为转子电流频率。

此外,转子电流还将产生仅与转子绕组相交链的转子漏磁通 $\dot{\Phi}_{2\sigma}$,并在转子绕组上产生漏电势 $\dot{E}_{2\sigma}$。与定子侧相似,转子漏电动势可以用转子的漏抗压降来表示,即

$$\dot{E}_{2\sigma} = -j \dot{I}_2 x_2 \tag{7-40}$$

式中,x_2 为转子漏抗,它是对应于转子漏磁通的电抗。

根据基尔霍夫第二定律,类似于变压器二次侧,可列出异步电机负载时的转子每相电路的电动势平衡方程式

$$\dot{E}_2 + \dot{E}_{2\sigma} - \dot{I}_2 r_2 = 0 \tag{7-41}$$

即

$$\begin{cases} \dot{E}_2 = \dot{I}_2 r_2 + j \dot{I}_2 x_2 = \dot{I}_2 Z_2 \\ Z_2 = r_2 + j x_2 \end{cases} \tag{7-42}$$

式中,Z_2 为转子绕组的漏阻抗。

3. 转子各物理量与转差率 s 的关系

转子不转时,气隙旋转磁场以同步转速 n_1 切割转子绕组;当异步电机以转速 n 旋转时,气隙旋转磁场以 $\Delta n = n - n_1$ 的相对速度切割转子绕组;转速 n 变化时,转子绕组与气隙旋转磁场的切割速度也发生相应变化,因此转子感应电动势 E_2、转子频率 f_2、转子电流 I_2、转子漏抗 x_2、转子功率因数 $\cos\varphi_2$ 的大小都将随转差率 s 的变化而变化。

1) 转子频率 f_2

当转子以转速 n 旋转时,旋转磁场以 $\Delta n = n_1 - n$ 的相对速度切割转子绕组,所以感应电动势的频率 f_2 的表达式可以用式(7-35)表示。

2) 转子感应电动势

当转子不动时有 $n=0, s=1, f_2=f_1$,将转子感应电动势大小记为 E_{20},则

$$E_{20} = 4.44 k_{w2} N_2 f_1 \Phi_m \tag{7-43}$$

当电机转动起来时,则

$$E_2 = 4.44 k_{w2} N_2 f_2 \Phi_m = 4.44 k_{w2} N_2 s f_1 \Phi_m = s E_{20} \tag{7-44}$$

3) 转子漏抗

转子不动时有 $f_2=f_1$，转子漏抗为 x_{20}，即

$$x_{20}=2\pi f_2 L_2=2\pi f_1 L_2 \tag{7-45}$$

当电机转动起来时，则

$$x_2=2\pi f_2 L_2=2\pi s f_1 L_2=s x_{20} \tag{7-46}$$

4) 转子电流

通过转子绕组的电流 I_2 为

$$I_2=\frac{E_2}{\sqrt{r_2^2+x_2^2}}=\frac{sE_{20}}{\sqrt{r_2^2+(sx_{20})^2}}=\frac{E_{20}}{\sqrt{\left(\frac{r_2}{s}\right)^2+x_{20}^2}} \tag{7-47}$$

5) 转子功率因数

转子的功率因数 $\cos\varphi_2$ 为

$$\cos\varphi_2=\frac{r_2}{\sqrt{r_2^2+x_2^2}}=\frac{r_2}{\sqrt{r_2^2+(sx_{20})^2}} \tag{7-48}$$

以上各式表明，异步电机转动时，转子各物理量的大小与转差率 s 有关。转差率 s 是异步电机的一个重要参数。转子各物理量与转差率之间的关系曲线如图 7-25 所示。转子频率 f_2、转子漏抗 x_2、感应电动势 E_2 与转差率 s 成正比。转子电流 I_2 随转差率 s 的增大而增大，转子功率因数 $\cos\varphi_2$ 随转差率的增大而减小。例如，异步电机起动时，$n=0$，$s=1$，此时，转子回路频率 $f_2=f_1$，转子回路电抗 x_2、感应电动势 E_2、转子电流 I_2 最大，功率因数 $\cos\varphi_2$ 最小。

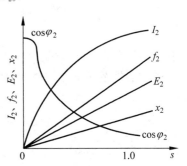

图 7-25 转子各物理量与转差率之间的关系曲线

4. 异步电机负载时的等效电路

异步电机与变压器一样，定子电路与转子电路之间只有磁的耦合而无电的直接联系。为了便于分析和简化计算，也采用了与变压器相似的等效电路的方法，即设法将电磁耦合的定、转子电路变为有直接电联系的电路。根据定、转子电动势平衡方程，可画出如图 7-26(a) 所示的异步电机旋转时定、转子电路图。但由于异步电机定、转子绕组的有效匝数、绕组系数不相等，因此在推导等效电路时，与变压器相仿，必须要进行相应的绕组折算。此外，由于定、转子电流频率也不相等，还要进行频率折算。在折算时，必须保证转子对定子绕组的电磁作用和异步电机的电磁性能不变。

1) 频率折算

频率折算就是要寻求一个等效的转子电路来代替实际旋转的转子系统，而该等效的转子电路应与定子电路有相同的频率。当异步电机转子静止时，转子频率等于定子频率，即 $f_2=f_1$，所以频率折算的实质就是把旋转的转子等效成静止的转子。

在等效过程中，为了保持电机的电磁效应不变，折算必须遵循的原则有两条：一是折算前后转子磁动势不变，以保持转子电路对定子电路的影响不变；二是被等效的转子电路功

率及损耗与原转子旋转时一样。

转子磁动势 $\dot{F}_2 = \frac{m_2}{2} \times 0.9 \times k_{w2} \frac{N_2}{p} \dot{I}_2$，其中 m_2 为转子绕组的相数。因此要使折算前后 $\dot{F}_2$ 不变，只要保证折算前后转子电流 $\dot{I}_2$ 的大小和相位不变即可实现。

电机旋转时的转子电流为

$$\dot{I}_2 = \frac{\dot{E}_2}{r_2 + jx_2} = \frac{s\dot{E}_{20}}{r_2 + jsx_{20}} \quad (\text{频率为 } f_2) \tag{7-49}$$

将上式分子、分母同时除以 s，得

$$\dot{I}_2 = \frac{\dot{E}_{20}}{\frac{r_2}{s} + jx_{20}} = \frac{\dot{E}_{20}}{r_2 + \frac{1-s}{s}r_2 + jx_{20}} \quad (\text{频率为 } f_1) \tag{7-50}$$

式(7-50)代表转子已变换成静止时的等效情况，转子感应电动势 $\dot{E}_{20}$，转子漏抗 x_{20} 都是对应于频率为 f_1 的物理量，与转差率 s 无关。比较式(7-49)和式(7-50)可知，频率折算方法只要在转子不动时的电路中，将原转子电阻 r_2 变换为 r_2/s，即在静止的转子电路中串入一个附加电阻 $r_2(1-s)/s$，此时不动的转子电流和转子磁动势的大小、相位与转动时完全一样。也就是说，这台静止不动的异步电机可以等效代替实际旋转的异步电机。图7-26(b)所示为频率折算后的定、转子等效电路，由此可知，变换后的转子电路中多了一个附加电阻 $r_2(1-s)/s$，下面将进一步说明这个附加电阻的物理意义。附加电阻 $r_2(1-s)/s$ 在转子电路中将消耗功率，而实际旋转的电机不存在这项电阻损耗，但要产生轴上的机械功率。由于静止的转子电路与旋转的转子电路等效，有功功率应相等，因此消耗在附加电阻 $r_2(1-s)/s$ 的电功率 $m_2 I_2^2 r_2(1-s)/s$ 就代替了实际旋转电机轴上的总机械功率。

2) 绕组折算

绕组折算就是用一个和定子绕组具有相同相数 m_1、匝数 N_1 及绕组系数 k_{w1} 的等效转子绕组来代替原来相数 m_2、匝数 N_2 及绕组系数 k_{w2} 的实际转子绕组。其折算原则和方法与变压器的基本相同，转子侧各电磁量折算到定子侧时，转子电动势、电压乘以电动势变比 k_e，转子电流除以电流变比 k_i，转子电阻、电抗及阻抗乘以阻抗变比 $k_e k_i$。分析过程从略。由此，可推导出经频率折算和绕组折算后的定、转子等效电路，如图7-26(c)所示。最后得异步电机T形等效电路，如图7-26(d)所示。需要注意的是，折算仅是一种等效计算方法，不论是频率折算还是绕组折算，代替实际转子的等效转子均是虚拟的。等效电路的获得为异步电机的运行分析及计算带来了方便。

5. 异步电机负载时的相量图

经频率折算和绕组折算后，定子、转子的电磁量都变成了同频率的正弦量，因而可以作出T形等效电路对应的相量图，如图7-27所示。从相量图可以看出，定子电流 $\dot{I}_1$ 总是滞后电源电压 $\dot{U}_1$，这是由于要建立主磁通和漏磁通，需要从电网吸取一定的感性无功功率，即异步电机的功率因数总是滞后的。

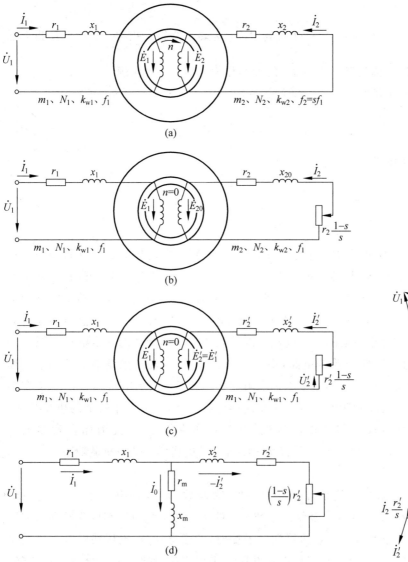
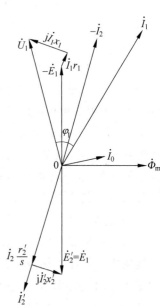

图 7-26 异步电机 T 形等效电路的形成
(a) 定、转子电路实际情况；(b) 频率折算后定、转子等效电路；
(c) 绕组折算后等效电路；(d) T 形等效电路

图 7-27 负载时的相量图

7.3.3 三相异步电机的功率和转矩平衡方程式

电磁转矩是异步电机实现机电能量转换的关键，本部分以分析功率平衡关系入手，应用等效电路，推导出电磁转矩的表达式。

1. 功率平衡方程式

异步电机运行时，把输入到定子绕组中的电功率转化为转子轴上输出的机械功率。电机在实现能量转换过程中,必然会产生各种损耗。根据能量守恒定律,输出功率应等于输入功率减去总损耗。

1) 输入功率 P_1

异步电机由电网向定子输入的功率 P_1 为

$$P_1 = m_1 U_1 I_1 \cos\varphi_1 \tag{7-51}$$

式中,U_1、I_1 为定子绕组的相电压、相电流;$\cos\varphi_1$ 为异步电机的功率因数。

2) 功率损耗

(1) 定子铜损耗 p_{Cu1}。定子电流 I_1 通过定子绕组时,电流 I_1 在定子绕组电阻上的功率损耗为定子铜损耗,即

$$p_{Cu1} = m_1 I_1^2 r_1 \tag{7-52}$$

(2) 铁芯损耗 p_{Fe}。由于异步电机正常运行时,额定转差率很小,转子频率很低,一般为 $1\sim3\mathrm{Hz}$,转子铁损耗很小,可略去不计,定子铁损耗实际上就是整个电机的铁芯损耗,根据 T 形等效电路可知,电机铁损耗为

$$p_{Fe} = m_1 I_0^2 r_m \tag{7-53}$$

(3) 转子铜损耗 p_{Cu2}。根据 T 形等效电路可知,转子铜损耗为

$$p_{Cu2} = m_1 I_2'^2 r_2' \tag{7-54}$$

(4) 机械损耗 p_Ω 及附加损耗 p_{ad}。机械损耗是由于通风、轴承摩擦等产生的损耗;附加损耗是由于电机定、转子铁芯存在齿槽以及高次谐波磁势的影响,而在定、转子铁芯中产生的损耗。

3) 电磁功率 P_M

输入功率扣除定子铜损耗和铁芯损耗后,即为由气隙旋转磁场通过电磁感应传递到转子的电磁功率 P_M,即

$$P_M = P_1 - p_{Cu1} - p_{Fe} \tag{7-55}$$

由 T 形等效电路看能量传递关系,输入功率 P_1 减去 r_1 和 r_m 上的损耗 p_{Cu1} 和 p_{Fe} 后,应等于在电阻 r_2'/s 上所消耗的功率,即

$$P_M = m_1 E_2' I_2' \cos\varphi_2 = m_1 I_2'^2 \frac{r_2'}{s} \tag{7-56}$$

4) 总机械功率 P_Ω

电磁功率减去转子绕组的铜损耗后,即是电机转子上的总机械功率,即

$$P_\Omega = P_M - p_{Cu2} = m_1 I_2'^2 \frac{r_2'}{s} - m_1 I_2'^2 r_2' = m_1 I_2'^2 \frac{1-s}{s} r_2' \tag{7-57}$$

上式说明了 T 形等效电路中引入电阻 $\frac{1-s}{s} r_2'$ 的物理意义。

由式(7-54)、式(7-56)、式(7-57)可得

$$\begin{aligned} p_{Cu2} &= s P_M \\ P_\Omega &= (1-s) P_M \end{aligned} \tag{7-58}$$

上式说明,转差率 s 越大,电磁功率消耗在转子铜损耗中的比重就越大,电机效率就越低,故异步电机正常运行时,转差率较小,通常在 $0.01\sim0.06$ 的范围内。

5) 输出机械功率 P_2

总机械功率减去机械损耗 p_Ω 及附加损耗 p_{ad} 后,才是转子输出的机械功率 P_2,即

$$P_2 = P_\Omega - (p_\Omega + p_{ad}) = P_\Omega - p_0 \tag{7-59}$$

式中,p_0 为空载时的转动损耗。

将功率变换过程用功率流程图表示出来,如图 7-28 所示。

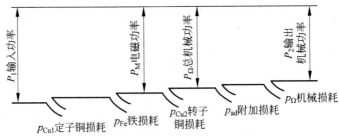

图 7-28 异步电机的功率流程图

功率平衡方程式为

$$P_2 = P_1 - (p_{Cu1} + p_{Fe} + p_{Cu2} + p_\Omega + p_{ad}) = P_1 - \sum p \tag{7-60}$$

式中,$\sum p$ 为电机总损耗。

2. 转矩平衡方程式

功率等于转矩与角速度的乘积,即 $P = T\Omega$,在式(7-59)两边同除以机械角速度 Ω,$\Omega = \dfrac{2\pi n}{60}$,可得转矩平衡方程式为

$$\begin{cases} T_2 = T - T_0 \quad \text{或} \quad T = T_2 + T_0 \\ T = \dfrac{P_\Omega}{\Omega}, \quad T_2 = \dfrac{P_2}{\Omega}, \quad T_0 = \dfrac{p_0}{\Omega} \end{cases} \tag{7-61}$$

式中,T 为电磁转矩;T_2 为负载转矩;T_0 为空载转矩。

式(7-61)表明,当电机稳定运行时,驱动性质的电磁转矩与制动性质的负载转矩及空载转矩相平衡。

3. 电磁转矩 T

1) 电磁转矩的物理表达式

$$\begin{cases} T = \dfrac{P_\Omega}{\Omega} = \dfrac{(1-s)P_M}{\dfrac{2\pi n}{60}} = \dfrac{(1-s)P_M}{\dfrac{2\pi(1-s)n_1}{60}} = \dfrac{P_M}{\Omega_1} \\ \Omega_1 = \dfrac{2\pi n_1}{60} = \dfrac{2\pi f_1}{p} \end{cases} \tag{7-62}$$

式中,Ω_1 为同步角速度。

由式(7-62)和式(7-56)可得

$$T = \dfrac{P_M}{\Omega_1} = \dfrac{m_1 E_2' I_2' \cos\varphi_2}{\dfrac{2\pi n_1}{60}} = \dfrac{m_1 \times 4.44 f_1 N_1 k_{w1} \Phi_m I_2' \cos\varphi_2}{\dfrac{2\pi f_1}{p}}$$

$$= \frac{m_1 \times 4.44 p N_1 k_{w1}}{2\pi} \Phi_m I_2' \cos\varphi_2 = C_T \Phi_m I_2' \cos\varphi_2 \quad (7\text{-}63)$$

$$C_T = \frac{m_1 \times 4.44 p N_1 k_{w1}}{2\pi}$$

式中,C_T 为转矩常数,与电机结构有关。

上式表明,电磁转矩是转子电流的有功分量与气隙主磁场相互作用产生的。若电源电压不变,每极磁通为一定值,电磁转矩大小与转子电流的有功分量成正比。

2)电磁转矩的参数表达式

式(7-63)比较直观地表示出电磁转矩形成的物理概念,常用于定性分析。为便于计算,需推导出电磁转矩的另一表达式:参数表达式。

根据异步电机简化等效电路,可得转子电流

$$I_2' = \frac{U_1}{\sqrt{\left(r_1 + \frac{r_2'}{s}\right)^2 + (x_1 + x_{20}')^2}} \quad (7\text{-}64)$$

将式(7-56)和式(7-64)代入式(7-62)可得电功率磁转矩的参数表达式,即

$$T = \frac{P_M}{\Omega_1} = \frac{m_1 I_2'^2 \frac{r_2'}{s}}{\frac{2\pi f_1}{p}} = \frac{m_1 p U_1^2 \frac{r_2'}{s}}{2\pi f_1 \left[\left(r_1 + \frac{r_2'}{s}\right)^2 + (x_1 + x_{20}')^2\right]} \quad (7\text{-}65)$$

式中,U_1 为加在定子绕组上的相电压,V;电阻漏电抗的单位为 Ω,则转矩的单位为 N·m。参数表达式表明了转矩与电压、频率、电机参数及转差率的关系。

7.3.4 三相异步电机的工作特性

异步电机的工作特性是指在额定电压和额定频率下,电机的转速 n、输出转矩 T_2、定子电流 I_1、功率因数 $\cos\varphi$ 及效率 η 等物理量随输出功率 P_2 变化的关系曲线,如图 7-29 所示。

1. 转速特性

电机转速 n 与输出功率 P_2 之间的关系($n = f(P_2)$),称为转速特性,如图 7-29 所示。

空载时,输出功率 $P_2 = 0$,转子转速接近于同步转速,$s \approx 0$;当负载增加时,随负载转矩增加,转速 n 下降。额定运行时,转差率较小,一般在 0.01~0.06 范围内,相应的转速 n 随负载变化不大,与同步转速 n_1 接近,故曲线 $n = f(P_2)$ 是一条稍微向下倾斜的曲线。

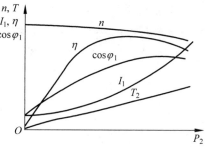

图 7-29 异步电机的工作特性

2. 转矩特性

输出转矩 T_2 与输出功率 P_2 之间的关系($T_2 = f(P_2)$),称为转矩特性,如图 7-29 所示。

异步电机输出转矩为

$$T_2 = \frac{P_2}{\Omega} = \frac{P_2}{2\pi n/60} \tag{7-66}$$

空载时，$P_2=0$，$T_2=0$。随着输出功率 P_2 的增加，转速 n 略有下降。由于电机从空载到额定负载这一正常范围内运行时，转速 n 变化很小，故转矩特性曲线 $T_2=f(P_2)$ 近似为一条稍微上翘的直线。

3. 定子电流特性

定子电流 I_1 与输出功率 P_2 之间的关系（$I_1=f(P_2)$），称为定子电流特性，如图7-29所示。

空载时，转子电流 $I_2\approx 0$，空载电流 I_0 较小。当负载增加时，转子转速下降，转子电流增大，转子磁势增加。与变压器磁势平衡关系相似，定子电流 I_1 及定子磁势也相应增加，以补偿转子电流的去磁作用，因此定子电流 I_1 随输出功率 P_2 的增加而增加，故定子电流特性曲线是上升的。

4. 功率因数特性

功率因数 $\cos\varphi$ 与输出功率 P_2 之间的关系（$\cos\varphi=f(P_2)$），称为功率因数特性，如图7-29所示。功率因数特性是异步电机的一个重要性能指标。

空载时，定子电流基本为无功励磁电流，故功率因数很低，约为0.2。负载运行时，随着负载增加，转子电流增加，定子电流有功分量增加，功率因数逐渐上升。在额定负载附近，功率因数达到最高值，一般为0.8～0.9。负载超过额定值后，由于转速下降，转差率 S 增大较多，转子频率、转子漏抗增加，转子功率因数下降，转子电流无功分量增大，与之相平衡的定子电流无功分量增大，致使电机功率因数下降。

5. 效率特性

效率 η 与输出功率 P_2 之间的关系（$\eta=f(P_2)$），称为效率特性，如图7-29所示。效率特性也是异步电机的一个重要性能指标。效率为输出功率 P_2 与输入功率 P_1 之比，即

$$\begin{cases} \eta = \dfrac{P_2}{P_1} = \dfrac{P_2}{P_2 + \sum p} \\ \sum p = p_{Cu1} + p_{Fe} + p_{Cu2} + p_{\Omega} + p_{ad} \end{cases} \tag{7-67}$$

式中，$\sum p$ 为异步电机总损耗。

异步电机从空载到额定运行，电源电压一定时，主磁通变化很小，故铁损耗 p_{Fe} 和机械损耗 P_Ω 基本不变，称为不变损耗；而铜损耗 p_{Cu1}、p_{Cu2} 和附加损耗 p_{ad} 随负载变化，称为可变损耗。

空载时，$P_2=0$，$\eta=0$。随着负载 P_2 的增加，效率也不断增加，当负载增加到可变损耗与不变损耗相等时，效率达到最大值；此后，由于定、转子电流增加，可变损耗增加很快，效率反而会降低。通常，异步电机的最高效率发生在 $(0.75\sim 1.1)P_N$ 范围内。

$\cos\varphi=f(P_2)$ 和 $\eta=f(P_2)$ 是异步电机的两个重要特性。由以上分析可知，异步电机的功率因数和效率都是在额定负载附近达到最大值。因此，选用电机时，应使电机容量与负

载容量相匹配。电机容量选择过大,电机长期处于轻载运行,投资、运行费用高,不经济。若电机容量选择过小,将使电机过载而造成发热,影响其寿命。

7.4 三相异步电机的拖动原理

7.4.1 三相异步电机的机械特性

1. 转矩特性

三相异步电机拖动生产机械运行时,电磁转矩和转速是最重要的输出量。7.3 节电磁转矩的参数表达式(7-65)表明了电磁转矩与电压、频率、电机参数和转差率之间的关系。电磁转矩与转差率的关系,称为转矩特性,即 $T=f(s)$,如图 7-30 所示。

转矩特性曲线上有几个特殊点,即图 7-30 中 A、B、C 及 D 点,这几点确定了,转矩特性的形状也就基本确定了,下面就这几个点作具体分析。

1) 理想空载运行点 D

该点 $n=n_1=60f/p$,$s=0$,电磁转矩 $T=0$,此时电机不进行机电能量转换。

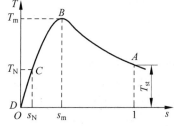

图 7-30 异步电机的转矩特性曲线

2) 额定运行点 C

异步电机带额定负载运行,$S_N=0.01\sim0.06$,其对应的电磁转矩为额定转矩 T_N。若忽略空载转矩,T_N 即为额定输出转矩,得

$$T_N = \frac{P_N \times 10^3}{\Omega} = \frac{P_N \times 10^3}{2\pi n_N/60} = 9\,550\frac{P_N}{n_N} \tag{7-68}$$

式中,P_N 的单位为 kW;n_N 的单位为 r/min;T_N 的单位为 N·m。

3) 最大电磁转矩点 B

(1) 最大电磁转矩 T_m 与临界转差率 s_m。最大电磁转矩 T_m 与电源电压的平方成正比,与转子回路电阻无关。临界转差率 s_m 与外加电压无关,而与转子电路电阻成正比。因此,改变转子电阻大小,最大电磁转矩虽然不变,但可以改变产生最大电磁转矩时的转差率,从而在某一特定转速时,使电机产生的转矩最大,这一性质对于绕线式异步电机具有特别重要的意义。

(2) 过载系数 k_m。为了保证电机不会因短时过载而停转,电机一般都具有一定的过载能力。最大电磁转矩越大,电机短时过载能力越强,因此将最大电磁转矩与额定转矩之比称为电机的过载能力,用 k_m 表示,即

$$k_m = \frac{T_m}{T_N} \tag{7-69}$$

k_m 是表征电机运行性能的指标,它可以衡量电机的短时过载能力和运行的稳定性。一般而言,电机的过载能力 $k_m=1.6\sim2.2$,起重、冶金、机械专用电机的 $k_m=2.2\sim2.8$。

4) 起动点 A

(1) 起动转矩 T_{st}。起动转矩 T_{st} 与电源电压的平方成正比;起动转矩 T_{st} 与转子回路

电阻有关,转子回路串入适当电阻可以增大起动转矩。绕线式异步电机可以通过转子回路串入电阻的方法来增大起动转矩,改善起动性能。

(2) 起动转矩倍数 k_{st}。起动转矩与额定转矩之比,称为起动转矩倍数 k_{st},即

$$k_{st} = \frac{T_{st}}{T_N} \tag{7-70}$$

起动转矩倍数 k_{st} 也是反映电机性能的另一个重要参数,它反映了电机起动能力的大小,电机起动的条件是起动转矩不小于负载转矩的 1.1 倍,即 $T_{st} \geq 1.1 T_L$。

2. 机械特性

由于转速 $n=(1-s)n_1$,故可将 $T=f(s)$ 曲线转化为异步电机转速 n 与电磁转矩 T 之间的关系,即 $n=f(T)$,并称之为机械特性。

1) 固有机械特性

三相异步电机的固有机械特性是指按规定方式接线,工作在额定电压、额定频率下,定、转子电路均不外接电阻情况下的机械特性。当电机处于电动机运行状态时,其固有机械特性如图 7-31 所示。

2) 人为机械特性

三相异步电机的人为机械特性是指人为改变电源参数或电机参数的机械特性。这里只介绍如下两种常见的人为机械特性。

(1) 降低定子电压时的人为机械特性。由前面的分析可知,当定子电压 U_1 降低时,电磁转矩与 U_1^2 成正比减小,s_m 和 n_1 与 U_1 无关,所以可得 U_1 下降后的一组人为机械特性,如图 7-32 所示。降低定子电压后的人为机械特性,线性段斜率变大,特性变软,起动转矩倍数和过载能力显著下降。电压下降,电磁转矩减小将导致电机转速下降,转子、定子电流增大,导致电机过载。当电压下降过多而使最大电磁转矩小于负载转矩时,电机甚至会停转。

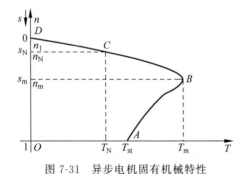

图 7-31 异步电机固有机械特性

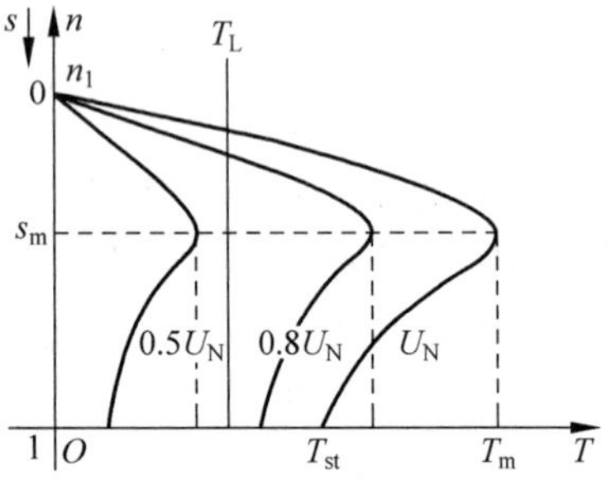

图 7-32 异步电机降低定子电压时的人为机械特性

(2) 转子回路串接三相对称电阻时的人为机械特性。由前面的分析可知,增大绕线式异步电机转子回路电阻时,n_1、T_m 不变,但出现最大电磁转矩的临界转差率 s_m 增大,其人为机械特性如图 7-33(b)所示。转子回路串接三相对称电阻后的人为机械特性,线性段斜率变大,特性变软。适当增加转子回路电阻,可以增大电机起动转矩。如图 7-33(a)所示,当所串电阻为 R_{S3} 时,$s_m=1$,起动转矩已达到了最大值,若再增加转子回路电阻,起动转矩反而会减小。

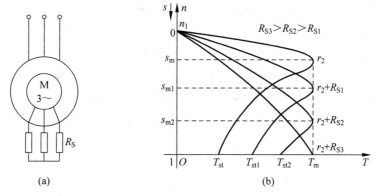

图 7-33 绕线式异步电机转子回路串接三相对称电阻
(a) 电路图；(b) 人为机械特性

7.4.2 三相异步电机的起动

三相异步电机从接通电源开始，转速从零增加到额定转速或对应负载下的稳定转速的过程称为起动过程。

1. 起动性能的指标

起动性能的指标有以下几种：①起动转矩倍数 T_{st}/T_N；②起动电流倍数 I_{st}/I_N；③起动时间；④起动设备。

异步电机起动时，为了使电机能够转动并很快达到额定转速，要求电机具有足够大的起动转矩，起动电流较小，同时希望起动设备尽量简单、可靠、操作方便，起动时间短。

2. 起动电流和起动转矩

1) 起动电流

电机起动瞬间的电流称为起动电流。刚起动时，$n=0$，$s=0$，气隙旋转磁场与转子相对速度最大，因此，转子绕组中的感应电动势也最大，由转子电流公式 $I_2 = \dfrac{E_2}{\sqrt{r_2^2+x_2^2}} = \dfrac{sE_{20}}{\sqrt{r_2^2+(sx_{20})^2}} = \dfrac{E_{20}}{\sqrt{\left(\dfrac{r_2}{s}\right)^2+x_{20}^2}}$ 可知，起动时 $s=1$，异步电机转子电流达到最大值，转子起动电流 I_{st2} 一般是额定电流 I_{2N} 的 5~8 倍。根据磁动势平衡关系，定子电流随转子电流的变化而变化，故起动时定子电流 I_{st1} 也很大，可达额定电流的 4~7 倍。这么大的起动电流将带来以下不良后果：

(1) 使线路产生很大的电压降，导致电网电压波动，从而影响到接在电网上其他用电设备正常工作。特别是容量较大的电机起动时，此问题显得尤为突出。

(2) 一方面，电压降低，电机转速下降，严重时使电机停转，甚至可能烧坏电机；另一方面，电机绕组电流增加，铜损耗过大，使电机发热，导致绝缘老化。特别是对需要频繁起动的电机影响较大。

(3) 电机绕组端部受电磁力冲击,甚至发生形变。

2) 起动转矩

异步电机起动时,起动电流很大,但起动转矩却不大。因为起动时,$s=1$,$f_2=f_1$,转子漏抗 x_{20} 很大,$x_{20} \gg r_2$,转子功率因数角 $\varphi = \arctan(x_{20}/r_2)$ 接近 $90°$,功率因数 $\cos\varphi$ 很低;同时,起动电流大,定子绕组漏阻抗压降大,由定子电动势平衡方程 $\dot{U}_1 = -\dot{E}_1 + \dot{I}_1 Z_1$ 可知,定子绕组感应电动势 E_1 减小,使电机主磁通有所减小。由于这两方面的因素,根据电磁转矩公式 $T = C_T \Phi_m I_2' \cos\varphi_2$ 可知,尽管 I_2 很大,异步电机的起动转矩并不大。

通过以上分析可知,异步电机起动的主要问题是起动电流大,而起动转矩却不大。为了限制起动电流,并得到适当的起动转矩,根据电网的容量、负载的性质、电机起动的频繁程度,对不同容量、不同类型的电机应采用不同的起动方法。根据等效电路可推出起动电流 I_{st1},即

$$I_{st1} \approx I_{st2}' = \frac{U_1}{\sqrt{(r_1' + r_2)^2 + (x_1 + x_{20}')^2}} \tag{7-71}$$

由上式可知,减小起动电流有如下两种方法:①降低异步电机电源电压 U_1;②增加异步电机定、转子阻抗。对鼠笼式异步电机和绕线式异步电机,可采用不同的方法来改善起动性能。

3. 异步电机的起动控制

异步电机的起动方法有两种:即直接起动(全压起动)和降压起动。

1) 直接起动

直接起动是将额定电压通过开关直接加在电机定子绕组上,使电机起动。采用的起动装置为三相闸刀开关、铁壳开关或接触器。这种起动方法的缺点是起动电流大,起动转矩却不大,起动性能较差;优点是起动设备简单、操作方便,起动迅速。

异步电机能否采用直接起动应由电网的容量、起动频繁程度、电网允许干扰的程度,以及电机的容量、型式等因素决定。若电网容量足够大,而电机容量较小时,一般采用直接起动,而不会引起电源电压有较大的波动。允许直接起动的电机容量通常有如下规定。

(1) 电机由专用变压器供电,且电机频繁起动时电机容量不应超过变压器容量的 20%;电机不经常起动时,其容量不应超过变压器容量的 30%。

(2) 若无专用变压器,照明与动力共用一台变压器时,允许直接起动的电机的最大容量应以起动时造成的电压降不超过额定电压 $10\% \sim 15\%$ 的原则确定。

(3) 容量在 $7.5kW$ 以下的三相异步电机一般均可采用直接起动。通常也可用下式来确定电机是否可以采用直接起动。

$$\frac{I_{st}}{I_N} < \frac{3}{4} + \frac{变压器容量}{4 \times 电动机功率} \tag{7-72}$$

若满足上式的要求,则电机能够采用直接起动。

2) 降压起动

降压起动是利用起动设备将加在电机定子绕组上的电源电压降低,起动结束后恢复其额定电压运行的起动方式。当电源容量不够大,电机直接起动的线路电压降超过 15% 时,应采用降压起动。降压起动以降低起动电流为目的,但由于电机的转矩与电压的平方成正

比,因此降压起动时,虽然起动电流减小,起动转矩也大大减小,故此法一般只适用于电机空载或轻载起动。

鼠笼式异步电机降压起动的传统方法有以下几种:①定子回路串接电抗(电阻)降压起动;②星形-三角形(Y-△)换接降压起动;③自耦变压器降压起动。

鼠笼式异步电机直接起动时,起动电流大,起动转矩却不大;利用降压方法虽然限制了起动电流,但起动转矩也随起动电压呈平方倍地减小,故只适用于空载及轻载起动的机械负载。对于重载起动的机械负载,如起重机、卷扬机、龙门吊车等,广泛采用起动性能较好的绕线式异步电机。

绕线式异步电机与鼠笼式异步电机的最大区别是转子绕组为三相对称绕组。转子回路串接可调电阻或频敏变阻器之后,可以减小起动电流,同时增大起动转矩,因而起动性能比鼠笼式异步电机的好。绕线式异步电机的传统起动方式可分为转子回路串接电阻起动和转子回路串接频敏变阻器起动两种。

7.4.3 三相异步电机的调速

为了适应生产的需要,满足生产机械的要求,在生产过程中需要人为地改变电机的转速,称为调速。直流电机调速性能虽好,但存在价格高、维护困难等一系列缺点,异步电机具有结构简单、运行可靠、维护方便等优点,随着电力电子技术、计算机技术,以及电机理论和自动控制理论的发展,交流调速装置的容量不断扩大,性能不断提高。目前,高性能的异步电机调速系统已显示出逐步取代直流调速系统的趋势。选择异步电机调速方法的基本原则是调速范围广、调速平滑性好、调速设备简单、调速中的损耗小。

根据异步电机的转速关系式 $n=n_1(1-s)=\dfrac{60f_1}{p}(1-s)$ 可知,通过改变定子绕组的磁极对数 p、电源频率 f_1 或转差率 s,可以实现异步电机的调速。

1. 变极调速

当电源频率 f_1 不变时,改变电机的极数,电机的同步转速随之成反比变化。若电机极数增加一倍,则同步转速下降一半,电机的转速也几乎下降一半,即改变磁极对数可以实现电机的有极调速。

要改变电机的极数,可以在定子铁芯槽内嵌放两套不同极数的定子绕组,但从制造的角度看,这样很不经济,故通常采用的方法是单绕组变极调速,即在定子铁芯内只装一套绕组,通过改变定子绕组的接法来改变极数和电机的转速,这种电机称为多速电机。变极调整只适用于鼠笼式异步电机。因为鼠笼式异步电机转子的磁极对数能自动地随着定子磁极对数相应地变化,而绕线式异步电机的转子绕组在转子嵌线时就已确定了磁极对数,在改变定子磁极对数时,转子绕组必须相应地改变接法,才能得到与定子绕组相同的磁极对数,但这并不容易实现。故绕线式异步电机一般都不采用变极调速。

变极调速的优点是设备简单、运行可靠,机械特性较硬、损耗小,为了满足不同生产机械的需要,定子绕组采用不同的接线方式,可获得恒转矩调速或恒功率调速。缺点是电机绕组引出头较多,调速的平滑性差,只能分级调节转速,且调速级数少。必要时需与齿轮箱配合,才能得到多极调速。另外,多速电机的体积比同容量的普通鼠笼式异步电机大,运行特性也稍差一些，电机的价格也较贵，故多速电机多用于不需要无级调速的生产机械，如金属切削机床、通风机、升降机等。

2. 变频调速

变频调速是改变电源频率 f_1，使电机的同步转速 $n_1 = 60f_1/p$ 变化而达到调速的目的。由转速公式 $n = n_1(1-s)$，考虑到正常情况下转差率 s 很小，故异步电机转速 n 与电流频率 f_1 近似成正比，改变电机供电频率即可实现调速。

在变频的同时，通常希望气隙主磁通 Φ_m 维持不变。若 Φ_m 增加，电机磁路过饱和，引起励磁电流增加、铁芯损耗加大、电机温升过高、功率因数降低；若 Φ_m 减小，电机容量将得不到充分利用。由电动势公式 $U_1 \approx E_1 = 4.44 f_1 N_1 k_{w1} \Phi_m$ 可知，若要保持磁通 Φ_m 为定值，则电源电压 U_1 必须随频率的变化作正比变化，即保持 U_1/f_1 为常数。

图 7-34 所示为在 U_1/f_1 为定值的条件下，三相异步电机变频调速时的机械特性。

变频调速的主要优点是调速范围大、调速平滑、机械特性较硬、效率高。高性能的异步电机变频调速系统的调速性能可与直流调速系统相媲美。但它需要一套专用变频电源，调速系统较复杂、设备投资较高。近年来，随着功率器件和 PWM 技术的发展，为变频调速提供了新的途径。变频调速是近代交流调速发展的主要方向之一。三相异步电机的变频调速在很多领域已获得了广泛应用，如电动汽车、钢铁、纺织、冶炼等行业领域。

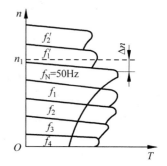

图 7-34 三相异步电机变频调速时的机械特性

3. 改变转差率调速

异步电机改变转差率调速包括定子调压调速和绕线式异步电机的转子串接电阻调速。

1) 调压调速

改变加在异步电机定子绕组上的电压，即可获得一组人为机械特性曲线。其最大转矩随电压的平方而下降，产生最大转矩的临界转差率不变。对于恒转矩 T_L，若采用调压调速，如图 7-35(a) 所示，调速范围小，实用价值不大。但若用于通风机负载，其负载转矩 T_L 随转速的变化关系如图 7-35(b) 虚线所示，从 a、a'、a'' 三个工作点所对应的转速看，调速范围较宽，因此改变电压调速适用于通风机负载。对于恒转矩负载，若要获得较宽的调速范围，可采用转子电阻较大、机械特性较软的高转差率鼠笼式异步电机，如图 7-35(c) 所示。负载转矩为恒转矩 T_L 时，不同的电源电压 U_1、U_1'、U_1'' 可获得不同的工作点 a、a'、a''，且 $U_1 > U_1' > U_1''$。调速范围较宽，但在电压低时，特性曲线太软，负载波动将引起转速的较大变化，其静差率和运行稳定性往往不能满足生产工艺的要求。

目前，随着功率器件和 PWM 技术的发展，功率管交流调压调速已得到了广泛应用。其优点是可以获得较大的调速范围，调速平滑性较好；其缺点是，当电机运行在低转速时，转差率较大，转子铜损耗较大，使电机效率降低，发热严重，故这种调速一般不宜于在低转速下长时间运转。为了克服调压调速在低转速下运行时稳定性差的缺点，现代的调压调速系统通常采用速度反馈闭环控制。

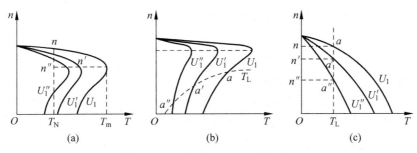

图 7-35 鼠笼式异步电机调压调速

(a) 恒转矩负载调压调速；(b) 通风机负载调压调速；(c) 高转差率电机的调压调速

2) 改变转子回路电阻调速

改变转子回路的电阻进行调速,只适用于绕线式异步电机。图 7-36 所示为改变转子回路电阻所获得的一组人为机械特性。增加转子回路电阻,最大电磁转矩不变,但产生最大转矩的转速要发生变化。当负载转矩 T_L 一定时,不同转子电阻对应不同的稳定转速,而且随转子电阻的增加($R_{S2}>R_{S1}$),电机转速下降($n_C<n_B<n_A$)。转子回路串接电阻调速与转子回路串接电阻起动的原理相似,但起动电阻是按短时设计的,而调速电阻允许在某一转速下长期工作。

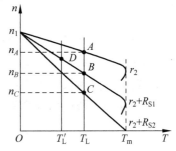

图 7-36 绕线式异步电机的转子串接电阻调速

这种调速方法的优点是设备简单、操作方便,可在一定范围内平滑调速,调速过程中最大转矩不变,电机过载能力不变。缺点是转子回路串接电阻越大,机械特性越软,转速随负载的变化很大,运行稳定性下降,故最低转速不能太小,调速范围不大。同时,调速电阻上要消耗一定的能量,随着外接电阻的增大,转速下降,转差率增大,转子铜损耗增大,电机效率下降。在空载和轻载时调速范围很窄。此法主要用于运输、起重机械中的绕线式异步电机。

7.4.4 三相异步电机的制动

异步电机运行在制动状态时,电磁转矩与转子转速方向相反,电机从轴上吸收机械能并转换成电能,该电能或消耗在电机内部,或反馈回电网。在电力拖动中,常要求拖动生产机械的异步电机处于制动运行状态。异步电机制动的目的是使电力拖动系统快速停车或者使拖动系统尽快减速,对于位能性负载,制动运行可获得稳定的下降速度以保证设备及人身安全。例如,起重机下放重物,电动汽车下坡时,异步电机都处于制动状态。

三相异步电机的制动可分为机械制动和电气制动两大类。机械制动是利用机械装置使电机在切断电源后迅速停止,如电磁抱闸机构。电气制动是使异步电机产生一个与其转向相反的电磁转矩,作为制动转矩,从而使电机减速或停转。下面介绍电气制动的三种主要方法,即反接制动、回馈制动和能耗制动。

1. 反接制动

异步电机运行时,若转子的转向与气隙旋转磁场的转向相反,这种运行状态称为反接制动。反接制动可分为正转反接和正接反转两种。

1) 正转反接

将正在运行的异步电机定子绕组两相反接,定子电流相序发生改变,气隙旋转磁场的方向也随之发生改变。由于机械惯性电机转子仍按原方向转动,转子导体以 n_1+n 的相对速度切割旋转磁场,切割磁场的方向与异步电机定子电流为原相序运行状态时相反,故转子电动势、转子电流和电磁转矩的方向随之发生改变,电机处于 $s\approx 2$ 的电磁制动运行状态,对转子产生制动作用,转子转速迅速下降,当转速 n 接近于 0 时,制动结束。若要停车,则应立即切断电源,否则电机将反转。反接制动开始时,反接时的制动电流比起动电流还要大,但由于转子电流频率较大,转子漏抗大,功率因数很低,所以制动转矩较小。故对于绕线式异步电机,反接时一般在转子回路中串入制动电阻以限制反接时的制动电流和增大制动转矩,提高制动效果。改变制动电阻的数值可以调节制动转矩的大小以适应生产机械的不同要求。鼠笼式电机为了限制反接时的电流冲击,可在定子绕组电路中串联限流电阻。

2) 正接反转

正接反转制动适用于绕线式异步电机拖动位能性负载的情况,它能够使重物获得稳定的下放速度,如图 7-37(a)所示。电机的定子绕组按电动机运行时的接法接线,即称为正接,而利用转子回路串接较大电阻 R 来使转子反转,其原理与在转子回路中串接电阻调速相同。正接反转制动机械特性曲线如图 7-37(b)所示。

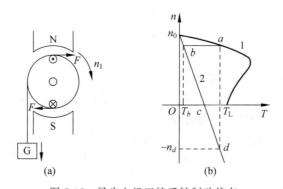

图 7-37 异步电机正接反转制动状态
(a) 正接反转制动原理;(b) 正接反转制动机械特性曲线

异步电机提升重物时,在固有机械特性曲线 a 点上以 n_a 稳定运行。当异步电机下放重物时,在转子回路串入较大电阻,人为机械特性曲线斜率随串接电阻的增加而增加,如图 7-37(b)中的特性曲线 2 所示。由于机械惯性,转速瞬时来不及变化,电机的工作点由固有机械特性曲线 1 上的 a 点转移到人为机械特性曲线 2 上的 b 点。而此时电机电磁转矩 T_b 小于负载转矩 T_L,电机转速逐渐减小,工作点沿曲线 2 由 b 点向 c 点移动,在减速过程中电机仍运行在电动机状态。当转速 n 下降到 c 点,即为零时,电机电磁转矩 T_c 仍小于 T_L,重物将倒拉电机的转子反向加速,电机进入正接反转制动状态,在重物作用下,电机反向加速,电磁转矩逐步增大,直到 d 点 $T_d=T_L$ 为止,电机便以较低的转速 n_d 下放重物,而不至于把重物损坏。在 d 点,电磁转矩 T_d 起制动作用,负载转矩成为拖动转矩,拉着电机反转,故这种制动又称为倒拉反转的反接制动。调节转子回路电阻可以控制重物下放的速度。

反接制动的优点是制动能力强,停车迅速,所需设备简单,缺点是制动过程冲击大,电能消耗多,不易准确停车,一般只用于小型异步电机中。

2. 回馈制动

在电机工作过程中,由于外来因素的影响,使电机转速 n 超过旋转磁场的同步转速 n_1,电机进入发电机状态,此时电磁转矩的方向与转子转向相反,变为制动转矩,电机将机械能转变成电能向电网反馈,故又称为再生制动。

1) 下放重物时的回馈制动

当异步电机拖动位能负载高速下放重物时,首先将电机定子两相反接,定子旋转使磁场方向发生改变,电磁转矩的方向也随之发生改变,电机反向起动,重物下放。刚开始,电机转速小于同步转速,即 $n<n_1$,它处于电动机运行状态,电磁转矩与电机旋转方向相同。接着,在电磁转矩和重物重力产生的负载转矩双重作用下,使转子转速超过旋转磁场转速,即 $n>n_1$,电机进入发电机制动状态运行,这时,电磁转矩的方向与电动机运行状态时的方向相反,成为制动转矩,电机开始减速,直到制动转矩与重力转矩相平衡时,重物将以恒定转速平稳下降。

2) 变极(或变频)调速时的发电机制动

当电机由少极数变换到多极数瞬间,旋转磁场转速突然成倍地减小,而转子由于惯性,转速 n 尚未降下来,于是转子转速大于同步转速,电机进入发电机制动状态。

发电机制动的优点是经济性能好,可将负载的机械能转换成电能反馈回电网。其缺点是应用范围窄,仅当电机转速 $n>n_1$ 时才能实现制动。

3. 能耗制动

能耗制动原理接线图如图 7-38(a)所示,拉开开关 S1,将异步电机从交流电源断开,然后迅速合上开关 S2,直流电源通过电阻 R 接入定子两相绕组中,此时,定子绕组产生一个静止磁场,而转子因惯性仍继续旋转,则转子导体切割此静止磁场而产生感应电动势和电流,转子电流与静止磁场相互作用并产生电磁转矩。如图 7-38(b)所示,电磁转矩的方向由左手定则判定,与转子转动的方向相反,为一制动转矩,使转速下降。当转速下降为零时,转子感应电动势和感应电流均为零,制动过程结束。这种制动方法是利用转子惯性,转子切割磁场而产生制动转矩,把转子的动能变为电能,消耗在转子电阻上,故称为能耗制动。

能耗制动状态的异步电机实质上是一台交流发电机,其输入是电机储存的机械能,其负载是电机转子电阻,因此能耗制动的机械特性与发电机的机械特性相似(推导过程见有关参考书),位于第二象限,而且 $n=0$ 时,$T_{em}=0$,如图 7-39 所示。曲线 1 是转子不串电阻时的固有机械特性;曲线 2 是增大直流电流 I 时的机械特性,最大制动转矩增大,对应最大制动转矩的转速不变;曲线 3 是增大转子电阻时的机械特性,最大制动转矩不变,但对应最大制动转矩的转速增大。

利用机械特性分析图 7-39 中的能耗制动过程如下:制动前,电机运行于固有机械特性曲线 A 点。能耗制动瞬间,电机转速不变,工作点由 A 点平移到能耗制动特性曲线(如曲线 1)B 点,在制动转矩作用下,电机开始减速,工作点沿曲线 1 变化,直到 $n=0$,$T_{em}=0$。如果电机拖动的是反抗性负载,则电机停转,实现快速停车。如果电机拖动的是位能性负载,当转速降到零时,若要停车,必须立即用外力将电机轴刹住,否则电机将在位能性负载转矩作用下反转,直到进入第四象限中的 C 点($T_{em}=T_L$),系统处于稳定的能耗制动运行状态,重物保持匀速下降。

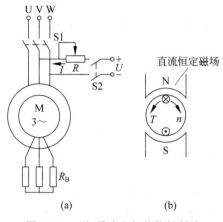

图 7-38 三相异步电机的能耗制动
(a) 原理接线图;(b) 制动原理图

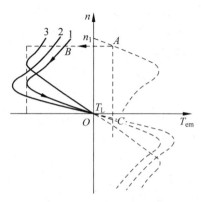

图 7-39 三相异步电机的能耗制动时的机械特性

能耗制动的优点是制动力强,制动较平稳,无大冲击,对电网影响小。缺点是需要一套专门的直流电源,低速时制动转矩小,电机功率较大时,制动的直流设备投资大。

7.5 三相异步电机的调速控制系统

在所有电机控制中,最重要的就是电机的磁场控制,而在大多数应用场合,要保证电机磁场的恒定。这样做的主要目的:首先是为了充分利用电机的有效尺寸和材料,保证电机能够输出额定功率;其次,在电机磁场得到有效控制的基础上,可以较为容易地实现对电机的高性能控制。换句话说,要想对电机进行高性能控制,首先而且必须要对电机的磁场进行有效的高性能控制。当电机在额定转速以上范围运行时,需要对电机进行弱磁控制;在低速范围运行时,可以在保证电机电流允许的条件下通过对电机磁场的有效控制使电机的输出转矩达到最大。通过以上分析可以看出,磁场的控制是电机控制领域非常重要的一个环节。

由于异步电机的控制与直流电机控制不同,没有专门的励磁绕组或者永磁体,因此,异步电机的磁场控制显得尤其困难。为此,人们提出了多种异步电机控制策略,其核心均为对异步电机磁场的有效控制。其控制方法有开环控制、闭环控制、直接控制和间接控制等多种形式。

7.5.1 常用的几种驱动变换电路

根据以上分析可知,异步电机需要电压和频率分别可调的交流电进行驱动并控制其运行状态,需要逆变器或变频器作驱动电源。通常用于异步电机驱动的转换电路有三种基本形式,分别如图 7-40(a)、(b)、(c)所示。

第7章 交流异步电机及控制技术

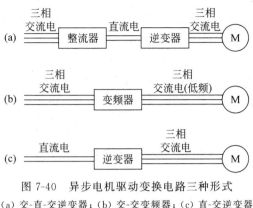

图 7-40 异步电机驱动变换电路三种形式
(a) 交-直-交逆变器；(b) 交-交变频器；(c) 直-交逆变器

在装有交流发电机的混合动力汽车(HEV)上,可以采用图 7-40(a)所示交-直-交变频系统,或图 7-40(b)所示交-交变频系统。其中,对于图 7-40(a)所示的交-直-交变频系统,可有两种配置方式：用可控整流器调节电压,配合一般的电压型或电流型逆变器用以调节频率；或者用不可控整流器,配合脉宽调制(PWM)型逆变器同时调节电压和频率。对于图 7-40(b)所示交-交变频系统,没有整流和逆变,只有变频环节,而且输出频率较低,应用较少。图 7-40(c)所示的直-交逆变器普遍用于纯电动汽车或燃料电池电动汽车上的交流电机驱动系统。与图 7-40(a)所示逆变器一样,也可以采用电压型、电流型或脉宽调制型逆变器。

可控整流电路和逆变电路的内容已在前面章节叙述过,这里就略过这部分内容。

7.5.2 异步电机转速开环控制系统

异步电机变频调速是改变电源频率 f_1,使电机的同步转速 $n_1 = 60f_1/p$ 变化而达到调速的目的。由转速公式 $n = n_1(1-s)$,考虑到正常情况下转差率 s 很小,故异步电机转速 n 与电流频率 f_1 近似成正比,改变电机供电频率即可实现调速。

在变频的同时,通常希望气隙主磁通 Φ_m 维持不变。若 Φ_m 增加,电机磁路过饱和,引起励磁电流增加、铁芯损耗加大、电机温升过高、功率因数降低；若 Φ_m 减小,电机容量将得不到充分利用。由电动势公式 $U_1 \approx E_1 = 4.44 f_1 N_1 k_{w1} \Phi_m$ 可知,若要保持磁通 Φ_m 为定值,则电源电压 U_1 必须随频率的变化作正比变化,即保持 U_1/f_1 为常数,该种控制称为变压变频(V/F)控制。

异步电机的变压变频(V/F)控制方式是一个开环的控制系统,其控制系统结构如图 7-41 所示。

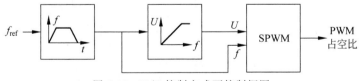

图 7-41 V/F 控制方式下控制框图

图 7-41 中,首先通过 AD 转换得到频率给定信号 f_{ref},经过加减速模块计算出当前应当发出的电压频率。由于在电机的起动过程中不能突然将给定频率的电压加到电机上(否则会引起电机过流),所以需要利用加减速控制模块来调节起动和停止时的输出频率。再经过

V/F 函数模块计算出当前频率下的输出电压值,使电机的气隙磁通近似保持恒定。最后将当前的电压信号和频率信号一起传递给 SPWM(正弦波 PWM)发生模块,由该模块产生 6 路 PWM 信号驱动逆变器,从而控制异步电机的转速。

异步电机的开环控制系统是指不带速度反馈的变频调速系统,即通常所说的通用变频器。开环控制系统结构简单,工作可靠,调速范围较大,并且对数字控制的运算速度要求不高。

7.5.3 异步电机转速闭环控制系统

异步电机转速开环控制系统虽然可以满足一般的平滑调速要求,但动静态性能均有限。要提高其性能,首先可以做到的是采用速度闭环。根据异步电机稳态数学模型可得异步电机稳态运行时所产生的电磁转矩为

$$T_{em} = K_m \Phi_m^2 \frac{\omega_{s1} r_2'}{r_2'^2 + (s x_2')^2} \tag{7-73}$$

式中,$\omega_{s1} = s\omega_s$,当电机稳定运行时,转差率 s 很小,因此转差角频率 ω_{s1} 也很小,一般为同步角频率 ω_s 的 2%~5%,所以可以认为

$$T_{em} \approx K_m \Phi_m^2 \frac{\omega_{s1}}{r_2'} \tag{7-74}$$

上式表明,在 s 很小的范围内,只要维持电机磁通 Φ_m 不变,异步电机的转矩就近似与转差角频率 ω_{s1} 成正比。因此,控制转差角频率 ω_{s1} 就可以控制转矩。

图 7-42 为转速(转差频率)闭环控制系统构成框图。在转差频率控制中,采用转子转速闭环控制,电机给定角速度 ω^* 信号与来自电机转速传感器的反馈信号 ω 进行比较,其误差信号经过 PI 调节器并限幅以后,得到给定转差角频率。限幅的主要目的在于限制转差角频率,使电机可以用逆变器允许电流下的最大转矩进行加减速运转,所以不需要设定加减速时间,就能以最短的时间内实现加减速。系统的其他部分与 V/F 控制方式相同。

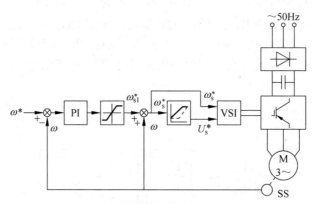

图 7-42 转速闭环控制系统框图

转差频率控制的突出优点就在于频率控制环节的输入是转差信号,而给定角频率信号是由转差信号与电机的实际转速信号相加后得到的,因此,逆变器输出的实际角频率 ω_s 随着电机转子角速度 ω 同步上升或下降。与转速开环系统中按电压成正比地直接产生频率给定信号相比,加、减速更为平滑,且容易使系统稳定。同时,由于在动态过程中,转速调节

器饱和,系统将以最大转矩进行调节,保证了系统的快速响应性。

转差频率控制性能比 V/F 控制方式有了较大的提高,结构简单,对数字控制芯片的要求也不高,但是与直流闭环系统相比,还有很大的差距。这是因为,在分析转差频率控制规律时,是从异步电机的稳态等效电路和稳态转矩公式出发的,因此会影响系统的实际动态性能。"保持磁通 Φ_m 恒定"是转差频率控制的关键所在,但系统中并没有严格的磁通控制,特别是没有进行动态的磁通控制,因此对系统的控制只是粗略的。

7.5.4 异步电机矢量调速控制系统

前面讨论的 V/F 开环调速系统和转差频率转速闭环控制系统,基本上解决了异步电机平滑调速的问题。尤其是转差频率转速闭环控制系统,基本具备了直流电机双闭环控制系统的优点,是一个比较优越的控制策略,结构也不算复杂,已能满足许多工业应用的要求,因而具有广泛的应用价值。

然而,当生产机械对调速系统的动静态性能提出更高要求时,上述系统还是比直流调速系统略逊一筹。其原因在于,其系统控制的规律是从异步电机稳态等效电路和稳态转矩公式出发推导出的稳态值控制,完全不考虑过渡过程,因而在系统设计时,不得不做出较多的假设,忽略较多因素,才能得出一个近似的传递函数,这就使得设计结果与实际相差较大,系统在稳定性、起动及低速时转矩动态响应等方面的性能尚不能令人满意。

矢量控制原理的基本出发点是,考虑到异步电机是一个多变量、强耦合、非线性的时变参数系统,很难直接通过外加信号准确控制电磁转矩,但若以转子磁链这一旋转的空间矢量为参考坐标,利用从静止坐标系到旋转坐标系之间的变换,则可以把定子电流中的励磁电流分量与转矩电流分量变成标量独立开来,进行分别控制。这样,通过坐标变换重建的电机模型就可等效为一台直流电机,从而可像直流电机那样进行快速的转矩和磁通控制。这就形成了现已得到普遍应用的矢量控制变频调速系统。

1. 矢量控制的基本概念

在第 5 章中已经分析过,当直流电机电刷放在几何中线时,电枢电流 i_a 产生的磁动势幅值 F_a 位于电刷位置处,如图 7-43 所示,励磁电流产生的磁动势 F_f 也画在同一图。假设磁动势 F_a 和 F_f 在空间都为正弦分布,可以理解为空间矢量。本节里用 $\dot{F}_a$ 和 $\dot{F}_f$ 表示空间矢量。

空间相对静止的两个磁动势会产生电磁力 f,力的大小与两个磁动势的叉积成正比,即

$$f = \dot{F}_a \times \dot{F}_f \tag{7-75}$$

图 7-43 中两个磁动势在空间相距 $\xi=90°$ 空间电角度,产生的力为最大。如果电刷偏离几何中线使 $\xi<90°$,力随之减小。

从直流电机调速原理知道,改变 F_f(即励磁电流 i_f)或 F_a(即电枢电流 i_a)的大小,都能调节直流电机的转速 n。当 $\xi=90°$ 时,如果忽略电枢反应对磁路饱和的影响,单独改变 $\dot{F}_a$ 或 $\dot{F}_f$,可以

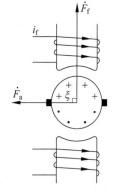

图 7-43 直流电机空间矢量 F_a 与 F_f

做到互不影响,这样就可以通过改变其中的一个磁动势独立调节转速,使直流电机具有较理想的调速特性,这种互不影响特性称为 $\dot{F}_a$ 和 $\dot{F}_f$ 之间具有解耦控制。这种调速的方法称为矢量控制方法。

交流电机本身具有多变量、强耦合与非线性的特点,与直流电机特性不一样,要实现高性能控制,有一定的难度。现将交流电机从基本原理上等效为直流电机,用直流电机矢量控制方法同样可以控制交流电机。

图 7-44 是三相同步电机定、转子绕组示意图。定子上装有三相对称绕组,转子上安装了励磁绕组。已知三相对称基波电流流经三相对称绕组,会产生以同步转速 n_1 旋转的基波磁动势 $\dot{F}_a$,如图 7-44 所示(为某一瞬间位置)。励磁磁动势 $\dot{F}_f$ 也画在图中。

图 7-44 中,假设 $\dot{F}_a$ 为逆时针方向旋转,转子也以相同的旋转方向和转速旋转,即磁动势 $\dot{F}_a$ 和 $\dot{F}_f$ 二者之间没有相对运动。比较图 7-43 与图 7-44 两个磁动势 $\dot{F}_a$ 和 $\dot{F}_f$,它们的特点是两个磁动势之间均无相对运动,即 $\dot{F}_a$ 相对于 $\dot{F}_f$ 都是静

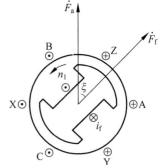

图 7-44 同步电机定、转子磁动势

止的。也就是说,图 7-44 中电机转子虽然以 n_1 转速旋转,定子绕组通的是三相对称交流电流,但站在转子上看,二者的磁动势关系完全一样,无本质区别。

图 7-44 中,两个磁动势 $\dot{F}_a$ 和 $\dot{F}_f$ 之间的夹角 ξ 的大小,与电机运行工况有关。产生励磁磁动势 $\dot{F}_f$ 的励磁电流 i_f 是直流电流。我们可以假想,在空间有一个逆时针方向以同步转速 n_1 旋转的另一个绕组,流过的电流为 i_a,此 i_a 就是产生电枢磁动势 $\dot{F}_a$ 的电流,显然,电流 i_a 也是直流电流。

通过以上分析,对于同步电机,我们只要站在同步电机转子上来观察和处理 $\dot{F}_a$ 和 $\dot{F}_f$,即我们通常使用的将静止坐标变换到同步旋转坐标来分析,完全可以将控制直流电机的方法,即所谓的矢量控制,用到交流电机上。

在矢量控制中,不用磁动势来进行分析运算,而用产生它的电流或者电动势、电压进行分析运算。为此,把对应的电压、电动势以及电流等,都称为空间矢量,分别用 $\dot{u}$、$\dot{e}$ 及 $\dot{i}$ 表示。

将矢量控制用于交流电机中,会用到坐标变换以及磁场定向问题。下面分别对同步电机和异步电机进行分析。

1) 同步电机

在图 7-44 中的同步电机转子磁极中线上放上坐标,称为 d 轴,与 d 轴正交处放上 q 轴坐标,如图 7-45 所示。显然,励磁磁动势 $\dot{F}_f$、励磁电流 i_f 都落在 d 轴上。电枢磁动势 $\dot{F}_a$、电枢电流 i_a 也画在同一图中。

从前面分析知道,同步电机负载运行的磁动

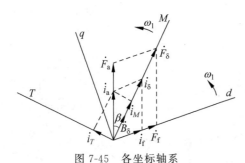

图 7-45 各坐标轴系

势平衡关系为

$$\dot{F}_f + \dot{F}_a = \dot{F}_\delta \tag{7-76}$$

式中,$\dot{F}_f$、$\dot{F}_a$ 和 $\dot{F}_\delta$ 分别是励磁磁动势、电枢磁动势和合成磁动势。合成磁动势 $\dot{F}_\delta$ 产生气隙磁密 $\dot{B}_\delta$,把各磁动势及 $\dot{B}_\delta$ 都画在图 7-45 中。

式(7-76)可用电流表示为

$$\dot{i}_f + \dot{i}_a = \dot{i}_\delta \tag{7-77}$$

式中,$\dot{i}_f$、$\dot{i}_a$ 和 $\dot{i}_\delta$ 分别代表相应磁动势的电流,即励磁电流、电枢电流和合成定子电流。它们分别与自己产生的磁动势同方向,并具有空间矢量的性质。把电流 $\dot{i}_f$、$\dot{i}_a$ 和 $\dot{i}_\delta$ 画在图 7-45 中。

在同步电机矢量控制中,常令 M 坐标轴与气隙磁密 $\dot{B}_\delta$(或合成定子电流 $\dot{i}_\delta$)重合,即所谓气隙磁场定向(还有其他磁场定向方法)。并将电流 $\dot{i}_a$ 分别在 M、T 坐标轴上投影,其中 i_M 称为磁场电流分量,i_T 称为转矩电流分量。显然,由图 7-45 可得

$$\begin{cases} \dot{i}_M = \dot{i}_a \cos\beta \\ \dot{i}_T = \dot{i}_a \sin\beta \end{cases} \tag{7-78}$$

同步电机电磁转矩 T 的表达式为

$$T = C F_\delta F_a \sin\beta = C' \Psi_\delta i_a \sin\beta = C' \Psi_\delta i_T \tag{7-79}$$

式中,Ψ_δ 是气隙磁密 $\dot{B}_\delta$ 产生的每极气隙磁链;β 是 $\dot{F}_a$ 和 $\dot{F}_\delta$ 之间的空间角度;C、C' 是系数。

从式(7-79)看出,在控制上,如能维持气隙磁链 Ψ_δ 为恒定(包括幅值及位置角度),即所谓气隙磁链定向时,则调控转矩电流分量 i_T,就能获得像控制直流电机电枢电流 i_a 一样的效果,这就是矢量控制的基本思路。因此,如何确定气隙磁链 Ψ_δ,如何确定转矩电流分量以及控制策略等,就成为同步电机矢量控制的主要研究内容了。

2)异步电机

图 7-46(a)是异步电机定子边的相量图。

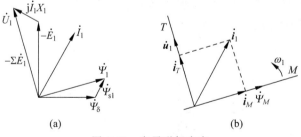

图 7-46 定子磁场定向

图 7-46(a)中 $\dot{\Psi}_\delta$ 是气隙磁链,它在定子绕组中感应电动势为 $\dot{E}_1$;$\dot{\Psi}_{s1}$ 是定子漏磁链,它感应的漏电动势为 $-j\dot{I}_1 X_1$,其中 $\dot{I}_1$、X_1 分别是定子相电流和每相的漏电抗;$\dot{\Psi}_1$ 是定子磁链,$\dot{\Psi}_1 = \dot{\Psi}_\delta + \dot{\Psi}_{s1}$,它产生了定子合成电动势 $\sum \dot{E}_1$,即

$$\sum \dot{E}_1 = \dot{E}_1 + (-\mathrm{j}\dot{I}_1 X_1) \tag{7-80}$$

定子回路电压方程为

$$\dot{U}_1 = -\dot{E}_1 + \mathrm{j}\dot{I}_1 X_1 + \dot{I}_1 R_1 \tag{7-81}$$

将式(7-80)代入式(7-81),得

$$\dot{U}_1 = -\sum \dot{E}_1 + \dot{I}_1 R_1 \tag{7-82}$$

忽略式中 $\dot{I}_1 R_1$ 项,把 $\dot{U}_1 = -\sum \dot{E}_1$ 画在图 7-46 中。

下面研究定子磁场定向问题。我们把以同步速旋转的 M、T 坐标轴的 M 轴放在图 7-46(a)中的定子磁链 $\dot{\Psi}_1$ 上,即所谓定子磁场定向,如图 7-46(b)所示。这样一来,定子磁链 $\dot{\Psi}_1$ 也就是 $\dot{\Psi}_M$ 了,显然,磁链 $\dot{\Psi}_T$ 等于零。根据图 7-46(a)中定子边电动势相量图知道,在忽略定子电阻 R_1 的条件下,定子电压 $\dot{U}_1$ 领先定子磁链 $\dot{\Psi}_1$ 90°时间电角度。为此,定子电压矢量 $\dot{u}_1$ 画在 M、T 坐标里,$\dot{u}_1$ 应画在 $\dot{\Psi}_M$ 前面 90°处,即落在 T 轴上,如图 7-46(b)所示。定子电流 i_1 的两个分量为:转矩电流分量 i_M,磁场电流分量 i_T,如图 7-46(b)所示。

这种情况,电磁转矩 T 为

$$T = C\Psi_M i_T = C' u_1 i_T \tag{7-83}$$

式中,C、C' 为系数。

定子电压一般为恒值,Ψ_M 也为恒值。可见,调节转矩电流 i_T 的大小,就可以控制其电磁转矩 T。

图 7-47(a)是异步电机转子边的相量图。图中 $\dot{\Psi}_\delta$ 是气隙磁链,它在转子绕组中感应电动势 $\dot{E}_2$;$\dot{\Psi}_{s2}$ 是转子漏磁链,它感应的漏电动势为 $-\mathrm{j}\dot{I}_2 X_2$,$\dot{I}_2$ 是转子相电流。已知转子磁链 $\dot{\Psi}_2 = \dot{\Psi}_\delta + \dot{\Psi}_{s2}$,它产生的合成电动势 $\sum \dot{E}_2$ 为

$$\sum \dot{E}_2 = \dot{E}_2 + (-\mathrm{j}\dot{I}_2 X_2) \tag{7-84}$$

把 M、T 坐标系的 M 轴放在转子磁链 $\dot{\Psi}_2$ 上,即 $\dot{\Psi}_M = \dot{\Psi}_2$,$\dot{\Psi}_T \approx 0$。定子电流 i_1 在 M、T 轴的投影分别为 i_M 和 i_T,如图 7-47(b)所示。

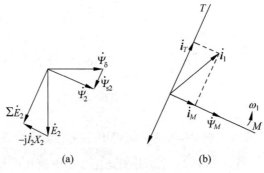

图 7-47 转子磁场定向

电磁转矩 T 为

$$T = C\Psi_M i_T \tag{7-85}$$

式中,C 为系数。

从式(7-85)可以看出,若能维持转子磁链 Ψ_M 为恒值,则电磁转矩 T 将与转矩电流 i_T 成正比。控制定子转矩电流 i_T,就控制了电磁转矩。这就是说,如果能实现转子磁场定向矢量控制,鼠笼式异步电机的控制特性将和他励直流电机相似。

2. 矢量变换

1) 三相-两相(Clark)变换或两相-三相(反 Clark)变换

从图 7-44 和图 7-45 看出,本来电枢磁动势 F_a 是由定子三相交流电流产生的,现在等效为以同步速旋转的直流电流 i_a 产生的,这就需要进行各有关物理量之间的变换。从图 7-45 中看出,i_a 在以同步转速旋转的 M、T 坐标系里有两个变量,即 i_M 和 i_T,而定子三相交流电流有 3 个变量:i_a、i_b 和 i_c。由于定子绕组与定子电流均为三相对称,其电流 $i_a + i_b + i_c = 0$,可见,实际也只有 2 个变量。为此,首先将定子三相对称电流转换为定子两相对称电流,其转换的原则是,转换前后,其电枢磁动势性质保持不变。这就是说,由定子三相对称交流电流产生的电枢磁动势 F_a 与两相对称交流电流在两相对称绕组里产生的磁动势彼此相等,依此求出它们之间的转换关系。两相对称交流电流用 i_α、i_β 表示。

由三相转换为两相,称为 Clark 变换,用矩阵表示为

$$\begin{bmatrix} i_\alpha \\ i_\beta \end{bmatrix} = \begin{bmatrix} 1 & 0 \\ \frac{1}{\sqrt{3}} & \frac{2}{\sqrt{3}} \end{bmatrix} \begin{bmatrix} i_a \\ i_b \end{bmatrix} \tag{7-86}$$

其逆变换(反 Clark 变换)的转换矩阵为

$$\begin{bmatrix} i_a \\ i_b \end{bmatrix} = \begin{bmatrix} 1 & 0 \\ -\frac{1}{2} & \frac{\sqrt{3}}{2} \end{bmatrix} \begin{bmatrix} i_\alpha \\ i_\beta \end{bmatrix} \tag{7-87}$$

2) 矢量旋转变换

得到电流 i_α、i_β 后,经过矢量旋转变换,就可求得所需的电流 i_d、i_q 或 i_M、i_T 了。所谓矢量旋转变换,就是指静止的直角坐标轴系与旋转的直角坐标系之间的变换,如图 7-48 所示。

静止的 α、β 坐标轴系转换成旋转的 d、q 坐标轴系的过程称为 Park 变换,其关系式为

$$\begin{bmatrix} i_d \\ i_q \end{bmatrix} = \begin{bmatrix} \cos\gamma & \sin\gamma \\ -\sin\gamma & \cos\gamma \end{bmatrix} \begin{bmatrix} i_\alpha \\ i_\beta \end{bmatrix} \tag{7-88}$$

其逆变换(反 Park 变换)的关系式为

$$\begin{bmatrix} i_\alpha \\ i_\beta \end{bmatrix} = \begin{bmatrix} \cos\gamma & -\sin\gamma \\ \sin\gamma & \cos\gamma \end{bmatrix} \begin{bmatrix} i_d \\ i_q \end{bmatrix} \tag{7-89}$$

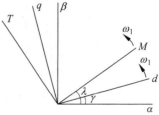

图 7-48 坐标轴系

式中,γ 是 α 轴与 d 轴之间的夹角,$\gamma = \omega_1 t + \gamma_0$,其中 ω_1 是同步角速度,t 是时间,γ_0 是初始位置角。

静止的 α、β 坐标轴系变换到旋转的 M、T 坐标轴系的过程也称为 Park 变换,其关系式为

$$\begin{bmatrix} i_M \\ i_T \end{bmatrix} = \begin{bmatrix} \cos\lambda & \sin\lambda \\ -\sin\lambda & \cos\lambda \end{bmatrix} \begin{bmatrix} i_\alpha \\ i_\beta \end{bmatrix} \tag{7-90}$$

其逆变换(反 Park 变换)的关系式为

$$\begin{bmatrix} i_\alpha \\ i_\beta \end{bmatrix} = \begin{bmatrix} \cos\lambda & -\sin\lambda \\ \sin\lambda & \cos\lambda \end{bmatrix} \begin{bmatrix} i_M \\ i_T \end{bmatrix} \tag{7-91}$$

式中,λ 是 α 轴与 M 轴之间的夹角,$\lambda = \omega_1 t + \lambda_0$,$\lambda_0$ 是初始位置角。

3) 直角坐标轴系与极坐标轴系之间的变换

有了前面求得的直角坐标量后,就可以进一步求得相应的极坐标量。以定子电流为例,从图 7-45 可知:

$$\begin{cases} i_a = \sqrt{i_M^2 + i_T^2} \\ \cos\beta = \dfrac{i_M}{i_a}, \quad \sin\beta = \dfrac{i_T}{i_a} \end{cases} \tag{7-92}$$

上述矢量控制可以用控制直流电机的思路进行,即将给定的直流量经直、极坐标变换,旋转变换和 2/3 变换后,加在三相交流电机定子上;将所实测电机定子的三相交流电压、电流经 3/2 变换、旋转变换和直、极坐标变换,作为反馈量参加控制。至于采用什么闭环控制,这里不介绍了。

3. 异步电机矢量调速控制系统实例

图 7-49 给出异步电机一种矢量控制系统框图,主要包括以下几部分:

(1) 主电路:三相桥式 PWM 型逆变电路,功率开关管用的是绝缘栅晶体管 IGBT。
(2) 控制电路:控制器采用单片机(MCU)或者数字信号处理器(DSP)。
(3) 传感器部分:包括电流传感器(或称电流检测器)和编码器等。电流检测器的作用是取得三相交流电信号,编码器将电机转子转速和相位变化信号送到速度控制器。
(4) 交流异步电机:多采用鼠笼式异步电机。

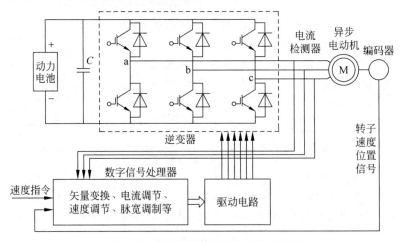

图 7-49 一种异步电机的矢量控制系统

图 7-49 中,从电流检测器取得的三相交流电信号经 A/D 转换后给出当前电流信息,从编码器取得电机转子转速和相位变化信号后与速度指令信号(驾驶员踏板信息)比较,产生磁场和转矩以至电流的修正信息,再经坐标变换处理后得到三相电流的矢量控制信号,再生成相应的脉宽调制(PWM)信号,就可以送到 6 个功率开关元件 IGBT 的栅极,对电机的电压、电流、频率和相位按新的速度指令进行调控,从而改变电机的转矩和转速。

4. 异步电机在电动汽车中的应用

异步电机与直流电机相比,具有体积小、重量轻、结构简单、维护方便等优点,只是逆变器及其控制系统比较复杂,成本比较高。但由于异步电机重量较轻和运行效率较高,使得电动汽车的运行成本相对较低。随着功率电子技术的发展和控制技术的日益完善,异步电机在电动汽车中的应用已十分广泛。

几种车型中采用异步电机作驱动电机的相关数据见表 7-1。

表 7-1 几种车型中驱动电机的相关数据

公司名称	通用		福特	特斯拉
车型	EV-1 两座轿车	S-10 两座货车	Ranger 两座货车	MODEL S 四座轿车
电机种类	交流异步电机	交流异步电机	交流异步电机	交流异步电机
最大功率/kW	102	85	67	515
最大扭矩/(N·m)	190	190	190	930
驱动方式	前轮驱动	前轮驱动	后轮驱动	前后两电机 四轮驱动

此外,由于异步电机工作环境适应性强、适合频繁起动并且起动转矩较大,所以也常用于大型的电动客车和电动公交车中。我国的许多大客车品牌如深圳五洲龙、厦门金龙等公司的混合动力客车、山东中通、安徽安凯的纯电动客车等绝大多数都是采用异步电机作驱动电机。

思考题与练习题

7.1 简述三相异步电机的基本结构。
7.2 分析三相异步电机的基本工作原理。
7.3 分析三相异步电机的三种运行状态。
7.4 简述交流电机绕组的种类。
7.5 分析三相交流电机相电动势的公式。
7.6 分析三相交流电机旋转磁动势的基本原理。
7.7 简述三相异步电机电磁转矩的公式。
7.8 简述三相异步电机运行时的等效电路。
7.9 简述三相异步电机的工作特性。

7.10 分析三相异步电机的机械特性。
7.11 简述三相异步电机的起动原理。
7.12 分析三相异步电机的调速原理。
7.13 简述三相异步电机的制动原理。
7.14 分析三相异步电机转速开环(V/F)调速控制系统的基本原理。
7.15 分析三相异步电机转速闭环调速控制系统的基本原理。
7.16 分析三相异步电机矢量控制调速系统的基本原理。

第 8 章 交流同步电机及控制技术

交流同步电机一般采用永磁同步电机。永磁电机一般可以分为两类：一类称为永磁同步电机(PMSM)；另一类称为永磁直流无刷电机(BLDC)。后者是由直流电机去掉电刷，再将定、转子对调位置后演变而来，所以称为"直流"电机(第 6 章已叙述过)。两种电机发展演变过程不同，但结构原理都很类似。这两种电机共同的结构特点是：转子都是永久磁铁，定子一般都是三相绕组，当定子绕组轮流通电时磁场旋转，吸引转子转动。

与其他电机相比，永磁同步电机有以下特点：

(1) 具有很高的运行效率和功率因数。转子用永磁体，不用励磁绕组，所以运行时转子没有励磁损耗；转子与磁场严格同步，所以转子铁芯也不会因为切割磁场而发热，所以永磁电机运行效率很高，一般可达 95% 以上。同时电机的功率因数也很高，可大于 0.95 甚至接近 1。而一般异步电机的效率低于 90%，功率因数也不会超过 0.9。在电动汽车各类驱动电机中，永磁同步电机是比较节能的产品，越来越受到重视。

(2) 结构简单，维修方便。在这方面永磁同步电机与异步电机是类似的。

(3) 调速精度高。永磁同步电机的转速与旋转磁场完全同步，与定子电压的频率完全对应，不受电源电压和负载变化的影响。

本章主要介绍永磁同步电机及控制技术。

8.1 永磁同步电机的基本结构和工作原理

8.1.1 永磁电机的转子结构

在电机中用永久磁铁作磁极，可以省去励磁绕组，使电机结构得以简化。永久磁铁在转子上的安装方式大体上可以分为表面贴装式、嵌入式和内置式等类别，如图 8-1 所示。为了分析方便，我们将磁极轴线称为 d 轴(直轴)，将相邻两磁极之间的中心线称为 q 轴(交轴)。

如图 8-1(a)所示，表面贴装式磁极是将永久磁铁贴装在转子圆柱形铁芯表面，这种结构比较简单。由于永久磁铁的磁导率接近空气的磁导率，d 轴与 q 轴的磁阻基本相同。将磁铁贴在转子表面，将使得定转子铁芯间隙较大，也就是磁路的磁阻较大，不过定子电流对转子磁场的影响(称为"电枢反应")也可降低。

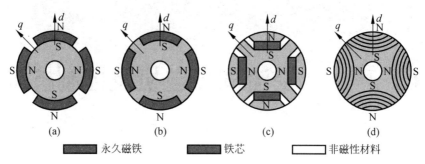

图 8-1 永磁电机转子结构的几种主要类型

(a) 表面贴装式；(b) 嵌入式；(c) 内置式；(d) 多层内置式

如图 8-1(b)所示，嵌入式磁极是将永久磁铁嵌入转子表面以下，结构也比较简单。这种结构造成转子铁芯的多齿形状，d 轴与 q 轴磁阻明显不同，d 轴磁阻大而 q 轴磁阻小，这可以产生额外的磁阻转矩，有利于改善运行性能。

如图 8-1(c)所示，内置式磁极是将磁铁埋入转子铁芯内部，并在 q 轴附近安装非磁性材料以避免相邻的 N、S 极磁力线自行短接。这种结构比较复杂，但机械强度高，使设计 10 000r/min 以上的超高速电机成为可能。同时定转子铁芯间隙较小，磁阻较小，并且 d 轴与 q 轴磁阻差别很大，因此具有较大的磁阻转矩。

为了进一步增大 d 轴与 q 轴的磁阻差，常常将内置永磁铁做成多层形式，如图 8-1(d)所示，这种结构也比较复杂，但永磁电机磁阻转矩更大，有利于提高调速控制性能。有这种转子的电机也称为永磁磁阻同步电机。

图 8-1(a)为隐极式磁极，而图 8-1(b)、(c)、(d)都为凸极式磁极。可见永磁同步电机转子结构不同，造成电机定转子间气隙大小、铁芯形状以及磁力线的分布走向等都不相同，这对电机运行性能将会产生很大的影响。

8.1.2 永磁同步电机的工作原理

永磁同步电机(permanent magnet synchronous motor,PMSM)属于交流同步电机的一种，电机定子与异步电机相同，也是三相绕组，转子由铁芯和永久磁铁组成。当定子通入三相交流电时也产生旋转磁场，转子永久磁铁的磁场就会被定子磁场吸引而旋转。图 8-2 所示为丰田混合电动汽车用的两种永磁同步电机。

图 8-2(a)为 Camry 车用驱动电机，最大工作电压达 650V，最大输出功率为 105kW，最大扭矩为 270N·m；图 8-2(b)为 Prius 车用驱动电机，最大工作电压达 650V，最大功率为 60kW，最大扭矩为 207N·m。

同步电机与异步电机主要的区别在于，异步电机的转子转速永远小于旋转磁场的转速，这两个转速总是不同步的；而同步电机转子转速总是等于旋转磁场的转速，两者保持严格的同步。旋转磁场同步转速 n_1 与定子交流电频率 f_1 以及定、转子磁极对数 p 的关系与异步电机相同，见式(7-27)。

同步电机的工作原理可用图 8-3 说明。

图 8-3 中，定子 A、B、C 三相绕组每相只画了一个线圈，即 A-X、B-Y、C-Z，当绕组通以三相交流电时，形成的旋转磁场只有一对极。转子也是只有一对极的永久磁铁。实际同步

图 8-2　丰田 HEV 用的永磁同步电机

(a) Camry 车用；(b) Prius 车用

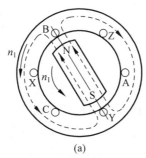
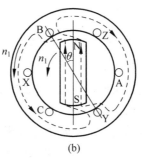

图 8-3　永磁同步电机原理图

(a) 空载时；(b) 带负载时

电机可能不止一对磁极，但定、转子的磁极对数相同。由于定、转子磁场互相吸引的结果，若转子不带任何负载，转子磁极应与定子磁极轴线完全对齐，如图 8-3(a) 所示。当转子带负载运行时，因所带负载的阻力作用，转子磁极轴线将落后于定子磁极轴线一个角度 θ，如图 8-3(b) 所示，θ 角称为功率角。可以看出，此时气隙中的磁力线被拉伸和扭曲，其结果是产生了电磁转矩。电磁转矩与负载转矩相平衡，并带动转子保持同步旋转。

需要指出的是，如果用普通铁芯将转子做成图 8-3 所示、具有明显磁极的形状，它也可以带一定的负载。因为磁极形状的铁芯在定子旋转磁场作用下将被磁化而受磁场吸引，若受到负载阻力，转子轴线与定子旋转磁场中心线之间也会拉开一定角度，转子也可以随着旋转磁场同步转，只不过带负载能力比永久磁铁转子要小。这种由磁极形状决定的电磁转矩称为磁阻转矩或凸极转矩，相应地，由永久磁铁产生的电磁转矩称为永磁转矩（或称为基本电磁转矩）。前述图 8-1(b)～(d) 所示嵌入式和内置式永磁转子除了具有永磁转矩外，还具有磁阻转矩；而图 8-1(a) 所示表面贴装式永磁转子因铁芯本身是圆柱体形状，没有明显的磁极，所以只有永磁转矩而没有磁阻转矩。

8.2　永磁同步电机的电磁关系及特性分析

虽然同步电机的定子绕组与异步电机完全相同，但是转子相差较大，特别是凸极式转子。因此同步电机电磁关系的特点就是由转子的不同而引起的。

电机中同时环链着定子、转子的磁通为主磁通,主磁通一定通过气隙。只环链定子绕组不环链转子绕组的磁通为定子漏磁通。磁通感应产生的电动势可以用电流在电抗上的电压降来表示,这与异步电机主、漏磁通的概念和处理方法一致。

8.2.1 永磁同步电机的磁动势分析

1. 空载情况

对于永磁同步电机,空载是指转子具有永磁体励磁,电枢绕组接三相电源,转子输出转矩为零,以同步转速 n_1 旋转。但是在电机空载时,电枢绕组流过较小的三相交流电流。如果忽略同步电机空载时的电枢电流(定子电流),即 $I=0$,永磁同步电机只有转子永磁体产生的磁动势称励磁磁动势,用 $\dot{F}_0$ 表示。由于转子以同步转速 n_1 旋转,$\dot{F}_0$ 是一个空间相量。转子以同步转速 n_1 相对于定子旋转,所以励磁磁动势 $\dot{F}_0$ 相对于定子也以同步转速 n_1 旋转,$\dot{F}_0$ 被称为空载磁动势,如图 8-4 所示。

由于凸极式同步电机的转子(有明显凸出的磁极)和异步电机转子明显不同,所以磁动势与磁通分析方法有很大的不同。为了方便分析同步电机的磁动势和磁通,需要依照转子设置一个坐标,即把转子一个 N 极和与其相邻的一个 S 极的中心线称纵轴(或直轴),或称 d 轴;与纵轴相距 90°空间电角度的地方称横轴(或交轴),或称 q 轴,如图 8-4 所示。显然 d 轴与 q 轴都随着转子一同旋转。这样励磁磁动势 $\dot{F}_0$ 便设定为作用在纵轴方向,产生的磁通如图 8-5 所示。把由励磁磁动势 $\dot{F}_0$ 产生的磁通叫励磁磁通(空载磁通),用 $\dot{\Phi}_0$ 表示。显然 $\dot{\Phi}_0$ 经过的磁路是依纵轴对称的磁路,并且 $\dot{\Phi}_0$ 随着转子一起旋转。定子绕组切割 $\dot{\Phi}_0$,并在其中感应电势 $\dot{E}_0$,$\dot{E}_0$ 被称为空载电势,显然定子绕组的空载电势 $\dot{E}_0$ 与 $\dot{F}_0$ 有关。

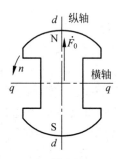

图 8-4 凸极式同步电机的空载
磁动势与直轴和交轴

图 8-5 凸极式同步电机的空载磁通

2. 带载情况

当永磁同步电机负载以后,定子三相对称绕组接到三相对称电源上时,就会产生三相合成旋转磁通势,简称电枢磁通势,用空间相量 $\dot{F}_a$ 表示(这点与异步电机相同)。$\dot{F}_a$ 的出现对原空载磁动势 $\dot{F}_0$ 产生一定的影响,并使气隙磁场产生显著变化,这就是同步电机的电枢反应。由于同步电机的运行原理是定子绕组产生的磁极吸引转子磁极转动,那么同步电机的转向亦是旋转磁场的转向,转速为同步转速。同步电机负载以后,其定子磁动势 $\dot{F}_a$ 与转子磁动势 $\dot{F}_0$ 虽然均为同步转速旋转,但是二者在空间上却不一定位置相同,大部分情况是一个在前、一个在后(而且随运行状态而变)。这给分析同步电机的电枢反应带来了困难。

前面已经分析了空载磁动势 $\dot{F}_0$ 作用在纵轴方向,而 $\dot{F}_a$ 与 $\dot{F}_0$ 的转速虽然相同,但空间位置不同,必然 $\dot{F}_a$ 的作用方向不在纵轴上。由于凸极式同步电机沿定子内圆的圆周方向气隙很不均匀,极面下(d 轴处)的气隙小,两极之间(q 轴处)的气隙较大,这样 $\dot{F}_a$ 产生的气隙磁通密度在 q 轴处较小,在 d 轴处较大,如图 8-6 所示。

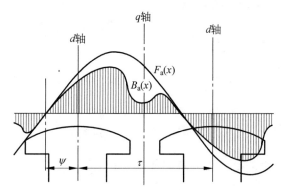

图 8-6　凸极式同步电机的电枢磁动势和磁通密度分布波形

从图 8-6 可见,由于凸极同步电机气隙不是均匀分布,导致其气隙磁通在空间呈现非正弦分布。这样即使知道了电枢磁通势 $\dot{F}_a$ 的大小和位置,求解磁通也非常困难。为此必须寻求一个合适的分析方法,即同步电机的双反应原理。

3. 同步电机的双反应原理

由于稳态时电枢磁动势 $\dot{F}_a$ 与转子之间无相对运动,当电枢磁动势 $\dot{F}_a$ 与励磁磁动势 $\dot{F}_0$ 的相对位置已知时,可以人为地把电枢磁通势 $\dot{F}_a$ 分成两个正弦分量:一个分量是直轴电枢磁动势,用 $\dot{F}_{ad}$ 表示,作用在纵轴方向;另一个分量是交轴电枢磁动势,用 $\dot{F}_{aq}$ 表示,作用在横轴方向。即

$$\dot{F}_a = \dot{F}_{ad} + \dot{F}_{aq} \tag{8-1}$$

电枢磁动势 $\dot{F}_a$ 及直轴 $\dot{F}_{ad}$ 和交轴 $\dot{F}_{aq}$ 分量的分布波形如图 8-7 所示。

这样可以单独考虑正弦磁动势 $\dot{F}_{ad}$ 或 $\dot{F}_{aq}$ 在电机主磁路里产生磁通的情况。从图 8-7 可见,$\dot{F}_{ad}$ 永远作用在纵轴方向,而 $\dot{F}_{aq}$ 永远作用在横轴方向,尽管气隙还不是均匀的,但对纵轴或横轴来说,磁路均为对称,这给分析带来了方便。

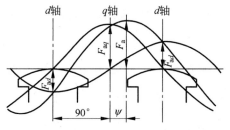

图 8-7　电枢磁动势 $\dot{F}_a$ 及直轴 $\dot{F}_{ad}$ 和交轴 $\dot{F}_{aq}$ 分量的分布波形

这种处理问题的方法,称为双反应原理。

由直轴电枢磁动势 $\dot{F}_{ad}$ 单独在电机的主磁路里产生的磁通,称直轴电枢磁通,用 $\dot{\Phi}_{ad}$ 表示,如图 8-8(a)所示。而交轴电枢磁动势 $\dot{F}_{aq}$ 单独在电机的主磁路里产生的磁通,称为交轴电枢磁通,用 $\dot{\Phi}_{aq}$ 表示,如图 8-8(b)所示。$\dot{\Phi}_{ad}$ 和 $\dot{\Phi}_{aq}$ 都以同步转速旋转。另外,除了 $\dot{F}_{ad}$ 和 $\dot{F}_{aq}$ 产生的主磁通外,还要产生漏磁通,关于漏磁通的处理方法与异步电机一致。

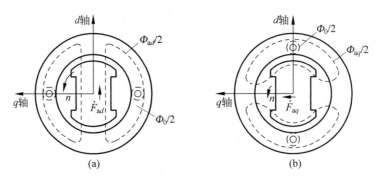

图 8-8 电枢磁通
(a) 直轴电枢磁通;(b) 交轴电枢磁通

从交流电机电枢绕组的电动势与磁通势的分析可知(7.2 节已讲述过的内容),电枢磁动势 $\dot{F}_a$ 的大小为

$$F_a = 1.35 \frac{Nk_{w1}}{p} I \tag{8-2}$$

这样直轴电枢磁动势 $\dot{F}_{ad}$ 的大小便可以写成

$$F_{ad} = 1.35 \frac{Nk_{w1}}{p} I_d \tag{8-3}$$

交轴电枢磁动势 $\dot{F}_{aq}$ 的大小可写成

$$F_{aq} = 1.35 \frac{Nk_{w1}}{p} I_q \tag{8-4}$$

根据交流绕组相矢图的基本原理,若 $\dot{F}_{ad}$ 转到 A 相绕组轴线上,i_{dA} 为最大值;若 $\dot{F}_{aq}$ 转到 A 相绕组轴线上,i_{qA} 为最大值,其相位相差 90°。而磁动势与产生磁动势的电流同相位,所以 $\dot{I}_d$ 与 $\dot{F}_{ad}$ 同相位,$\dot{I}_q$ 与 $\dot{F}_{aq}$ 同相位。由于三相对称,根据式(8-1)可得如下关系:

$$\dot{I} = \dot{I}_d + \dot{I}_q \tag{8-5}$$

根据式(8-5),可以把电枢电流 $\dot{I}$ 按相量的关系分成两个分量:一个是直轴分量 $\dot{I}_d$,产生了磁通势 $\dot{F}_{ad}$;另一个是交轴分量 $\dot{I}_q$,产生了磁通势 $\dot{F}_{aq}$。

显然,通过双反应原理的应用,将一个电枢磁动势 $\dot{F}_a$ 的电枢反应的复杂问题转化成了直轴电枢磁动势 $\dot{F}_{ad}$ 和交轴电枢磁动势 $\dot{F}_{aq}$ 两个电枢反应的简单问题。

8.2.2 永磁同步电机的电动势分析

1. 凸极式同步电机的电动势平衡方程

从以上磁动势的分析可知,带负载后同步电机中有励磁磁通 $\dot{\Phi}_0$、直轴电枢反应磁通 $\dot{\Phi}_{ad}$ 和交轴电枢反应磁通 $\dot{\Phi}_{aq}$,它们都是以同步转速逆时针方向旋转,于是都在定子绕组里感应电动势,分别为励磁电动势 $\dot{E}_0$(空载电势)、直轴电枢反应电动势 $\dot{E}_{ad}$ 和交轴电枢反应电动势 $\dot{E}_{aq}$。

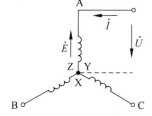

图 8-9 同步电机各电量的参考方向

图 8-9 给出了同步电机定子绕组各电量正方向。

根据图 8-9 可列出同步电机 A 相回路的电压平衡方程

$$\dot{U}=\dot{E}_0+\dot{E}_{ad}+\dot{E}_{aq}+\dot{I}(R_1+jX_1) \tag{8-6}$$

式中,R_1 为定子绕组相电阻;X_1 为定子绕组相漏电抗。

为了分析简单,不考虑磁路饱和,认为磁路线性,即

$$E_{ad} \propto \Phi_{ad} \propto F_{ad} \propto I_d; \quad E_{aq} \propto \Phi_{aq} \propto F_{aq} \propto I_q \tag{8-7}$$

和异步电机类似,电枢反应电动势可以表示为电流和电抗降的形式,即

$$\begin{cases} \dot{E}_{ad}=j\dot{I}_d X_{ad} \\ \dot{E}_{aq}=j\dot{I}_q X_{aq} \end{cases} \tag{8-8}$$

式中,X_{ad} 是比例常数,称为直轴电枢反应电抗;X_{aq} 是比例常数,称为交轴电枢反应电抗。对同一台电机,X_{ad} 和 X_{aq} 都是常数。

一般情况下,当同步电机容量较大时,可以忽略电阻 R_1。由式(8-6)和式(8-8),不难得出

$$\dot{U}=\dot{E}_0+j\dot{I}_d X_d+j\dot{I}_q X_q \tag{8-9}$$

式中,$X_d=X_{ad}+X_1$ 称为直轴同步电抗或纵轴同步电抗;$X_q=X_{aq}+X_1$ 称为交轴同步电抗或横轴同步电抗。对同一台电机,X_d 和 X_q 都是常数。

同步电机要想作为电动机运行,电源必须向电机的定子绕组传输有功功率,从图 8-9 规定的电动机惯例知道,这时输入给电机的有功功率必须满足

$$P_1=3UI\cos\varphi>0 \tag{8-10}$$

这就是说,$I\cos\varphi$ 应与相电压 U 同相位,可见 $\dot{U}$ 与 $\dot{I}$ 之间的功率因数角 φ 必须小于 90°,才能使电机运行于电动机状态。

2. 凸极式同步电机的电动势相量图

根据式(8-9)可画出同步电机 $\varphi<90°$(领先性)时,电机运行于电动机状态的相量图,如图 8-10 所示。

1) 功率因数角 φ

从图 8-10 中可见,φ 是电枢电压 $\dot{U}$ 与电枢电流 $\dot{I}$ 之间的夹角,称为功率因数角,用它可以表示电枢电压 $\dot{U}$ 与电枢电流 $\dot{I}$ 之间的相位关系。

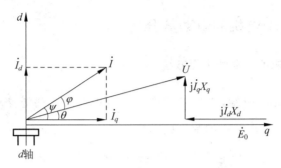

图 8-10 凸极式同步电机 $\varphi<90°$ 相量图(忽略定子绕组,用同步电抗表示)

2) 功率角 θ(也称功角)

相量图中,功率角 θ 是电枢电压 $\dot{U}$ 和空载电势 $\dot{E}_0$ 之间的夹角,称为功率角。

3) 内功率因数角 ψ

ψ 是电枢电流 $\dot{I}$ 与 $\dot{E}_0$ 之间的夹角,称为内功率因数角。同时有

$$\begin{cases} I_d = I\sin\psi \\ I_q = I\cos\psi \end{cases} \tag{8-11}$$

3. 隐极式同步电机的电动势平衡方程及相量图

对于隐极式同步电机,电机的气隙是均匀的。这时同步电机的直轴同步电抗和交轴同步电抗在数值上相等,即

$$X_d = X_q = X_c \tag{8-12}$$

式中,X_c 为隐极同步电机的同步电抗。

由此可得隐极式同步电机的电动势方程可写为

$$\dot{U} = \dot{E}_0 + j\dot{I}_d X_d + j\dot{I}_q X_q = \dot{E}_0 + j(\dot{I}_d + \dot{I}_q)X_c$$
$$= \dot{E}_0 + j\dot{I}X_c \tag{8-13}$$

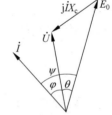

图 8-11 隐极式同步电机电动势相量图

根据式(8-13)可以绘出隐极式同步电机电动势相量图如图 8-11 所示。

8.2.3 永磁同步电机的功率关系与功角(矩角)特性

1. 功率关系方程及转矩方程

1) 功率关系

永磁同步电机带负载运行时,电机从电网吸收的有功功率为 $P_1 = 3UI\cos\varphi$,扣除定子的铜损耗 $p_{Cu} = 3I^2 R_1$,其余部分为电磁功率 P_{em},即

$$P_{em} = P_1 - p_{Cu} = 3UI\cos\varphi - p_{Cu} \tag{8-14}$$

从电磁功率中扣除定子铁损耗 p_{Fe} 和机械损耗 p_Ω 后,其余部分转变为机械功率 P_2 输出给负载,即

$$P_{em} - p_{Fe} - p_\Omega = P_2 \tag{8-15}$$

其中铁损耗 p_{Fe} 与机械摩擦损耗 p_Ω 之和称为空载损耗 P_0，即

$$P_0 = p_{Fe} + p_\Omega \qquad (8\text{-}16)$$

式(8-14)和式(8-15)表明了电机的功率传递关系，称为功率方程。图 8-12 是永磁同步电机的功率流程图。

2) 电磁功率

当忽略同步电机的定子电阻 R_1 时，电磁功率 P_{em} 为

$$P_{em} \approx P_1 = 3UI\cos\varphi \qquad (8\text{-}17)$$

从图 8-10 可求出 I_d、I_q 与 ψ 及 $I_d X_d$、$I_q X_q$ 与 θ 间的关系，考虑到 $\varphi = \psi - \theta$，将它们代入式(8-17)得

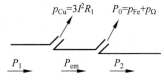

图 8-12　永磁同步电机的功率流程图

$$P_{em} = 3\frac{E_0 U}{X_d}\sin\theta + \frac{3U^2(X_d - X_q)}{2X_d X_q}\sin 2\theta \qquad (8\text{-}18)$$

3) 转矩方程

根据电磁功率，可以比较方便地计算同步电机的电磁转矩，即

$$T_{em} = \frac{P_{em}}{\Omega} \qquad (8\text{-}19)$$

式中，$\Omega = 2\pi n/60$ 为同步电机的同步角速度。

根据功率方程式(8-15)可得同步电机的转矩方程为

$$\begin{cases} \dfrac{P_2}{\Omega} = \dfrac{P_{em}}{\Omega} - \dfrac{P_0}{\Omega} \\ T_2 = T_{em} - T_0 \end{cases} \qquad (8\text{-}20)$$

式中，T_0 为空载转矩。

2. 功角特性

永磁同步电机由永磁体励磁，故 Φ_0 和 E_0 均为常数时，当定子加额定电压，同步电机的电磁功率 P_{em} 与功率角 θ 有一定的关系，通常把 $P_{em} = f(\theta)$ 的关系称为同步电机的功角特性，它是同步电机的重要特性之一。

从式(8-18)可见，P_{em} 由两部分组成，右边第一部分与励磁电动势 E_0 成正比，即与励磁永磁体有关，称为励磁电功率 P'_{em}。第二项是由于 $X_d \neq X_q$ 引起的，也就是因电机转子是凸极引起的，因此称为凸极电磁功率 P''_{em}。当电机气隙均匀时，例如隐极式同步电机，$X_d = X_q$，不存在凸极电磁功率。可见，在电磁功率 P_{em} 中，励磁电功率是主要的，第二项的数值比第一项小得多。

根据前面分析可知，励磁电磁功率 P'_{em} 为

$$P'_{em} = 3\frac{E_0 U}{X_d}\sin\theta = P'_{max}\sin\theta \qquad (8\text{-}21)$$

当 $\theta = 90°$ 时，$P'_{em} = P'_{max} = 3\dfrac{E_0 U}{X_d}$。

凸极电磁功率 P''_{em} 为

$$P''_{em} = \frac{3U^2(X_d - X_q)}{2X_d X_q}\sin 2\theta = P''_{max}\sin 2\theta \qquad (8\text{-}22)$$

当 $\theta = 45°$ 时，$P''_{em} = P''_{max} = \dfrac{3U^2(X_d - X_q)}{2X_d X_q}$。

根据式(8-21)、式(8-22)绘出凸极式永磁同步电机的功角特性曲线,如图8-13所示。

图8-13中,曲线1为励磁电磁功率P'_{em}与θ的关系曲线$P'_{em}=f(\theta)$。当$X_d<X_q$时,曲线2为此情况下凸极电磁功率P''_{em}与θ的关系曲线$P''_{em}=f(\theta)$,则曲线3为此情况下合成的总电磁功率P_{em}与θ的关系曲线$P_{em}=f(\theta)$,可见,此情况下P_{em}的最大电磁功率P_{max}对应于θ大于90°的地方;当$X_d>X_q$时,曲线4为此情况下凸极电磁功率P''_{em}与θ的关系曲线$P''_{em}=f(\theta)$,则曲线5为此情况下合成的总电磁功率P_{em}与θ的关系曲线$P_{em}=f(\theta)$,可见,此情

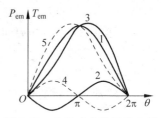

图8-13 凸极式永磁同步电机的功角特性曲线

况下P_{em}的最大电磁功率P_{max}对应于θ小于90°的地方;当$X_d=X_q$时,则凸极电磁功率$P''_{em}=0$,为隐极式同步电机的情况。

对于隐极式同步电机,没有凸极电磁功率P''_{em}这一项,且$X_d=X_q=X_c$,于是其最大电磁功率为

$$P_{max}=3\frac{E_0 U}{X_c} \tag{8-23}$$

3. 矩角特性

永磁同步电机由永磁体励磁,故Φ_0和E_0均为常数时,当定子加额定电压,把式(8-18)等式两边同除以机械角速度Ω,得电磁转矩为

$$T_{em}=3\frac{E_0 U}{\Omega X_d}\sin\theta+\frac{3U^2(X_d-X_q)}{2\Omega X_d X_q}\sin 2\theta \tag{8-24}$$

同步电机的电磁转矩T_{em}与功率角θ的关系$T_{em}=f(\theta)$,称为同步电机的矩角特性。凸极同步电机的电磁转矩T_{em}与功率角θ的关系也可画出来,其形状如图8-13所示,其分析情况和功角特性类似。

对于隐极式永磁同步电机,其电磁转矩T_{em}与功率角θ的关系为

$$T_{em}=3\frac{E_0 U}{\Omega X_c}\sin\theta \tag{8-25}$$

图8-14 隐极式永磁同步电机的矩角特性

根据式(8-25),可以绘出隐极式永磁同步电机的矩角特性,如图8-14所示。

4. 永磁同步电机的运行状态

下面以隐极式永磁同步电机为例,简单分析同步电机稳定运行的问题。

1) 同步电机的稳定运行范围

当同步电机拖动机械负载运行在$\theta=0°\sim 90°$的范围内某一点,如图8-15中的θ_1时,电磁转矩T_{em}与负载转矩T_L相等,拖动系统稳定运行。如果由于某种原因,负载转矩突然由T_L增大为T'_L,同步电机的电磁转矩同时也必须增加至T'_{em}。根据式(8-25)可分析出,电机继续同步运行,不过这时运行在θ_2角度上。

2) 同步电机的不稳定运行范围

当同步电机拖动机械负载运行在 $\theta=90°\sim180°$ 的范围内某一点,如图 8-16 中的 θ_3 时,电磁转矩 T_{em} 与负载转矩 T_L 相平衡。如果由于某种原因,负载转矩突然由 T_L 增大为 T'_L,当励磁条件不变时,θ 角必将增大至 θ_4。根据式(8-25)可分析出,由于 $\theta_4>\theta_3>90°$,使得 θ_4 处的电磁转矩 T'_{em} 小于 θ_3 处的电磁转矩 T_{em}。电机的转子转速会偏离同步转速,即失去同步(也称失步)而无法工作。可见,在 $\theta=90°\sim180°$ 范围内,电机不能稳定运行。

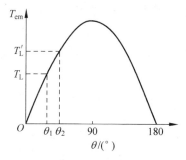

图 8-15 同步电机的稳定性运行

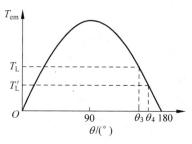

图 8-16 同步电机的非稳定性运行

综合以上分析可见,和异步电机一样,同步电机的电磁转矩也不能超过其最大转矩,否则同步电机将进入不稳定运行范围。

同步电机的最大电磁转矩 T_m 与额定转矩 T_N 之比,称为过载倍数,用 K_T 表示。即

$$K_T = \frac{T_m}{T_N} \approx \frac{\sin 90°}{\sin \theta_N} = 2 \sim 3.5 \tag{8-26}$$

根据式(8-26)可知,隐极式同步电机额定运行时,$\theta_N \approx 16.5°\sim30°$。对于凸极式同步电机,额定运行的功率角 θ 还要小些。

8.3 永磁同步电机的控制技术

同步电机是转子励磁、定子电枢绕组通以对称正弦波电流的交流电机。同步电机要稳定运行,定子电枢绕组产生的旋转磁场与转子励磁磁场在空间要保持相对静止。为了便于同步电机起动和防止振荡失步,有的同步电机转子磁极表面安装阻尼绕组。阻尼绕组的结构类似于异步电机鼠笼转子,其工作原理如同异步电机,因其与定子电枢磁场产生的电磁转矩总是阻碍转子异步运行,即产生阻尼作用使得转子转速趋于同步。

永磁同步电机与普通电励磁同步电机有很多相似之处。它们之间的区别主要是励磁方式不同,前者采用高性能永磁材料提供转子励磁磁场,永磁体相当于具有恒定电流的直流励磁线圈,而后者则采用转子励磁绕组励磁,励磁电流既可以是直流电流,也可以是交流电流。

随着电机驱动控制技术的发展,利用电力电子器件如电力 GTR、功率 MOSFET 和 IGBT 等控制的永磁同步电机驱动系统越来越受到人们的青睐,不仅在低压中小功率驱动系统,而且在高压大功率驱动方面,电力电子器件为永磁同步电机控制提供了坚实的硬件条件。高性能单片机(MCU)和数字处理器(DSP)芯片的发展也为实现高性能永磁同步电机

控制创造了软硬件条件,使得控制系统硬件设计极其简化,功能更加完备,性能更加可靠。

8.3.1 永磁同步电机的起动和制动

起动问题是同步电机一个特有的问题,同步电机并不像直流电机或异步电机起动那么简单。如果突然给定子加上一个额定频率的三相交流电,立即会形成高速旋转的磁场,而转子因惯性作用不能马上转动起来,转子磁极与飞速掠过的定子磁场形成的异性磁极吸不到一起,完全处于失步状态,结果转子只能在定子的旋转磁场中形成剧烈的振动而并不能转起来。

为了使转子转动起来并平稳加速,需要采取一些措施。其中一个常用的方法是在转子表面加上与异步电机类似的鼠笼结构,如图8-17所示。图8-17(a)为早期的凸极式转子,每个磁极的极靴表面安装一些铜或铝制导条,再在两端将导条连接起来形成端环。图8-17(b)为目前常用的结构,在内置式永磁转子铁芯表面做成鼠笼结构,即在转子槽内安装导条,在两端连成端环。这种结构的同步电机的起动原理与鼠笼型异步电机类似,所以称为同步电机的异步起动方法。

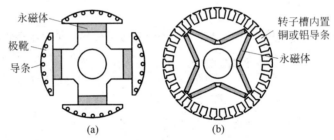

图 8-17 带起动绕组的内置式转子
(a) 凸极式;(b) 鼠笼结构

表面贴装式或嵌入式永磁转子无法在表面制作鼠笼结构,不适合采用异步起动方法。

现代电动汽车普遍采用 ECU 控制,基本控制起动的方法是在起动初期给定子提供频率和电压都很低的三相电源,同时根据从转子位置传感器取得的磁极位置信号来调节定子旋转磁场,使得定、转子的磁极很快被牵引达到同步状态运转,再逐渐提高供电频率和电压,使转子逐步加速。这样,永磁电机即使带有鼠笼,也成为一种辅助结构,可以起到使转子运转更加平稳的阻尼或缓冲作用。

与直流电机和异步电机类似,永磁同步电机在制动时也可以采用回馈发电的方式,只要让转子转速高于旋转磁场转速,电机就转变为发电机状态,所发出的电能可以给蓄电池充电。

8.3.2 永磁同步电机的调速控制系统

永磁同步电机(PMSM)与直流无刷电机(BLDC)电机从结构上相类似,其主要区别在于 BLDC 电机的转子产生的气隙磁场为梯形波,当 BLDC 电机以 120°电角度方波电流供电时,将产生恒定的电磁转矩输出;而 PMSM 中永磁转子所产生的气隙磁场波形为正弦波,当定子通以三相对称的正弦波交流电流时,将产生旋转的磁场,两个磁场相互作用产生恒定的电磁转矩。如果改变定子输入的三相交流电的频率、相位、幅值,就可以改变电机输出转矩,从而对电机的转速和位置进行控制。因此其控制多采用矢量控制,与三相异步电机的矢量控制也有类似之处(7.5节已叙述过)。

由于永磁同步电机转子磁场是由永磁体产生的,因此对转子磁场的检测和定向可以直接通过转子位置传感器来实现。而且除非需要进行弱磁,转子磁链的幅值不需要控制,因此 PMSM 的矢量控制比异步电机的矢量控制更加简单。

1. PMSM 电机数学模型

永磁同步电机的定子与普通电励磁同步电机的定子一样都是三相对称绕组。通常按照电动机惯例规定各物理量的正方向。

在建立数学模型过程中做以下基本假设:①转子永磁磁场在气隙空间分布为正弦波,定子电枢绕组中的感应电势也为正弦波;②忽略定子铁芯饱和,认为磁路线性,电感参数不变;③不计铁芯涡流与磁滞等损耗;④转子上没有阻尼绕组。

图 8-18 给出了一台两极永磁同步电机的结构简图。图中,规定正方向与感应电机分析时完全一样,正电压产生正电流,正电流产生正磁场,电势与磁链满足右手定则,且相电流产生的磁场轴线与绕组轴线一致,定子三相绕组轴线空间逆时针排列,A 相绕组轴线作为定子静止参考轴,转子永磁极产生的基波磁场方向为直轴 d 轴,超前直轴 90°电角度的位置是交轴 q 轴。并且以转子直轴相对于定子 A 相绕组轴线作为转子位置角 θ,即逆时针方向旋转为转速正方向。先分析定子三相电压与磁链方程,然后经过坐标变换确定同步电机控制最简单的数学模型形式。

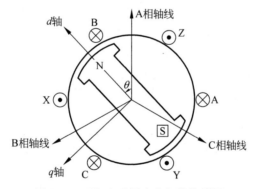

图 8-18 两极永磁同步电机结构简图

1) 电压平衡方程

三相永磁同步电机的定子绕组和普通三相交流异步电机或同步电机的定子绕组是相似的,三个电枢绕组空间分布,轴线互差 120°电角度,每相绕组电压与电阻压降和磁链变化相平衡。所不同的是定子每相绕组内部的磁链,普通异步电机由定子三相电流与转子电流共同产生,普通同步电机由定子三相绕组与转子励磁电流和阻尼绕组电流(如果存在阻尼绕组)共同产生,而永磁同步电机的定子磁链是由定子三相绕组电流和转子永磁极产生,定子三相绕组电流产生的磁链与转子位置角有关,转子永磁极产生的磁链也与转子位置角有关,其中转子永磁极磁链在每相绕组中产生反电动势。由此得到定子电压方程式

$$\begin{cases} u_A = R_s i_A + \dfrac{d\Psi_A}{dt} \\ u_B = R_s i_B + \dfrac{d\Psi_B}{dt} \\ u_C = R_s i_C + \dfrac{d\Psi_C}{dt} \end{cases} \quad (8\text{-}27)$$

式中，u_A、u_B、u_C 为三相绕组相电压；R_s 为每相绕组电阻；i_A、i_B、i_C 为三相绕组相电流；Ψ_A、Ψ_B、Ψ_C 为三相绕组匝链的磁链。

2）磁链方程

定子每相绕组的磁链不仅与三相绕组电流有关，而且与转子永磁极的励磁磁场和转子的位置角有关，因此磁链方程可以表示为

$$\begin{cases} \Psi_A = L_{AA}i_A + M_{AB}i_B + M_{AC}i_C + \Psi_{fA} \\ \Psi_B = M_{BA}i_A + L_{BB}i_B + M_{BC}i_C + \Psi_{fB} \\ \Psi_C = M_{CA}i_A + M_{CB}i_B + L_{CC}i_C + \Psi_{fC} \end{cases} \quad (8\text{-}28)$$

式中，L_{AA}、L_{BB}、L_{CC} 为每相绕组自感；$M_{AB} = M_{BA}$、$M_{BC} = M_{CB}$、$M_{CA} = M_{AC}$ 为两相绕组互感；Ψ_{fA}、Ψ_{fB}、Ψ_{fC} 为三相绕组匝链的转子每极永磁磁链。

并且，有

$$\begin{cases} \Psi_{fA} = \Psi_f \cos\theta \\ \Psi_{fB} = \Psi_f \cos\left(\theta - \dfrac{2\pi}{3}\right) \\ \Psi_{fC} = \Psi_f \cos\left(\theta + \dfrac{2\pi}{3}\right) \end{cases} \quad (8\text{-}29)$$

式中，Ψ_f 为定子电枢绕组最大可能匝链的转子每极永磁磁链。

3）坐标变换

在交流电机分析过程中，引入了空间坐标系统的概念，主要有定子静止坐标系统、转子坐标系统、空间任意旋转坐标系统和磁场定向坐标系统等。坐标变换的理论已在 7.5 节叙述过，本节直接利用该理论得出结果。

当三相永磁同步电机定子绕组采用星形连接时，三相定子电流在电枢绕组中性点满足基尔霍夫电流定律，即三相电流相加等于 0，因此定子电流的零轴分量等于 0。这样可以得出定子电压和磁链在转子 dq 坐标系中的方程可以简化为

$$\begin{bmatrix} u_d \\ u_q \end{bmatrix} = R_s \begin{bmatrix} i_d \\ i_q \end{bmatrix} + \begin{bmatrix} L_d & 0 \\ 0 & L_q \end{bmatrix} p \begin{bmatrix} i_d \\ i_q \end{bmatrix} + \omega \begin{bmatrix} 0 & -L_q \\ L_d & 0 \end{bmatrix} \begin{bmatrix} i_d \\ i_q \end{bmatrix} + \omega \begin{bmatrix} 0 \\ \Psi_f \end{bmatrix} \quad (8\text{-}30)$$

$$\begin{bmatrix} \Psi_d \\ \Psi_q \end{bmatrix} = \begin{bmatrix} L_d & 0 \\ 0 & L_q \end{bmatrix} \begin{bmatrix} i_d \\ i_q \end{bmatrix} + \begin{bmatrix} \Psi_f \\ 0 \end{bmatrix} \quad (8\text{-}31)$$

式中，u_d、u_q 分别为直轴和交轴等效电压；i_d、i_q 分别为直轴和交轴等效电流；R_s 为每相绕组电阻；L_d、L_q 分别为直轴和交轴等效电感；Ψ_f 为定子电枢绕组最大可能匝链的转子每极永磁磁链；ω 为转子角速度。

式(8-30)也可表示成

$$\begin{cases} u_d = R_s i_d + L_d \dfrac{di_d}{dt} - \omega L_q i_q \\ u_q = R_s i_q + L_q \dfrac{di_q}{dt} + \omega L_d i_d + \omega \Psi_f \end{cases} \quad (8\text{-}32)$$

将式(8-31)代入式(8-30),用定子磁链的直轴与交轴分量来表示定子电压方程

$$\begin{cases} u_d = R_s i_d + \dfrac{\mathrm{d}\Psi_d}{\mathrm{d}t} - \omega \Psi_q \\ u_q = R_s i_q + \dfrac{\mathrm{d}\Psi_q}{\mathrm{d}t} + \omega \Psi_d \end{cases} \tag{8-33}$$

4) 数学模型求解方法

在永磁同步电机控制系统计算和仿真过程中,经常要在给定输入条件下对输出信号进行求解,输入信号简单时可以用手工计算,输入信号复杂时则只能借助于计算机仿真。

(1) 对于连续正弦波电压或电流输入的永磁同步电机,电机工作在稳态过程,可直接利用坐标变换在转子 dq 坐标系统下的数学模型求解,也可以借助于空间矢量图求解。

(2) 对于功率开关器件控制的永磁同步电机,如果转子静止,在某一逆变器状态下输入电压信号,那么可以利用阶跃或脉冲信号输入,以及电机静止状态定子两相数学模型进行计算,获得阶跃或脉冲响应。

(3) 对于功率开关器件控制的永磁同步电机,通常采用三相导通控制方式,由于系统状态不断变化,因此手工计算很困难,需要利用计算机仿真。如果每一时刻三相端电压确定,感应电势主要由转子位置和速度决定,那么可以先求出三相绕组中性点电压,并计算出三相绕组的相电压和相电流,再进行坐标变换,采用转子 dq 坐标系中的离散时间数学模型来建立 MATLAB 仿真模型,进而由计算机仿真求解。有关连续数学模型的离散化过程可以参照第 4 章的相关内容。

2. 永磁同步电机的控制策略

永磁同步电机作为电动机运行可以进行开环或闭环控制,实现转矩(力)、转速或位置伺服控制。对于永磁同步电机开环调速驱动系统,不需要安装位置和速度传感器,只要改变供电电源频率就可以实现电机转速的调速。不过,在改变频率的过程中永磁同步电机与异步电机不同,异步电机虽然开环速度跟踪精度不高,但依靠转差运行的异步电机不存在失步的问题。也就是说,不需要转子转速与定子变频频率保持同步转速,调速过程中频率变化快慢不会影响最终的控制要求。然而,永磁同步电机则不同,定子电源频率不能改变太快。在频率调节过程中,若定子磁场的频率上升太快,则定子磁场转速增加就很快,因为转子惯量转速来不及改变,使得定转子磁场之间的相位差迅速增大,电磁转矩增大;如果定转子磁场之间的相位差超过永磁同步电机稳定运行范围后,电磁转矩反而减小。只要电磁转矩始终大于负载转矩,那么定转子磁场之间的相位差最终还是会恢复到稳定运行的范围内,永磁同步电机调速能正常进行。如果随着相位差增大,发生电磁转矩小于负载转矩的情况,那么电机转子不仅得不到加速,反而会减速,造成转子跟不上定子磁场而出现失步现象。这样定转子磁场之间的相位差由于转子减速将进一步增大,电磁转矩也由驱动变为制动,最终永磁同步电机停止运行,调速失败。

对于永磁同步电机闭环控制系统,特别是位置伺服系统都需要转子位置信息,可以避免上述失步现象的发生。转子位置信息的获取采用精度相对较高的光电编码器或旋转变压器等位置传感器,也可以采用无位置传感器的方法。为了提高永磁同步电机的控制响度速度,通常采用永磁同步电机矢量控制策略与异步电机类似,但也存在明显的不同之处。

在具体应用场合,永磁同步电机矢量控制策略根据不同的速度调节范围、性能要求还可分为如下形式:①直轴电枢电流为 0 的控制策略;②最大电磁转矩/电流比的控制策略;③弱磁控制策略;④最大输出功率的控制策略。

本书只介绍其中两种常用控制策略:直轴电枢电流为 0 和最大电磁转矩/电流比的控制策略。

1) 直轴电枢电流为 0 的控制策略

当永磁同步电机定子电枢电流的直轴分量在控制过程中始终等于 0,即 $i_d=0$ 时,永磁同步电机的电压方程简化为

$$\begin{cases} u_d = -\omega \Psi_q \\ u_q = R_s i_q + \dfrac{\mathrm{d}\Psi_q}{\mathrm{d}t} + \omega \Psi_f \end{cases} \tag{8-34}$$

直轴电枢电流 $i_d=0$,相当于等效直轴绕组开路不起作用。因此,如果不考虑定子直轴电压分量,仅仅从交轴电压方程可以看出,永磁同步电机相当于一台他励直流电机,定子电枢绕组中只有交轴电流分量 i_q、励磁磁链等与转子永磁极产生的磁链且恒定不变,等效交轴绕组中的励磁电势与转子角速度成正比。因为定子磁动势空间矢量与转子永磁体磁场空间矢量相互垂直,所以电磁转矩与交轴电枢电流成正比,即

$$T_{em} = \frac{3}{2} p \Psi_f i_q \tag{8-35}$$

式中,p 为电机的极对数。

功率因数角 φ 取决于交轴电感参数大小 L_q、电驱绕组电阻 R_s、永磁转子励磁磁链 Ψ_f、转子角速度 ω 和负载电流大小 i_q。由电压方程和相量图可以得到功率因数 φ 的表达式

$$\cos\varphi = \frac{R_s i_q + \omega \Psi_f}{\sqrt{(\omega L_q i_q)^2 + (R_s i_q + \omega \Psi_f)^2}} \tag{8-36}$$

对于直轴电枢电流等于 0 的控制策略,要提高功率因数必须在电机设计中采取措施,尽可能减小交轴电感参数 L_q。对已经设计好的永磁同步电机(如 200V、5A、$L_d=0.05$H、$L_q=0.07$H、$R_s=5.7\Omega$、$\Psi_f=0.9$Wb)与直轴电枢电流等于 0 的控制策略,当交轴电枢电流额定时,功率因数与转子转速的关系如图 8-19 所示。

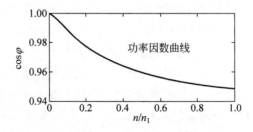

图 8-19 功率因数与转子转速关系曲线

由图 8-19 可以发现,交轴电流额定时存在最大功率因数为零转速,转速升高功率因数下降,但总的功率因数还是比较高。

直轴电枢电流等于 0 的控制策略算法简单,控制灵巧,因此在永磁同步电机控制系统中应用广泛。

2) 最大转矩/电流比的控制策略

直轴电枢电流等于 0 的控制策略简单但存在 2 个缺点：一方面永磁电机本身气隙磁阻不均匀，忽略了磁阻转矩的作用，使得单位电流电磁转矩不是最大；另一方面电机只能在额定转速以下工作。最大转矩/电流比的控制策略也称为单位电流转矩最大控制策略，它是凸极式永磁同步电机常用的控制策略之一。在什么情况下可以获得单位电枢电流产生的电磁转矩最大呢？根据电磁转矩与电枢电流的直轴与交轴分量的关系得到

$$T_{em} = \frac{3}{2}p(L_d - L_q)i_d i_q + \frac{3}{2}p\Psi_f i_q \tag{8-37}$$

为了便于分析，引入电枢电流空间矢量与直轴位置的相位角 γ，也就是定子电枢合成磁势幅值位置与转子直轴位置之间的夹角。这时电枢电流的两个分量与空间矢量幅值之间的关系为

$$\begin{cases} i_d = i\cos\gamma \\ i_q = i\sin\gamma \end{cases} \tag{8-38}$$

将式(8-38)代入式(8-37)可以得到

$$T_{em} = \frac{3}{4}p(L_d - L_q)i^2 \sin 2\gamma + \frac{3}{2}p\Psi_f i \sin\gamma \tag{8-39}$$

首先根据上式可以确定单位电流电磁转矩关于电流相位角的函数关系

$$f(\gamma) = \frac{T_{em}}{i} \tag{8-40}$$

并经过整理后得到

$$f(\gamma) = \frac{3}{4}p(L_d - L_q)i\sin 2\gamma + \frac{3}{2}p\Psi_f \sin\gamma \tag{8-41}$$

接着，确定满足单位电流电磁转矩最大的条件。因为单位电流电磁转矩表达式(8-41)表明函数 $f(\gamma)$ 是连续可微函数，因此存在最大值。如果函数 $f(\gamma)$ 中认为电枢电流幅值固定，那么令单位电流电磁转矩函数 $f(\gamma)$ 对电流相位角 γ 的偏微分等于 0，即

$$\frac{\partial f(\gamma)}{\partial \gamma} = 0 \tag{8-42}$$

即

$$(L_d - L_q)i\cos 2\gamma - \Psi_f \cos\gamma = 0 \tag{8-43}$$

由上式可以得到单位电流电磁转矩最大时电枢电流与相位角的关系

$$i = \frac{\Psi_f \cos\gamma}{(L_d - L_q)\cos 2\gamma} \tag{8-44}$$

于是，直轴电枢电流分量可以用交轴电枢电流分量来表示

$$i_d = \frac{\sqrt{\Psi_f^2 + 4(L_d - L_q)^2 i_q^2} - \Psi_f}{2(L_d - L_q)} \tag{8-45}$$

将式(8-45)代入式(8-37)，可以得到单位电枢电流电磁转矩最大条件下电磁转矩与交轴电流分量的关系

$$T_{em} = \frac{3}{4}p i_q [\sqrt{\Psi_f^2 + 4(L_d - L_q)^2 i_q^2} + \Psi_f] \tag{8-46}$$

当永磁同步电机转子气隙磁导率均匀时,类似于隐极式同步电机。如果电枢绕组直轴与交轴电感参数相同,即 $L_d=L_q$,则可得到 $\cos\gamma=0$,再由式(8-45)得到直轴指令电流 $i_d=0$,此时可得到电磁转矩 $T_{em}=\frac{3}{2}p\Psi_f i_q$,电枢电流只有交轴分量,单位电流转矩最大控制策略与直轴电枢电流等于 0 的控制策略完全一样。

当永磁同步电机气隙磁导不均匀时,类似于凸极式同步电机。如果直轴电感参数小于交轴电感参数,即 $L_d<L_q$,则由式(8-45)可知,直轴电枢电流分量小于 0,电枢反应起去磁作用。与直轴电枢电流等于 0 的控制策略相比,交轴电枢电流分量要小一些,这种单位电流电磁转矩最大的控制策略是以削弱转子励磁磁场,提高电机功率因数的方法来提高单位电流电磁转矩的。当电机转速超过额定转速时,这种控制策略因为能削弱转子磁场,成为弱磁控制方式,可以提高出力,扩大调速范围。

3. 永磁同步电机的调速控制系统实例

1) 主电路

三相逆变器主电路为永磁同步电机(PMSM)供电,如图 8-20 所示。MCU 的 PWM 模块提供 6 路 PWM 信号分别控制逆变器的 3 个桥臂(由 6 个 IGBT 功率管构成)。该主电路与异步电机控制的主电路和 BLDC 电机控制的主电路完全相同。

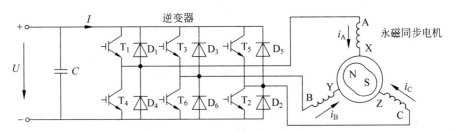

图 8-20 三相逆变器主电路

2) 控制算法

本实例采用的永磁同步电机采用表贴永磁体转子结构($L_d=L_q=L_a$),适合采用直轴电枢电流 $i_d=0$ 的矢量控制方法。

由于表贴式永磁同步电机的 $L_d=L_q=L_a$,可以将式(8-32)改成如下所示的状态方程(微分方程):

$$\begin{cases} u_d = R_S i_d + L_a \dfrac{di_d}{dt} - \omega L_a i_q \\ u_q = R_S i_q + L_a \dfrac{di_q}{dt} + \omega L_a i_d + \omega \Psi_f \end{cases} \quad (8\text{-}47)$$

上式表示用 dq 轴电枢电压 u_d、u_q 可以控制 dq 轴电枢电流 i_d、i_q。由于 Ψ_f 为定子电枢绕组最大可能匝链的转子每极永磁磁链,$\omega\Psi_f$ 是永磁体磁链在电枢绕组中感应的旋转电动势,因此是不可控的。

由式(8-35)可知,在直轴电枢电流 $i_d=0$ 的控制策略下转矩方程式为:$T_{em}=\dfrac{3}{2}p\Psi_f i_q$。

系统的运动方程式为

$$J\frac{\mathrm{d}\omega}{\mathrm{d}t} = T_{\mathrm{em}} - T_{\mathrm{L}} \tag{8-48}$$

式中，J 为系统的转动惯量，$J = J_{\mathrm{M}} + J_{\mathrm{L}}$（$J_{\mathrm{M}}$ 为电机的转动惯量，J_{L} 为负载的转动惯量）；ω 为电机输出轴的机械角速度；T_{L} 为负载转矩。

根据式(8-35)、式(8-47)和式(8-48)可以得到图 8-21 所示的 dq 坐标系下永磁同步电机的控制框图。

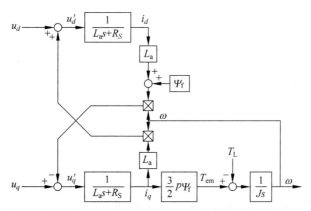

图 8-21　dq 坐标系下永磁同步电机的模型框图

永磁同步电机能检测的信号都是静止坐标系的参数，参数如下：直接加在永磁同步电机绕组上的是逆变器输出的三相电压 u_{A}、u_{B}、u_{C}；三相电流 i_{A}、i_{B}、i_{C}；转子磁极的位置 θ；转子角速度 ω。根据 7.5 节矢量控制的坐标变换的理论可知：u_{A}、u_{B}、u_{C} 和 u_d、u_q 是等价的；i_{A}、i_{B}、i_{C} 和 i_d、i_q 是等价的。同理，控制器中的给定值 u_{A}^*、u_{B}^*、u_{C}^* 和 u_d^*、u_q^* 是等价的；i_{A}^*、i_{B}^*、i_{C}^* 和 i_d^*、i_q^* 是等价的。

在调速控制系统中，需要控制永磁同步电机的转矩，使其能够快速响应，因此电流的反馈控制必不可少。$G_{id}(s)$、$G_{iq}(s)$ 分别为直轴和交轴的电流控制环的传递函数。电流环控制一般采用比例积分（PI）控制。

把电流控制环作为内环、转速环作为外环的永磁同步电机双闭环调速控制系统，通常把电流环的响应设计得足够高，相对于外环（转速控制环）可以看成是个跟随控制，这样可以提高转速控制环的快速性和稳定性。$G_\omega(s)$ 为转速控制环的传递函数。转速环控制一般也采用比例积分（PI）控制。在图 8-21 的基础上加上双闭环（转速环、电流环）控制器的调速控制器结构框图如图 8-22 所示。

图 8-22 中，由于采用直轴电枢电流 $i_d = 0$ 的矢量控制方法，故直轴电枢电流的给定值 $i_d^* = 0$。对转矩的控制实际上是对 d、q 轴电流的控制，而对电流 i_d、i_q 的控制，是通过控制 d、q 轴电压 u_d、u_q 实现的。

由于永磁同步电机的 d、q 轴之间存在相互干涉的旋转电动势，旋转电动势对 i_d、i_q 的控制产生影响，是不能直接对其控制的。于是，可以考虑先求出旋转电动势，然后通过控制，使其抵消掉，即采用解耦控制，消除旋转电动势对电流控制产生的影响。虽然旋转电动势 $\omega L_a i_q$ 和 $\omega(\Psi_\mathrm{f} + L_a i_d)$ 不能直接检测出来，而 ω、i_d、i_q 却可以检测出来，又由于 L_a 和 Ψ_f 是

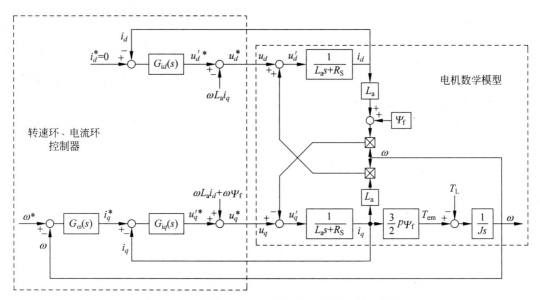

图 8-22 双闭环(转速环、电流环)控制器的结构框图

常数,可以事先测定,因此旋转电动势可以在控制回路中通过计算求得。

通过解耦控制,在旋转电动势耦合项中引入电机转速和电机参数的因素,可以合理地对电压值进行调节,即无论被控电机的转速高低和电机参数的大小,都可以通过实时计算旋转电动势耦合项得到准确的 d、q 轴电压指令值,从而能够精确地控制 d、q 轴电流,可以使控制系统实现对不同参数下永磁同步电机的高精度调速控制要求。

3)调速控制系统构成

图 8-23 为永磁同步电机调速控制系统的结构框图,其主要由以下 4 部分组成:①功率变换电路(主电路);②表贴式永磁同步电机;③定子电流、转子位置及转子转速传感器;④控制电路。

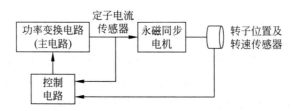

图 8-23 永磁同步电机调速控制系统的结构框图

图 8-23 中,控制电路为采用基于单片机为控制芯片的电子控制单元(ECU),控制电路实现以下功能:定子电流、转子位置及转子转速传感器信号的输入处理电路;坐标变换计算;速度环、电流环控制及解耦算法;PWM 占空比调制;驱动电路等。

整个调速控制系统的控制过程:通过速度指令与电机当前的转速相比较,经过速度环控制器,输出电磁转矩指令值,通过电磁转矩方程,求得 q 轴电流 i_q 的指令值 i_q^*。同时控制 d 轴电流 $i_d=0$。检测输入到永磁同步电机三相绕组中的电流,利用三相到两相的坐标变换式变换得到 d、q 轴上的电流 i_d、i_q,将其同给定的 d、q 轴电流相比较,通过各自的电流控制器,利用 d、q 轴下的电压方程式和解耦控制器的输出得到 d、q 轴电压指令值 u_d^*、u_q^*。最后,通过两相到三相的坐标变换,将变换后得到的三相电压瞬时值指令 u_A^*、u_B^*、u_C^* 通过六路 PWM 信号输入到三相逆变器中,产生三相正弦电流并输入到永磁同步电机的定子绕组中,实现对永磁同步电机的调速矢量控制。

8.4 永磁同步电机在电动汽车中的应用

由于永磁同步电机具有体积小、效率高、功率因数高、维护方便和控制准确等特点,在电动汽车中的应用越来越普遍,特别是小型电动汽车中应用较多。如德国奥迪 DUOⅢ混合动力汽车中采用了三相永磁同步电机,额定功率 21.6kW。美国通用电气公司的永磁同步电机,最大功率为 52kW,最大转矩 110N·m,最高转速达 11 000r/min。日本丰田、本田、日产等公司生产的电动汽车中大部分都是采用永磁同步电机作驱动电机,如我们熟悉的丰田 Prius 混合动力汽车用的永磁同步电机最大电压为 650V,最大输出功率 60kW,最大扭矩 207N·m。丰田燃料电池混合动力汽车 FCHV-4 采用了 80kW 永磁同步电机,日野(Hino)公司燃料电池公交车 FCHV-BUS 用了两个 90kW 的永磁同步电机,采用双电机驱动方式。本田公司研制的 FCX 燃料电池汽车也采用永磁同步电机,最大功率 60kW,最大扭矩 272N·m。

本节以北汽新能源电动汽车 EV200 的永磁同步电机驱动系统为例进行叙述。

8.4.1 电机驱动系统概述

电机驱动系统是纯电动汽车三大核心部件之一,是车辆行驶的主要执行机构,其特性决定了车辆的主要性能指标,直接影响车辆动力性、经济性和舒适性。

北汽 EV200 采用三相永磁同步电机,电机驱动系统的主要功能:①急速控制(爬行);②控制电机正转(前进);③控制电机反转(倒车);④能量回收(交流转换直流);⑤驻坡(防溜车)。电机控制器的另一个重要功能是通信和保护,实时进行状态和故障检测,保护驱动电机系统和故障反馈。北汽 EV200 电机驱动系统技术指标如表 8-1 所示。

表 8-1 电机驱动系统技术指标

永磁同步驱动电机		控 制 器	
技术指标	技术参数	技术指标	技术参数
额定转速/(r/min)	2 812	直流输入电压/V	336
转速范围/(r/min)	0~9 000	工作电压范围/V	265~410
额定功率/kW	30	控制电源/V	12
峰值功率/kW	53	控制器电源电压范围/V	9~16
额定扭矩/(N·m)	102	标称容量/(kV·A)	85
峰值扭矩/(N·m)	180	质量/kg	9
质量/kg	45	防护等级	IP67
防护等级	IP67	尺寸(长×宽×高)/(mm×mm×mm)	403×249×140
尺寸(定子直径×总长)/(mm×mm)	(φ)245×(L)280		

8.4.2 电机驱动系统的组成与工作原理

北汽 EV200 电机驱动系统的结构框图如图 8-24 所示。

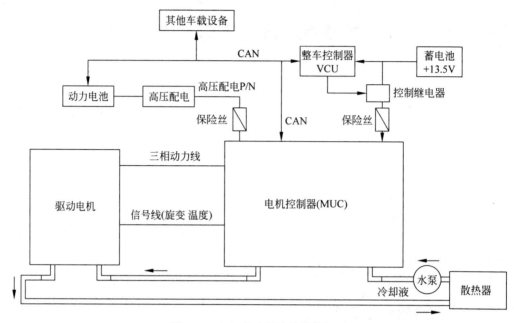

图 8-24 电机驱动系统的结构框图

由图 8-24 可知,电机驱动系统主要电机、电机控制器和冷却系统组成。电机控制器和电机通过水冷却系统进行冷却散热;驱动电机采用的是三相交流永磁同步电机;控制器采用三相电压源型逆变器为主电路的控制系统。

电机驱动系统的工作原理:整车控制器(VCU)发出指令,通过 CAN 线传输到电机控制器主板,控制器主板经过逻辑换算确定旋变传感器的转子位置,再发信号驱动 IGBT 模块(又称智能功率模块),输出三相交流电使电机旋转。控制器主板对所有的输入信号进行处理,并将驱动电机控制系统运行状态的信息通过 CAN 总线网络反馈给整车控制器。当诊断出故障时,电机控制器存储该故障码和数据或发送给整车控制器。

1. 永磁同步电机

北汽 EV200 驱动电机采用的是三相永磁同步电机,其基本构造如图 8-25 所示。

由图 8-25 可知,三相交流永磁同步电机主要由定子(铝合金)、转子(永磁)、前后端盖、旋变传感器和水道等组成。其中,旋变传感器线圈(励磁、正弦、余弦三组线圈)固定在壳体上,信号齿圈固定在转子上。

2. 电机控制器

北汽 EV200 电机控制器的实物图如图 8-26 所示。

电机控制器主要由接口电路、控制主板、IGBT 模块(驱动)、超级电容、放电电阻、电流感应器、壳体水道等组成。

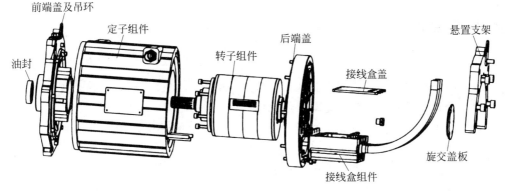

图 8-25 三相永磁同步电机的构造图

控制主板的功能：①与整车控制器通信；②监测直流母线电流；③控制 IGBT 模块；④监控高压线束连接情况；⑤反馈 IGBT 模块温度；⑥旋变传感器励磁供电；⑦旋变信号分析；⑧信息反馈。

IGBT 模块的功能：①信号反馈给电机控制器控制主板；②监测直流母线电压；③直流转换交流及变频；④监测相电流的大小；⑤监测 IGBT 模块温度；⑥三相整流。

超级电容的功能：接通高压电路时给电容充电，在电机起动时保持电压的稳定。

放电电阻的功能：断开高压电路时，通过电阻给电容放电。

壳体水道的功能：用于电机控制器的散热。

3. 冷却系统

北汽 EV200 电机驱动系统的冷却系统如图 8-27 所示。

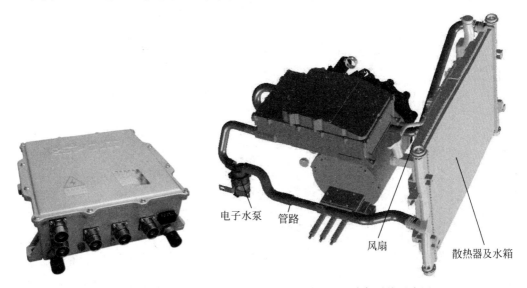

图 8-26　电机控制器的实物图　　　图 8-27　冷却系统示意图

由图 8-27 可知，冷却系统主要由水泵、散热器及膨胀水箱、风扇和管路组成。冷却系统的功用是为驱动电机和控制器散热。

思考题与练习题

8.1　简述永磁电机转子结构的基本类型。
8.2　分析永磁同步电机的基本工作原理。
8.3　利用同步电机的双反应原理分析永磁同步电机的磁动势。
8.4　分析凸极式永磁同步电机电动势功角特性。
8.5　分析隐极式永磁同步电机电动势功角特性。
8.6　分析凸极式永磁同步电机电动势矩角特性。
8.7　分析隐极式永磁同步电机电动势矩角特性。
8.8　简述永磁同步电机的起动方法。
8.9　简述永磁同步电机调速控制的矢量控制策略。
8.10　简述永磁同步电机调速控制系统的构成。

参 考 文 献

[1] 朱小春. 驱动电机及控制技术[M]. 北京：清华大学出版社，2017.
[2] 麻友良，严运兵. 电动汽车概论[M]. 北京：机械工业出版社，2012.
[3] 赵立军，佟钦智. 电动汽车结构与原理[M]. 北京：北京大学出版社，2012.
[4] 崔胜民，韩家军. 新能源汽车概论[M]. 北京：北京大学出版社，2011.
[5] 崔胜民. 新能源汽车技术[M]. 2版. 北京：北京大学出版社，2014.
[6] 谢宝昌，任永德. 电机的DSP控制技术及其应用[M]. 北京：北京航空航天大学出版社，2005.
[7] 张长利，沈明霞. 电路[M]. 北京：中国农业出版社，2008.
[8] 刘翠玲，孙晓荣. 电机与电力拖动基础[M]. 北京：机械工业出版社，2010.
[9] 付光杰，牟海维，赵海龙. 电机与拖动[M]. 北京：石油工业出版社，2011.
[10] 林瑞光. 电机与拖动基础[M]. 杭州：浙江大学出版社，2002.
[11] 黄家善. 电力电子技术[M]. 北京：机械工业出版社，2002.
[12] 郭世明，黄念慈. 电力电子技术[M]. 成都：西南交通大学出版社，2002.
[13] 张晴. 自动控制原理[M]. 上海：华东理工大学出版社，2013.
[14] 谭功全，谭飞. 自动控制原理[M]. 北京：北京大学出版社，2013.
[15] 王勉华. 自动控制原理[M]. 北京：煤炭工业出版社，2012.
[16] 陈玉宏，向凤红. 自动控制原理[M]. 重庆：重庆大学出版社，2003.
[17] 郭丙君. 电机与电力拖动[M]. 上海：华东理工大学出版社，2013.
[18] 万芳瑛. 电机、拖动与控制[M]. 北京：北京大学出版社，2013.
[19] 郭丙君. 电力拖动控制系统[M]. 上海：华东理工大学出版社，2012.
[20] 李宁，刘启新. 电机自动控制系统[M]. 北京：机械工业出版社，2003.
[21] 谭建成. 永磁无刷直流电机技术[M]. 北京：机械工业出版社，2011.
[22] 夏长亮. 无刷直流电机控制系统[M]. 北京：科学出版社，2009.
[23] 郭庆鼎，赵希梅. 直流无刷电动机原理与技术应用[M]. 北京：中国电力出版社，2008.
[24] 李家庆，李芳. 无刷直流电机控制应用——基于STM8S系列单片机[M]. 北京：北京航空航天大学出版社，2014.
[25] 叶金虎. 现代无刷直流永磁电动机的原理和设计[M]. 北京：科学出版社，2007.
[26] 肖兰，马爱芳. 电机与拖动[M]. 北京：中国水利水电出版社，2004.
[27] 梁南丁，滕颖辉. 电机与拖动[M]. 北京：北京大学出版社，2009.
[28] 邵世凡. 电机与拖动[M]. 杭州：浙江大学出版社，2008.
[29] 陈荣. 永磁同步电机控制系统[M]. 北京：中国水利水电出版社，2009.
[30] 邹建华. 电机及控制技术[M]. 武汉：华中科技大学出版社，2014.
[31] 刘景林，罗玲，付朝阳. 电机及拖动基础[M]. 北京：化学工业出版社，2011.
[32] 赵君有，张爱军，王东瑞. 电机与拖动基础[M]. 北京：中国水利水电出版社，2007.
[33] 刘启新. 电机与拖动基础[M]. 北京：中国电力出版社，2012.
[34] 樊新军，马爱芳. 电机技术及应用[M]. 武汉：华中科技大学出版社，2012.
[35] 李发海，朱东起. 电机学[M]. 北京：科学出版社，2007.
[36] 冬雷. DSP原理及电机控制系统应用[M]. 北京：北京航空航天大学出版社，2007.
[37] 李永东. 交流电机数字控制系统[M]. 2版. 北京：机械工业出版社，2012.